Karl-Friedrich Krieger
Geschichte Englands I

Geschichte Englands

in drei Bänden

I

Von den Anfängen bis
zum 15. Jahrhundert
von Karl-Friedrich Krieger

II

Vom 16. bis zum 18. Jahrhundert
von Heiner Haan und Gottfried Niedhart

III

Im 19. und 20. Jahrhundert
von Gottfried Niedhart

KARL-FRIEDRICH KRIEGER

Geschichte Englands

von den Anfängen bis zum
15. Jahrhundert

VERLAG C.H.BECK MÜNCHEN

Für Ursula und Christine

Mit 4 Karten

1. Auflage. 1990
2., durchgesehene Auflage. 1996
3. Auflage. 2002
4., aktualisierte Auflage. 2009

5. Auflage. 2018

Satz, Druck und Bindung: Kösel, Krugzell
Umschlagabbildung: Ausschnitt aus dem Teppich von Bayeux
(11. Jhdt., Bayeux, Museum)
Umschlaggestaltung: Bruno Schachtner, Dachau
Gedruckt auf säurefreiem, alterungsbeständigem Papier
(hergestellt aus chlorfrei gebleichtem Zellstoff)
Printed in Germany
ISBN 978 3 406 72824 2

www.chbeck.de

Inhalt

Anhang

Vorwort

Englische Geschichte in der Frühzeit und im Mittelalter bedeutet nicht nur die Geschichte eines durch seine Insellage definierten, vom Kontinent durch das Meer getrennten geographischen Raumes; sie erscheint vielmehr als ein wesentlicher Bestandteil der abendländischen Geschichte überhaupt, der einerseits von der kontinentalen Entwicklung beeinflußt wurde, andererseits diese selbst aber auch erheblich mitgestaltet hat. So waren es angelsächsische Missionare, die entscheidenden Anteil am Aufbau der fränkischen Kirchenorganisation hatten. Das Angevinische Reich der Anjou-Plantagenets und der damit verbundene Dauerkonflikt mit der französischen Krone, der im Spätmittelalter in der großen Auseinandersetzung des Hundertjährigen Krieges kulminierte, hielt jahrhundertelang nicht nur die unmittelbar betroffenen Länder in Atem: Es war kein Zufall, daß auf dem Schlachtfeld von Bouvines (1214) zugleich auch der deutsche Thronstreit zwischen Staufern und Welfen entschieden wurde. Im mittelalterlichen England wurden mit der Ausbildung des Common Law, der Magna Carta und dem Parlament die Grundlagen für ein Regierungssystem gelegt, das nicht nur die Geschichte Englands geprägt, sondern weit über die Grenzen des Landes hinaus als Vorbild für rechtsstaatliche und parlamentarische Verfassungsentwicklungen gedient hat. Trotz dieses an sich nicht unbedeutenden Stellenwertes der frühen englischen Geschichte im Rahmen der gesamteuropäischen Entwicklung ist das Interesse der deutschen Historiker an diesem Themenkreis eher gering. So hat bereits im Jahre 1965 Fritz Trautz als Resümee seines Literaturberichtes zur englischen Geschichte des Mittelalters (HZ Sonderheft 2 [1965] S. 259) festgehalten: „Vom Sprachlichen her gesehen gibt es ... für die deutsche Seite keine Schwierigkeiten. Wohl aber fehlt es an einer größeren Zahl von deutschen Mediaevisten, die sich mit dem englischen Mittelalter näher beschäftigen ..."

Diese Feststellung gilt auch heute noch. Zwar liegen in der Zwischenzeit aus der Feder deutscher Fachkollegen einige verdienstvolle Untersuchungen zu einzelnen Zeitabschnitten und Problembereichen der älteren und mittelalterlichen Geschichte Englands vor; eine monographische Gesamtdarstellung dieser Epoche steht jedoch noch aus.

Wenn mit dem vorliegenden Buch der Versuch gewagt werden soll, diese Lücke zu schließen, so konnte dies nur unter Vorbehalten geschehen. So wendet sich der Band in erster Linie nicht an die Fachkollegen, sondern an einen weiten Leserkreis, der neben Lehrern und Studierenden vor allem auch historisch interessierte Laien ohne fachliche Vorbildung einschließt. Diese Zielvorstellung blieb natürlich nicht ohne Einfluß auf die Darstellungsweise, was in der Praxis bedeutete, daß wissenschaftliche Kontroversen nicht im Detail erörtert werden konnten und daß auch auf einen umfangreichen Fußnotenapparat verzichtet werden mußte. Die Anmerkungen beschränken sich daher grundsätzlich auf Quellenbelege und wörtliche Zitate sowie – in wenigen Fällen – auf Literaturhinweise zu Spezialproblemen.

Gleichzeitig aber erhebt dieses Buch den Anspruch, eine wissenschaftlich fundierte Darstellung der Geschichte Englands in der Frühzeit und im Mittelalter zu bieten, was wiederum voraussetzt, daß die wesentlichen Forschungsprobleme zumindest angedeutet werden und dem Leser außerdem der Zugang zu weiterführender Literatur eröffnet wird. Um der letzteren Forderung zu genügen, wurde dem Text ein nicht zu knappes, vor allem die neuere Forschung berücksichtigendes Literaturverzeichnis angefügt. Der darüber hinaus interessierte Leser sei generell auf den Band „Einführung in die englische Geschichte" (s. Literaturverzeichnis) verwiesen, wo er auf Hilfsmittel, Quellen und weitere Literatur sowie eine vertiefte Behandlung einiger Forschungsprobleme auch zur mittelalterlichen Geschichte Englands stößt.

Wer ein solches Buch schreibt, lebt vor allem von der Arbeit anderer. Mein Dank gilt daher zunächst allen Kolleginnen und Kollegen, deren Forschungsergebnisse in diesen Band eingeflossen sind, ohne daß es mir im Rahmen der Konzeption der Reihe möglich war, dies im einzelnen anzuzeigen.

Darüber hinaus danke ich besonders meiner früheren Kollegin in Mannheim, Frau Professor Dr. Hanna Vollrath (jetzt Bochum), meinen Mannheimer Kollegen, den Herren Professoren Dr. Heinrich Chantraine und Dr. Fritz Trautz, sowie meinem Assistenten, Herrn Dr. Franz Fuchs, die sich der Mühe unterzogen haben, das Manuskript oder Teile davon kritisch durchzusehen, oder die mich mit wertvollen Hinweisen unterstützt haben.

Dank schulde ich außerdem den Herren Peter Schünemann und Dr. Ernst-Peter Wieckenberg vom C. H. Beck Verlag für eine jahrelange verständnisvolle und gute Zusammenarbeit, Herrn Wolfgang Schmidt für das Anfertigen der Karten sowie auch Frau Hannelore Höhnberg und Frau Irmtraut Meißner, die aus nicht immer leicht lesbaren Vorlagen die Reinschrift erstellt haben. Endlich möchte ich in diesen Dank auch meine Frau Ursula und meine Tochter Christine einschließen, die in letzter Zeit so manche Entbehrung auf sich genommen haben, damit dieses Buch erscheinen kann.

Mannheim, im Januar 1990 *Karl-Friedrich Krieger*

Erster Teil
Die Grundlagen

Erstes Kapitel
Keltisches und römisches Erbe

I. England vor der römischen Eroberung

1. Das Land. Geographische und klimatische Bedingungen

Daß England Bestandteil eines Inselstaates ist, erscheint uns heute als eine Selbstverständlichkeit. Dies war jedoch nicht immer so. Die charakteristische Insellage ist vielmehr, gemessen an erdgeschichtlichen Maßstäben, als das Ergebnis einer relativ jungen Entwicklung anzusehen; denn noch während der letzten Eiszeit (ca. 70000–ca. 8300 v. Chr.) waren die britischen Hauptinseln mit dem europäischen Kontinent durch eine Landbrücke verbunden. Erst seit dem Ende der Eiszeit sorgten steigende Temperaturen und die hierdurch ausgelöste Eisschmelze dafür, daß der Meeresspiegel so weit anstieg, daß um 5000 v. Chr. die Landverbindung sowohl zu Irland als auch zum Kontinent unterbrochen und Britannien damit zur Insel wurde.

Neben dieser Tatsache hat auch die geologische Struktur der Insel selbst die geschichtliche Entwicklung des Landes entscheidend geprägt. So kehrt Britannien dem Kontinent eine flache und durch zahlreiche Hafeneinbuchtungen und Flußläufe relativ gut zugängliche Küste zu, während im Vergleich damit die atlantische Westküste weniger einladend wirkt. An die dem Kontinent zugewandte Süd- und Ostküste schließt sich eine leicht gewellte, fruchtbare Hügellandschaft an, die jeweils im Westen und Norden von einer meist kargen und unwirtlichen Berglandzone begrenzt wird, so daß sich bis heute im Bewußtsein der Menschen eine grobe Zweiteilung der Insel in *Lowlands* und *Highlands* erhalten hat.

Gerade für die menschliche Frühzeit spielten auch die klimatischen Bedingungen eine wesentliche Rolle. Dabei geht man davon aus, daß von der letzten Eiszeit an sich mehrere Klimaphasen mit zum Teil erheblichen Temperaturschwankungen abwechselten, bis sich dann etwa ab 200 n. Chr. im wesentlichen die auch heute noch vorherrschenden Bedingungen einstellten. Das seit der Eiszeit im ganzen gemäßigte Klima ermöglichte eine relativ üppige Vegetation, so daß vorausgesetzt werden kann, daß in der Frühzeit der größte Teil der Insel mit Wald und dichtem Unterholz bedeckt war. Neben Teilen des höheren Berglandes machten hiervon lediglich einige Sumpfgebiete – etwa in der Gegend des heutigen Cambridge – sowie vor allem die nur licht bewaldeten Kreidehügel der

Süd- und Ostküste mit der sich dahinter erstreckenden Hochebene um das heutige Salisbury eine Ausnahme.

Britannien war nicht nur reich an natürlichen Wasservorkommen, Wild- und Fischbeständen, sondern auch an solchen Bodenschätzen, die für den Menschen der Frühzeit besondere Bedeutung besaßen. Dies gilt zunächst für den Feuerstein, der vor allem im Bereich der angesprochenen Kreidehügel von guter Qualität war. Dazu kamen beträchtliche Vorräte an Zinn, Kupfer und sogar an Gold, die so weit an der Oberfläche lagen, daß sie auch mit primitiven Mitteln abgebaut werden konnten.

2. *Die frühgeschichtliche Besiedlung*

Aus den angeführten geographischen Grundbedingungen läßt sich die spezifische Eigenart der englischen Besiedlungsgeschichte bereits zum Teil erklären.

Die verhältnismäßig milden klimatischen Verhältnisse, der Reichtum der Insel an Wild, Holz und Bodenschätzen sowie die relativ günstigen Zugangsmöglichkeiten übten bereits in der Vorzeit eine starke Anziehungskraft auf kontinentale Völkerstämme aus, so daß die Geschichte Englands bereits seit den frühesten Zeiten als eine Geschichte kontinentaler Invasionen oder Einwanderungen erscheint. Alle diese Wanderbewegungen nahmen an der leicht zugänglichen Süd- und Südostküste ihren Ausgang und fanden regelmäßig am natürlichen Hindernis der Bergwelt von Cornwall, Wales und Schottland, die zudem durch einen undurchdringlichen Waldgürtel von der Lowlandzone abgeschirmt war, ihr vorzeitiges Ende, so daß es den jeweiligen Eroberern und Neuankömmlingen nie gelang, in einem Zuge die gesamte Insel zu überrennen und mit ihrer Kultur zu durchdringen. Dies führte dazu, daß sich die *Highlands* regelmäßig als Zufluchtsort für ältere Volksschichten anboten, die hier zum Teil bis in die Gegenwart hinein ihre ethnische und kulturelle Eigenständigkeit bewahren konnten, so daß die Desintegration der Highlandzone im jeweils existierenden Herrschafts- und Kulturverband zu den Grundtatsachen gehört, die die Geschichte des Landes von den Anfängen an geprägt haben.

Nach dem verwendeten Werkzeug teilt man üblicherweise die Vorgeschichte der Menschheit in verschiedene Epochen ein. So bezeichnet man den ältesten und längsten Zeitraum als Paläolithikum (Altsteinzeit). Diese Epoche, die von ca. 550000 v. Chr. bis zum Ende der letzten Eiszeit ca. 8000 v. Chr. datiert wird, wird durch zwei wesentliche Fortschritte in der menschlichen Entwicklung gekennzeichnet, die uns berechtigen, von den Anfängen der Menschheit zu sprechen: die Entdeckung und Beherrschung des Feuers und der Gebrauch von Werkzeug.

Wenn England damals auch noch mit der europäischen Landmasse verbunden war, so handelte es sich doch um eine äußerst periphere Region, für die sich Anzeichen menschlichen Lebens erst relativ spät nachweisen lassen.

Die ältesten sicher identifizierbaren Werkzeuge – primitive in Abschlagtechnik aus Stein hergestellte Hackmesser sowie eine Speerspitze aus Holz – lassen sich auf die Zeit um 250000 v. Chr. datieren und stammen aus einem Grabungsfund bei Clacton-on-Sea/Essex.[1] Beim ältesten Fund menschlicher Skelettreste, dem sogenannten *Swanscombe Man*,[2] handelt es sich in Wirklichkeit um Schädelfragmente einer jungen Frau, die vor nahezu einer Viertelmillion Jahren beim Fundort Swanscombe/Kent gelebt haben muß.

Ist somit auch menschliche Präsenz für Britannien mindestens seit 250000 v. Chr. bezeugt, so ist dabei aber bis zum Ende der letzten Eiszeit kaum an eine kontinuierliche Besiedlung zu denken. Es handelt sich vielmehr um sporadische Aufenthalte von Nomaden, die, soweit es die Klimabedingungen zuließen, das Land besuchten und die noch in die primitiven Daseinsformen einer Jäger- und Sammlerkultur eingebunden waren.

Erst der Klimaumschwung nach dem Ende der letzten Eiszeit mit der wiederaufkommenden Bewaldung schuf für den Menschen der Vorzeit günstigere Lebensbedingungen, wobei mit dem Abwandern der eiszeitlichen Tierwelt die Jagd auf Kleinwild sowie auch der Vogelfang und die Fischerei an Bedeutung gewannen. Bodenfunde – etwa im Rahmen der Ausgrabungen bei Star Carr/Yorkshire[3] – haben ergeben, daß die Jäger dieser Zeit mehrmonatige Aufenthalte in „Camps" bevorzugten, die an Seeufern und Flüssen gelegen waren, und das Feuer bereits zur Waldrodung einsetzten. Obwohl sich diese Lebensweise nicht grundsätzlich von der der Altsteinzeit unterschied, hat sich für diese Übergangszeit, die man für England von ca. 8000 v. Chr. bis ca. 3500 v. Chr. datieren kann, die Bezeichnung Mesolithikum (Mittelsteinzeit) durchgesetzt.

Die anschließende Epoche des Neolithikums (Jungsteinzeit), für die man in England den Zeitraum von ca. 3500 v. Chr. bis ca. 1800 v. Chr. ansetzen kann, läßt bereits erhebliche Fortschritte in der Bearbeitungstechnik des Feuersteins erkennen. Der gehobene Entwicklungsstand äußerte sich zudem im Aufkommen der Töpferkunst und eines Tauschhandels über beträchtliche Entfernungen. Der entscheidende Fortschritt in der Lebensweise zeigte sich jedoch im Übergang von der Sammler- und Jägerstufe zur produzierenden Lebensweise durch Bodenbearbeitung mit allmählicher Seßhaftwerdung. So sind um 2000 v. Chr. in der *Windmill-Hillform*[4] – benannt nach dem Fundort in Südengland in der Nähe von Avebury – die Anfänge einer Ackerbaukultur nachweisbar, die wahrscheinlich von Einwanderern aus verschiedenen Regionen Kontinentaleuropas eingeführt wurde. Als Siedlungsschwerpunkte boten sich zunächst vor allem die schwach bewaldeten Kreidehügel im Süden und Südosten der Insel mit dem sich anschließenden Plateau von Salisbury an, da die hier vorherrschenden leichten Böden auch mit primitiven Mitteln bearbeitet werden konnten. Der nächste große Fortschritt des Menschen in der Beherrschung seiner Umwelt wurde durch die Kenntnis der Metallverarbeitung eingeleitet, wobei man auch für England nach dem Stand dieser Kenntnis die Epochen der Bronzezeit (ca. 2000 v. Chr. bis ca. 600 v. Chr.) und die sich anschließende Eisenzeit unterscheidet.

Von den zahlreichen größeren und kleineren Einwanderergruppen, die während dieser Zeitepochen auf die Insel drängten, sind zwei bedeutsame Einwandererwellen hervorzuheben.

Bei der ersten handelt es sich um die *Becherleute* als Träger der sogenannten Glockenbecherkultur,[5] die gegen Ende des Neolithikums vor allem Süd- und Südostengland überfluteten. Die Neuankömmlinge kamen wohl in mehreren zeitlich versetzten Wellen aus unterschiedlichen Teilen Kontinentaleuropas, trieben Viehzucht und Handel und waren bereits in der Lage, Metall zu verarbeiten.

Von der einheimischen neolithischen Bevölkerung unterschieden sie sich auch durch neuartige Begräbnis- und Kultformen (Einzelgräber mit dem charakteristischen Becher, aber auch Waffen und Schmuck als Grabbeigaben), die zudem die Existenz einer straff organisierten, auf militärischer und wirtschaftlicher Macht beruhenden Herrschaftselite erkennen lassen. Die schöpferische Kraft dieser neuen Herren äußerte sich auch in imponierenden Kultbauten, als deren berühmtestes Beispiel die bereits in neolithischer Zeit begonnene und von den *Becherleuten* sowie deren Nachfahren in der Bronzezeit weiter ausgebaute Anlage von Stonehenge bei Salisbury/Wiltshire[6] gilt.

Vom 6. Jahrhundert v. Chr. an wurden die britischen Inseln von mehreren Einwanderungsschüben erfaßt, deren Erbe noch heute lebendig ist. Seit dieser Zeit drangen zum Teil vereinzelt, zum Teil aber auch in größeren Gruppen Angehörige keltischer Stämme auf die Insel vor, wobei jedoch der Verlauf dieser Einwanderungen im einzelnen noch weitgehend ungeklärt ist. Der archäologische Befund läßt den Schluß zu, daß etwa mit dem angesprochenen Zeitraum die Eisenzeit in England einsetzte, wobei die aufgefundenen Objekte drei unterschiedliche Kulturtypen repräsentieren, die in der britischen Forschung als A, B und C-Formen bezeichnet werden.[7] Die ältesten, dem Typ A angehörenden Objekte stammen meist aus der Zeit von 550 v. Chr. bis 350 v. Chr. und lassen eine gewisse Verwandtschaft mit der Hallstatt-Kultur des Festlandes erkennen. Während die dem Typ B zugerechneten Stücke als Ableger der Latène-Kultur erscheinen und in der Regel dem Zeitraum von 350 v. Chr. bis 150 v. Chr. zugeordnet werden können, handelt es sich bei der C-Gruppe um einen Bestand, der bereits Münzen einschließt und mit seinen entwickelten

Formen der Metallverarbeitung auf eine weiter fortgeschrittene Kulturstufe (nach 150 v. Chr.) hinweist. Dabei ist jedoch in der Praxis nicht mit einer streng chronologischen Abfolge, sondern eher mit fließenden Übergängen, ja sogar in gewissem Maße auch mit der gleichzeitigen Präsenz unterschiedlicher Kulturtypen zu rechnen.

Es stellt sich allerdings die Frage, ob mit der jeweiligen Neueinführung eines Typs auch entsprechende Einwanderungswellen von Festlandkelten verbunden waren oder ob die Veränderungen lediglich auf die – mit Sicherheit existierenden – engen Handels- oder kulturellen Beziehungen zum Festland zurückzuführen sind.

Die neuere Forschung[8] ist gegenüber der früher herrschenden „Invasionsthese" wesentlich vorsichtiger geworden und neigt heute eher dazu, ein vereinzeltes Einsickern von Siedlern oder allenfalls das Eindringen kleinerer bewaffneter Banden anzunehmen, wobei man allerdings bereit ist, zwei Ausnahmen von dieser allgemeinen Sichtweise zuzugestehen. So deutet das archäologische Material für die Zeit um 250 v. Chr. auf eine Invasionswelle kriegerischer, aus dem Marnegebiet stammender Kelten hin, die den Kulturtypus B repräsentierten, sich im Gebiet des heutigen östlichen Yorkshire festsetzten und von dort aus ihren Einfluß nach Süden ausdehnten.

Weiterhin geht man nach dieser sogenannten „Marnischen Invasion" – gestützt auf die Angaben Caesars[9] – davon aus, daß frühestens seit der Mitte des 2. Jahrhunderts v. Chr. belgische Stämme als Repräsentanten des Kulturtyps C vom Festland aus in den Südosten der Insel eingewandert seien.

Bezeichnend für die Kultur und Lebensweise der Kelten erschienen die sogenannten Wagenbestattungen, die Schlüsse nicht nur auf die Kampfesweise, sondern auch auf den technischen Stand der Eisenverarbeitung, ja sogar der sozialen Stufenordnung zulassen. So erfahren wir auch von den antiken Schriftstellern, daß die Kelten von einem Streitwagen herab zu kämpfen pflegten und daß die Sozialstruktur eine auf der Grundlage des Stammes aufbauende Ordnung erkennen läßt, in der vor allem die Priesterkaste der Druiden als Hüterin von Religion, Sitte und Recht eine Schlüsselstellung einnahm.

Während die Kelten der Frühzeit nur lose Herrschaftsverbände entwickelt hatten, ist in der Kulturstufe der C-Epoche eine herrschaftliche Stabilisierung unverkennbar, die zur Ausbildung relativ straff geführter Königreiche führte.

Glaubt man den Berichten der antiken Autoren, so ließen die Sitten und Gebräuche der Kelten in England große Ähnlichkeiten mit denen ihrer Stammesgenossen auf dem Festland erkennen, nur mit dem Unterschied, daß erstere noch barbarischer und wilder als jene wirkten.[10] Dabei überliefert uns der Grieche Poseidonios (135–51 v. Chr.) bereits von den kontinental-keltischen Festveranstaltungen ein recht derbes Bild, wonach prahlende und zanksüchtige Häuptlinge große Mengen Fleisch zu verschlingen pflegten, beim geringsten Anlaß zum Schwert griffen und auch den Streit um die besten Fleischbrocken auf der Stelle in tödlichem Zweikampf austrugen.[11] Trotz dieser wenig schmeichelhaften Bemerkungen spricht einiges dafür, daß die Kelten der Kulturstufe C ein beträchtliches zivilisatorisches Niveau erreicht hatten, das sich zwar nicht mit dem der Römer messen konnte, dem modernen Betrachter aber dennoch Respekt abverlangt.

So ging mit der Kenntnis der Eisenverarbeitung auch eine Verbesserung des Ackergerätes einher, die eine intensivere Nutzung des Bodens ermöglichte und die auch zu anderen Siedlungsformen führte, wobei allmählich an die Stelle der isolierten Streusiedlungen und der meist auf Hügeln angelegten Fluchtburgen in der Spätzeit der C-Kultur *oppida* im Sinne geschlossener Ortschaften traten. Die Bauweise unterschied sich dabei insofern von der auf dem Festland üblichen, als man auf den britischen Inseln die Rundbauweise im Gegensatz zum festländischen Rechteckhaustyp bevorzugte. Während in der frühen Keltenzeit die mit einfachen Palisadenwällen geschützten Hügelburgen regelmäßig als Fluchtburgen erscheinen, wurden die ständig bewohnten *oppida* durch zum Teil ausgedehnte Befestigungsanlagen geschützt.

Obwohl der Lebensunterhalt der Kelten auf den britischen Inseln grundsätzlich auf Landwirtschaft basierte, spielte auch der Handel, vor allem mit Zinn und Kupfer, eine beträchtliche Rolle, wobei nicht nur enge Beziehungen zur Atlantik- und Nordseeküste des festländischen Europa, sondern auch zum Mittelmeerraum bestanden.

Die zahlreichen Grabbeigaben und sonstigen Funde legen endlich auch Zeugnis von einer hohen künstlerischen und handwerklichen Begabung der Kelten ab, die sich in der Waffentechnik, aber auch in zahlreichen bemerkenswerten Erzeugnissen der Keramik- und Goldschmiedekunst äußerte.

II. Die Herrschaft der Römer

1. Die Feldzüge Caesars

Es war bekanntlich Julius Caesar, der in den Jahren 55 und 54 v. Chr. erstmals einen Vorstoß mit römischen Truppen auf die Insel unternahm. Fragt man nach den Motiven, die den damaligen römischen Feldherrn und Statthalter von Gallien zu diesem Unternehmen bewogen haben, so kommen zunächst militärische Gründe in Betracht. So hatten die engen Beziehungen zwischen den belgischen Stämmen in England und ihren Stammesverwandten auf dem Festland in der Vergangenheit mehrmals dazu geführt, daß Britannier auf der Seite der Gallier gegen die römischen Legionen kämpften. Es kam auch vor, daß geschlagene gallische Truppen und ihre Anführer sich vor römischer Gefangenschaft nach England flüchteten, so daß einiges dafür spricht, daß Caesar die Insel in gewisser Weise als ein militärisches Risiko für die Befriedung Galliens angesehen hat.

Dazu dürften aber auch innenpolitische Überlegungen eine Rolle gespielt haben. Caesar, dessen politischer Ehrgeiz zu dieser Zeit noch keineswegs gestillt war, war darauf angewiesen, durch spektakuläre Erfolge sein Charisma als Feldherr sowohl gegenüber seinen Legionen als auch gegenüber Freund und Feind in der Hauptstadt aufzuwerten.

Die verhältnismäßig geringe Stärke des Expeditionsheeres im Jahre 55 v. Chr. von zunächst nur zwei Legionen (ca. 10000 Mann) deutet darauf hin, daß Caesar kaum an eine Eroberung der Insel dachte, sondern nur eine begrenzte militärische Aktion ins Auge faßte, die man mit einem modernen militärischen Begriff etwa als „gewaltsame Aufklärung" bezeichnen könnte.

Die Beschränkung des Unternehmens empfahl sich auch deshalb, weil die rechtliche Legitimation für eine derartige Militäraktion keineswegs gesichert war. Es bestand durchaus die Gefahr, daß man in Rom die Expedition über den Kanal als Kompetenzüberschreitung eines selbstherrlichen Feldherrn auffassen werde. So spricht einiges dafür, daß der von vornherein begrenzte militärische Aufwand Caesar die Möglichkeit einräumen sollte, die öffentliche Meinung in Rom zu prüfen, um bei einer negativen Reaktion das gesamte Unternehmen bagatellisieren und als eine militärisch erforderliche lokale Verfolgungs- oder Strafaktion hinstellen zu können.

Hatte Caesar auf geringen Widerstand und leichte Beute gehofft, so sah er sich allerdings getäuscht. Bei der ersten Aktion, im Jahre 55 v. Chr., wurden die Transportschiffe mit der Reiterei durch ungünstige Witterungsverhältnisse von der Hauptflotte getrennt, so daß Caesar einen tieferen Vorstoß in das Innere der Insel gegen den Widerstand der Britannier nicht wagen konnte. Auch die im nächsten Jahre mit wesentlich stärkeren Kräften unternommene Expedition führte nur zu einem mäßigen Erfolg. Zwar gelang es den Römern, nach mehreren erbitterten Gefechten die Themse zu überschreiten und auch den restlichen Widerstand, den der König Cassivellaunus vom Stamme der Catavellaunier leistete, durch einen entschlossenen Vorstoß in das Herrschaftszentrum des Gegners zu brechen; Cassivellaunus mußte sich zu politischem Wohlverhalten verpflichten, Tributzahlungen leisten und Geiseln stellen. Im übrigen war es aber nicht gelungen, die römische Herrschaft auch nur auf einem Teil der Insel durchzusetzen. Auch die erhoffte Beute war recht mager ausgefallen; außer Kriegsgefangenen, die auf dem Sklavenmarkt veräußert wurden, hatte das aufwendige Unternehmen nichts erbracht. Die Tributzahlungen wurden wohl – wenn sie überhaupt jemals entrichtet wurden – bald eingestellt, und die gefährliche Erhebung des Vercingetorix in Gallien sowie der Bürgerkrieg lenkten in der Folgezeit die Aufmerksamkeit Caesars von Britannien ab, so daß zu seinen Lebzeiten kein weiterer Versuch mehr unternommen wurde, auf der Insel Fuß zu fassen.

Wenn seine militärischen Aktionen in Britannien auch nicht unmittelbar zum Erfolg geführt hatten, so bleibt doch die spätere Provinz Britannia eng mit dem Namen Caesars verbunden; denn durch die Eroberung und Befriedung Galliens hatte Caesar eine wichtige Voraussetzung für die Romanisierung der Insel geschaffen, die zudem auch durch die engen Beziehungen, die die Britannier mit ihren inzwischen in den römischen Kulturkreis einbezogenen Stammesgenossen auf dem Festland unterhielten, wesentlich gefördert wurde.

2. Die römische Eroberung unter Kaiser Claudius und seinen Nachfolgern

Caesars politische Nachfolger, Augustus und Tiberius, zogen es vor, freundschaftlich-nachbarliche Beziehungen zu den Stämmen Britanniens zu unterhalten.

Der Geograph und Schriftsteller Strabo (ca. 63 v. Chr.–26 n. Chr.) begründete diese Politik, die dem Vermächtnis Caesars nicht zu entsprechen schien, damit, daß die Besetzung der Insel nicht notwendig sei, da ihre Bewohner keine militärische Gefahr für die römischen Provinzen auf dem Kontinent bildeten. Auch in finanzieller Hinsicht seien durch eine Invasion keine Vorteile zu erwarten, da die Ertragskraft Britanniens bereits durch die Ein- und Ausfuhrzölle der atlantischen Häfen weitgehend abgeschöpft werde. Um die Insel zu beherrschen, müsse man zudem mindestens eine Legion mit Reiterei als Besatzungstruppe ansetzen, so daß von den erwarteten Tributzahlungen kaum große Gewinne übrigblieben.[12]

Erst unter Tiberius' Nachfolger, Caligula, wurde das Projekt einer Invasion der Insel wieder ins Auge gefaßt. In Britannien hatte noch zu Lebzeiten des Augustus und Tiberius der keltische Stammesfürst Cunobelin, dem Shakespeare in der Gestalt des Cymbeline ein literarisches Denkmal gesetzt hat, von dem befestigten Mittelpunkt Camulodunum (Colchester) aus auf Kosten der benachbarten Stämme sein Herrschaftsgebiet zu einem relativ stabilen Königreich ausgebaut, das den gesamten Südosten Britanniens umfaßte und sich immer mehr von der römischen Schutzherrschaft emanzipierte. In den Jahren 39/40 n. Chr. kam es jedoch zu Auseinandersetzungen zwischen Cunobelin und einem seiner Söhne mit Namen Adminius, in deren Verlauf Adminius von der Insel verbannt wurde und sich schutzflehend an den römischen Kaiser wandte, der sich gerade zu seinen Legionen nach Germanien begeben hatte. Es gelang Adminius, den in seiner Exzentrik unberechenbaren Caligula davon zu überzeugen, daß die Invasion der Insel keine Schwierigkeiten bereiten und dem Kaiser zu unsterblichem Ruhme verhelfen werde. Die Expedition endete jedoch schon kläglich, bevor sie überhaupt recht begonnen hatte, da die vorgesehenen Legionen am Einschiffungsort Boulogne meuterten und so den Abbruch des Unternehmens erzwangen.

Drei Jahre später (43 n. Chr.) wurde das Projekt jedoch von dem Nachfolger des inzwischen ermordeten Caligula, Kaiser Claudius, wieder aufgegriffen – und dieses Mal mit mehr Erfolg. Die politische Situation in Britannien hatte sich in der Zwischenzeit insofern zugespitzt, als Cunobelin mittlerweile gestorben war und seine Herrschaft auf seine beiden in Britannien gebliebenen Söhne, Togodumnus und Caratacus, übergegangen war. Anders als ihr Vater, der Rom gegenüber eine eher vorsichtige Politik betrieben hatte, glaubten die neuen Machthaber, sich offene Feindseligkeiten und Provokationen leisten zu können, wodurch das Prestige der Weltmacht allmächlich in seiner Substanz berührt wurde.

Dazu kam, daß unter Kaiser Claudius scharfe Repressalien gegen den Druidenkult in Gallien ausgeübt wurden und man vielleicht in Rom zu der Einsicht gelangte, daß das Druidentum und damit die Seele des immer noch lebendigen keltischen Widerstands nur zerschlagen werden könne, wenn auch die noch verbliebene Zufluchts- und Widerstandsbasis in Britannien ausgeschaltet werde. Endlich sind auch hier die persönlichen Motive des Kaisers, der auf die Loyalität des Heeres angewiesen war, sich noch keinerlei Feldherrnruhmes erfreute und in dem geplanten Unternehmen sicher eine Möglichkeit zu persönlichem Prestigegewinn sah, nicht zu unterschätzen.

Die Invasion, die mit vier Legionen und zahlreichen Auxiliarverbänden, das heißt mit der stattlichen Anzahl von ca. 30000 Mann, vorgetragen wurde, stieß zunächst auf relativ schwachen Widerstand, da man allem Anschein nach auf der Insel nach dem Versuch des Caligula nicht mehr mit einem entsprechenden Unternehmen gerechnet hatte. Es gelang dem römischen Expeditionsheer unter der Führung des Aulus Plautius, eines tüchtigen Feldherrn, die keltischen Truppen beim Medway-Fluß in einer zweitägigen Schlacht entscheidend zu schlagen und bis zur Themse vorzurücken. Hier machte man halt, weniger, weil man auf heftigen Widerstand gestoßen war, sondern wohl eher, weil man gehalten war, die persönliche Ankunft des Kaisers Claudius abzuwarten, der es sich nicht nehmen lassen wollte, die in Aussicht stehenden Siegeslorbeeren selbst zu ernten. Nach dem Eintreffen des Kaisers wurde die Themse überschritten und Colchester, das Zentrum des keltischen Widerstandes, erobert, wo Claudius die

Unterwerfung mehrerer Stämme entgegennehmen konnte. Damit war aber der Krieg noch nicht zu Ende. Nach dem Tode des Togodumnus, der bei einem der Gefechte an der Themse gefallen war, setzte sein überlebender Bruder Caratacus den Kampf alleine fort, ohne allerdings verhindern zu können, daß die Invasoren weite Bereiche der Lowlandzone besetzten.

Erst an den unwegsamen Barrieren der westlichen Bergwelt kam der römische Vormarsch zum Stehen. Wie so oft in der englischen Geschichte, versteifte sich hier der Widerstand gegen die Eroberer, der unter der Führung des inzwischen hierher geflüchteten Caratacus neu organisiert wurde. Während im Osten bereits Siedler, Kaufleute und Geschäftemacher die Insel überfluteten, mühten sich im Westen die Legionen in einem aufreibenden Kleinkrieg, das verbliebene Zentrum keltischer Verteidigungsanstrengungen in der walisischen Bergwelt, das zugleich zur letzten Bastion des Druidenkultes geworden war, zu zerschlagen.

Erst Jahre später, 60/61 n. Chr., gelang es dem römischen Statthalter Gaius Suetonius Paullinus, die der walisischen Küste vorgelagerte Insel Mona (wahrscheinlich Anglesey) vorübergehend in seine Gewalt zu bringen; der dortige „heilige Hain“, eine zentrale Kultstätte des Druidentums, wurde zerstört, die angetroffenen Priester und Bewohner wurden wahllos niedergemacht.

Aber gerade diese aus der Sicht der Römer erfolgreiche Aktion hätte fast zu einer militärischen Katastrophe und damit zum Ende der Römerherrschaft in Britannien geführt, da um die gleiche Zeit in der Lowlandzone eine der gefährlichsten Revolten ausbrach, mit der die römische Weltmacht jemals in einer Provinz konfrontiert wurde.

Um die damit verbundenen Geschehnisse verständlich zu machen, ist es erforderlich, kurz auf die Vorgeschichte einzugehen. Als Caratacus, der überlebende Sohn des Königs Cunobelin, der im Jahre 51 nach tapferer Gegenwehr endlich in die Hand der Römer gefallen war, im Triumph durch Rom geführt wurde, soll er, als er die Straßen und Steinbauten der Stadt sah, gefragt haben, wie es zugehen könne, daß die Herren solch stolzer Paläste nach den armseligen Hütten seiner Heimat verlangten.[13] Die neuen Herren in Britannien zeigten anfangs durchaus auch weniger Verlangen nach den Häusern und dem unmittelbaren Gut ihrer Untertanen; sie waren vor allem an der Anerkennung der römischen Herrschaft und der Leistung von Steuerzahlungen interessiert. So war man unter der Regierung des Kaisers Claudius zunächst noch bereit gewesen, die bestehenden keltischen Teilfürstentümer mit ihren einheimischen Königen unangetastet zu lassen und auch die finanziellen Forderungen in maßvollen Grenzen zu halten. Diese zunächst noch recht moderate Besatzungspolitik änderte sich jedoch in der Folgezeit, vor allem unter der Regierung des Kaisers Nero (54–68 n. Chr.), grundlegend.

Noch zu Claudius’ Zeiten hatte man den keltischen Stamm der *Trino-*

vantes verprellt, als man daran ging, in Colchester eine römische *colonia* zu Lasten der einheimischen Grundbesitzer, die kurzerhand enteignet und von den Veteranen sogar als Sklaven betrachtet wurden, einzurichten. Auch die Einführung des Kaiserkultes in der Stadt, die mit dem Bau einer aufwendigen Tempelanlage einherging, stieß auf wenig Gegenliebe, da die benötigten Mittel von den Einheimischen eingefordert wurden. Dazu kam, daß die einzelnen Stammesfürsten im Bestreben, ihre Lebensweise an die römische Zivilisation anzupassen, zu Beginn der römischen Herrschaft erhebliche Gelder von mehr oder weniger seriösen Geschäftemachern geliehen hatten, die nun aus nicht sicher erkennbaren Gründen ihre Investitionen als nicht mehr zukunftsträchtig ansahen und die Rückzahlung ihres Kapitals verlangten. Nach dem Bericht des Schriftstellers Cassius Dio soll sich in diesem Zusammenhang vor allem der Philosoph und Erzieher des Kaisers Nero, L. Annaeus Seneca, unbeliebt gemacht haben, der nun vierzig Millionen Sesterzen zurückgefordert habe, nachdem er sie vorher einheimischen Großen in der Hoffnung auf einigen Gewinn aufgedrängt hatte.[14] Endlich zielte die Verwaltungspolitik des neuen Kaisers darauf ab, die manchen Teilfürstentümern bisher zugestandene Autonomie abzuschaffen und die Verwaltung in die Hände römischer Amtsträger zu legen, wobei diese neue Politik nach dem Tode des Königs Prasutagus vom Stamme der *Iceni* auch in der Praxis mit äußerster Brutalität durchexerziert wurde. Der ohne männliche Leibeserben verstorbene König hatte, wohl um die Nachfolge seiner Witwe Boudicca (Boadicea) und seiner Töchter zu sichern, per Testament jeweils zur Häfte den römischen Kaiser Nero und die eigenen Hinterbliebenen als Erben eingesetzt. Der Kaiser beschränkte sich jedoch nicht auf das ihm zugedachte Erbteil, sondern betrachtete das Königshaus als erloschen und zog das gesamte Vermögen ein. Als die königliche Witwe außerdem noch mißhandelt wurde, ihre Töchter von disziplinlosen Soldaten vergewaltigt und die Konfiskationen auch auf andere Stammesadlige ausgedehnt wurden, war das Maß voll. Auf den Hilferuf der Königin erhoben sich die Icener zu einem erbitterten Aufstand gegen die verhaßte Fremdherrschaft, der – begünstigt durch die Abwesenheit des Statthalters mit der Masse der Legionen in Wales – sich in kürzester Zeit auch auf das Gebiet der *Trinovantes* ausbreitete. Zur Seele und zum Motor der Erhebung wurde die Königin Boudicca. Cassius Dio hat uns ein plastisches Portrait dieser streitbaren Dame überliefert:

„Sie selbst war hochgewachsen, gar furchterweckend in ihrer Erscheinung, und ihr Auge blitzte. Dazu besaß sie eine rauhe Stimme. Dichtes hellblondes Haar fiel ihr herab bis zu den Hüften, den Nacken umschlang eine große, goldene Kette, und der Leibrock, den sie trug, war buntfarbig und von einem dicken Mantel bedeckt, der durch eine Fibel zusammengehalten wurde. Damals nun ergriff sie eine Lanze, um auch auf diese Weise ihre sämtlichen Zuhörer in Schrecken zu versetzen ...“[15]

Der Haß der Aufständischen richtete sich gegen alles, was römisch war, und gegen alle, die mit den Römern kollaborierten. In Colchester wurde eine zum Schutze der Siedlung eiligst zusammengeraffte römische Einheit von 200 Mann völlig aufgerieben; zahlreiche Römer oder Einheimische, die im Verdacht standen, mit ihnen zu sympathisieren, wurden niedergemacht. Auch in anderen Städten forderten Massaker beträchtliche Opfer, wenn auch die in den Berichten der antiken Schriftsteller angegebene Zahl von 70000 Toten übertrieben sein dürfte. Die aufblühenden, stark römisch geprägten Städte *Londinium* (London) und *Verulamium* (St. Albans nordwestl. von London) wurden weitgehend zerstört.

Auch für die römische Armee schien sich eine Katastrophe anzubahnen, als die neunte Legion unter Quintus Petillius Cerialis vor Colchester von den Aufständischen vernichtend geschlagen wurde und dabei fast ihren gesamten Mannschaftsbestand sowie ihr Lager verlor, wobei es dem Befehlshaber nur mit Mühe gelang, sich mit der Reiterei in ein befestigtes Fort in Sicherheit zu bringen.

Inzwischen hatte der Statthalter Suetonius Paullinus in Wales von der Katastrophe erfahren und kehrte in Eilmärschen in Richtung Osten zurück. Zur Unterstützung forderte er die bei Gloucester stehende zweite Legion an; die Disziplinlosigkeit war jedoch bereits so weit fortgeschritten, daß man sich dort dem gegebenen Befehl widersetzte und den Statthalter seinem Schicksal überließ. Es sah ganz so aus, als sollte Suetonius Paullinus das gleiche Los erleiden wie einst sein Kollege Varus im Teutoburger Wald, als er sich mit der ihm verbliebenen Streitmacht von ca. 10000 Mann in der Nähe von *Verulamium* (St. Albans) dem zahlenmäßig weit überlegenen Heer der Aufständischen zum Kampfe stellte. Aber jetzt zahlte sich die Besonnenheit und überlegene Routine römischer Militärtaktik aus. Es gelang, unter Ausnutzung des Geländes, die zügellos Angreifenden mit Hilfe der Reiterei zu umfassen und vernichtend zu schlagen. Mit der verlorenen Schlacht brach die Position der Aufständischen schnell zusammen. Die Königin Boudicca nahm, die Aussichtslosigkeit ihrer Lage erkennend, Gift; der Befehlshaber der zweiten Legion, der die Hilfeleistung verweigert hatte, stürzte sich in sein Schwert.

Während in der Lowlandzone die römische Herrschaft mit unerbittlicher Härte wiederhergestellt wurde, machte der Kleinkrieg im Westen erst unter Kaiser Vespasian gewisse Fortschritte, als es dem Statthalter Sextus Julius Frontinus gelang, den Stamm der Siluren zur Anerkennung der römischen Herrschaft zu zwingen. Im Jahre 78 führte dessen Nachfolger, Cn. Julius Agricola, der Schwiegervater des berühmten Historikers Tacitus, die militärischen Operationen in Wales zu einem gewissen Abschluß, indem er die *Ordovices* im nördlichen Teil des Landes unterwarf und die bereits zu Neros Zeiten umkämpfte Insel *Mona* (Anglesey) endgültig eroberte.

Mit dem nachlassenden Widerstand im Westen konnte Agricola daran gehen, die römische Herrschaft auch nach Norden auszudehnen. Einen ersten Schritt auf diesem Wege bildete die 79 erfolgte Unterwerfung des mächtigen Stammes der *Brigantes* mit dem Hauptort *Eburacum* (York). In der Folgezeit gelang es Agricola, mit Hilfe der Flotte weiter an der Ostküste bis zur Tava-Bucht (Firth of Tay) und in die Gegend von Dundee und Perth vorzudringen, das Aufgebot der schottischen Kaledonier entscheidend zu schlagen und die eroberten Gebiete durch die Anlage stützpunktartiger Befestigungen zu sichern.

Doch bevor der siegreiche Feldherr sein Ziel, die vollständige Unterwerfung der britischen Inselwelt verwirklicht hatte, wurde er im Jahre 85 abberufen, was bedeutete, daß Rom von nun an auf eine weitere Expansion nach Norden und Westen grundsätzlich verzichtete und sich im wesentlichen darauf beschränkte, das Erreichte zu sichern.

Dieser Sicherung diente vor allem der sogenannte „Hadrianswall", der auf Befehl Kaiser Hadrians in den Jahren 121/22 begonnen und in der Folgezeit weiter ausgebaut wurde. Dabei handelt es sich um eine 120 km lange und von Meer zu Meer, das heißt vom Firth of Solway im Westen bis zur Tynemündung im Osten reichende Befestigungsanlage, die in der uns heute erhaltenen Form aus mehreren Bauelementen besteht. Das Kernstück bildet eine zunächst teilweise aus Holz, dann durchgehend in Stein errichtete, bis 5,92 m hohe Mauer, die nach Norden hin außerdem durch einen breiten Graben geschützt war. Der Verteidigung dienten zahlreiche Wachttürme, kleinere Forts sowie 17 kastellartig befestigte Militärlager mit entsprechenden Besatzungen, wobei die Versorgung dieser Militäreinrichtungen sowie die Verbindung zu den rückwärtigen Legionsbasen Chester und York durch Militärstraßen sichergestellt war. Das gesamte Befestigungssystem war außerdem auch nach Süden hin durch zwei ca. sechs Meter hohe, durch einen drei Meter tiefen Graben getrennte Erdwälle abgeschirmt. Die Zugangsmöglichkeiten beschränkten sich auf besondere, hierzu vorgesehene Straßen, die an bestimmten Punkten über die Erdwälle geführt wurden und damit relativ leicht kontrolliert werden konnten. Diese zusätzlichen Sicherungsmaßnahmen machen deutlich, daß die gesamte Anlage einem doppelten Zweck diente: Neben der Abwehr militärischer Angriffe aus dem Norden sollten außerdem auch die offensichtlich recht engen Kontakte zwischen dem noch immer aufsässigen Stamm der *Brigantes* und den romfeindlichen Nachbarstämmen im Norden unterbunden werden.

Nach dem Tode Kaiser Hadrians gelang es unter der Herrschaft seines Nachfolgers, Antoninus Pius, noch einmal, auf den Spuren Agricolas weiter nach Schottland vorzustoßen und die hinzugewonnene Region durch eine zweite, etwa 60 km lange, vom Firth of Clyde bis zum Firth of Forth reichende Befestigungslinie – den sogenannten „Antoninuswall" – zu sichern.

3. Die Provinz Britannia

Das Gebiet, das als Provinz Britannia von den Römern beherrscht wurde, entsprach ziemlich genau dem heutigen England und Wales.

Versuchen wir, uns ein Bild von den Auswirkungen der Römerherrschaft auf die Sozialstruktur des Landes zu machen, so ist wieder zwischen den *Lowlands* und *Highlands* zu unterscheiden. So behielten die unwegsamen Berglandregionen des Westens und Nordens weitgehend den Charakter von Militärzonen, wo die römischen Legionäre in ihren Garnisonen wie in abgeschlossenen Enklaven innerhalb einer fremden Umwelt ein mehr oder weniger tristes Besatzerdasein fristeten. Der übliche Militäralltag wurde dabei immer wieder durch lokale Revolten, Überfälle und sonstige bewaffnete Aktionen der angrenzenden Keltenstämme unterbrochen.

Ganz anders wird man sich dagegen das Bild in der Lowlandzone im Osten und Süden des Landes vorstellen müssen.

Geschützt von den beiden mächtigen Militärregionen im Westen und Norden, konnte sich hier römische Lebensart in einer ausgesprochen ‚zivil' wirkenden Umwelt ungestört entfalten. Die Landschaft wurde geprägt von aufstrebenden Städten in Steinbauweise mit Forum, Tempel, Basilika, Amphitheater und Thermen, die durch ein ausgedehntes Straßennetz miteinander verbunden waren.

Als klassisches Beispiel ist in diesem Zusammenhang London zu nennen, das sich in der Römerzeit zum Zentrum der Provinzialverwaltung und zum wichtigsten Umschlagplatz für den Handel mit Sklaven, den auf der Insel produzierten Rohstoffen sowie den aus Gallien und dem Mittelmeerraum eingeführten Gebrauchs- und Luxusgegenständen entwickelte und immer mehr den Status einer geistigen und wirtschaftlichen Metropole annahm, wenn auch die geschätzte Zahl von ca. 30000 Einwohnern für unsere Begriffe noch bescheiden klingt. Der urbane Charakter der Stadt wird besonders deutlich, wenn man hiermit die spätere Entwicklung vergleicht. So geht man davon aus, daß das römische London mehr Steinbauten aufwies als die mittelalterliche und frühzeitliche Stadt vor der Feuersbrunst vom Jahre 1666 und über mehr Bäder, sanitäre Anlagen und Kanalisation verfügte als das London zur Zeit der Königin Victoria.

Als symptomatisch für die im Zeichen der *Pax Romana* stehende, durch Friede, Rechtssicherheit und wirtschaftliche Prosperität gekennzeichnete Entwicklung in der Lowlandzone sind auch die zahlreichen, über das ganze Land verstreuten *villae* zu sehen, die keinerlei Befestigungen aufwiesen und damit ein Maß an ziviler Lebenskultur erkennen lassen, wie es z. B. für weite Bereiche der mittelalterlichen Gesellschaft angesichts der zahlreichen Fehden kaum mehr vorausgesetzt werden kann. In diesen *villae*, die, zum Teil reich mit Grundbesitz und Sklaven als Arbeitskräften ausgestattet, oft bedeutsame Wirtschaftseinheiten auf dem Lande verkörperten, siedelten sich vor allem aus dem Heer entlassene Veteranen, Einwanderer vom Kontinent, aber auch seit alters her eingesessene Britannier an.

Vor diesem Hintergrund verwundert es kaum, daß römische Lebensart in der Lowlandzone langsam auch von der einheimischen Bevölkerung angenommen wurde. Dies gilt vor allem für die lateinische Sprache und die damit verbundene Schriftlichkeit, die bis in untere Handwerkerkreise verbreitet war.

Wesentliche Grundlage des Wirtschaftslebens bildete auch jetzt noch die Landwirtschaft, wobei allerdings in römischer Zeit keine nennenswerten Versuche unternommen wurden, weitere Waldgebiete zu erschließen oder Sumpfregionen trockenzulegen. Daneben spielte die Metallgewinnung im bergmännischen Abbau und – begünstigt durch das Straßensystem – auch der Handel eine zunehmende Rolle.

Die zivilisatorische Routine der Römer zeigte sich endlich auch im Verwaltungssystem des Weltreiches. Als kaiserliche Provinz unterstand Britannien der unmittelbaren Verwaltungshoheit des Kaisers, die dieser – wie bei anderen Provinzen auch – regelmäßig an eine Vertrauensperson seiner Wahl delegierte. Der auf diese Weise vom Kaiser als Statthalter beauftragte höchste Amtsträger führte den offiziellen Titel eines *legatus Augusti pro praetore* und vereinigte in seiner Hand eine beträchtliche Machtfülle, da er vor allem den Oberbefehl über die in der Provinz stationierten Legionen innehatte. Um diese Machtfülle in Grenzen zu halten, beschränkte man regelmäßig die Dauer der Amtszeit und gab dem Statthalter außerdem noch andere Amtsträger zur Seite, die teils in einem Unterordnungsverhältnis zu diesem standen, teils aber auch nur dem Kaiser persönlich verantwortlich waren.

So standen die Befehlshaber der einzelnen Legionen zwar unter dem Oberbefehl des Statthalters, wurden andererseits aber allein vom Kaiser ernannt und abberufen, so daß Loyalitätskonflikte nicht selten waren und zum Teil auch spektakuläre Formen annehmen konnten, wie die geschilderte Befehlsverweigerung des Kommandeurs der zweiten Legion während des Boudicca-Aufstandes gezeigt hat.

Noch größere Konfliktmöglichkeiten waren im Amt des Prokurators angelegt, der als Haupt der Finanzverwaltung unmittelbar dem Kaiser unterstellt war und im Rahmen seiner Befugnisse – zumindest de facto – auch gewisse Kontrollfunktionen ausübte. Typisch war dabei, daß dieses Amt regelmäßig mit einem verhältnismäßig rangniedrigen Beamten besetzt wurde, der seine Laufbahn noch vor sich hatte und daher dem Kaiser um so williger zu Diensten war.

Wesentliches Kennzeichen der römischen Provinzialverwaltung in Britannien war nach den Exzessen der Nerozeit das Bestreben, die einheimische Ordnung in weiten Bereichen zu übernehmen und in das neue Herrschaftssystem zu integrieren. So ließ man die keltischen Teilfürstentümer als entsprechende Verwaltungseinheiten bestehen, indem man die Stammesfürsten zu römischen Bürgern machte und als römische Amtsträger mit der Verwaltung ihrer Stämme beauftragte. Auch auf der Ebene der Kommunen wurde weitgehend lokale Selbstverwaltung zugestanden, wobei allerdings streng zwischen den mit dem römischen Bürgerrecht bzw. dem *ius Latinum* begabten *coloniae* und *municipia* und den nach einheimischem Recht verfaßten *civitates* unterschieden wurde.

Wie sparsam man vor der berühmten *Constitutio Antoniniana* vom Jahre 212 auch in Britannien noch mit der Verleihung des Bürgerrechtes umging, läßt die Tatsache erkennen, daß neben den vier *coloniae* in Colchester, Lincoln, Gloucester und York nur ein *municipium*, nämlich *Verulamium* (St. Albans), sicher bezeugt ist, während für London der Munizipalstatus nur vermutet werden kann.

Auch im kulturellen und religiösen Bereich erlegten sich die neuen Herren – im Gegensatz zum missionarischen Eifer mancher moderner Nationalstaaten – weise Zurückhaltung auf. Man respektierte grundsätzlich die weitere Verehrung der einheimischen Götter sowie die Pflege der Landessitten und Gebräuche, unter der Voraussetzung, daß die höchste Autorität des Kaisers und damit der römische Herrschaftsanspruch in seiner Substanz nicht in Frage gestellt wurde.

Grundlage des Abgabesystems bildete die Besteuerung des Grundbesitzes nach seiner Ertragskraft. Dazu kam jedoch noch eine ganze Reihe indirekter Steuern, unter denen die *portoria*, die Hafenzölle, die wichtigste Einnahmequelle bildeten.

Wenn man bedenkt, daß in den Militärzonen regelmäßig eine Streitmacht von über 20000 Mann unter Waffen gehalten werden mußte, sind Zweifel angebracht, ob die durch Steuern und Zölle anfallenden Einnahmen die Militärausgaben gedeckt haben.

Der Wert der Provinz lag für Rom wohl auch mehr in der Erschließung eines neuen Rekrutierungsmarktes für die Armee; britische Legionäre galten gegen Ende der Römerherrschaft als besonders zuverlässige und kampferprobte Soldaten. Dazu kam der Zugewinn eines neuen Rohstoff- und Absatzmarktes, wobei neben der Ausfuhr von Zinn, Kupfer und Blei auch britannische Getreidelieferungen für die Versorgung des Weltreiches eine gewisse Rolle spielten.

Die Steuer- und Abgabelast scheint von den einheimischen Bewohnern nicht als übermäßig drückend empfunden worden zu sein, und auch sonst deutet vieles darauf hin, daß die Römerherrschaft nach den Anfangsexzessen kaum mehr als aufgezwungene Fremdherrschaft angesehen wurde, die es um jeden Preis abzuschütteln galt. Am Ende war es daher auch wohl nicht Britannien, das sich von Rom löste, sondern umgekehrt Rom, das Britannien aufgegeben hat.

4. Das Ende der Römerherrschaft in Britannien

Die römische Weltmacht hatte unter den letzten Adoptivkaisern Antoninus Pius und Marcus Aurelius ihren Zenit bereits überschritten.

Wie in anderen Reichsteilen mehrten sich in der Folgezeit auch an der Nordgrenze Britanniens die Anzeichen nachlassender militärischer Widerstandskraft; immer häufiger wurde die Militärzone durch Einfälle oder Revolten der nicht oder nur oberflächlich unterworfenen schottischen Stämme in Atem gehalten. Das Zeitalter der Soldatenkaiser, geprägt durch wechselvolle Kämpfe zwischen einzelnen rivalisierenden Heerführern und ihren Truppenteilen um die Kaiserwürde, leitete den allgemeinen Niedergang des Weltreiches ein. Zu den Auflösungserscheinungen im Innern kam der immer ungestümer werdende Ansturm der „barbarischen" Völker von außen.

Auch Britannien wurde in den Strudel dieser Ereignisse gezogen, als z. B. der Heerführer Clodius Albinus im Jahre 196 im Streit um das Kaisertum mit einem großen Teil seiner Legionen die Militärzone verließ und auf das Festland übersetzte. Das entstehende Machtvakuum wurde sofort von den kaledonischen Stämmen Schottlands genutzt, die in wilden Scharen nach Süden vordrangen. Zwar konnte Kaiser Septimius Severus, der siegreiche Rivale des Albinus, die kritische Situation noch einmal meistern und die Eindringlinge bis weit in ihre angestammten Siedlungsgebiete zurückschlagen; dennoch mußte spätestens unter seiner Regierung die zwischen Hadrians- und Antoninuswall liegende Zone aufgegeben werden, so daß der Hadrianswall nun endgültig zur Reichsgrenze wurde.

Der Druck auf das römische Britannien verstärkte sich seit dem 3. Jahrhundert noch insofern, als nun auch keltische Stämme aus Irland (von den Römern *Scoti* genannt) die westliche Militärregion unsicher machten. Dazu kam endlich noch eine gefährliche Bedrohung der Zivilzone vom Meer her durch Streifzüge räuberischer Piratenbanden, die den germanischen Küstenstämmen angehörten.

Je verworrener sich die Verhältnisse im fernen Rom gestalteten, desto mehr war Britannien auf die Tatkraft und die militärischen Fähigkeiten der regionalen Befehlshaber angewiesen, wobei gegen Ende des 3. Jahrhunderts der Kommandant der Kanalflotte, Marcus Mausaeus Carausius, die periphere Lage Britanniens dazu nutzte, sich von Rom loszusagen und auf der Insel ein separatistisches Teilkaisertum mit eigener Münzprägung zu errichten, das – gestützt auf die Flotte und die Loyalität der einheimischen Legionen und Zivilbevölkerung – erst nach dem Tode des Carausius von dem ‚Unterkaiser' *(Caesar)* Diokletians, Konstantius Chlorus, beseitigt werden konnte.

Der Zusammenbruch der Römerherrschaft in Britannien kündigte sich bereits an, als im Jahre 367 die Picten im Norden den Hadrianswall durchbrachen, die Scoten von Westen und die sächsischen Piraten von Osten in die zivile Kernzone eindrangen und so – wie ein Zeitgenosse schrieb – in der Art „einer barbarischen Verschwörung“[16] einen Mehrfrontenkrieg gegen das römische Britannien entfesselten.

Nur mit Mühe gelang es dem römischen Feldherrn Theodosius, dem Vater des späteren Kaisers, der auf Befehl Kaiser Valentinians mit einer starken Streitmacht über den Kanal gesetzt war, der bedrohlichen Lage noch einmal Herr zu werden. Im Jahre 401 oder 402 sah sich der Reichsverweser Stilicho gezwungen, zum Schutze Roms gegen die Angriffe der Westgoten starke Truppenverbände von der Insel abzuziehen, und 410 konnte der weströmische Kaiser Honorius seinen Reichsuntertanen in Britannien nur noch den Rat geben, sich selbst zu verteidigen.[17]

Dies war jedoch für eine Bevölkerung, die sich jahrhundertelang daran gewöhnt hatte, daß die Landesverteidigung in den Händen einer speziell ausgebildeten, schlagkräftigen Berufsarmee lag, wohl nur schwer in die Praxis umzusetzen, so daß das römische Britannien in der Folgezeit in einem Chaos von Plünderung und Anarchie versank. Die römische Verwaltung brach völlig zusammen. An ihre Stelle traten lokale Machthaber, die jeweils auf eigene Faust versuchten, den Widerstand zu organisieren und Sicherheit und Ordnung in ihren jeweiligen Herrschaftsbereichen zu gewährleisten. In diesen chaotischen Wirren fielen nicht nur die äußeren Zeichen römischer Kultur und Zivilisation, wie die Städte und *villae* auf dem Lande, in Schutt und Asche; der totale Auflösungsprozeß machte auch vor der lateinischen Sprache nicht halt, die, durch Barbarismen verstümmelt, in der Lowlandzone völlig verfiel und sich nur in den westlichen und nördlichen Randgebieten der Provinz in Restbeständen halten konnte. Angesichts dieser Sachlage liegt die Frage nahe, was von der jahrhundertelangen Römerherrschaft der Nachwelt eigentlich als dauerhaftes Erbe geblieben ist.

Bei allem Streit um diese Frage ist man sich doch weitgehend darin einig, daß es vor allem drei Dinge waren, die über die Trümmer der Römerherrschaft hinweg in die Zukunft wirkten. Hier ist zunächst das imponierende, meist aus militärischen Gründen angelegte Straßennetz zu nennen, das dem Land erhalten blieb und die wesentliche Grundlage für die Erschließung der Insel bis weit in die Neuzeit hinein bildete. Wenn auch die römisch geprägten Städte und *villae* weitgehend von der Bildfläche verschwanden, so hatte sich doch als ein zweites Erbstück der Römerzeit zumindest die Erinnerung an verkehrstechnisch und strategisch wichtige Punkte erhalten, an die auch die neuen Herren bei der Besiedlung anknüpfen konnten. Endlich hat die Römerherrschaft noch ein drittes Erbe hinterlassen, das zwar die Zukunft der Insel aufs nachhaltigste geprägt hat, das aber im Grunde kein eigentlich „römisches“ Erbe war: das Christentum.

Es wurde bereits darauf hingewiesen, daß die römische Weltanschauung in religiösen Angelegenheiten eher indifferent war; man scheute sich nicht, neben den alten römischen Göttern auch alle möglichen Gottheiten, mit denen man in den unterworfenen Gebieten in Berührung kam, zu verehren. Was die christliche Religion jedoch entscheidend von anderen unterschied, war ihr Ausschließlichkeitsanspruch, der die Staatsraison des Weltreiches, verkörpert im Kaiserkult, in ihrer Substanz in Frage stellte. Wenn man in Britannien weniger als anderswo von Christenverfolgungen hört, so dürfte dies kaum auf eine tolerantere Haltung der Statthalter zurückzuführen sein. Der Grund hierfür liegt wohl eher darin, daß das Christentum in Britannien – bedingt durch die periphere Insellage – vor dem Beginn des 4. Jahrhunderts noch relativ wenig verbreitet war.

Immerhin zeigt das Martyrium des heiligen Alban, der 208/209 hingerichtet wurde, daß die neue Lehre zu diesem Zeitpunkt bereits die Insel erreicht hatte. Daß Britannien zu Beginn des 4. Jahrhunderts schon über eine gewisse christliche Kirchenorganisation verfügte, geht aus dem Umstand hervor, daß im Jahre 314 das in Arles abgehaltene Konzil auch von drei britischen Bischöfen aus London, Lincoln und York besucht wurde.

Dennoch deuten auch nach dem Toleranzedikt des Kaisers Galerius und der Erhebung des Christentums zur Staatsreligion unter Kaiser Theodosius kaum Anzeichen darauf hin, daß die neue Lehre in Britannien besonders festen Fuß gefaßt hatte. Es scheint vielmehr, als seien in weiten Kreisen noch die alten Götter verehrt worden.

Um so erstaunlicher mutet vor diesem Hintergrund die Tatsache an, daß gerade dieses junge, noch keineswegs gefestigt wirkende Christentum nicht nur den Zusammenbruch der Römerherrschaft überlebt hat, sondern darüber hinaus eine beeindruckende Missionskraft entwickeln konnte, die über die Missionierung Irlands mit dazu beigetragen hat, daß das angelsächsische England am Ende wenigstens zum Teil auch von den britischen Inseln selbst aus christianisiert wurde.

Zweites Kapitel
Eroberung und Abwehr. Das Zeitalter der Angelsachsen (ca. 400–1042)

I. Die Herrschaft der Angelsachsen bis zum Beginn der Däneneinfälle (ca. 400–ca. 800)

1. Die angelsächsische Landnahme und frühe Herrschaftsbildungen

Obwohl die angelsächsische Landnahme sicher auch von den Zeitgenossen als folgenschwere Entwicklung empfunden wurde, hat sich dies in der Quellenüberlieferung kaum niedergeschlagen. So berichtet uns über die turbulente Zeit des 5. Jahrhunderts kein einziger zeitgenössischer, mit den Verhältnissen in Britannien vertrauter Autor, was – angesichts der verbreiteten Schriftlichkeit in der Römerzeit – jedenfalls für den Bereich der romanisierten Briten doch überrascht.

Zur Rekonstruktion dieser Vorgänge sind wir daher, wenn man von einigen sporadischen Nachrichten kontinental-europäischer Schriftsteller absieht, auf literarische Zeugnisse angewiesen, die wesentlich später, zum Teil erst mehrere Generationen nach den Ereignissen, entstanden sind.[18]

Hier ist als zeitnächste Quelle das kurz vor 547 verfaßte Werk eines britischen Priesters mit Namen Gildas (ca. 495–570) zu nennen, das zwar den vielversprechenden Titel „Über die Zerstörung und Eroberung Britanniens" trägt, für die uns interessierenden Ereignisse aber nur eine enttäuschende Informationsbasis liefert, da es offensichtlich weniger in der Absicht des Autors lag, Geschehnisse historisch darzustellen, als vielmehr den Sittenverfall seiner Zeit im Sinne einer düsteren Bußpredigt anzuprangern und seine Landsleute zur Besserung aufzurufen. Noch geringer ist der Aussagewert der „Geschichte der Briten" des Nennius zu veranschlagen. In der Schrift, die um 830 von einem in Wales lebenden Briten verfaßt wurde, werden ohne erkennbares Ordnungsprinzip ganz unterschiedliche Beiträge, wie eine Beschreibung Britanniens, Traktate über die Geschichte der Briten und das Leben einzelner Heiliger, Genealogien der Königsfamilien und eine Liste der britischen Städte aneinandergereiht, die insgesamt gesehen viele Irrtümer und Mißverständnisse und nur wenige historisch zuverlässige Angaben enthalten. Von der literarischen Qualität her wesentlich höher einzuschätzen sind dagegen die berühmte, von der Römerzeit bis zum Jahre 731 reichende „Kirchengeschichte" des angelsächsischen Gelehrten und Chronisten Beda Venerabilis († 735) sowie die Angelsächsische Chronik, eine gegen Ende des 9. Jahrhunderts – vielleicht im Auftrag König Alfreds des Großen – erfolgte Zusammenstellung älterer in der angelsächsischen Volkssprache überlieferter Annalenwerke, die beide, wenn auch relativ kurz, auf die angelsächsische Eroberung eingehen.

Diese weitgehend auf der Grundlage einer legendär-mündlichen Tradition beruhende Überlieferung hat den Historikern so manches Rätsel aufgegeben, da sie sich mitunter nur schwer mit den Ergebnissen der archäologischen und sprachwissenschaftlichen Forschung in Einklang bringen läßt.[19]

Die Schwierigkeiten beginnen schon, wenn wir die Herkunft der Eroberer, die heute vereinfachend als Angelsachsen bezeichnet werden, betrachten.

Nach dem Bericht Bedas[20] handelte es sich bei den Neuankömmlingen um Angehörige der germanischen Stämme der Angeln, Sachsen und Jüten, wobei die Angeln die späteren Teilreiche Ostanglien, Mercien und Nordhumbrien, die Sachsen Essex, Sussex und Wessex, die Jüten dagegen die Insel Wight und die gegenüberliegende Küste besiedelt hätten. Als kontinentale Heimat der Angeln lokalisierte Beda die holsteinische Landschaft zwischen Flensburg und Schlei, die auch heute noch den Namen ‚Angeln' trägt, während die Jüten und Sachsen jeweils nördlich und südlich davon, das heißt im heutigen Jütland, bzw. im Raum zwischen Elbe und Weser, ansässig gewesen seien.

Wenn die moderne Forschung auch bereit ist, die Angaben Bedas im Grundsatz zu bestätigen, ergibt sich doch im Detail ein weit weniger homogenes Bild: So läßt das überlieferte archäologische Material einerseits eine starke Nivellierung der noch auf dem Festland ausgeprägten Unterschiede zwischen den einzelnen Stämmen erkennen, andererseits deutet aber auch vieles auf Einflüsse anderer Stammestraditionen hin, wie etwa der niederrheinischen Franken oder der Friesen, so daß man heute eher von insgesamt fließenden Übergängen mit zahlreichen ethnischen Überschneidungen, und für bestimmte Gebiete, wie etwa für Kent, von einer ausgesprochenen Mischbevölkerung ausgeht.

Nach der literarischen Tradition soll die Eroberung der Insel durch einen der lokalen römisch-britischen Machthaber mit Namen Vortigern, einen „hochmütigen Tyrannen", ausgelöst worden sein, der im Kampf gegen die Picten germanische Soldtruppen zu Hilfe gerufen und sie mit Land ausgestattet habe. Die Neuankömmlinge, denen zahlreiche Angehörige anderer germanischer Stämme nachgefolgt seien, hätten sich dann aber im Jahre 449 unter ihren Führern, den Brüdern Hengist und Horsa, im Streit um ausstehende Soldforderungen gegen die britische Obrigkeit erhoben und dann in mehreren für sie siegreichen Schlachten zunächst Kent und danach den größten Teil des Landes erobert.[21] Auch hier wird die literarische Tradition durch die Ergebnisse der Archäologie und der

Ortsnamenforschung nur bedingt bestätigt. Die Vorbehalte richten sich dabei zunächst gegen die von den erzählenden Quellen vermittelte Vorstellung, daß die angelsächsische Landnahme im Zuge einer koordiniert, unter gemeinsamem Oberbefehl vorgetragenen Invasion mehrerer germanischer Stämme erfolgt sei, die relativ schnell zur Unterwerfung bzw. zur Zurückdrängung der einheimischen Bevölkerung in die Highlandzone geführt habe. Demgegenüber geht die moderne historische Forschung davon aus, daß sich der Prozeß der angelsächsischen Landnahme in mehreren Phasen abspielte und über einen verhältnismäßig langen Zeitraum erstreckte, in dessen Verlauf es den Briten immer wieder gelang, sich zu behaupten. Außerdem nimmt man an, daß die militärischen Operationen der Eindringlinge kaum koordiniert unter einem gemeinsamen Oberbefehl, sondern eher regional, mit begrenzter Zielsetzung, von jeweils unterschiedlich großen Kontingenten vorgetragen wurden.

Endlich neigt man heute dazu, die einseitige Charakterisierung der angelsächsischen Landnahme als militärische Invasion überhaupt in Frage zu stellen. So haben Ausgrabungen ergeben, daß bereits seit Ende des 4. Jahrhunderts sowohl in den Militärzonen als auch im zivilen Kernbereich mit einer starken Präsenz sächsischer Bevölkerungsgruppen in Britannien gerechnet werden muß. Dies überrascht im Grunde auch kaum, wenn man bedenkt, daß die Anwerbung germanischer Hilfstruppen und die damit verbundene „Barbarisierung" des römischen Heeres zu den bekannten Tatsachen der spätrömischen Geschichte zählen. Man wird hierin zwar kaum eine wesentliche Ursache für den Zusammenbruch Roms, etwa im Sinne einer allmählichen Infiltration von innen, sehen können, da es in der Spätzeit oft gerade „nichtrömische" Befehlshaber mit ihren Truppenteilen waren, die durch ihre Loyalität und Tatkraft das Weltreich mehr als einmal vor militärischen Katastrophen bewahrt haben; dennoch kann man für Britannien wohl davon ausgehen, daß die angelsächsische Landnahme bereits seit dem 4. Jahrhundert durch einen langgestreckten, friedlichen Prozeß der Einwanderung und Ansiedlung sächsischer Kolonisten vorbereitet wurde.

Andererseits waren neben den schottischen Picten auch die germanischen Küstenstämme, die seit dem Ende des 3. Jahrhunderts mit ihren Booten die Insel heimsuchten, trotz der getroffenen Abwehrmaßnahmen längst zu einer eigenständigen militärischen und politischen Kraft geworden, die in der Lage war, entscheidend auf die Verhältnisse in Britannien einzuwirken.

Gegen Mitte des 5. Jahrhunderts ging dann wohl dieser Prozeß friedlicher Kolonisation bei gleichzeitig fortdauernder Bedrohung von außen in eine neue Phase militärischer Eskalation über, als die angeworbenen germanischen Soldtruppen in Kent gegen die römisch-britische Obrigkeit rebellierten und damit – so scheint es – weitere Invasionsschübe der germanischen Küstenstämme auslösten, die sich nun nicht mehr mit zeitlich begrenzten Raubzügen begnügten. So sollen nach der Angelsächsischen Chronik im letzten Viertel des 5. Jahrhunderts sächsische Heerhaufen unter der Führung eines gewissen Aelle an der britischen Südostküste gelandet und von dort aus in das Innere der Insel vorgedrungen sein.[22] Darüber hinaus deuten Bodenfunde darauf hin, daß während dieser Zeit weitere Invasionsunternehmungen im Bereich der Themsemündung, aber auch entlang der gesamten Ostküste bis in die Gegend der Humbermündung erfolgten, ohne daß wir hierüber Näheres wissen.

Das von der Archäologie wie auch von der literarischen Überlieferung vermittelte Bild einer um 450 einsetzenden „Eroberungsphase" wird indirekt auch dadurch bestätigt, daß im letzten Viertel des 5. Jahrhunderts die bisher noch bestehenden Verbindungen zwischen den britischen Inseln und dem christlichen Festland abrissen, so daß z. B. die neue, im Jahre 485 festgelegte Osterregelung in Britannien nicht mehr bekannt wurde.

Die Briten leisteten den Eindringlingen offensichtlich erbitterten Widerstand, und wir hören, daß es in einer bedeutsamen Schlacht an einem nicht näher identifizierbaren Ort mit Namen *Mons Badonicus* gelungen sei, die Angreifer vernichtend zu schlagen.[23] In der Tat scheint es zu Beginn des 6. Jahrhunderts geglückt zu sein, die militärische Lage noch einmal zu stabilisieren und den Vormarsch der Angelsachsen nicht nur zum Stehen zu bringen, sondern die Eroberer zum Teil sogar aus den von ihnen bereits besetzten Gebieten wieder zu vertreiben. Der Abwehrkampf der Briten, der in der siegreichen Schlacht am *Mons Badonicus* seine Krönung fand, wird von einer späteren Überlieferung mit der sagenhaften Gestalt des Königs Arthur (Artus) in Verbindung gebracht, der als die Seele des keltischen Widerstandes zugleich die christliche Lehre gegen die angelsächsischen Heiden verteidigt habe.

Wenn auch im Hoch- und Spätmittelalter zahlreiche Dichter und Chronisten dieses Motiv aufgriffen und König Artus und seiner berühmten ritterlichen Tafelrunde ihre Reverenz erwiesen, so sind doch starke Zweifel darüber angebracht, ob es jemals eine historische Persönlichkeit mit Namen Arthur gegeben hat, die mit dem Abwehrkampf der Briten gegen die heidnischen Angelsachsen im 5./6. Jahrhundert in einen Zusammenhang gebracht werden kann. Gegen diese Annahme spricht, daß weder der Brite Gildas, der für diese Ereignisse als Zeitgenosse gelten kann, noch der ebenfalls relativ zeitnah schreibende und sonst gut unterrichtete Chronist Beda einen britischen König oder Feldherrn Arthur kennen; das früheste historische Zeugnis für diese Sagengestalt findet sich erst in der aus dem 9. Jahrhundert stammenden „Geschichte der Briten" des Nennius, wonach ein britischer Heerführer mit Namen Arthur zusammen mit anderen britischen Königen gegen die Sachsen gekämpft und in der Schlacht beim *Castellum Guinnion* das Bild der heiligen Jungfrau auf dem Rücken getragen und auf diese Weise mit Gottes Hilfe einen glänzenden Sieg über die Feinde errungen habe.[24]

Die auf die Schlacht am *Mons Badonicus* folgenden Jahrzehnte wurden zunächst wohl durch eine Art friedlicher Koexistenz zwischen Eroberern und Briten auf der Grundlage des erreichten Status quo geprägt; denn aus dem Werk des Briten Gildas erfahren wir, daß zu seiner Zeit im Lande Friede geherrscht habe.

Um 550 setzte jedoch eine erneute angelsächsische Eroberungs- und Besiedlungsphase ein, in deren Verlauf (bis ca. 600) es den Neuankömmlingen gelang, im Westen bis zum Severntal vorzudringen. Doch auch jetzt, um 600, hatten die Eroberer noch keineswegs den gesamten Lowlandbereich unter ihre Kontrolle gebracht; im Westen und Norden konnten noch immer einige britisch-keltische Teilherrschaften ihre Unabhängigkeit behaupten. Dies änderte sich erst in der letzten Expansionsphase (ca. 600–ca. 700), die von den betroffenen angelsächsischen Grenzreichen im Westen und Norden getragen wurde und in deren Verlauf die Angelsachsen endlich ihre Herrschaft auf die gesamte Lowland- und einen Teil der Highlandzone im Norden ausdehnen konnten. Dadurch wurde wiederum das britisch-keltische Zentrum Wales von den anderen verbliebenen keltischen Herrschaften im Süden *(Dumnonia)* und Norden *(Strathclyde)* getrennt und damit isoliert.

Bis zum Beginn des 7. Jahrhunderts hatten die Neuankömmlinge ihre Herrschaft in den unterworfenen Gebieten durch die Errichtung zahlreicher Kleinkönigreiche stabilisiert.

Betrachten wir diese neuen Herrschaftsbildungen näher, so ist zunächst grundsätzlich zwischen den jeweils nördlich und südlich des Humber gelegenen Teilreichen zu unterscheiden.

Die Bedeutung des Humber als politische Grenzlinie läßt sich bereits aus der Terminologie Bedas ableiten, wonach die nördlich des Flusses ansässigen Bewohner als „Volk der Nordhumbrier" *(Nordanhymbrorum gens)* bezeichnet wurden.[25] Dazu kommt, daß die südlichen Königreiche – wohl als Antwort auf den zunehmenden Widerstand der Briten – eine Art persönliches Oberkönigtum mit dem militärischen Oberbefehl über das angelsächsische Gesamtaufgebot *(bretwalda)* ausgebildet hatten, während die nördlich des Humber gelegenen Herrschaften in diesen überregionalen Wehrverband – jedenfalls zunächst – nicht integriert waren.

Diese unterschiedliche Struktur zwischen Nord- und Südreichen überrascht umso mehr, wenn man sich klar macht, daß der Humber weder in der Römerzeit noch im Zuge der angelsächsischen Landnahme jemals eine ethnische oder stammesmäßige Grenzlinie bildete und daß auch kaum ein größerer Zeitabstand zwischen der Besiedlung nördlich und südlich des Flusses vorausgesetzt werden kann.

Die Forschung neigt daher dazu, dieses Phänomen mit der Existenz des britischen Teilreiches Elmet zu erklären, das sich an den Ufern des Flusses Aire wie ein Keil in das angelsächsische Herrschaftsgebiet geschoben und so die ursprünglich sicher vorhandenen stammesmäßigen Kontakte zwischen Nord- und Südreichen allmählich blockiert habe.

Im übrigen ist über die Entstehung und Frühzeit der angelsächsischen Herrschaftsbildungen praktisch nichts bekannt. Aus der lückenhaften Überlieferung können wir lediglich schließen, daß um 600 insgesamt mindestens zwölf angelsächsische Teilreiche existiert haben, wobei vieles dafür spricht, daß zu diesem Zeitpunkt schon ein gewisser Konzentrationsprozeß eingesetzt hatte, in dessen Verlauf zahlreiche kleinere Herrschaftsgründungen in größeren Einheiten aufgegangen waren. Das bedeutendste dieser Teilreiche dürfte um 600 das nach der literarischen Überlieferung aus der Rebellion gegen die britisch-römische Obrigkeit entstandene Kent gewesen sein. Unmittelbar nach Süden, Westen und Norden schlossen sich die im Kern von Sachsen besiedelten Königreiche Sussex, Wessex und Essex an. Weiter nördlich führte die Landnahme der Angeln zur Gründung der Teilreiche Ostanglien im Gebiet der heutigen Grafschaften Norfolk und Suffolk, Mittelanglien, westlich davon zwischen den römischen Fernstraßen Watling Street und Ermine Street gelegen, und endlich Mercien (*Mierce*, Markland), das wohl als Grenzkönigtum in der Gegend am oberen Trentfluß um die heutige Stadt Tamworth errichtet wurde und dessen Expansionsrichtung auf Chester zielte.

Vielleicht bereits in einer gewissen Abhängigkeit von dem aufstrebenden Mercien befanden sich zwei weitere kleinere angelsächsische Herrschaften im walisisch-keltischen Grenzgebiet: *Hwicce* an der Severnmündung und westlich davon im heutigen Herefordshire das Teilreich der *Magonsaete*.

Das nördlichste angelsächsische Königreich südlich des Humber war Lindsey, das den Hügellandteil von Lincolnshire entlang der Ostküste umfaßte. Nördlich des Humber entstand wohl noch im 5. Jahrhundert im Gebiet zwischen Humber und Tees das Teilreich *Deira*, an das sich im Laufe des 6. Jahrhunderts im Norden bis weit über den Hadrianswall reichend *Bernicia* anschloß. Beide Herrschaften wurden zu Beginn des 7. Jahrhunderts im Königreich Nordhumbrien vereinigt.

Die neuen Herren gingen schnell dazu über, das Land nach ihren eigenen Wertvorstellungen und Erfahrungen in Besitz zu nehmen und entsprechend umzugestalten. Im Ergebnis bedeutete dies einen deutlichen Bruch mit der römisch-britischen Vergangenheit, wobei weniger diese Diskontinuität an sich als vielmehr ihr Ausmaß – etwa im Vergleich zu den germanischen Reichsbildungen auf dem Kontinent – überrascht. Die Restbestände der so überlegen wirkenden römischen Zivilisation scheinen auf die Neuankömmlinge wenig Eindruck gemacht zu haben. Sie versuchten weder, das erhalten gebliebene Straßensystem zu nutzen, noch zeigten sie viel Neigung, an den Segnungen des Stadtlebens römischer Prägung teilzuhaben. Im Gegenteil, die neuen Herren scheinen geradezu eine Aversion gegen die überkommenen Steinbauten gehabt zu haben, so daß zahlreiche ehemalige Städte, wie z. B. Verulamium, Silchester oder Wroxeter, verfielen und andere, wie London und York, ihr Überleben nur ihrer strategisch und verkehrstechnisch günstigen Lage zu verdanken haben.

Knüpften die germanischen Eindringlinge insoweit wenigstens noch an die Grundsätze der römischen „Raumplanung" an, wird der Bruch mit der Vergangenheit besonders deutlich, wenn man die Entwicklung auf dem Lande betrachtet. So scheint praktisch kaum eine der über 600 bekanntgewordenen *villae* in angelsächsische Hand übergegangen zu sein. Ebensowenig führten die neuen Herren die überkommenen Einzelgehöfte römisch-britischer Prägung mit den typischen kleinen eingefriedeten Rechteckfeldern fort. An die Stelle dieser Siedlungsformen trat in aller Regel das angelsächsische Dorf mit den charakteristischen weiten, offenen Streifenfluren, die so angelegt waren, daß gemeinsames Zusammenwirken aller Dorfbewohner bei der Bodenbebauung und der Erschließung von Neuland möglich war.

Wenn wir dem Briten Gildas glauben, waren die angelsächsischen Eroberer in ihrer barbarischen Zerstörungswut kaum noch zu übertreffen; mit Feuer und Schwert hätten sie gegen die einheimische Bevölkerung gewütet und alle niedergemetzelt, denen es nicht gelungen war, sich durch Flucht in Sicherheit zu bringen.[26] Ob dieses düstere Bild, wonach die Invasoren die einheimische Bevölkerung bis auf unbedeutende Restbestände ausgerottet oder zumindest in die westliche Gebirgswelt abgedrängt hätten, den Realitäten der angelsächsischen Landnahme gerecht wird, wird von der modernen Forschung durchaus bezweifelt. So glaubt man zwar, aus sprachwissenschaftlichen Untersuchungen der Orts- und Flußnamen vor allem für den östlichen Bereich der Lowlandzone auf eine starke kolonisatorische Dynamik der Neuankömmlinge schließen zu können, die der einheimischen Bevölkerung grundsätzlich nur mehr wenig Raum belassen habe. Die gleichen Untersuchungen ergeben aber auch, daß sowohl für Kent als auch generell nach Westen hin zunehmend mit einem starken britischen Bevölkerungsanteil gerechnet werden muß. Außerdem wird in der späteren angelsächsischen Gesetzgebung ein breiter Grundstock unfreier Bewohner vorausgesetzt, der sich zum großen Teil aus Nachkommen der britischen Bevölkerung zusammengesetzt haben dürfte, so daß der Schluß naheliegt, daß die neuen Herren die einheimische Bevölkerung keineswegs völlig ausgerottet oder aus ihren angestammten Siedlungsgebieten verdrängt, sondern daß sie sich vielmehr darauf beschränkt haben, über der verbliebenen personellen Basis jeweils kleinräumige elitäre Militäraristokratien zu errichten.

Auch hier, bei der Etablierung ihrer Herrschaft in den besetzten Gebieten, folgten die Neuankömmlinge ihren gewohnten und bereits auf dem Kontinent praktizierten Vorstellungen. So war auch die frühe angelsächsische Rechts- und Sozialordnung eine Ordnung von Personengemeinschaften, in der zwei Grundelemente, die Sippe und das Haus, zentrale Bedeutung erlangten. Die Sippe verkörperte dabei einen auf gemeinsamer Abstammung beruhenden Geschlechtsverband, der in seiner strengen Form nur die von einem gemeinsamen Stammvater abstammenden Männer umfaßte und in dessen Rahmen Frauen nur eine passive Rolle als Schutzgenossen zukam; neben diese agnatische oder auch „feste Sippe“ trat jedoch später die „wechselnde Sippe“, zu deren Mitgliedern auch die angeheirateten Verwandten und Frauenverwandten gehörten.

Wenn auch hier im einzelnen vieles umstritten ist, so ist man sich in der Forschung doch darin einig, daß der Sippe im Rahmen der germanischen Herrschafts- und Sozialordnung wichtige Funktionen zufielen, die heute der Staat übernimmt und die wir daher heute als öffentliche Aufgaben bezeichnen würden. So war die Sippe vor allem Friedens-, Schutz- und Rechtsgemeinschaft, indem sie ihren Mitgliedern durch die Drohung mit Fehde und Blutrache Schutz und vor Gericht Rechtsschutz gewährte, für die Verletzung von eigenen und fremden Sippenmitgliedern Wergeld forderte und gab und endlich, indem sie selbst in der Form einer Art autonomen Gerichtsbarkeit den Rechtsfrieden unter ihren Mitgliedern sicherstellte. Daneben tritt uns die Sippe mitunter auch als Wehr- und Siedlungsverband entgegen, so daß sie ihren Mitgliedern als eine umfassende Lebensgemeinschaft erscheinen mußte, die für den einzelnen von geradezu existenzieller Bedeutung war.

Im Gegensatz zur genossenschaftlich geprägten Sippe war das Haus streng herrschaftlich geordnet; die Herrschaft des Hausvaters erscheint im nachhinein gesehen geradezu als der Prototyp und die Keimzelle mittelalterlicher Herrschaft schlechthin. Der Hausherr übte diese Herrschaftsgewalt in der Form der *munt* über die zum Hause gehörigen Personen, also die Ehefrau, die Kinder und das Gesinde aus. Sie äußerte sich vor allem in einer Art disziplinarrechtlicher Zuchtgewalt, die dem Hausherrn unter Umständen sogar das Recht der Tötung einräumte.

Aus dieser Herrschaftsgewalt des Hausherrn über seine Schutzbefohlenen entwickelte sich das Gefolgschaftswesen als weitere, vom Kontinent her bekannte Grunderscheinung germanischer Herrschafts- und Sozialordnungen. Ein Gefolgsherr (ags. hlaford = Brotwart, engl. lord) war im Grunde ein Hausherr, der andere freie Personen als Gefolgsleute (ags. gesith, thegns) in seine Hausgemeinschaft aufnahm, wodurch diese sich seiner hausherrlichen Gewalt unterstellten. Das hiermit zwischen Gefolgsherrn und Gefolgsmann entstehende Rechtsverhältnis wurde entscheidend durch den Gedanken gegenseitiger Treue geprägt, wodurch wiederum nicht ein einseitiges Herrschafts- bzw. Unterwerfungsverhältnis, sondern vielmehr ein Gefüge wechselseitiger Rechte und Pflichten begründet wurde. Die Gefolgschaft bot damit dem Freien eine Möglichkeit, gegen die Gewährung von Schutz und Unterhalt einem mächtigen Herrn Dienste zu leisten, ohne damit den Status als Freier einzubüßen, so daß auch im angelsächsischen England adlige Herrschaft in ihrem wesentlichen Kern Herrschaft über Gefolgsleute bedeutete.

Neben Sippe und Haus bzw. Gefolgschaft als den Grundformen der germanischen Rechts- und Sozialordnung treffen wir auch in den neu entstehenden angelsächsischen Teilreichen auf den Typus des germanischen Heerkönigs, der – ursprünglich von den Großen des Heeres gewählt – nach erfolgter Landnahme bestrebt war, das Amt unter Berufung auf das besondere Geblütsrecht der königlichen Sippe insoweit erblich zu machen, als der Kreis der wählbaren Kandidaten regelmäßig auf die Angehörigen der königlichen Familie beschränkt wurde. Neben dem König beanspruchte ein enger Kreis hochadliger Familien, deren Angehörige später in den Quellen *principes, witan*, genannt werden, eine Mitteilhabe an der Herrschaft. Dieser Anspruch schlug sich im *witenagemot* nieder, einer Art Ratsversammlung der Großen, deren Zustimmung der König bei den wichtigen politischen und militärischen Entscheidungen einholte.

2. Die politische Entwicklung der angelsächsischen Teilreiche bis zum Tode König Egberts von Wessex (839)

Von den um 600 bezeugten zwölf Teilreichen konnten im Laufe des 7. Jahrhunderts nur sieben, nämlich Kent, Sussex, Essex, Wessex, Ostanglien, Mercien und das aus den beiden Teilherrschaften Deira und Bernicia hervorgegangene Nordhumbrien, ihre Selbständigkeit behaupten, so daß man in der Forschung diese Epoche auch als das Zeitalter der ‚Heptarchie' bezeichnet hat.

Der Konzentrationsprozeß, der seit den Anfängen der Landnahme dazu geführt hatte, daß zahlreiche kleinere Herrschaftsgründungen in größeren politischen Einheiten aufgegangen waren, war auch jetzt noch keineswegs abgeschlossen, so daß auch die Zeit der Heptarchie nicht nur durch den Kampf mit den gemeinsamen britisch-keltischen Gegnern, sondern vor allem auch durch gegenseitige Auseinandersetzungen um politische und militärische Vorherrschaft geprägt wurde.

In diesem Zusammenhang spielte offensichtlich das bereits erwähnte Amt des *bretwalda*, eine von den angelsächsischen Teilreichen südlich des Humber entwickelte Institution, eine bedeutsame Rolle.

Die bisherige Forschung hat hierin eine Art hegemoniales, auf militärischer und politischer Übermacht beruhendes Oberkönigtum mit deutlichen Herrschaftsbefugnissen gegenüber den anderen Teilreichen gesehen und zwischen den ersten Inhabern dieses Amtes über die Suprematie der mercischen Könige im 8. Jahrhundert bis zur Ausbildung eines gesamtenglischen Königtums unter den Nachfolgern König Alfreds einen engen Kontinuitätszusammenhang hergestellt.

Demgegenüber wurde in der neueren Literatur eingewandt, daß es sich bei dem Bretwaldaamt in Wirklichkeit um eine Rechtsinstitution gehandelt habe, deren wesentlicher Inhalt als „frei vereinbarter Oberbefehl über das gesamtangelsächsische Aufgebot"[27] definiert werden könne und die ihrem Inhaber über die militärischen Befugnisse hinaus keinerlei politische und finanzielle Vorrechte gegenüber den anderen Königreichen eingeräumt habe. Mit dem nachlassenden Widerstand der Briten habe das Amt allmählich seine ursprüngliche Zweckbestimmung eingebüßt und sei dann gegen Mitte des 7. Jahrhunderts außer Übung gekommen. Erst unter dem Eindruck der Däneneinfälle habe dann später König Egbert von Wessex unter veränderten politischen Vorzeichen wieder an die alte Rechtseinrichtung angeknüpft, um den gemeinsamen militärischen Widerstand gegen die Eindringlinge sicherzustellen. Auch wenn man dieser Ansicht folgt – und hierfür sprechen gute Gründe –, liegt es nahe, aus der Wahrnehmung des Bretwaldaamtes auf eine gesteigerte, in der Regel durch militärische Erfolge begründete Autorität des Inhabers zu schließen, die zwar keine rechtliche Vorherrschaft, wohl aber eine faktische Vorrangstellung gegenüber den Herrschern der anderen Teilreiche begründen konnte.

Nach der Überlieferung soll jener bereits genannte sagenhafte Aelle, unter dessen Führung sächsische Eroberer an der britischen Südküste bei der Insel Wight landeten und von hieraus das Königreich Sussex gründeten, der erste *bretwalda* gewesen sein. Ihm folgte Ceawlin, König von Wessex, im Amt nach, dem es gelungen war, einerseits die Expansionsbestrebungen Kents abzuwehren und andererseits auch die angelsächsischen Herrschaften auf Kosten der britischen Teilreiche weiter nach Westen und Süden vorzuschieben.

Nach seinem Tode (593) ging das Amt des *bretwalda* auf König Ethelbert von Kent über, dessen Reich im Vergleich zu den anderen angelsächsischen Herrschaften einen besonders hohen Entwicklungsstand aufzuweisen hatte, wovon nicht zuletzt die intensiven Beziehungen zu den fränkischen Königen und der Erlaß einer Rechtskodifikation in der angelsächsischen Volkssprache Zeugnis ablegen. Vierter *bretwalda* wurde – vielleicht noch zu Lebzeiten Ethelberts – König Redwald von Ostanglien, dessen Begräbnisstätte uns vielleicht in dem berühmten, 1939 entdeckten Schiffsgrab von Sutton Hoo/Suffolk[28] überliefert ist.

Mit der Nachfolge König Edwins von Nordhumbrien im Bretwaldaamt traten die Auseinandersetzungen zwischen den angelsächsischen Teilreichen in eine neue Phase ein; denn mit dem Eingreifen des nördlich des Humber gelegenen Königreiches in die Rivalitäten der Südherrschaften verlagerte sich der Kampf um die Vorherrschaft in der Folgezeit auf die drei Grenzkönigreiche Nordhumbrien, Mercien und Wessex, während die anderen Teilreiche politisch und militärisch in den Hintergrund traten, so daß die Heptarchie immer mehr zur Triarchie wurde.

Als Schöpfer des Königreiches Nordhumbrien gilt Ethelfrith von Bernicia (593–616/7), der, indem er die Tochter des Königs Aelli von Deira heiratete und deren Bruder Edwin aus dem Lande vertrieb, in seiner Hand die beiden Teilfürstentümer Deira und Bernicia zu dem neuen Königreich vereinigte und die Grenzen seiner Herrschaft in kraftvoller Expansion auf Kosten der benachbarten keltischen Teilreiche nach Westen und Norden vorschob. Auf sein Konto geht auch der erste angelsächsische Vorstoß in die Gegend des heutigen Cheshire bis an die Küste der irischen See, der durch den Sieg bei Chester (um 613) über ein walisisches Heer ermöglicht wurde.

Trotz dieser militärischen Erfolge blieb der Einfluß Ethelfriths im wesentlichen auf den nördlichen und westlichen Grenzraum beschränkt – in den Auseinandersetzungen um das Bretwaldaamt und der damit verbundenen militärischen Vorrangstellung im Süden spielte er noch keine Rolle.

Dies änderte sich erst unter seinem Nachfolger Edwin (616/7–632), jenem Sohne König Aellis von Deira, der, von Ethelfrith aus dem Lande vertrieben, inzwischen bei König Redwald von Ostanglien, dem vierten *bretwalda*, Zuflucht gefunden hatte. Die Forderung Ethelfriths, den Flüchtling zu töten oder an ihn auszuliefern, empfand dieser so sehr als eine allen Regeln des Gastrechts widersprechende persönliche Zumutung, daß er Edwin nicht nur weiterhin Asyl, sondern auch aktive militärische Unterstützung im Kampf um die Rückeroberung der Herrschaft in Nordhumbrien gewährte. An der Spitze eines Heeres drang Redwald daher mit seinem Schützling in Nordhumbrien ein und stellte Ethelfrith im Jahre 616 oder 617 an einem Übergang des Flusses Idle zur Schlacht. Ethelfrith wurde geschlagen und fiel, seine Söhne Oswald und Oswiu flohen in das vor der schottischen Westküste gelegene irische Inselkloster Iona.

Auf diese Weise zur Herrschaft gelangt, konnte Edwin in kurzer Zeit nicht nur seine eigene Machtposition in Nordhumbrien festigen, sondern darüber hinaus sein Königreich zum stärksten angelsächsischen Teilreich ausbauen. Sein Einfluß erstreckte sich auch auf den Süden und fand in der Würde des fünften *bretwalda* sichtbaren Ausdruck. Ein fehlgeschlagener Mordanschlag gegen seine Person, angezettelt von westsächsischen Großen, gab dem neuen *bretwalda* Gelegenheit, auch im Süden militärische Stärke zu demonstrieren; mit einem stattlichen Heer fiel er in Wessex ein und kehrte, nachdem er blutige Vergeltung geübt hatte, im Triumph nach Nordhumbrien zurück. Im Norden nahm Edwin eine Blutrache zum Anlaß, das britische Königreich Elmet, das sich bisher als Enklave im angelsächsischen Herrschaftsbereich behauptet hatte, zu unterwerfen. Außerdem wandte er sich auf den Spuren seines Vorgängers nach Westen, wo es ihm gelang, im Kampf mit den Walisern die nordhumbrische Herrschaft an der irischen See weiter auszudehnen und die wichtigen Inseln Anglesey und Man in Besitz zu nehmen.

Aber in diesen kampferfüllten Zeiten war nichts von Dauer, am wenigsten eine Machtposition, die vorwiegend auf das launische Schlachtenglück gegründet war. Gegen den mächtigen Nordhumbrier erstand nun bezeichnenderweise eine britisch-angelsächsische Koalition in der Form eines Bündnisses zwischen Cadwallon, dem König des britisch-walisischen Reiches Gwynned, und Penda, dem späteren König von Mercien. Das Heer der Verbündeten fiel in Nordhumbrien ein, wo es im Jahre 632 bei Hatfield Chase zur Schlacht kam, in der Edwins Aufgebot vernichtet wurde und der König selbst sowie sein Sohn Osfrith den Tod fanden.

Es folgte eine Zeit innerer Wirren, in der das Reich wieder in seine beiden Teilfürstentümer auseinanderzufallen drohte, bis es Oswald, einem der aus Iona zurückgekehrten Söhne Ethelfriths, gelang, die Eindringlinge bei Hexham (633) entscheidend zu schlagen, wobei der gefährlichste Gegner der Nordhumbrier, der Britenkönig Cadwallon, auf der Flucht ums Leben kam. Der Sieg über den äußeren Feind brachte Oswald (633–641) die Anerkennung als König in ganz Nordhumbrien ein, so daß die Einheit des Landes zunächst gesichert schien. Der neue König nahm im übrigen die traditionelle Expansionspolitik seines Vorgängers wieder auf und vermochte noch einmal als sechster *bretwalda* die nordhumbrische Vormachtstellung auch im Süden zur Geltung zu bringen, wobei er jedoch auf den zunehmenden Widerstand des inzwischen zum König von Mercien erhobenen Penda traf.

Mit König Penda (ca. 632–654) schaltete sich nun eine neue Macht, das Grenzreich Mercien, in den Kampf um die Vorherrschaft ein. Noch vor seiner Königserhebung (628) hatte Penda den Herrschaftsbereich Merciens auf Kosten des dritten angelsächsischen Grenzkönigreiches, Wessex, nach Südwesten erweitert und im Gebiet des unteren Severntales Fuß gefaßt. Nachdem er um 632, nach dem Sieg über Edwin, König geworden war, ging sein ganzes Bestreben dahin, den nordhumbrischen Einfluß im Süden einzudämmen. Im Jahre 641 kam es dann bei *Maserfelth* (wahrscheinlich Oswestry/Shropshire) zur entscheidenden Schlacht, die der Vorherrschaft Nordhumbriens vorläufig ein Ende setzte. König Oswald fiel, und Penda wurde zum unbestrittenen Oberherrn in Britannien, der zwar nicht mehr das Bretwaldaamt übernahm, dafür aber machtpolitisch sowohl die angelsächsischen als auch die britischen Könige des Südens und Westens geradezu zu Unterkönigen degradierte.

Doch trotz der militärischen Niederlage von 641 war die nordhumbrische Machtposition nicht völlig zerschlagen. Nach dem Tode König Oswalds versuchte sein Bruder Oswiu (641–670), das auseinanderbrechende Reich wieder in seiner Hand zu vereinigen, stieß aber in Deira auf den Widerstand seines Neffen Ethelwald, der dort zum König gewählt worden war und sich in den Schutz Pendas begeben hatte.

Nachdem Penda mit einem starken Expeditionsheer in Nordhumbrien eingefallen war und seinen Gegner mehrfach an den Rand der Niederlage gebracht hatte, gelang es diesem dennoch, im entscheidenden Waffengang in der Nähe von Leeds (654) das Blatt zu seinen Gunsten zu wenden; die mercische Invasionsarmee wurde vernichtend geschlagen, Penda selbst sowie der mit ihm verbündete König von Ostanglien fielen in der Schlacht.

Der Sieger, König Oswiu (641/54–670), konnte daraufhin seine Königsherrschaft nicht nur in ganz Nordhumbrien durchsetzen, sondern wurde jetzt auch als der mächtigste Herrscher auf der Insel anerkannt. Es gelang ihm, das Solvay-Gebiet im Norden unter seine Kontrolle zu bekommen, und auch gegenüber den südlich des Humber gelegenen Teilreichen knüpfte er an die alte nordhumbrische Tradition an, indem er sich seine militärische Vorrangstellung durch die Anerkennung als siebter *bretwalda* bestätigen ließ. Darüber hinaus war er zeitweise sogar in der Lage, das nach Pendas Tod von Wirren geschüttelte Königreich Mercien unter seine unmittelbare Herrschaft zu bringen.

Diese Erfolge können jedoch nicht darüber hinwegtäuschen, daß die nordhumbrische Machtposition bereits gegen Ende der Regierung König Oswius ihren Zenit überschritten hatte. Dazu trug vor allem Pendas Sohn Wulfhere (657–678) bei, dem es noch zu Lebzeiten König Oswius gelang, sich in Mercien als König durchzusetzen und den nordhumbrischen Einfluß im Süden systematisch zurückzudrängen. Wie erfolgreich diese Politik war, wird aus dem Umstand deutlich, daß bereits 665 die Könige von Essex als abhängige Gefolgsleute des mercischen Königs bezeugt sind.

Noch einmal allerdings konnte Oswius Sohn und Nachfolger, König Egfrith von Nordhumbrien (670–685), den mercischen Rivalen in seine Schranken verweisen, als es ihm gelang, eine von Wulfhere geführte und von mehreren südenglischen Königen unterstützte Invasionsarmee, die 674 in Nordhumbrien eingefallen war, zurückzuschlagen.

Im Gegensatz zu früher wurde die mercische Machtposition durch diese militärische Katastrophe jedoch nicht gebrochen; schon kurze Zeit später (678) brachte Ethelred, der Bruder Wulfheres, in einer Schlacht am Trentfluß Egfrith eine empfindliche Niederlage bei, wodurch das militärische Gleichgewicht wiederhergestellt wurde. Als König Egfrith im Jahre 685 im Kampf gegen die Picten fiel, schied Nordhumbrien, dessen Könige in der Folgezeit in zunehmendem Maße durch die Auseinandersetzungen mit ihren nördlichen Nachbarn in Atem gehalten wurden, im Machtkampf um die Vorherrschaft auf der Insel praktisch aus.

Die Stelle Nordhumbriens versuchte nun allerdings eine neue Macht, das dritte angelsächsische Grenzreich Wessex, einzunehmen.

Obwohl im Laufe des 7. Jahrhunderts von Mercien hart bedrängt, konnte Wessex seine Anwartschaft auf eine Führungsrolle bewahren, da es gelang, die sich vor allem im Südwesten noch bietenden Expansionsmöglichkeiten zu nutzen und auf Kosten des britisch-keltischen Fürstentums *Dumnonia* weiter auf die Halbinsel Devon vorzudringen.

Unter einem seiner bedeutendsten Könige, Ine (688–726), vermochte Wessex sich militärisch gegenüber Mercia durchzusetzen (Schlacht von *Wodnesbeorg* 715) und seinen Einfluß zeitweise sogar auf Sussex, Surrey und Kent auszudehnen. Bekannt geworden ist Ine aber vor allem durch seine in der angelsächsischen Volkssprache abgefaßte Rechtskodifikation, die später auf Befehl König Alfreds neu bearbeitet und in dessen Gesetzeswerk eingefügt wurde.

War es Ine noch gelungen, sich im Kampf um die Vorherrschaft gegenüber dem mercischen Rivalen zu behaupten, so änderte sich die politische Machtkonstellation nach Ines Tod entscheidend zugunsten Merciens, das unter den kraftvollen Herrschergestalten Ethelbald (716–757) und Offa (757–796) zur unbestrittenen Hegemonialmacht auf der Insel wurde. Besonders unter König Offa erreichte die mercische Suprematie einen neuen Höhepunkt. So gelang es diesem, bei einigen kleineren benachbarten Teilreichen (Essex, Kent, Sussex) die Angehörigen der angestammten Königssippen auszuschalten und die bisherige Oberhoheit in unmittelbare Königsherrschaft umzuwandeln, wodurch die betroffenen Herrschaften praktisch den Status von mercischen Provinzen erhielten. Daneben war der mercische König auch mit Erfolg bestrebt, seine Oberherrschaft gegenüber den anderen Königreichen weiter auszubauen. So konnte er im Jahre 779 bei Bensington seinen gefährlichsten Gegner, König Cynewulf von Wessex, schlagen und zum Verzicht auf das Land nördlich der Themse zwingen. Als 786 in Wessex Thronwirren ausbrachen, gelang es Offa sogar, hier eine Art Schattenkönigtum von seinen Gnaden zu installieren, nachdem sich sein Schützling Beorhtric im Kampf um die Krone gegen den Rivalen Egbert durchgesetzt und diesen aus dem Lande vertrieben hatte. Daß König Offas starker Arm auch nach Ostanglien reichte, mußte der dortige König Ethelbert am eigenen Leibe erfahren, der im Jahre 794 auf Befehl des mercischen Oberherrn enthauptet wurde, ohne daß wir über die Hintergründe, die zu dieser Maßnahme führten, näher unterrichtet sind.

Wenn Offa – wie seine Vorgänger aus Mercien – auch darauf verzichtete, an die alte Tradition des Bretwaldaamtes anzuknüpfen, so lassen bereits die für einige Teilherrscher südlich des Humber überlieferten Titel *subregulus* (Unterkönig) oder *dux* (Herzog) erkennen, daß es Offa gelungen war, die mercische Hegemonie weit über den bloßen militärischen Führungsanspruch hinaus zu einer echten machtpolitischen Oberherrschaft zu steigern, die aus den Herrschern ehemals selbständiger Teilreiche abhängige Gefolgsleute werden ließ.

Im Verhältnis zu den britisch-keltischen Nachbarn im Westen setzte König Offa offensichtlich nicht weiter auf Expansion, sondern auf Stabilisierung des inzwischen geschaffenen Status quo, wie der auf seinen Befehl angelegte, teilweise noch heute erhaltene Grenzwall *(Offa's Dyke)*, der sich 170 km entlang der walisischen Grenze erstreckte, erkennen läßt.

Der Stabilisierung und Konsolidierung des Erreichten diente auch eine aktive Handelspolitik, die recht enge, allerdings nicht immer ungetrübte Beziehungen zum Frankenreich Karls des Großen zur Folge hatte und die durch eine groß angelegte Münzreform mit der Einführung einer neuen Silberwährung gekrönt wurde.

Dennoch sollte es nicht Offa, sondern seinem Rivalen Egbert und dessen Nachfolgern aus dem Königreiche Wessex vorbehalten bleiben, die entscheidenden Schritte zur Ausbildung eines gesamtenglischen Königtums zu vollziehen. Egbert hatte, wie bereits erwähnt, im Thronkampf gegen den mercischen Schützling Beorhtric den Kürzeren gezogen und war zeitweise an den fränkischen Hof Karls des Großen geflüchtet. Seine Stunde schlug jedoch, als im Jahre 802 Eadburh, die Gemahlin Beorhtrics und Tochter König Offas, ihren Mann durch Gift umbrachte – angeblich aus Versehen. Die ehrgeizige Königin soll auf den Einfluß eines jungen Mannes am Hofe eifersüchtig gewesen sein und für diesen ein Giftgetränk gebraut haben, von dem dann allerdings nicht nur der, dem es zugedacht war, sondern auch der König getrunken habe. Die Königin sei daraufhin in das Frankenreich geflüchtet, wo ihr Karl der Große ein Kloster zur Reue und Besserung angewiesen habe. Wegen ihres unzüchtigen Lebenswandels habe sie dann aber als Bettlerin das Kloster verlassen müssen und sei später in großer Armut in Pavia gestorben. Wie man die Glaubwürdigkeit dieser Überlieferung auch beurteilen mag,[29] auf jeden Fall wurde Egbert nach dem Tode Beorhtrics sofort als König in Wessex anerkannt. Im Jahre 825 gelang es ihm, in der entscheidenden Schlacht von *Ellendune* (heute Wroughton b. Swindon/Wiltshire) den mercischen König Beornwulf vernichtend zu schlagen und damit Merciens Vorherrschaft zu brechen.

Als kurz danach außerdem ein westsächsisches Heer in Kent eindrang und den dortigen König von Merciens Gnaden, Baldred, vertrieb, rückte König Egbert insofern in die volle mercische Machtstellung ein, als neben Kent auch Essex, Surrey und Sussex seine unmittelbare Königsherrschaft anerkannten und der ostanglische König das bisher gegenüber dem mercischen Königshaus bestehende Abhängigkeitsverhältnis auf Egbert übertrug und sich diesem als neuem Oberherrn unterstellte. Im Jahre 829 fiel

Egbert in Mercien selbst ein, setzte den dortigen König Wiglaf ab und unterwarf das Land seiner unmittelbaren Königsherrschaft.

Nachdem auch Nordhumbrien Egberts Oberherrschaft anerkannt hatte, schien der Weg für ein gesamtenglisches Königtum frei zu sein. Zwar konnte Egbert nicht verhindern, daß bereits kurze Zeit später der vertriebene König Wiglaf wieder nach Mercien zurückkehrte; dennoch hat man ihn mit einer gewissen Berechtigung den Einiger Englands genannt, der die entscheidende Grundlage für die Ausbildung des gesamtenglischen Königtums geschaffen hat.

3. Die Christianisierung und die Rolle der Kirche im Rahmen der angelsächsischen Herrschafts- und Sozialordnung

Es wurde bereits festgestellt, daß das Christentum, obwohl es in Britannien nicht allzu fest Fuß gefaßt hatte, den Zusammenbruch der Römerherrschaft überlebt hat. Diese angesichts der Totalität des Zusammenbruchs römischer Zivilisation in Britannien doch erstaunliche Tatsache dürfte nicht zuletzt auch darauf zurückzuführen sein, daß es christliche Missionare waren, die den Briten in den schweren Tagen gegen Ende der Römerherrschaft beigestanden haben – und nicht nur mit Beten, wie das Beispiel des heiligen Germanus zeigt. So wird von ihm berichtet, daß er, der im Jahre 430 eigentlich zur Bekämpfung einer Ketzerbewegung nach Britannien gekommen war, sich dort – anläßlich der zunehmenden Überfälle räuberischer Picten und Scoten – wieder an seinen ehemaligen Beruf als Offizier in einer römischen Legion erinnerte. Unter seiner sachkundigen Anleitung wurde die Verteidigung organisiert, und diese Anstrengungen wurden am Ende durch einen vollständigen Sieg über die Eindringlinge belohnt.[30]

Im Zuge der angelsächsischen Landnahme wurde mit der britischen Bevölkerung auch das Christentum von den heidnischen Eroberern weitgehend in die westlichen Randgebiete der Insel abgedrängt. Die Missionierung der heidnischen Angelsachsen erfolgte nun bezeichnenderweise nicht von den christlich-keltischen Teilreichen in Wales und Devon aus; zu tief war allem Anschein nach der Graben, der Eroberer und Briten trennte.

Nur mittelbar, über die Person des hl. Patrick, der als Apostel der Iren in die Geschichte eingegangen ist, sollte das römisch-britische Christentum an der Missionierung der Angelsachsen mitwirken: Indem nämlich der Heilige entscheidend dazu beitrug, die christliche Lehre in Irland zu verbreiten, schuf er zugleich die Grundlage für die spätere iroschottische Missionsbewegung, die im 7. Jahrhundert auch auf einen Teil des angelsächsischen Herrschaftsbereiches in Britannien übergreifen sollte.

Wenn auch Lebensdaten und Missionswerk des irischen Nationalheiligen im einzelnen bis heute umstritten sind, dürfte doch immerhin feststehen, daß Patrick *(Patricius)* in der ersten Hälfte des 5. Jahrhunderts als Sohn eines landbesitzenden christlich-römischen Amtsträgers an der britischen Westküste, vielleicht in der Gegend von Carlisle, aufgewachsen und als Jugendlicher von räuberischen Scoten nach Irland verschleppt worden ist. Nach seiner Befreiung und einer See- und Landreise, die ihn wahrscheinlich nach Gallien führte, kehrte er nach Britannien zurück, wurde zum Priester geweiht und setzte in der Folgezeit bis zu seinem Tod (ca. 450–ca. 492) in Irland das bereits von Bischof Palladius (vor 431) eingeleitete Missionswerk so erfolgreich fort, daß ihm dort ein Bischofsstuhl angewiesen wurde.

Für die weitere Geschichte der britisch-irischen Kirche waren zwei Umstände entscheidend. Zum einen wurden durch die angelsächsische Landnahme die bis zur Mitte des 5. Jahrhunderts noch bestehenden Bindungen zur Festlandskirche unterbrochen, wodurch wiederum Sonderentwicklungen im britisch-irischen Bereich grundsätzlich begünstigt wurden. Dazu kam außerdem die charakteristische Eigenart keltischer Herrschaftsvorstellungen, die weder in Irland noch in den britisch-keltischen Teilreichen Britanniens einen festgefügten Herrschaftsverband, sondern nur relativ lockere Bindungen auf der Grundlage alter Stammestraditionen kannten und die mit einer hierarchischen Ordnung, wie sie nun einmal die römische Kirchenorganisation vorsah, nur schwer zu vereinbaren waren. Hatte der hl. Patrick, der als romanisierter Brite wohl selbst weitgehend in römischen Denkvorstellungen aufgewachsen war, noch versucht, die Kirche in Irland wenigstens im Ansatz nach römischem Vorbild zu organisieren, so ging man nach seinem Tode endgültig eigene Wege. Da es weder in Irland noch in den britischen Teilreichen eine nennenswerte Städtetradition gab, an die man hätte anknüpfen können, verzichtete man überhaupt darauf, Bistümer als organisatorische Grundeinheiten des kirchlichen Lebens zu schaffen. Seelsorge und Missionsarbeit wurden vielmehr von Klöstern getragen, die die antike Literatur und Gelehrsamkeit aufnahmen und damit zugleich zu den maßgeblichen Zentren der aufblühenden christlich-keltischen Kultur wurden. Besondere Bedeutung erlangte dabei das von dem hl. Columba und zwölf seiner Gefährten um 565 gegründete, an der schottischen Westküste gelegene Inselkloster Iona, das zum zentralen Mittelpunkt der irischen Missionsbewegung in Schottland und Nordbritannien werden sollte. Von hier aus gelang es dem Heiligen und seinen Wandermönchen, die Stämme der schottischen Picten zu missionieren und dort ein Netz von Klöstern – entsprechend der irischen Kirchenorganisation – zu errichten.

597, im gleichen Jahre, als der hl. Columba starb, noch bevor die irische Mission auf den angelsächsischen Herrschaftsbereich übergegriffen hatte, erreichte jedoch eine andere, von der römischen Festlandskirche initiierte

Missionsbewegung das angelsächsische Teilreich Kent im Süden Britanniens. Papst Gregor der Große hatte den Prior des St. Andreasklosters in Rom, Augustin, mit etwa vierzig Begleitern beauftragt, das von den Angelsachsen beherrschte Britannien für das Christentum zurückzugewinnen. Daß Augustin, der mittlerweile vom Papst zum Abt erhoben worden war und in Gallien die Bischofsweihe empfangen hatte, als erste Station seiner Missionsarbeit gerade Kent wählte, war sicher kein Zufall, galt Kent doch unter den angelsächsischen Herrschaften als das kultivierteste, der festländischen Tradition noch am engsten verbundene Königreich – wobei die Christianisierung außerdem durch den Umstand begünstigt wurde, daß König Ethelbert von Kent in der Person der fränkischen Prinzessin Berta bereits eine Christin zur Frau hatte.

So führte Augustins Missionsarbeit schon bald zu sichtbaren Erfolgen. König Ethelbert und zahlreiche Große des Landes ließen sich taufen, und obwohl die britisch-irische Kirche keinerlei Unterstützung leistete, gewann die römische Missionsbewegung auch über die Grenzen Kents hinaus im benachbarten Essex und Ostanglien langsam an Boden. Nach den Vorstellungen Papst Gregors sollten im angelsächsischen Britannien in Anlehnung an die römische Verwaltungsorganisation zwei Erzbistümer in London und York errichtet werden, wobei Augustin zum ersten Metropoliten erhoben wurde. Da sich die beiden vorgesehenen Städte London und York jedoch noch dem Christentum verschlossen, sah sich Augustin gezwungen, seinen Sitz in Canterbury zu nehmen, von wo aus er in der Folgezeit versuchte, eine Kirchenorganisation nach kontinental-römischem Vorbild aufzubauen. Wenn es Augustin und seinen Gefährten auch gelang, König Saeberth von Essex und König Redwald von Ostanglien für die christliche Lehre zu gewinnen, so blieb der ‚offiziellen' Missionsbewegung zunächst noch ein durchschlagender Erfolg versagt, zumal nach dem Tode der Könige Ethelbert und Saeberth in Kent und Essex eine heidnische Reaktion einsetzte, die alle Erfolge zunichte zu machen drohte. Glücklicherweise ließ sich der neue König Eadbald von Kent bald wieder für das Christentum gewinnen, so daß der Nachfolger des inzwischen verstorbenen Augustin, Erzbischof Laurentius, von Canterbury aus das Missionswerk fortsetzen konnte.

Einen entscheidenden Fortschritt konnte die römische Mission im Jahre 628 verbuchen, als es Paulinus, einem der Gefährten Augustins, gelang, den mächtigen König Edwin von Nordhumbrien zur neuen Lehre zu bekehren, was wieder dadurch unterstützt wurde, daß der König zuvor eine christliche Prinzessin aus Kent geheiratet hatte. Auch hier waren allerdings die Missionserfolge zunächst nicht von Dauer, da Edwin in der Schlacht von Hatfield Chase (632) seinen Gegnern, dem britisch-walisischen König Cadwallon und Penda, dem späteren König von Mercien, unterlag und getötet wurde. Das von der römischen Mission begonnene

Werk der Glaubensbekehrung wurde jedoch seit dem Jahre 635 von der iroschottischen Missionsbewegung fortgesetzt, als der nordhumbrische König Oswald, der selbst im Inselkloster Iona Zuflucht gefunden hatte, den aus Iona stammenden Aidan († ca. 652) ins Land rief, der nun in der Funktion eines Abtbischofs iroschottischer Prägung mit seinen Glaubensgenossen daran ging, Nordhumbrien planmäßig zu missionieren und zu diesem Zwecke an der Küste Northhumberlands als Missionsstützpunkt das Kloster Lindisfarne (Holy Island) gründete. Dabei war es nicht zuletzt der Persönlichkeit Aidans und seiner vorbildlichen Lebensführung zuzuschreiben, daß sich die Missionskraft der iroschottischen Bewegung in der Folgezeit eher als noch erfolgreicher erweisen sollte als die „offizielle" römische Mission im Süden. So gelang es Aidan und seinen Wandermönchen, die neue Lehre nicht nur in Nordhumbrien, sondern auch in Mercien, Mittelanglien und Essex zu verbreiten.

Mit diesen Erfolgen wuchsen jedoch auch die Spannungen zwischen den beiden unterschiedlichen Observanzen, zumal die römisch-päpstliche Mission nie einen Zweifel an ihrer absoluten Vorrangstellung hatte aufkommen lassen, während die vom Kontinent stark isolierte keltisch-irische Bewegung immer weniger geneigt war, diesen Primat der römischen Kirche anzuerkennen und sich den hierarchischen kontinentalen Ordnungsvorstellungen anzupassen. Dazu kamen Differenzen in der Liturgie und im Brauchtum, wobei in der Praxis besonders die jeweils unterschiedliche Berechnung des Osterdatums ins Gewicht fiel. So ergab sich am nordhumbrischen Königshof die kuriose Situation, daß König Oswiu, ausgehend vom iroschottischen Berechnungsmodus, bereits Ostern feierte, während seine in Kent aufgewachsene Gemahlin entsprechend der römisch-festländischen Gewohnheit darauf bestand, daß erst der Palmsonntag angebrochen und damit die Fastenzeit noch nicht beendet sei. Dieser unhaltbare Zustand dürfte den König dazu bewogen haben, im Jahre 664 eine Kirchenversammlung nach *Streoneshalh*, dem späteren Whitby/Yorkshire[31] einzuberufen, mit dem Ziel, die Observanzfrage grundsätzlich zu klären. Nachdem beide Seiten Gelegenheit erhalten hatten, ihren Standpunkt vorzutragen, entschied sich die Versammlung unter dem Vorsitz König Oswius für die römische Mission.

Diese Entscheidung hatte für die kirchliche Entwicklung Englands weittragende Bedeutung, ermöglichte sie doch in der Folgezeit die Ausbildung einer einheitlichen angelsächsischen Landeskirche, die sich von nun an bewußt als ein Teilglied der römischen Universalkirche verstand. Der Spruch zugunsten der römischen Observanz erscheint zudem auch vom Interesse des Königtums aus gesehen nur konsequent, bot doch die römische Kirchenorganisation mit ihrem hierarchisch gegliederten Aufbau ein Beispiel für die Zentralisierung von Herrschaftsgewalt, das auch zum Vorbild für entsprechende Bestrebungen im weltlichen Bereich werden und damit indirekt auch der Stabilisierung der Königsherrschaft dienen konnte.

Nach der Entscheidung von Whitby war in Britannien der Weg frei für die römische Mission. Während der iroschottische Abtbischof von Lindisfarne, Colman, mit den Anhängern, die sich der neuen Sachlage nicht fügen wollten, enttäuscht das Land verließ und nach Iona bzw. später nach Irland zurückkehrte, fand das römische Missionswerk in der Gestalt des Theodor von Tarsus († 690) einen würdigen Vollender.

Der hochgebildete gebürtige Grieche aus Kleinasien hatte viele Jahre als Mönch in Rom verbracht, als er – schon fast siebzigjährig – im Jahre 669 von Papst Vitalian nach England entsandt und zum Erzbischof von Canterbury erhoben wurde. Unterstützt von dem Angelsachsen Benedict Biscop († 689/90) und Hadrian († 709), dem späteren Abt von St. Peter und Paul in Canterbury, ging der neue Erzbischof sogleich daran, im Lande eine straffe Kirchenorganisation nach römischen Vorstellungen aufzubauen, indem er die inzwischen vakant gewordenen Bischofsstühle besetzte und darüber hinaus zahlreiche neue Bistümer mit festem Amtssitz und klar abgegrenzten Amtssprengeln gründete und indem er vor allem alle Bistümer und Klöster in strenger Abhängigkeit von seinem Erzbistum hielt. Der Anspruch Theodors, als Erzbischof von Canterbury die alleinige Metropolitangewalt und damit eine Oberhoheit über alle anderen Kirchen im Lande auszuüben sowie sein Bestreben, aus liturgischen und organisatorischen Gründen übergroße Kirchenprovinzen in mehrere Bistümer aufzuteilen, führten dabei teilweise zum Konflikt mit dem Yorker Bischof Wilfrid, der für sein Bistum zunächst noch vergebens – unter Berufung auf das ursprünglich wohl von Papst Gregor beschlossene Organisationsmodell – eine zweite, für den Norden zuständige Metropolitenstellung forderte; erst im Jahre 735 wurde auch York von Papst Gregor III. zum Erzbistum erhoben.

Dem hierarchischen Ordnungsgedanken entsprach auch die Förderung des nicht in den Klöstern lebenden Klerus, der erfahrungsgemäß besser in Abhängigkeit gehalten werden konnte. In diesem Sinne wandte Erzbischof Theodor auch der Pfarrorganisation vermehrte Aufmerksamkeit zu, so daß nun allmählich auch Pfarreien mit seßhaften Pfarrern, Pfarrgemeinden und festen Amtssprengeln entstanden. Die Klöster wurden nach der Benediktinerregel reformiert und in die allgemeine Kirchenorganisation eingebunden, was vor allem bedeutete, daß die bisher geübte Wanderpraxis der Abtbischöfe und Mönche untersagt wurde (Beschluß der Synode von Hertford 672). Im übrigen knüpfte die neu entstehende angelsächsische Kirche aber durchaus an das geistige Erbe der Iroschotten an, was sich unter anderem in der Übernahme der irischen Bußpraxis niederschlug, die dadurch in der Folgezeit auch auf dem Kontinent verbreitet wurde. Die Missionsarbeit wurde vereinheitlicht und entfaltete damit noch größere

Wirksamkeit, so daß bis zum Beginn des 9. Jahrhunderts ganz England – wenigstens dem Namen nach – christianisiert war.

Wie auf dem Kontinent bildete auch in England das Prinzip des Eigenkirchenwesens weithin die Grundlage für das Verhältnis zwischen Kirche und weltlicher Herrschaftsgewalt. Der Grundherr sorgte, indem er den Grundbesitz zur Verfügung stellte, für die materielle Ausstattung des Geistlichen und übernahm den militärischen Schutz. Dabei verblieb ihm jedoch nicht nur die wirtschaftliche Sachherrschaft über das Gotteshaus und seine Einkünfte; seine Herrschaftsgewalt erstreckte sich auch unmittelbar auf die Person des Geistlichen und räumte ihm damit – etwa in der Form eines Ernennungs- und Aufsichtsrechtes – auch maßgeblichen Einfluß auf die Kirchenorganisation ein.

Auch in England hat das Königtum früh die Möglichkeit erkannt, die Kirche den eigenen Herrschaftsinteressen dienstbar zu machen. So war es wohl nicht nur die Sorge um das eigene Seelenheil, die die angelsächsischen Könige dazu bewog, Klöster und Bistümer mit reichem Grundbesitz auszustatten. Bischöfe und Äbte wurden vom Königtum bevorzugt als Ratgeber und Diplomaten herangezogen. Vor allem das christliche Ritual der Königssalbung, erstmals bezeugt im Jahre 787, als König Offa seinen Sohn Egfrith krönen ließ, verlieh dem König ein neues sakrales Charisma, das ihn über den Typus des germanischen Heerkönigs erhob und das damit auch nicht unwesentlich zur Steigerung der königlichen Herrschaftsautorität beitrug.

Mit der Christianisierung und den damit verbundenen kontinentalen Einflüssen war außerdem eine bemerkenswerte kulturelle Blütezeit verbunden. Vor allem Erzbischof Theodor von Canterbury und seine ebenfalls hochgebildeten Gefolgsleute, der aus dem byzantinischen Afrika stammende Hadrian und der Angelsachse Benedict Biscop, waren davon überzeugt, daß die Förderung kirchlicher Gelehrsamkeit für eine lebendige Kirche von elementarer Bedeutung sei. So entstand zunächst in Canterbury ein Zentrum kirchlicher Wissenschaften, dessen Niveau so hoch war, daß es Gelehrte aus allen Teilen des Landes anzog. Als berühmtester Vertreter dieser Schule gilt dabei der aus der westsächsischen Königsfamilie stammende Abt Aldhelm von Malmesbury († 709), der – noch ganz geprägt vom geistigen Erbe der Iren und deren seltsam archaisch wirkender Latinität – mit seinen Schriften über ein Jahrhundert lang die angelsächsische und kontinentale Gelehrtenwelt beeindruckt hat. Daß sich auch im Norden, im angelsächsischen Teilreich Nordhumbrien, kirchliche Gelehrsamkeit auf hohem Niveau entfalten konnte, ist zunächst auf die geistige Tradition des iroschottischen Klosters Lindisfarne zurückzuführen, dessen berühmtes, mit reicher Buchmalerei ausgestattetes Evangeliar (um 698 in Verehrung für den hl. Cuthbert entstanden) noch heute bewundert werden kann.

Daneben trug aber auch die „römische Observanz“, vertreten vor allem durch den Vertrauten des Erzbischofs Theodor, Benedict Biscop, entscheidend mit dazu bei, daß sich das nördliche Königreich zu einem zweiten geistigen Zentrum des Landes entwickeln sollte. Nach einer kurzen Zeit als Abt des Klosters St. Peter und Paul in Canterbury (669–71) gründete Benedict in Nordhumbrien die beiden Benediktinerklöster Wearmouth (674) und Jarrow (681) mit der Zielvorstellung, die Mönche, denen im Zuge der römischen Organisationsstruktur die iroschottische Tradition der Wanderpredigt untersagt war, dafür verstärkt dem Studium der kirchlichen Wissenschaften zu verpflichten. Dabei ergriff der Gründer auf seinen zahlreichen Reisen, die ihn mehrmals auch nach Rom führten, jede Gelegenheit, gelehrte Bücher zu erwerben und damit seine beiden Klöster auszustatten. Die auf diese Weise entstehenden Bibliotheken schufen die entscheidende Voraussetzung dafür, daß eine Generation später mit dem Nordhumbrier Beda (geb. 673/74, † 735) eine der größten Gelehrtengestalten des frühen abendländischen Mittelalters von Jarrow aus wirken konnte.

Beda, den die Nachwelt mit dem Beinamen *Venerabilis* (‚Der Ehrwürdige‘) geehrt hat, verfaßte neben Traktaten und Abhandlungen zu Fragen der Chronologie, der lateinischen Grammatik und der Naturwissenschaften eine Fülle bedeutsamer theologischer Kommentare zur Heiligen Schrift. Sein bekanntestes und für die Nachwelt wohl wichtigstes Werk ist jedoch die bis 731 reichende *Historia ecclesiastica gentis Anglorum* (Kirchengeschichte des Volkes der Angeln), die zu den größten historiographischen Leistungen des 8. Jahrhunderts zählt und für Generationen von nachfolgenden Historikern Maßstäbe gesetzt hat.

Mit dieser hohen kulturellen Blüte ging endlich ein reger Erfahrungs- und Gedankenaustausch mit dem Kontinent einher, der eine breite angelsächsische Missionsbewegung auf dem Festland auslöste.

So landete, nachdem ein erster Bekehrungsversuch durch den Yorker Bischof Wilfrid (678/79) keine dauerhafte Wirkung gezeigt hatte, im Jahre 690 der Nordhumbrier Willibrord († 739) an der Rheinmündung, um den heidnischen Friesen die neue Lehre zu predigen. Ihren Durchbruch erlebte diese kontinentale Missionsbewegung jedoch erst mit dem Wirken des aus Wessex stammenden Wynfrith, genannt Bonifatius († 754), der die in den fränkischen Reichsverband einbezogenen germanischen Stämme östlich des Rheines, die bisher, wenn überhaupt, nur oberflächlich missioniert waren, für das Christentum gewann und in den betroffenen Gebieten eine Kirchenorganisation nach römischem Vorbild aufbaute.

Wenn die Missionsbewegung auch schon bald ihren spezifisch angelsächsischen Charakter verlor und immer mehr von der fränkischen Reichskirche getragen wurde, so war damit jedoch die Ausstrahlungskraft des angelsächsischen Geisteslebens auf den Kontinent noch keineswegs beendet, wie das Beispiel des nordhumbrischen Gelehrten Alcuin († 804) bezeugt, der von Karl dem Großen zum Leiter seiner Palastschule, später zum Abt von St. Martin in Tours bestellt wurde. Man wird daher als Ergebnis dieser Entwicklung festhalten können, daß die Missionskraft und die geistige Dynamik der angelsächsischen Kirche nicht nur zur kulturellen und politischen Einheit Englands, sondern darüber hinaus auch entscheidend zum Aufbau des christlich-abendländischen Europa beigetragen haben.

II. Die angelsächsischen Teilreiche im Abwehrkampf gegen Dänen und Norweger

1. Die ersten Einfälle der Wikinger und die Anfänge nordischer Herrschaftsbildung in England

In der angelsächsischen Chronistik erinnerte man sich später einer denkwürdigen Begebenheit: Um das Jahr 789 landeten an der Küste bei Portland/Dorset drei Schiffe aus Dänemark oder Norwegen. Des Königs Vogt, dem dies gemeldet wurde, ritt darauf mit einigen Begleitern zum Strand, im Glauben, daß es sich bei den Neuankömmlingen um Kaufleute handelte, die die üblichen Zollabgaben schuldeten. Dies sollte sich jedoch als ein folgenschwerer Irrtum erweisen, denn die Fremden fielen über den königlichen Amtsträger her, erschlugen ihn und seine Begleitung und waren wieder verschwunden, bevor es gelang, Hilfe herbeizuholen.[32] Wenn sich die Chronisten richtig erinnerten, kündigte diese traurige Begebenheit ein folgenschweres Phänomen an, das wie eine Naturkatastrophe über das Land hereinbrach und dessen Bewohner über zwei Jahrhunderte in Atem halten sollte: die Raubzüge der norwegischen und dänischen Normannen bzw. Wikinger.

Bei diesen Wikingerzügen handelte es sich bekanntlich nicht um eine regionale, auf die britischen Inseln beschränkte, sondern um eine gesamteuropäische Erscheinung, von der praktisch alle Küstenvölker vom Nord- und Ostsee- über den Atlantik- bis in den Mittelmeerraum betroffen waren. Daher verwundert es auch kaum, daß sich die Forschung immer wieder mit diesen Abenteurern, die plötzlich auf so spektakuläre Weise aus dem Schatten eines peripheren Randdaseins ins Licht der europäischen Geschichte getreten sind, beschäftigt hat, ohne daß es bisher gelungen ist, die aufgeworfenen Fragen auch nur annähernd zu klären. Die Zeitgenossen verstanden unter „Normannen“ *(Nortmanni, Normanni)* die „Männer aus dem Norden“; die – vor allem in angelsächsischen Quellen überlieferte – Bezeichnung „Wikinger“ jedoch gab in der Forschung Anlaß zu ganz unterschiedlichen Deutungen. Während die einen den Begriff von der norwegischen Landschaft Viken am Oslofjord ableiten und unter Wikingern folglich „Leute aus Viken“ verstehen wollen, deuten andere ihn nur allgemein als „Leute von der Bucht“, da die Wikinger regelmäßig in geschützten Buchten vor Anker gegangen seien und von hier aus Streifzüge in das Landesinnere unternommen hätten. Andere leiten den Namen vom angelsächsischen *wic* (lateinisch *vicus*) im Sinne von „Leuten, die von einem befestigten Lager aus Handel treiben“ ab und weisen auf heute noch überlieferte Endungen in Ortsnamen, wie etwa Schleswig, hin. Wieder andere wollen unter Wikingern in Anlehnung an altnordische Sprachformen schlicht „Kämpfer“ (von *vig* = Kampf, Kämpfer) oder „Leute, die vom Heimatort aus für einige Zeit auf Seefahrt gehen“ (von *vikja* = sich abwenden, einen Abstecher machen) verstehen.

Ist in absehbarer Zeit auch kaum zu erwarten, daß sich die jeweiligen Anhänger der einzelnen Deutungsversuche auf eine gemeinsame Sichtweise einigen werden, so besteht doch wenigstens Übereinstimmung über die Herkunft der Normannen, die den drei skandinavischen Ländern Norwegen, Dänemark und Schweden zugeordnet werden, wobei die britische Inselwelt ausschließlich von Norwegern und Dänen heimgesucht wurde, während die schwedischen Wikinger ihre Aktivitäten auf Osteuropa konzentrierten und dort bekanntlich den Grundstein für die Ausbildung des russischen Reiches legten.

Der plötzliche Energieausbruch dieser bisher am Rande des Weltgeschehens lebenden Völker erscheint umso erstaunlicher, wenn man bedenkt, daß die nordischen Eroberer nicht etwa wie die Araber im Islam über eine umfassende, aggressive politisch-religiöse Idee verfügten, die darauf wartete, mit Feuer und Schwert verbreitet zu werden. Die Wikinger waren zwar Heiden, die germanische Götterlehre erwies sich aber anderen Religionen gegenüber eher als indifferent und scheidet als Triebfeder für die Raubzüge aus. Ebensowenig ergeben sich auch Anhaltspunkte dafür, daß die Idee eines germanischen Großreiches die Normannen aus ihren heimischen Gefilden getrieben hat. Nichts scheint diese Eroberer daher auf ihren Fahrten zusammengehalten zu haben als das gemeinsame Streben nach Abenteuer und Profit. Wie ist also das Phänomen der Wikingerzüge zu erklären? In diesem Zusammenhang wurde schon sehr früh, nämlich von dem normannischen Chronisten Dudo von St. Quentin (* um 960, † 1026), die These vertreten, daß die wachsende Überbevölkerung sowie die damit verbundene Landnot, gekoppelt mit einer prekären Wirtschaftssituation, einen großen Teil der skandinavischen Bevölkerung außer Landes getrieben und damit die Fahrten ausgelöst hätte.[33]

Diese auf den ersten Blick einleuchtende Erklärung wurde jedoch von der modernen Forschung in dieser Allgemeinheit nicht bestätigt, da neuere archäologische Untersuchungen ergeben haben, daß im 9. und 10. Jahrhundert, dem Höhepunkt der Wikingerzüge, in Skandinavien erschließbares Land grundsätzlich in genügendem Umfang zur Verfügung stand, wenn man einmal von einigen wenigen unwegsamen Gebirgstälern in Norwegen absieht.

Auch das Argument, wirtschaftliche Not, ausgelöst durch das unwirtliche Klima und schlechte Bodenverhältnisse, habe die Bewohner zum Aufbruch getrieben, sticht kaum, denn ein Großteil der Nordmänner, die über England herfielen, kam nicht aus Norwegen, wo solche Verhältnisse vielleicht zutrafen, sondern aus dem fruchtbaren, leicht zugänglichen Dänemark, wobei es zudem in aller Regel auch nicht die Armen, sondern eher die Angehörigen der Oberschicht waren, die auf Wikingerfahrt gingen. Ein anderer Erklärungsversuch stellt auf die politische Situation im Frankenreich in der zweiten Hälfte des 8. Jahrhunderts ab und will die Normanneneinfälle als Reaktion auf die Sachsenkriege Karls des Großen sehen, etwa in dem Sinne, daß die Wikinger in Anbetracht der drohenden Nähe christlicher Heere es vorgezogen hätten, zur Offensive überzugehen. Dagegen spricht aber wieder, daß gerade die ersten Raubfahrten mit einiger Sicherheit nicht von Dänen, sondern von Norwegern, die vom fränkischen Aufmarsch in der norddeutschen Tiefebene wohl kaum beeindruckt waren, unternommen wurden.

Der Wirklichkeit wird man wohl näher kommen, wenn man ein Bündel von Ursachen in Rechnung stellt, von denen nicht jede einzelne für sich, sondern alle in ihrem Zusammenwirken zu diesem Ergebnis geführt haben.

Wenn die Wikinger in den Augen ihrer christlichen Zeitgenossen auch kaum mehr waren als unkultivierte Barbaren, die vor ihren Raubzügen irgendwo in abgelegenen Gebieten ein Randdasein gefristet hatten, so sollten wir uns dennoch davor hüten, in ihnen so etwas wie zurückgebliebene Hinterwäldler zu sehen. Denn in Wirklichkeit deutet alles, was wir über diese „Barbaren" wissen, darauf hin, daß sie nicht nur genügsame Ackerbauern und harte Kämpfer, sondern zugleich auch kühne Seefahrer, begabte Kaufleute und wagemutige Unternehmer waren, die einen ausgeprägten Sinn für Profit und Risiko erkennen ließen und die bereits durch ihre schon länger praktizierten Handelsfahrten ausgedehnte Kenntnisse über die besuchten Völker und deren Gewohnheiten erlangt hatten.

Daß der Höhepunkt der Wikingerzüge gerade in das 9. und 10. Jahrhundert fiel, dürfte kaum auf einen Zufall zurückzuführen sein; denn es ist nicht anzunehmen, daß diesen weitgereisten Händlern die relative Schwäche Europas in jener Zeit, die sich in England im Kampf der einzelnen Teilreiche gegeneinander und auf dem Kontinent in den Auflösungserscheinungen des Karolingerreiches äußerte, verborgen geblieben war.

Dazu wurde gerade im Verlauf des 9. und 10. Jahrhunderts die Oberschicht der nordischen Reiche mit starken herrschaftlichen Konzentrationsbestrebungen des Königtums konfrontiert, die es so manchem Adligen leicht gemacht haben dürften, sein Glück in der Fremde zu suchen.

Eine Erklärung für diese Züge ist nicht zuletzt auch im Hang zum Abenteuer zu suchen, der die Wikinger auszeichnete und der die Raubfahrten über See als sozial hochwertige Tätigkeit erscheinen ließ, die aus dem Leben eines Mannes, der etwas auf sich hielt, kaum mehr wegzudenken war. Wenn dieser Abenteuer- und Beutetrieb vielleicht am Anfang aber nur einzelne erfaßt hatte, so scheint er dann aber offensichtlich in der Art eines Schneeballeffektes gewirkt und so geradezu einen allgemeinen Rauschzustand ausgelöst zu haben, so daß die ursprünglich privaten Raubzüge später von regelrechten Invasionsunternehmungen großen Stils abgelöst wurden.

Betrachet man die Züge der norwegischen und dänischen Wikinger im Überblick, so kann man zwischen einer „äußeren" und einer „inneren" Linie unterscheiden.

Die „äußere Linie" wird dabei vor allem durch die Fahrten der Norweger bestimmt, die zur Besetzung der nordatlantischen Inselwelt, von den Färöer-, den Shetland- und Orkneyinseln über die Hebriden bis Island und Grönland, und von dort aus nach Nordamerika führten. Die britische Hauptinsel selbst wurde von den Norwegern besonders im Norden heimgesucht (Schottland, Nordhumbrien), und dann vor allem von Irland und der Insel Man aus, wo ebenfalls norwegische Herrschaften entstanden. Etwa gleichzeitig bildeten die Züge der vornehmlich dänischen Wikinger eine ‚innere Linie', deren Stoßrichtung vom Kontinent aus auf die Süd- und Ostküste zielte und die sich für England als besonders gefährliche Bedrohung erweisen sollte. Vor diesem Hintergrund wird ein entscheidender Unterschied gegenüber den früheren Invasionen, denen Britannien ausgesetzt war, deutlich: Erstmals wurde die Insel nicht nur von der relativ leicht zugänglichen Süd- und Ostküste, sondern auch von Norden und Westen her angegriffen. Der sich hieraus ergebende Zweifrontenkrieg setzte auf seiten der Angreifer nicht nur die Beherrschung der Segeltechnik, sondern auch sonst ein hohes Maß an Kühnheit und nautischem Können voraus, wenn man bedenkt, daß es sich bei den Wikingerschiffen um flache, ungedeckte Boote handelte, die man heute kaum als hochseetüchtig bezeichnen würde.

Die Taktik der Wikinger beruhte – zumindest in der Anfangsphase – weitgehend auf dem Überraschungseffekt. Die besondere Konstruktion der Boote, die auch vollbeladen nur geringen Tiefgang hatten, erlaubte es den Angreifern, in flache Buchten und Flußläufe – zum Teil weit ins Landesinnere – einzufahren. An einer geschützten Stelle wurde ein Ankerplatz gesucht, und während die Hauptstreitmacht blitzschnell zu Streifzügen ausschwärmte, blieb ein Rest der Besatzung zur Sicherung des Schiffslagers zurück, das in der Regel durch einen Palisadenverhau noch zusätzlich gegen Überraschungsangriffe geschützt wurde. Ehe eine organisierte Abwehr oder Verfolgung der Räuber möglich war, waren diese mit ihren schnellen Schiffen wieder verschwunden.

Für die Taktik der Wikinger ist weiterhin das Bestreben kennzeichnend, stets den Weg des geringsten Widerstandes zu gehen, was sich im relativ schnellen Wechsel der Angriffsziele – je nach Aussicht auf Beute unter Abwägung des Risikos – äußerte. Wenn auch festgestellt wurde, daß die Wikingerzüge nicht von einer übergreifenden expansiven Idee getragen wurden, so wird man sich dennoch davor hüten müssen, diese Fahrten als die Unternehmungen undisziplinierter Räuberbanden einzustufen. Eher dürfte das Gegenteil zutreffen. Beim Handeltreiben und Beutemachen wie auch in der offenen Feldschlacht zeigten die Angreifer die harte Disziplin einer auf Gedeih und Verderb miteinander verbundenen Gefahrengemeinschaft, die wahrscheinlich durch gegenseitige Eidesleistung bekräftigt wurde und die in der später nachweisbaren Rechtsinstitution des *felag*, einer zwischen allen Mitgliedern der Schiffsbesatzung bestehenden Gewinn- und Verlustgemeinschaft, fortlebte.

Gegenüber der weitgehend auf dem Überraschungseffekt beruhenden Taktik der Wikinger wirkte die Abwehr der Angelsachsen, die sich im wesentlichen auf das allgemeine Heeresaufgebot *(fyrd)* stützte, zunächst noch schwerfällig und unkoordiniert und daher im Ergebnis auch wenig effektiv. Hier rächte sich, daß die ehemaligen Eroberer seit der Landnahme immer mehr die Verbindung zur See verloren hatten und in der Praxis zu bodenständigen Ackerbauern geworden waren. So existierte vor der Zeit Alfreds des Großen keine angelsächsische Flotte, die den Schutz der Küsten hätte übernehmen können; die Kanalzone und die irische See waren praktisch zu skandinavischen Binnenmeeren geworden, die weitgehend von den Langbooten der Wikinger beherrscht wurden.

Betrachten wir die Wikingerzüge gegen Britannien im einzelnen, so ist zunächst eine erste, vom endenden 8. bis zur Mitte des 9. Jahrhunderts reichende Phase zu unterscheiden, deren Verlauf durch eine Summe von Einzelaktionen geprägt wurde. Alle waren sie vom Streben nach Beute und Gewinn, nicht aber nach Landbesitz getragen.

Nach der bereits geschilderten Begebenheit an der Küste von Portland/Dorset war es vor allem die brutale Plünderung des Klosters Lindisfarne durch norwegische Wikinger im Jahre 793, die die christliche Welt aufschreckte. Ein Jahr später erlitt die Abtei Jarrow/Nordhumbrien das gleiche Schicksal. Nach einer längeren Ruhepause setzte 835 mit einem Angriff auf die Insel Sheppey eine neue Serie von Raubzügen dänischer Wikinger gegen die Süd- und Ostküste Britanniens ein, wobei es den Angreifern in den fünfziger Jahren des 9. Jahrhunderts gelang, auf Thanet (850) – die kentische Landschaft bildete damals noch eine vom Festland getrennte Insel – und Sheppey (854) in beträchtlicher Anzahl zu überwintern, um von diesen Stützpunkten aus im jeweils folgenden Jahr die Raubfahrten fortzusetzen.

Die Angriffe der Wikinger traten dann in eine neue Phase ein, als im

Herbst 865 ein großes, im wesentlichen aus Dänen bestehendes Heer unter der Führung der Söhne des berüchtigten Wikingerkönigs Ragnar Lothbrok, Halfdan und Ivar, an der Küste Ostangliens landete. Das schwach gerüstete Teilreich zog es vor, gegen eine Tributzahlung, die Gewährung von Winterunterkünften und vor allem die Versorgung mit Pferden von den Eindringlingen Frieden zu erkaufen.

Nachdem die ungebetenen Gäste auf diese Weise gut über den Winter gekommen waren, warfen sie sich im nächsten Jahr mit vereinten Kräften auf das nördlichste angelsächsische Teilreich Nordhumbrien, wo zur Zeit gerade zwei Thronprätendenten, Osbert und Aelle, um die Königsherrschaft stritten. Im Angesicht der Gefahr zogen es die Rivalen zwar vor, den neuen Gegner gemeinsam zu bekämpfen, aber das angelsächsische Aufgebot wurde beim Versuch, das von den Wikingern besetzte York zu nehmen, entscheidend geschlagen; dabei kamen beide Thronprätendenten ums Leben (867).

Die Dänen setzten nun in Nordhumbrien einen Angelsachsen mit Namen Egbert als Schattenkönig von ihren Gnaden ein und wandten sich gegen Mercien, dessen König am Ende ebenfalls keinen anderen Ausweg sah, als den Abzug der Eindringlinge durch Tributzahlungen zu erkaufen. Nachdem die Wikinger die beiden folgenden Winter in Nottingham und York verbracht hatten, kehrten sie im Jahre 869 nach Ostanglien zurück, wo sich der später als Heiliger verehrte König Edmund zu einem letzten verzweifelten Widerstand aufraffte – aber vergebens. Sein Heer wurde geschlagen, und er selbst soll in die Hände seiner Feinde gefallen und von diesen zu Tode gemartert worden sein.

Nachdem somit im Norden „klare Verhältnisse" geschaffen waren, stieß die Wikingerarmee noch im Jahre 869 bis an die Themse vor, wo sie nun auf das Teilreich Wessex traf, das als einzige Macht im angelsächsischen Britannien noch in der Lage war, den Eindringlingen Widerstand entgegenzusetzen. Hier hatte bereits zu Beginn des 9. Jahrhunderts König Egbert von Wessex die Gefahr erkannt, die von den Räubern aus Skandinavien drohte; sein Versuch, eine gesamtangelsächsische Abwehrfront aufzubauen, hatte dabei wohl zur Wiederbelebung des längst außer Übung gekommenen Bretwaldaamtes[34] geführt, wobei es Egbert und seinen Nachfolgern bisher wenigstens gelungen war, die Angreifer daran zu hindern, sich in Wessex auf Dauer festzusetzen. Jetzt allerdings, als sich die große dänische Armee anschickte, auch im Süden den letzten Widerstand zu brechen, nahm die militärische Bedrohung auch für Wessex eine neue Dimension an, jetzt ging es um das Überleben der angelsächsischen Herrschaft in Britannien schlechthin.

In dieser kritischen Phase trat eine Persönlichkeit ins Licht der Geschichte, deren Name untrennbar mit dem angelsächsischen Abwehrkampf verbunden ist: König Alfred der Große (871–899).

2. Bewährung und Selbstbehauptung. Die Zeit Alfreds des Großen

Alfred, von seiner Persönlichkeit her eigentlich ganz und gar nicht der Typus des harten Kriegsmannes und schwertgewaltigen Kämpfers, sondern eher eine stille Gelehrtennatur, war selbst noch nicht König, als der Einfall der dänischen Armee in Wessex ihm bereits eine erste militärische Bewährungsprobe abverlangte.

Zusammen mit seinem älteren Bruder, König Ethelred (866–871), zog Alfred den Eindringlingen entgegen, die sich bei Reading in einem festen Lager verschanzt hatten. Es gelang zwar nicht, das Lager zu nehmen, wohl aber einige Tage später die Dänen bei Ashdown, westlich von Reading, zur Schlacht zu stellen (870), die – vor allem dank der persönlichen Initiative Alfreds – mit einer Niederlage des dänischen Heeres endete. Allerdings hatte dieser Sieg der Angelsachsen mehr psychologische als militärische Wirkung, denn bereits zwei Wochen später gelang es den Dänen, die erlittene Schlappe durch zwei Siege bei Basing, südlich von Reading, und einem nicht identifizierbaren Ort mit Namen *Meretun* wieder wettzumachen.

Auch nachdem Alfred im Frühjahr 871 selbst König von Wessex geworden war, war er zunächst noch nicht in der Lage, die militärische Lage entscheidend zu seinen Gunsten zu ändern; andererseits konnte er aber wenigstens das Schlimmste von seinem Lande abwenden.

Die Dänen, beeindruckt von dem sich versteifenden Widerstand, erklärten sich gegen die Zusicherung einer Tributzahlung zum Frieden bereit und zogen sich über London nach Norden zurück, wo sie in Torksey/Lindsey ihr Winterquartier nahmen. Getreu der Devise vom Weg des geringsten Widerstandes warfen sie sich im nächsten Jahr (873/74) dann auf das bereits angeschlagene Mercien, wo man vergeblich gehofft hatte, durch Geldzahlungen eine längere Friedensruhe erkaufen zu können. Nach der Vertreibung des einheimischen Königs setzten die Dänen einen Schattenkönig von ihren Gnaden ein, der ihnen neben Tributzahlungen auch die Möglichkeit zum Landerwerb zugestand (874).

Die hier ausgehandelten Friedensbedingungen machen deutlich, daß sich die Kriegsziele der Wikinger inzwischen geändert hatten; ging es bisher lediglich um Beute und Geld, trat nun das Bestreben hinzu, Grund und Boden zu erwerben, mit dem erklärten Ziel, seßhaft zu werden.

Die gewandelten Kriegsziele der Eindringlinge kamen auch darin zum Ausdruck, daß die dänische Armee, die bisher als eine militärische Einheit operiert hatte, sich in zwei größere Kontingente auflöste. Während ein Teil – unter Führung des Wikingerkönigs Halfdan – sich in Nordhumbrien festsetzte und begann, das Land mit Schwerpunkt im Bereich des heutigen Yorkshire zu besiedeln, wandte sich der andere Teil, in dem bald der Dänenkönig Guthrum die Führung übernahm, nach Süden, verbrachte ein Jahr in der Gegend von Cambridge, um dann im Jahre 876 erneut in Wessex einzufallen. Nach harten Kämpfen gelang es jedoch König Alfred, die Eindringlinge zum Frieden zu zwingen (876). Die Angreifer erhielten zwar beträchtliche Geldzahlungen, mußten sich aber durch feierliche Eide und unter Stellung von Geiseln dazu verpflichten, Wessex sofort wieder zu verlassen. Dies taten sie dann aber keineswegs, sondern brachen bei Nacht und Nebel von ihrem Lager bei Wareham/Dorsetshire auf nach Exeter, wo sie sowohl auf die Unterstützung einer herannahenden Wikingerflotte als auch auf die Hilfe der erst kürzlich unterworfenen Briten, die schon bei früheren Überfällen gemeinsame Sache mit den Dänen gemacht hatten, hofften. Doch die Angelsachsen hatten Glück im Unglück. Ein Sturm zerstreute die Wikingerflotte vor der Küste von Swanage; etwa 120 Schiffe sollen dabei gesunken sein. Angesichts dieser Katastrophe bequemte sich der Dänenkönig erneut zum Friedensschluß. Wieder wurden Geiseln gestellt, und wieder versprachen die Dänen mit feierlichen Eiden, aus dem Lande abzuziehen, was sie dieses Mal auch in die Tat umsetzten. König Guthrum wandte sich mit seiner Armee nach Mercien, wo er mit dem von den Dänen eingesetzten König ein Abkommen schloß (877), das einem Teil seiner Kampfgenossen die nördlich des Flusses Welland gelegenen Teile Merciens zur Besiedlung überließ, während Guthrum selbst seine Residenz in Gloucester aufschlug.

Sah es zunächst auch so aus, als sei hiermit die Grundlage für eine friedliche Entwicklung geschaffen worden, so konnte der Dänenkönig in der Folgezeit doch nicht der Versuchung widerstehen, mit den widerspenstigen Angelsachsen in Wessex einen erneuten Waffengang zu wagen. Die Überraschung war vollkommen, als Guthrum mitten im Winter 877/78 mit seinem Heer wieder in Wessex mit Stoßrichtung auf Wiltshire einfiel. Die Situation wurde für Alfred noch prekärer, da zur gleichen Zeit ein zweites, kleineres Wikingerheer, das in Südwales überwinterte, auf die Halbinsel Devon vordrang und dort die Küste verwüstete. Diese kombinierten militärischen Schläge der Wikinger brachten die angelsächsische Herrschaft in Wessex an den Rand des Abgrunds. Wenn es dem lokalen Aufgebot von Devon auch bald gelang, die dort eingedrungenen Wikinger zu schlagen und ihren Anführer zu töten, so blieb Alfred selbst nichts anderes übrig, als sich ohne Heer, nur von wenigen Getreuen begleitet, in das unwegsame Gelände der Parret-Sümpfe bei Athelney zurückzuziehen. Auch in dieser kritischen Situation, in der er täglich damit rechnen mußte, von überlegenen Feindkräften aufgespürt und vernichtet zu werden, gab der junge König nicht auf, sondern versuchte, von der ihm verbliebenen Basis aus den Widerstand neu zu organisieren. Nach über sieben Wochen des Kleinkriegs und der Taktik der Nadelstiche fühlte er sich stark genug, mit der dänischen Hauptarmee unter Guthrum den entscheidenden Waffengang zu wagen. Bei Edington in der Nähe von Chippenham kam es zur Schlacht (878), die mit einem glänzenden Sieg der Angelsachsen endete. Der Dänenkönig Guthrum ließ sich bei Wedmore/Somerset mit dreißig hohen Gefolgsleuten taufen, nahm den angelsächsischen Namen Aethelstan an und zog mit den Resten seiner Armee nach Cirencester/Mercien und im folgenden Jahr nach Ostanglien ab, das nun von den Dänen systematisch besiedelt und unter Führung Guthrums zu einer christlich-dänischen Herrschaft umgestaltet wurde.

Der erfolgreiche Widerstand machte auch auf andere Wikingereinheiten Eindruck. So zog es eine starke Armee, die im Herbst 878 in die Themse eingefallen war und bei Fulham Winterquartiere genommen hatte, vor, auf einen Angriff gegen Wessex zu verzichten und ihr Glück lieber auf dem Kontinent zu suchen.

Die nun einsetzende Atempause nutzte König Alfred zu einer Reorganisation und Stärkung der Wehrkraft seines Landes, die in der Vergangenheit deutliche Mängel hatte erkennen lassen.

In klarer Einsicht militärischer Notwendigkeit erkannte Alfred den Wert einer Flotte, die den Angelsachsen eine mobile Kriegführung erlaubte und sie in die Lage versetzte, die Wikinger mit ihren eigenen Waffen zu schlagen. Dazu veranlaßte er die Sicherung der Küste durch ein ausgedehntes Befestigungssystem, das vorsah, daß das ganze Land mit einem Netz von befestigten Stützpunkten überzogen wurde, die bei einem möglichen Überraschungsangriff als Verteidigungsstellungen wie auch als Zufluchtsorte für die Bevölkerung dienen konnten.

Endlich reformierte Alfred auch das Heerwesen selbst, das auf dem allgemeinen Volksaufgebot, der *fyrd*, beruhte. Da die Bauern, die ja ihre Felder zu bestellen hatten, dem Aufgebot nur ungern für längere Zeit folgten und stets in Versuchung gerieten, vorzeitig wieder nach Hause zurückzukehren, wurde das allgemeine Aufgebot in zwei abwechselnd dienende Kontingente aufgeteilt, wodurch zwar die jeweils zur Verfügung stehende Streitmacht zahlenmäßig geringer wurde, dafür aber länger herangezogen werden konnte. Dazu kamen Ansätze zur Ausbildung eines Berufssoldatenstandes, etwa in der Form ständiger Besatzungen in den befestigten Stützpunkten oder der persönlichen Gefolgschaften des Königs bzw. der Großen des Landes.

Hand in Hand mit diesen militärpolitischen Maßnahmen verfolgte Alfred auch das Ziel, die Königsherrschaft zu straffen; symptomatisch für diese Entwicklung war das Aufkommen der Grafschaften *(shires)* als Rückgrat eines, wenn auch noch primitiven, Verwaltungssystems.

Auf diese Weise gerüstet, konnte man in der Folgezeit den Angriffen der Dänen von See wie auch vom Land her mit größerer Wirksamkeit begegnen und die Eindringlinge immer wieder vertreiben.

Im Jahre 883 wurde König Alfred in dem von den Dänen nicht besetzten Teil Merciens als Oberherr anerkannt. Durch die Verheiratung seiner ältesten Tochter Aethelflaed mit dem dort herrschenden Ealdorman Ethelred, der sich in der Folgezeit als loyaler Gefolgsmann erweisen sollte, konnte Alfred seinen Einfluß auf das verbliebene Restkönigreich noch weiter steigern, das in der Praxis immer mehr den Status einer westsächsischen Provinz annahm.

Von besonderer Bedeutung für die Stellung Alfreds im angelsächsischen Herrschaftsbereich war der Umstand, daß es ihm im Jahre 886 gelang, den Dänen London zu entreißen und mit dem Dänenkönig Guthrum in einem Vertrag[35] die beiden Herrschaftsbereiche abzugrenzen, wobei die Grenze entlang der Themse und dem Fluß Lea bis zu dessen Quelle und von hier aus der römischen Watling Street folgend verlaufen sollte, was etwa der Linie London – Bedford – Chester entspricht.

Im dänisch besetzten Teil, dem sogenannten Danelag (Bereich des dänischen Rechts), waren die Wikinger der anderen Teilherrschaften in der Zwischenzeit ebenfalls dazu übergegangen, das Gebiet zu besiedeln, Befestigungen anzulegen und nach und nach auch das Christentum anzunehmen. Mit diesem zunehmenden Prozeß der Seßhaftwerdung ließ auch die Gefährlichkeit und Aggressivität der ehemaligen Eroberer nach, wobei Rivalitäten zwischen den einzelnen Teilherrschaften zur Schwächung dieser skandinavischen Herrschaftszone und damit aus angelsächsischer Sicht zur Stabilisierung des bestehenden politischen Kräfteverhältnisses beitrugen.

Wie die Angelsächsische Chronik berichtet, wurde Alfred nach der Einnahme Londons von allen Angelsachsen, die nicht unter dänischer Herrschaft lebten, als König anerkannt;[36] darüber hinaus machte sich Alfred in dem Vertragswerk mit dem dänischen König auch zum Interessenanwalt aller Angelsachsen im dänischen Machtbereich und dokumentierte damit bereits den Anspruch auf ein gesamtenglisches Königtum, das allerdings erst noch militärisch gegen die Dänen durchgesetzt werden mußte.

Die Nachwelt hat König Alfred mit dem Beinamen „der Große" geehrt. Die Berechtigung für ein solches Urteil ergibt sich nicht nur aus den militärischen Erfolgen Alfreds, dem es in zum Teil mühevollen Anstrengungen immer wieder gelungen ist, die skandinavischen Eroberer aus seinem unmittelbaren Herrschaftsgebiet zu vertreiben; über diese militärischen Fähigkeiten hinaus wird man der Persönlichkeit Alfreds auch eine staatsmännische Dimension bescheinigen können, die kaum einer seiner Vorgänger erreicht hat. Dies zeigte sich nicht nur in den zukunftsweisenden militär- und verwaltungspolitischen Maßnahmen, sondern vor allem auch im Bestreben Alfreds, das angelsächsische Gemeinschaftsbewußtsein als Voraussetzung für ein gesamtenglisches Staatsbewußtsein zu stärken.

Diesem Ziel diente zunächst der Versuch des Königs, durch die systematische Sammlung, Bearbeitung und Neuherausgabe der überlieferten angelsächsischen Stammesrechte die Grundlage für ein solches Bewußtsein zu schaffen. Dazu kamen mannigfache Aktivitäten auf kulturellem Gebiet. Selbst hochgebildet – berühmt sind seine Übersetzungen spätantiker und früher angelsächsischer Autoren vom Lateinischen in die Volkssprache –, gab König Alfred durch die Berufung hochrangiger Gelehrter an seinen Hof sowie die Gründung von Schulen und Klöstern und die damit verbundene allgemeine Förderung von Sprache, Bildung und Wissenschaft den Anstoß zu einer neuen kulturellen Blüte, die ihn nicht nur als Staatsmann, sondern auch als großen Lehrmeister seines Volkes erscheinen ließ.

III. Vereinigung der Kräfte. Die Begründung des englischen Königtums unter Alfreds Nachfolgern

Als König Alfred 899 starb, hinterließ er seinem Sohn und Nachfolger Eduard d. Älteren (899–924) ein straff geführtes, in sich gefestigtes Reich.

Zunächst sah sich der neue König allerdings mit hausinternen Problemen konfrontiert, da sein Vetter Aethelwold, der Sohn des älteren Bruders und Vorgängers König Alfreds, sich gegen ihn erhob und, als er in Wessex keine Unterstützung fand, zu den Dänen nach Nordhumbrien flüchtete und von diesen sogar als ihr König anerkannt wurde. Als Aethelwold im Jahre 902 die Dänen in Ostanglien veranlaßte, in Mercien und Nordwessex einzufallen, antwortete König Eduard mit einem Verwüstungsfeldzug bis weit in das dänisch besetzte Territorium hinein. Auf dem Rückweg wurde jedoch ein Teil seiner Truppen von der dänischen Armee zur Schlacht gestellt, und hier hatten die Angelsachsen Glück im Unglück. Obwohl die Dänen das Schlachtfeld behaupten konnten, hatten sie ihren Sieg teuer erkauft; denn unter den zahlreichen Toten waren auch der dänische König von Ostanglien sowie sein Verbündeter Aethelwold, der abtrünnige Vetter König Eduards, so daß der Thronstreit zwischen den beiden Rivalen auf diese Weise zugunsten Eduards entschieden wurde.

Im Jahre 909 ergriff König Eduard die Initiative und fiel mit einem starken Heer in das dänische Nordhumbrien ein, und ein Jahr später (910) gelang es ihm, die dänische Armee bei Tettenhall/Staffordshire so vernichtend zu schlagen, daß sich die Dänen Nordhumbriens von dieser militärischen Katastrophe praktisch nicht mehr erholten und deshalb in der Zukunft auch kaum mehr in der Lage waren, ihren Stammesgenossen im Süden beizustehen.

Die Schlacht von Tettenhall eröffnete König Eduard die Möglichkeit, nun auch den entscheidenden Schlag gegen die Dänen in Ostanglien, Nordmercien und Essex zu führen. Unterstützt wurde er dabei tatkräftig von seiner Schwester Aethelflaed, die nach dem Tode ihres Gatten, des Ealdorman Ethelred von Mercien († 911), von nun an Mercien alleine, unter der Oberhoheit König Eduards, regierte. Begünstigt wurde die nun einsetzende angelsächsische Rückeroberungswelle auch durch die relative Schwäche der Dänen, die, in zahlreiche miteinander rivalisierende Herrschaften aufgespalten, sich zu keinem Zeitpunkt zu einer Koordinierung der militärischen Abwehr, etwa in der Form eines gemeinsamen Oberbefehls, aufraffen konnten.

So führten die kombinierten militärischen Operationen Eduards und Aethelflaeds dazu, daß in den folgenden Jahren eine dänische Armee nach der anderen kapitulierte und bis zum Ende des Jahres 918 alle dänischen Teilreiche südlich des Humber die Herrschaft König Eduards anerkannten.

Nördlich des Humber war es vor allem die 919 in York errichtete Herrschaft des norwegischen Wikingerführers Raegnald, die der angelsächsischen Rückeroberungspolitik noch Widerstand entgegensetzen konnte, da Raegnald enge Beziehungen zu dem auf der Insel Irland gegründeten norwegischen Wikingerreich Dublin unterhielt, von dem aus immer wieder Raubzüge gegen die Westküste Britanniens unternommen wurden.

Im Jahre 920 gelang es Eduard jedoch, im Rahmen einer großangelegten militärischen Expedition auch jenseits des Humber klare Verhältnisse zu schaffen. In einem bei Bakewell geschlossenen Abkommen erkannten die Könige von Schottland und Strathclyde, der Herrscher des angelsächsisch-nordhumbrischen Teilreiches Bamburgh sowie der norwegische Wikingerkönig von York die Oberhoheit König Eduards an. Die kraftvolle Expansion nach außen wurde im Innern durch eine weitere Straffung und Stabilisierung der Königsherrschaft ergänzt. Das von Alfred begonnene Befestigungssystem wurde weiter ausgebaut; auch die Flotte wurde verstärkt, so daß der Nachfolger Eduards, sein Sohn Athelstan (924–939), problemlos an das Erreichte anknüpfen und die angelsächsische Rückeroberung weiter vorantreiben konnte.

So schlug bereits im Jahre 927 die Stunde für das norwegische Wikingerreich in York. Als der dortige König Sihtric, der 926 eine Schwester Athelstans geheiratet hatte, starb (927) und ein Sohn aus erster Ehe, unterstützt von seinem Onkel, dem Wikingerkönig aus Dublin, versuchte, die Herrschaft an sich zu reißen, antwortete König Athelstan mit einer militärischen Invasion, die zur Vertreibung der beiden Wikingerführer und zur Unterwerfung des Landes unter seine unmittelbare Königsherrschaft führte. Beeindruckt von dieser Demonstration militärischer Stärke, beeilten sich die Könige von Schottland und Strathclyde sowie der angelsächsische Herrscher von Bamburgh in Eamont / bei Penrith, die Unterwerfung Yorks sowie erneut die Oberhoheit des angelsächsischen Königs anzuerkennen (927).

Auch im Westen und Südwesten des Landes gelang es König Athelstan, den angelsächsischen Einfluß weiter auszudehnen. So wurden die walisischen Könige gezwungen, hohe Tributzahlungen zu leisten und den Wye-Fluß als Grenze zu akzeptieren. Ebenso vertrieb Athelstan nach einer Rebellion die britischen Einwohner aus Exeter und legte gegenüber der britischen Herrschaft Cornwall den Tamar-Fluß als Grenze fest. Gegen Ende seiner Regierungszeit mußte sich König Athelstan nochmals einer gefährlichen Bedrohung erwehren. Ein gewaltiges Invasionsheer, geführt von dem irischen Wikingerkönig Olaf Guthfrithson aus Dublin und den Königen von Schottland und Strathclyde, fiel 937 in Mercien ein, bis es von König Athelstan und seinem Bruder Edmund bei dem (nicht identifizierbaren) Ort *Brunanburh* zur Schlacht gestellt wurde, die nach erbittertem Ringen mit einem vollständigen Sieg der Angelsachsen endete. Nach einem zeitgenössischen Gedicht sollen fünf irische Wikingerkönige und der Sohn des Königs von Schottland als Tote auf dem Schlachtfeld geblieben sein;[37] nur mit Mühe konnte Olaf Guthfrithson Reste der zerschlagenen Armee nach Dublin retten.

Damit war die Herrschaft König Athelstans endgültig gesichert. Zum ersten Mal war England unter seiner Regierung in einem Gesamtreich vereinigt, das Angelsachsen, Briten, Dänen und Norweger einschloß und dessen Oberhoheit auch von den anderen, nicht unmittelbar integrierten Herrschaften der britischen Hauptinsel anerkannt wurde, so daß es keineswegs nur eine leere Formel war, wenn sich Athelstan in seinen Urkunden als *rex totius Britanniae* („König von ganz Britannien") bezeichnen ließ.

Zwar wurde die so hergestellte Reichseinheit nach dem Tode des Königs (939) bereits wieder in Frage gestellt, als eine erneute Invasion des Wikingerkönigs von Dublin, Olaf Guthfrithson, die Skandinavier vorübergehend wieder bis an die alte Watling Street-Grenze gelangen ließ. Aber es zeigte sich nun, daß die angelsächsischen Kraftreserven ausreichten, um auch empfindliche Rückschläge überstehen zu können. Bis zum Jahre 944 hatte Athelstans Bruder und Nachfolger, König Edmund (939–946), alle Gebiete wieder zurückerobert; die irischen Wikinger ließen sich taufen.

Als Edmund im Jahre 946 von einem aus der Verbannung zurückgekehrten Verbrecher ermordet wurde, benutzte der aus Norwegen vertriebene Wikingerkönig Erik mit dem bezeichnenden Beinamen „Blutaxt" den Herrscherwechsel, um sich im alten Wikingerzentrum York festzusetzen, wo er schnell als König anerkannt wurde. Aber auch hier zeigte sich, daß das auf der soliden Machtbasis von Wessex aufbauende englische Gesamtkönigtum den längeren Atem hatte. Nach der Ermordung Eriks gelang es Edmunds Nachfolger, König Edred (946–955), die angelsächsische Herrschaft in Nordhumbrien wieder herzustellen und im ganzen Land zu konsolidieren.

Diese Zeit der Konsolidierung wurde unter König Edgar (959–975) fortgesetzt und zu einem glanzvollen Höhepunkt geführt. Drei große Flottenverbände, die vor der britischen Küste patrouillierten, gewährleisteten die äußere Sicherheit des Landes. In einem feierlichen Akt demonstrierten die keltischen Könige von Schottland, Strathclyde, Wales und Cornwall ihre Unterwerfung unter die Oberhoheit König Edgars, indem sie sich im Jahre 973 in Chester einfanden, ihrem Oberherrn den Treueid leisteten, um diesen dann gemeinsam in einem Boot auf dem Dee-Fluß von seiner Residenz zur St. Johanneskirche und zurück zu rudern.

Mit Energie bemühte sich der König um die Integration von Angelsachsen und Skandinaviern unter einem gesamtenglischen Königtum, wobei beiden Volksgruppen ihre angestammten Rechte garantiert wurden. Auf ihn dürften auch die aus dem 10. Jahrhundert überlieferten gesetzgeberischen Maßnahmen, die auf eine Effektivierung der Regionalverwaltung und der lokalen Gerichtsbarkeit (Hundertschaft, Nachbarschaftsrecht, Gerichtsverfahren) abzielten, zurückzuführen sein.

Dazu kam eine umfassende Reform des Münzwesens, die zur Errichtung zahlreicher neuer Münzstätten führte und die der Krone eine zusätzliche Einnahmequelle sicherte.

Daneben wurde König Edgars Regierung jedoch vor allem durch die nachhaltige Förderung der cluniazensischen Klosterreform in England geprägt. In dem hl. Dunstan (909–988), Erzbischof von Canterbury, sowie in Aethelwold, Bischof von Winchester, und Oswald, Bischof von Worcester und Erzbischof von York, fand der König begabte Ratgeber und tatkräftige Helfer für seine Reformpolitik, was nicht nur dazu führte, daß zahlreiche neue Klöster gegründet wurden, sondern daß auch in wichtigen Kirchen des Landes (Canterbury, Winchester, Worcester) der Weltklerus durch Mönche abgelöst wurde, ohne daß sich hieraus bereits Ansätze zu Konflikten zwischen weltlicher und geistlicher Gewalt – wie etwa später auf dem Kontinent – ergaben. Königsherrschaft und Kirche erschienen vielmehr noch in voller Harmonie miteinander verbunden. Dunstan baute dabei das Krönungszeremoniell in der Form der Salbung mit dem heiligen Öl zu einem kirchlichen Weiheakt aus, der dem König eine Art priesterliches Charisma verschaffte. Der König revanchierte sich durch bedeutsame Kirchenschenkungen und die großzügige Privilegierung geistlicher Körperschaften, was auch in England zu einem Anwachsen geistlicher Immunitäten, d. h. von Bereichen, die der weltlichen Herrschaftsgewalt nicht unterworfen waren, führte.

IV. Der Zusammenbruch der angelsächsischen Herrschaft und das nordische Reich Knuts des Großen und seiner Nachfolger (ca. 1000–1042)

Als König Edgar im Jahre 975 starb, hinterließ er zwei minderjährige Söhne aus verschiedenen Ehen, Eduard und Ethelred, von denen der ältere, der damals etwa sechzehnjährige Eduard, von der Mehrheit der Großen zum König erhoben wurde. Die Königsherrschaft dieses jungen Mannes währte jedoch nicht lange, denn bereits 978 wurde er von Gefolgsleuten seines Halbbruders heimtückisch ermordet, was dazu führte, daß er bald allgemein als Märtyrer verehrt wurde, obwohl er noch zu seinen Lebzeiten eher durch anmaßendes Auftreten, Rücksichtslosigkeit und jähe Wutausbrüche als durch frommen Lebenswandel aufgefallen war.

Obwohl der jüngere Halbbruder Ethelred, der nun als König nachfolgte (978–1016), zum Zeitpunkt der Tat noch zu jung war, um als Anstifter oder Komplize verdächtigt werden zu können, warf der Mord doch von Anfang an seine Schatten auf die Persönlichkeit wie auch auf die Regierung des neuen Königs. Wenn die Forschung heute auch dazu neigt, die Königsherrschaft Ethelreds wesentlich positiver zu beurteilen, als dies noch ältere Generationen taten, so wird man doch nicht an der Feststellung vorbeikommen, daß sein Herrschaftsstil insgesamt gesehen wenig konsequent, eher wankelmütig und unstet wirkt. Maßnahmen von überlegter Planung und sinnloser Grausamkeit wechselten einander ab und schufen auch gegenüber der engsten Umgebung ein Klima gegenseitigen Mißtrauens und wachsender Illoyalität, so daß spätere Chronisten den Namen des glücklosen Königs (*Ethelred* = edler Rat) durch den Beinamen *Unraed* = „der Ratlose" verballhornten, woraus dann im 17. Jahrhundert durch einen Übersetzungsfehler „the Unready" („der noch nicht Bereite") wurde.

Während die Dänen und Norweger der ersten Invasionswellen inzwischen im Gebiet des *Danelag* längst seßhaft geworden waren und sich bereits weitgehend damit abgefunden hatten, unter einem gesamtenglischen Königtum zu leben, drohten nun wieder neue Gefahren von außerhalb. Seit 980 mehrten sich erneut die Wikingereinfälle, die am Ende den Charakter von militärischen Großunternehmungen annahmen, die unmittelbar vom dänisch-norwegischen Königtum getragen wurden.

Entscheidend für den Erfolg dieser dritten skandinavischen Invasionsphase, die mit der Errichtung eines englisch-skandinavischen Großreichs endete, waren nicht nur die in der Persönlichkeit des Königs liegenden Schwächen und die weitverbreitete Illoyalität innerhalb des angelsächsischen Adels, der zum Teil mit den Eroberern gemeinsame Sache machte; es zeigte sich vielmehr jetzt, daß der unter Edred und Edgar eingeleitete Anglisierungsprozeß doch noch nicht so weit fortgeschritten war, daß den

Eindringlingen eine geeinte englische Nation gegenüberstand. Die Anerkennung des *Danelag* und der damit verbundene Verzicht auf eine zentralstaatliche Verwaltungseinheit stand einer vollen Integration der Skandinavier entgegen, die zwar als Siedler und Landbesitzer keine unmittelbare Gefahr für das Königtum bildeten, die sich aber andererseits auch noch nicht in dem Maße mit der neuen Herrschaft identifizierten, daß sie nun den Abwehrkampf der Angelsachsen zu ihrer ureigenen Sache gemacht hätten.

Die Eindringlinge waren zudem klug genug, ihre Landsleute zu verschonen und ihre Angriffe sogleich in die Kernlande der angelsächsischen Herrschaft, die ehemaligen südlichen Königreiche, vorzutragen. So kam es, daß in dem nun folgenden Existenzkampf die Skandinavier des *Danelag* weitgehend abseits standen, so daß die Angelsachsen – wie zu Alfreds Zeiten – wieder weitgehend auf sich selbst gestellt waren, nur daß an ihrer Spitze nicht ein Mann von Alfreds militärischem und staatsmännischem Format, sondern ein militärisch wie politisch gleichermaßen glücklos operierender König stand.

Daß schwere Zeiten bevorstanden, merkten die Angelsachsen spätestens, als im Jahre 991 ein schlagkräftiges Wikingerheer unter der Führung des Norwegers Olaf Tryggvason an der britischen Südostküste landete und in der Schlacht bei Maldon/Essex ein angelsächsisches Aufgebot vernichtete. Noch waren die Eroberer nicht an Grund und Boden interessiert, sondern ließen sich ihren Abzug durch Geld abkaufen, das jetzt erstmalig als sogenanntes *Danegeld* in der Form einer hohen Sondersteuer von jedem Grundbesitzer eingetrieben wurde.

Ein paar Jahre später, 994, erschien Olaf Tryggvason wieder, und dieses Mal mit einem mächtigen Verbündeten, dem Dänenkönig Sven Gabelbart. Die vereinigte Invasionsflotte, die über 90 Schiffe und über 2000 Kämpfer verfügte, die meist in kasernierten Lagern, wie Jomsburg, geradezu professionell ausgebildet waren, brandschatzte die Südost- und Südküste des Landes und bedrohte London, das allerdings tapfer verteidigt wurde.

Zum Glück für die Angelsachsen führten Spannungen innerhalb der Wikingerkoalition dazu, daß Olaf Tryggvason gegen die übliche Geldzahlung Frieden schloß und sich sogar taufen ließ. Dagegen setzten die Dänen in den folgenden Jahren ihre Angriffe gegen den Süden des Landes fort, wobei die Angelsachsen kaum in der Lage waren, eine wirksame Abwehrfront aufzubauen.

Im Frühjahr des Jahres 1002 konnte König Ethelred immerhin einen bemerkenswerten politischen Erfolg verbuchen, als es ihm gelang, mit der Heirat Emmas, der Schwester Herzog Richards II. von der Normandie, die bisher gespannten Beziehungen zwischen beiden Ländern zu normalisieren. Mit dieser Rückendeckung fühlte sich der König offensichtlich stark genug, noch im gleichen Jahr gegen die Dänen einen vernichtenden

Schlag zu führen und faßte dabei einen ebenso grausamen wie törichten Entschluß. Vielleicht im Glauben, auf diese Weise die Sympathisanten der Invasoren zu treffen, gab er den Befehl, am 13. November 1002 (St. Brice's Day) alle Dänen in seinem Machtbereich, derer man habhaft werden konnte, umzubringen. Das sinnlose Verbrechen führte jedoch genauso wenig wie später das berüchtigte Massaker in der *Bartholomäusnacht* in Frankreich (1572) zum gewünschten Erfolg; im Gegenteil, da dem Gemetzel auch eine Schwester Sven Gabelbarts mit Namen Gunhild zum Opfer gefallen war, zog sich Ethelred durch die blutige Tat nur die persönliche Todfeindschaft des Dänenkönigs zu, der von nun an alles daransetzte, die angelsächsische Herrschaft auf der Insel zu vernichten. Nach mehreren Einfällen in den Jahren 1003, 1004/5, 1006/7 und 1009, die die Widerstandskraft des Landes bereits weitgehend erschöpft hatten, führte König Sven Gabelbart im Jahre 1013 an der Spitze einer bei Sandwich gelandeten Invasionsarmee den entscheidenden Schlag gegen die angelsächsische Herrschaft, was zur Folge hatte, daß bis zum Ende des Jahres ganz England von den Dänen erobert wurde und König Ethelred nichts anderes übrig blieb, als mit seiner Familie in der Normandie am Hofe seines Schwagers Zuflucht zu suchen.

Doch noch einmal schien sich das Schicksal zugunsten der Angelsachsen zu wenden, als mit König Svens plötzlichem Tode (1014) die dänische Herrschaft in England in eine schwere Krise geriet. Während in Dänemark Svens ältester Sohn Harald (1014–1018) die Herrschaft übernahm, setzte sich in England dessen jüngerer Bruder Knut an die Spitze der dänischen Armee. Dem zurückgekehrten Ethelred gelang es jedoch, Knut von der Insel zu vertreiben, der nun vergebens von seinem Bruder in Dänemark Anteil an der Königsherrschaft verlangte.

Bereits ein Jahr später kehrte Knut, unterstützt von einem norwegischen Adligen mit Namen Erich Håkonsson, an der Spitze eines Heeres nach England zurück. Bevor es zu einer Entscheidung kam, starb König Ethelred (1016). Sein Sohn, Edmund Ironside, wurde zwar von einem Großteil der angelsächsischen Großen als König anerkannt; nach tapferer Gegenwehr wurde er jedoch im gleichen Jahre von Knut bei Ashingdon/Essex entscheidend geschlagen. In dem anschließenden Friedensvertrag einigte man sich über eine Aufteilung des Landes in zwei Herrschaftszonen. Edmund behielt Wessex und erkannte dafür die Herrschaft Knuts in den übrigen Teilen des Landes an. Das Abkommen erlangte jedoch kaum praktische Bedeutung, da bereits kurz darauf (30.11.1016) Edmund Ironside starb; jetzt boten die angelsächsischen Großen Knut die Königskrone an, wodurch Angelsachsen und Skandinavier wieder einmal unter gemeinsamer Herrschaft vereinigt wurden, diesmal allerdings nicht unter einem angelsächsischen, sondern unter einem skandinavischen Königtum.

Mit der Königsherrschaft Knuts (1017–1035), den die Nachwelt ebenfalls mit dem Beinamen „der Große" geehrt hat, wurde England zum Bestandteil und zur wesentlichen Machtgrundlage eines skandinavischen Großreiches, das neben England, Dänemark, Teilen Schwedens und der Ostseeküste zeitweilig auch Norwegen mit den jeweils zugehörigen Inselgruppen im Atlantik umfaßte. Die Problematik eines solchen aus einem Konglomerat unterschiedlicher Völker zusammengesetzten Herrschaftsverbandes, der lediglich durch die Person des Königs zusammengehalten wurde, liegt auf der Hand. Dies gilt um so mehr, wenn man die beträchtlichen geographischen Entfernungen zwischen den einzelnen Reichsteilen, die zudem nur jeweils über das Meer erreichbar waren, in Rechnung stellt und wenn man sich außerdem vergegenwärtigt, daß selbst der doch wesentlich bescheidener dimensionierte Versuch der Könige Edred und Edgar, Angelsachsen und Skandinavier in England in einem tragfähigen Staatsverband zu integrieren, bisher nicht einmal realisiert werden konnte. Man kann sich sicher darüber streiten, ob diese Konzeption eines nordischen Großreiches von Anfang an realistisch war oder ob Knut seine Mittel und Möglichkeiten hierzu nicht überschätzt hat; in jedem Falle nötigen allein schon die Kühnheit der Idee an sich wie auch vor allem das „Wie" ihrer geplanten Verwirklichung dem modernen Betrachter allen Respekt ab vor den Herrscherqualitäten dieses jungen Königs, der noch nicht zwanzig Jahre alt war, als er den englischen Thron bestieg.

Um die Legitimitätsbasis seiner Herrschaft zu stärken, trennte sich Knut von seiner ersten Ehefrau Aelfgifu, was durch den Umstand ermöglicht wurde, daß diese Ehe nicht kirchlich geschlossen worden war, und heiratete Emma, die Witwe König Ethelreds.

In der klaren Erkenntnis, daß England die eigentliche Basis und Machtgrundlage seines Reiches bildete, setzte König Knut die Integrationspolitik seiner Vorgänger Edred und Edgar konsequent fort, und zwar nach dem Grundprinzip absoluter Gleichberechtigung der beiden Volksgruppen unter Respektierung ihrer angestammten Rechtsordnung. Voraussetzung für diese Politik war allerdings, daß das dänische Heer, das noch unter Waffen stand, nicht mit Landbesitz auf Kosten der Angelsachsen entschädigt wurde. Knut zog es vielmehr vor, an die bereits als Tradition eingebürgerte Sonderabgabe des *Danegeld* anzuknüpfen und auf dieser Basis von jedem Grundbesitzer einen hohen Geldbetrag zu erheben, mit dessen Hilfe die Soldaten des Heeres abgefunden und zur Rückkehr in ihre Heimatländer veranlaßt werden konnten.

Die ersten Früchte dieser konsequenten Aussöhnungspolitik zwischen Angelsachsen und Skandinaviern stellten sich schon bald in der Form ein, daß Adel und Klerus dem neuen König loyal ihre Dienste anboten und von diesem auch zu höchsten Staatsaufgaben herangezogen wurden.

Knut erkannte vor allem die stabilisierende Wirkung, die von der angelsächsischen Kirche für seine Königsherrschaft ausging, und förderte großzügig Bistümer und Klöster durch Bauten, Schenkungen und Privilegien, wobei er angelsächsische Priester auch nach Dänemark entsandte, um dort die Christianisierung voranzutreiben. Im Rahmen seiner Herrschaftskonzeption scheint Knut auch mit dem Gedanken gespielt zu haben, eine von England abhängige Nationalkirche ins Leben zu rufen. Derartige Pläne wurden jedoch von dem wachsamen Erzbischof von Bremen, der die Metropolitangewalt über die dänischen Bistümer ausübte, durchkreuzt; denn als es der Kandidat für den Bischofsstuhl in Roskilde in Dänemark wagte, sich statt vom Erzbischof von Bremen vom Erzbischof von Canterbury weihen zu lassen, wurde er auf der Heimreise von dem Bremer Kirchenfürsten so lange festgehalten, bis Knut nachgab und die bremische Metropolitangewalt ausdrücklich anerkannte.

Die Beherrschung der weit auseinanderliegenden und nur über das Meer erreichbaren Gebiete setzte zunächst die Seeherrschaft in den betroffenen Gewässern voraus, die Knut durch den konsequenten Ausbau einer regelmäßig vor den Küsten patrouillierenden Flotte erreichte. Die innere und äußere Sicherheit wurde darüber hinaus nach der Entlassung des Invasionsheeres durch eine ständig unter Waffen stehende Streitmacht von ca. 3000 Berufskämpfern *(huskarle)* gewährleistet, die in einem streng disziplinierten genossenschaftlichen Verband mit eigenen Gesetzen und autonomer Gerichtsbarkeit zusammengeschlossen waren.

Die Eigenart dieses heterogenen Großreiches, das praktisch nur durch die Person des Königs zusammengehalten wurde, brachte es zwangsläufig mit sich, daß dieser sich oft genug genötigt sah, seinen Herrschaftsanspruch außerhalb Englands mit Waffengewalt zur Geltung zu bringen oder zu verteidigen. Die hierdurch bedingte, oft längere persönliche Abwesenheit machte es für Knut erforderlich, einen Teil seiner Herrschaftsgewalt in England auf Dauer zu delegieren. Dies geschah dadurch, daß als Zwischeninstanz zwischen der Krone und den Grafschaften *(Shires)* vier *Earldoms* eingeschoben wurden, wobei einer dieser *Earls* – vergleichbar etwa mit den Herzögen auf dem Kontinent – auch zum ständigen Vertreter Knuts in England während der Zeit seiner Abwesenheit berufen wurde. Es ist bezeichnend für das fortgeschrittene Maß an Integration, daß diese Vertrauensstellung in England lange Zeit ein Angelsachse mit Namen Godwin innehatte.

Die außenpolitischen Aktivitäten Knuts reichten weit über sein nordisches Reich hinaus. So unterhielt er freundschaftliche Beziehungen mit Kaiser Konrad II., an dessen Kaiserkrönung im Jahre 1027 er in Rom persönlich teilnahm und dessen Sohn, der spätere Kaiser Heinrich III., mit seiner Tochter Gunhild verlobt wurde.

Für England bedeutete die Regierungszeit Knuts eine Zeit des Friedens und des wirtschaftlichen Aufschwunges, der vor allem von den aufblühenden Handelsbeziehungen zu den skandinavischen Ländern und Flandern getragen wurde.

Daß das Reich Knuts keine dauerhafte Bedeutung gewann und nur Episode blieb, lag zunächst einmal am frühen Tod seines Schöpfers selbst, der im Jahre 1035 erst vierzigjährig starb und in der westsächsischen Königsstadt Winchester beigesetzt wurde. Dazu kam, daß ihm auch seine beiden Söhne verhältnismäßig rasch in den Tod nachfolgten. Wenn auch sonst Zweifel angebracht sind, ob es auf Dauer möglich gewesen wäre, die Herrschaftskonzeption Knuts in der Realität durchzusetzen, so bleibt doch mit Knuts Namen für die Geschichte Englands ein entscheidendes Ergebnis verbunden: Unter seiner Regierung ist es gelungen, Angelsachsen und Skandinavier endgültig in einen gemeinsamen Staatsverband zu integrieren.

V. Die angelsächsisch-dänische Herrschafts- und Sozialordnung

Gegen Ende der Angelsachsenzeit bewohnten etwa 1,5 Millionen Einwohner den angelsächsisch-dänischen Teil der Insel. Noch immer war ein Großteil Englands mit dichten Wäldern bedeckt, wenn auch die Rodungstätigkeit – vor allem in Mittel- und Südengland – seit der Römerzeit beachtliche Spuren hinterlassen hatte.

Bei allen regionalen Unterschieden, die sich aus der unterschiedlichen Herkunft der Bewohner ergaben, beruhte die angelsächsisch-dänische Herrschafts- und Sozialordnung doch nach wie vor auf einem breiten Grundstock gemeinsamer Rechtstradition, dem germanischen Volksrecht, das in der germanischen Sippen- und Stammesverfassung sichtbaren Ausdruck fand. Im Rahmen dieser Herrschaftsordnung kam der Institution des Königtums zentrale Bedeutung zu.

Nach wie vor gründete sich die Königsherrschaft auf die Zugehörigkeit zur königlichen Sippe, aus deren Verband die Großen des Landes den König wählten. Zu dieser geblütsrechtlichen Qualifikation war inzwischen das durch die Salbung und Krönung nach christlichem Ritus vermittelte Charisma des Priesterkönigs getreten, das dem Träger der Krone eine geradezu geistlich-sakrale Weihe vermittelte. Die Sippenverfassung mit ihren jeweiligen Rechts- und Friedensbereichen setzte der Ausbildung zentraler Herrschaftsgewalt durch das Königtum zunächst enge Grenzen. Mit der Ausweitung des Sippenverbandes auf die Frauenverwandten (wechselnde Sippe) und der damit verbundenen Lockerung familienrechtlicher Bindungen setzte jedoch ein allmählicher Auflösungsprozeß ein, der durch das Aufkommen des Gefolgschaftssystems, das nun weitgehend die bisher von den Sippen wahrgenommenen Aufgaben der Rechts- und Friedenswahrung übernahm, noch zusätzlich gefördert wurde.

Schon früh hatte auch das Königtum damit begonnen, eigene Gefolgschaften aufzubauen, denen neben den früheren Kleinkönigen und ihren Gefolgsleuten auch Freie, die in den Dienst des Königs getreten waren, sowie besoldete, zum persönlichen Schutz des Königs angeworbene Berufskämpfer angehörten. Auf dieser Basis erhielt der König die Möglichkeit, wichtige „öffentliche" Funktionen wie Gerichtsbarkeit und Friedensschutz, die früher von den Sippen ausgeübt wurden, an sich zu ziehen und außerdem den alten Geburtsadel auf dem Wege über die Gefolgschaft allmählich in einen abhängigen Dienstadel umzuwandeln. Für die Stärkung der königlichen Herrschaftsgewalt war dabei entscheidend, daß sich im Rahmen der adligen Gefolgschaftsverhältnisse nicht wieder – etwa wie einst in den Sippenverbänden – autonome Bereiche mit eigener Rechtsordnung herausbilden konnten; im Gegensatz zum späteren Lehnswesen entwickelte das Gefolgschaftssystem kein eigenes Gefolgschaftsrecht. Die Gefolgsleute waren – unabhängig von ihrer Einbindung in die jeweilige Gefolgschaft – dem allgemeinen Volksrecht unterworfen, und der dem Gefolgsherrn geleistete Treueid stand unter einem allgemeinen Treuvorbehalt zugunsten der Krone, was bedeutete, daß in jedem Falle die Treuepflicht gegenüber dem König Vorrang vor allen anderen Verpflichtungen genoß. Der Machtzuwachs, der dem König aus seiner hausherrlichen Gewalt erwuchs, wird deutlich, wenn man die Ausbildung des besonderen Königsfriedens *(mundbyrd)* im angelsächsischen England verfolgt, der, ursprünglich auf die Hausgemeinschaft des Königs bezogen, im 10. und 11. Jahrhundert allmählich auf besondere Orte, wie Kirchen, Flüsse, Brücken und Straßen sowie auf Personen, die außerhalb von Schutzverbänden standen (Fremde, Juden, Kaufleute), ausgedehnt wurde.

Wie auf dem Kontinent fand auch in England die Ausübung königlicher Herrschaft ihre natürlichen Grenzen in der germanisch-christlichen Anschauung vom Wesen des Rechts, das nach dieser Auffassung als unmittelbarer Bestandteil der göttlichen Weltordnung galt und damit im Prinzip der menschlichen Disposition entzogen war. Dies bedeutete zunächst, daß alle Menschen, auch der König, unter dem Recht standen, und daß es daher auch grundsätzlich nicht Aufgabe des Königs war, neues Recht im Wege der Gesetzgebung zu schaffen, sondern vielmehr das gute alte, aus dem Herkommen der Vorfahren überlieferte Recht zu finden, festzustellen und vor Mißbrauch zu schützen. Vor diesem Hintergrund erschienen daher auch die Volksrechte, die für die angelsächsische Epoche überliefert sind,[38] – jedenfalls von der Idee her – nicht als königliche Gesetze, sondern eher als Zusammenstellung alter Rechtsgewohnheiten (Weistümer), wobei sich allerdings in der Praxis bedeutsame Einwirkungs- und Gestaltungsmöglichkeiten des Königs aus seiner Funktion als oberster Wahrer und Interpret des Rechts ergaben. Dem Herkommen entsprach es, daß der König die Königsherrschaft nicht allein, sondern gemeinsam mit den Großen des Landes *(witan)* ausübte, die in der Versammlung des *witenagemot* zusammenkamen.

Kompetenzen und Zusammensetzung dieser Versammlung sind aus den Quellen nur in Umrissen zu erkennen. Fest steht dabei, daß an ihr regelmäßig Angehörige der Königsfamilie, Bischöfe, Äbte, die Ealdormen der Grafschaften sowie mächtige Gefolgsleute des Königs *(thanes)* teilnahmen. Die Versammlung war vor allem Beratungsorgan in wichtigen Angelegenheiten; außerdem oblag ihr die Königswahl unter Beachtung des Geblütsrechts. Ihre regelmäßige Mitwirkung ist auch bei Landschenkungen, königlichen Urteilen und Verträgen mit auswärtigen Mächten bezeugt.

Entscheidend für die Ausbildung einer königlichen Zentralgewalt mußte sein, inwieweit der König in der Lage war, eine wirksame, von der Krone abhängige Verwaltungsorganisation aufzubauen. Die auf der Sippenverfassung und dem Gefolgschaftswesen beruhende angelsächsisch-dänische Herrschaftsordnung war ihrem Wesen nach zunächst Herrschaft über Personen. Der angelsächsische „Staat" – wenn man diesen Begriff hier überhaupt gebrauchen will – stellte sich in der Frühphase als ein reiner Personenverband dar, im Gegensatz etwa zum modernen Flächenherrschaftsstaat, dessen Herrschaftsanspruch sich nicht nur auf Beziehungen zu Personen, sondern darüber hinaus auch auf die Beherrschung eines geographisch abgegrenzten Raumes gründet. Eine Intensivierung zentraler Herrschaftsgewalt war nur möglich, wenn es dem Königtum gelang, über die persönlichen Beziehungen zu den Gefolgsleuten hinaus seine Herrschaft zu territorialisieren und damit von den jeweils konkreten personalen Bindungen auf eine Gebietsherrschaft hin zu abstrahieren. Dieser für die Entwicklung einer monarchischen Zentralgewalt so wichtige Prozeß der Territorialisierung wurde in England, das durch die Vielzahl der Stammeseinheiten und Kleinkönigreiche hierfür eigentlich wenig günstige Bedingungen mitbrachte, durch äußere Umstände, wie etwa die Bedrohung durch die Wikinger, entscheidend gefördert. Als Mittel dieses Territorialisierungsprozesses erwies sich die Grafschaftsverfassung, die im Laufe der Zeit allmählich auf ganz England, mit Ausnahme des Nordens, ausgedehnt wurde.

Die Grafschaften (Shires) bildeten zunächst die administrativen Einheiten zur Mediatisierung der ehemaligen angelsächsischen Teilreiche, nachdem es den Königen von Wessex gelungen war, zunächst Wessex selbst, dann in Anlehnung daran auch die bisherigen Kleinkönigreiche Sussex, Essex und Kent zu Verwaltungseinheiten unter einem gemeinsamen westsächsischen Königtum umzugestalten. An der Spitze des Shire stand der Ealdorman, der mit dem jeweiligen Bischof den Vorsitz im Grafschaftsgericht führte und im Kriegsfalle das Aufgebot des Shire befehligte.

Der Ealdorman, der stets dem Hochadel angehörte und oft auch mit dem Königshaus verwandt war, war nominell königlicher Amtsträger, der vom König eingesetzt und bei Pflichtverletzungen von diesem auch entlassen werden konnte. Da es in der Spätzeit immer mehr üblich wurde, mehrere Shires in der Hand eines Ealdorman zu vereinigen, erfuhr dessen Stellung allmählich eine Aufwertung, bis unter König Knut die Ealdormen geradezu den Rang von Herzögen (Earl, nord. Jarl) erlangten.

Als Gegengewicht gegen die wachsende Macht des Ealdorman, der in der Regel auch mächtiger Grundbesitzer war, hatte das Königtum schon früh die Verwalter der befestigten königlichen Gutshöfe im Shire, die Sheriffs (ags. *scir-gerefa, shire-reeve*) mit umfassenden Gerichts- und Kontrollaufgaben betraut, die sicherstellten, daß jeder Freie sich unmittelbar an den König als obersten Gerichtsherrn wenden konnte. In dem Maße, wie der Ealdorman zu höheren Würden aufstieg und sich damit immer mehr von seinem bisherigen Aufgabenbereich verabschiedete, rückte der Sheriff in dessen Funktion ein und übernahm nun im Namen und Auftrag des Königs allmählich die faktische Leitung der Grafschaft. Unterhalb der Grafschaft wird seit König Edgar die Hundertschaft (im Danelag *wapentake* genannt) faßbar, die ursprünglich wohl eine Personaleinheit von hundert Bauernhaushalten verkörperte und die sich dann im Laufe der Zeit zu einer Territorialeinheit von hundert Hufen (hides) Land wandelte, an die das Königtum bei der Besteuerung und dem Heeresaufgebot des *fyrd* anknüpfte. Die Bewohner dieser Hundertschaften traten alle vier Wochen – ebenfalls unter der Leitung eines königlichen Amtsträgers – zur Gerichtsversammlung zusammen, wobei die in Strafsachen ausgesprochenen Vermögensstrafen zur Hälfte an die Hundertschaft fielen.

Außerhalb der Hundertschaftsverfassung standen die *boroughs*, die durch besondere königliche Privilegien gefreiten Städte. Sie bildeten ein eigenes Stadtgericht zur Einhaltung des Königsfriedens aus, das *bourhgemôt*, das dreimal im Jahr tagte. Wenn auch die wirtschaftliche Bedeutung dieser Städte, die regelmäßig innerhalb ihrer Mauern eine Münzstätte beherbergten, nicht unterschätzt werden sollte, war ihre Privilegierung im übrigen noch bescheiden, so daß von einer echten Selbstverwaltung mit eigenem Stadtrecht keine Rede sein kann.

Unterhalb der Hundertschaft gab es endlich noch als lokale Verwaltungseinheiten die Zehnschaften *(tithings)* und die Gemeinden *(vills)*.

Während die Zehnschaft ursprünglich wohl als ein Personalverband von 10 Haushalten für die Verbrechensbekämpfung auf frischer Tat zuständig war, wandelte sich ihr Aufgabenbereich offensichtlich im Laufe der Zeit dahingehend, daß sie zur Zeit König Knuts als eine Art Haftpflichtverband erscheint, der bei Vergehen eines seiner Mitglieder gehalten war, den Übeltäter an das Hundertschaftsgericht auszuliefern oder selbst für den entstandenen Schaden und die ausgesprochenen Strafen aufzukommen.

Die Gemeinden *(vills)* besaßen zwar keine eigene Gerichtsbarkeit, übten jedoch polizeiliche Befugnisse in eigener Verantwortung aus.

Außerhalb dieser Verwaltungsorganisation standen die Grundherrschaften der Grundherren *(Lords)*, die auf der Hausgewalt des Herrn an seinem Hauptwohnsitz *(hlaford-botl)* beruhten. Im Rahmen dieses Herrschaftsbereiches konnten die Grundherren eine niedere Gerichtsbarkeit vor allem für die unfreien Hofangehörigen wahren, ohne daß allerdings die zugehörigen Freien daran gehindert waren, die ‚ordentliche' Gerichtsbarkeit des Grafschafts- und Hundertschaftsgerichts in Anspruch zu nehmen oder auch unmittelbar das Königsgericht anzurufen.

Wenn es zahlreichen Grundherren bis zum Ende der Angelsachsenzeit auch gelang, dank ihrer wirtschaftlichen Überlegenheit auch benachbarte Gemeinden unter ihre Kontrolle zu bringen und auf diese Weise ihre Herrschaften zu neuen Wirtschaftseinheiten (in der Normannenzeit *manerium, manor* genannt) aufzuwerten, so wurde hierdurch dennoch die allgemeine Verwaltungs- und Gerichtsstruktur nicht im Kern berührt. Nach wie vor bildeten Grafschaft, Hundertschaften, Zehnschaften und Gemeinden die maßgebenden Einheiten nicht nur für Gerichtsbarkeit und Polizeimaßnahmen, sondern auch für das Heeresaufgebot und das Besteuerungswesen.

Die Pflicht, im Kriegsfall zum Heeresaufgebot des *fyrd* beizutragen, traf nicht nur die *Lords*, sondern alle Grundbesitzer, wobei für jeweils fünf Hufen (hides) Land ein Kämpfer zu stellen war (five-hide-unit), so daß eine Hundertschaft, die im Laufe der Zeit als eine 100 Hufen-Einheit gerechnet wurde, mit bis zu 20 Mann im königlichen Heer vertreten war. Diese Verpflichtung konnte auch durch eine Geldzahlung abgelöst werden, die es dem König erlaubte, ein entsprechendes Kontingent an Söldnern anzuwerben. Das Heeresaufgebot der Grafschaft wurde außerdem durch die Gefolgschaft des Ealdorman, die königlichen Gefolgsleute sowie die Aufgebote entsprechend verpflichteter *boroughs* ergänzt.

An den Grundbesitz aller Freien knüpfte auch das Steuerwesen an, das dem Königtum neben seinen Einnahmen aus den königlichen Domänen, Gerichtsbußen, Zöllen und sonstigen Abgaben eine regelmäßige Einkunftsquelle sicherte.

Schon seit alters her wurde der Grundbesitz im angelsächsischen England nach dem Hufen-System besteuert. Daneben erlangte seit dem Ende des 10. Jahrhunderts das sogenannte *Danegeld* besondere Bedeutung, das ursprünglich als eine Notsteuer eingeführt worden war, um die Ablösungssummen für die dänischen Eroberer aufzubringen, dann aber unter König Knut in eine regelmäßige, auf dem gesamten Grundbesitz lastende Steuer umgedeutet wurde.

Verfügte das angelsächsische Königtum somit auf regionaler und lokaler Ebene durchaus über leistungsfähige Verwaltungsinstitutionen, so waren die Organe einer künftigen Zentralverwaltung am königlichen Hof noch relativ schwach entwickelt.

Wie auf dem Kontinent baute die Hofverwaltung des angelsächsischen Königs auf den klassischen Hofämtern des Hofmeisters *(dapifer)*, der dem fränkischen Truchseß entsprach, dem Kämmerer *(camerarius)*, der die Oberaufsicht über das Finanzwesen und das königliche Vermögen führte, sowie dem Mundschenk *(pincerna)*, dem die Sorge für das leibliche Wohl der königlichen Familie und des Hofes anvertraut war, auf. Das auf dem Kontinent übliche Marschallamt, das neben der Oberaufsicht über die Pferdehaltung auch militärische Aufgaben mit einschloß, wurde in England erst in der Dänenzeit eingeführt. Erst gegen Ende der angelsächsischen Zeitepoche bildete sich eine königliche Kanzlei als eine ständige Institution heraus.

Als unentbehrliche Stütze für die Ausbildung einer monarchischen Zentralgewalt, vor allem auch im Bereich des Verwaltungssystems, erwies sich schließlich die Herrschaft des Königtums über die Kirche.

Diese Herrschaft gründete sich auf das Eigenkirchenwesen wie auch auf das Gefolgschaftssystem, was in der Praxis bedeutete, daß sich die hausherrliche Muntgewalt des Königs voll auf die Kirchen des Landes und deren Vorsteher, Bischöfe und Äbte, erstreckte. Vor diesem Hintergrund war es geradezu selbstverständlich, daß der König frei über die Besetzung vakanter Bistümer und Klöster entschied, wobei lediglich die beiden Erzbischöfe von Canterbury und York gehalten waren, das Pallium als Zeichen ihrer Metropolitangewalt in Rom einzuholen.

Im Rahmen der Verwaltungsorganisation sorgten die von der Krone herangezogenen Kleriker sowohl auf zentraler als auch auf regionaler Ebene für ein hohes Maß an Kontinuität und Rationalität, indem sie – für die damalige Zeit geradezu professionell – die Schriftlichkeit als Kommunikationsinstrument zwischen Krone, Amtsträgern und Untertanen einsetzten. Beispielhaft für die Zukunft wurden dabei die sogenannten *writs (brevia)*, worunter man kurze, in der angelsächsischen Volkssprache abgefaßte, mit einem Wachssiegel beglaubigte Urkunden verstand, in denen der König sich an einzelne Amtsträger wandte, diesen einen konkreten Sachverhalt zur Kenntnis brachte und sie zu einem bestimmten Verhalten aufforderte.

Drittes Kapitel
Kontinuität und Neubeginn. England unter den Anglonormannen (1042–1154)

I. Vom nordischen zum französischen Einfluß. König Eduard der Bekenner (1042–1066)

Nach dem Tode König Knuts (1035) folgte ihm zunächst sein Sohn aus erster Ehe, Harold Harefoot (Hasenfuß), der jedoch bereits 1040 starb und damit seinem Halbbruder Hardeknut, der aus der zweiten Ehe Knuts mit der Königinwitwe Emma stammte, den Weg zur Königsherrschaft frei machte. Da auch Hardeknut bereits zwei Jahre später (1042) starb, brach das nordische Großreich Knuts völlig zusammen, zumal sich bereits vorher die Norweger wieder ihrem einheimischen König, der aus der Verbannung zurückgekehrt war, zugewandt und Knuts Parteigänger aus dem Lande vertrieben hatten.

In England gelangte mit Eduard (1042–1066), den die Nachwelt den Bekenner genannt hat, wieder das alte westsächsische Königsgeschlecht Alfreds des Großen zur Herrschaft.

Eduard, ein Sohn König Ethelreds des Unberatenen und der Normannenprinzessin Emma, war während der Herrschaft Knuts in der Normandie aufgewachsen und hatte weitgehend normannische Lebensart angenommen. Nach England zurückgekehrt, sah er sich bald mit den Folgen der Knut'schen Delegationspolitik in Form der hier neu geschaffenen Earldoms konfrontiert, deren Inhaber es nach dem Tode Knuts geschafft hatten, ihre Machtposition noch weiter auszubauen.

Eine besondere Rolle spielte dabei der Earl von Wessex, Godwin, dem es im Zuge einer gezielten Hausmachtpolitik gelang, seine Söhne mit weiteren Earldoms zu versorgen und damit bald eine beherrschende Stellung im Reiche einzunehmen, die er dann noch durch die Verheiratung seiner Tochter Edith mit König Eduard (1045) abzusichern wußte.

Begünstigt wurde diese Machtverschiebung zugunsten des angelsächsisch-dänischen Hochadels nicht zuletzt auch durch die Persönlichkeit des Königs, der von seinen Neigungen her der Tagespolitik wenig Interesse entgegenbrachte und der sich in weltfremder Frömmigkeit vor allem kirchlichen Fragen widmete, wobei gegen Ende seines Lebens der Bau der Westminsterabtei für ihn immer mehr zu einem zentralen Anliegen wurde, das alle anderen Probleme in den Hintergrund treten ließ.

Ein gewisses Gegengewicht gegenüber dem mächtigen einheimischen Hochadel ergab sich jedoch aus dem Umstand, daß Eduard bald in starkem Maße dazu überging, sich bevorzugt mit normannischen Ratgebern zu umgeben und Normannen in wichtige Staatsämter zu berufen. Außerdem scheint er – da er selbst kinderlos blieb – Herzog Wilhelm von der Normandie Zusagen für die Thronfolge in England gemacht zu haben. Im Zuge dieser Politik, die auch dazu führte, daß nordfranzösische Barone Landschenkungen erhielten und sich in England festsetzten, kam das Land bereits unter König Eduard in enge Berührung mit dem hochentwickelten Normannenstaat, so daß die Einbeziehung Englands in den kontinentalen normannisch-französischen Kulturkreis bereits jetzt vorbereitet wurde.

Daß diese Überfremdungspolitik beim alten angelsächsisch-dänischen Adel auf wenig Gegenliebe stieß, läßt sich unschwer nachvollziehen. Der Konflikt zwischen dem König und dem selbstbewußten Hochadel, verkörpert vor allem in der Person des übermächtigen Earls Godwin, war daher schon lange vorprogrammiert, als es 1051 zur offenen Konfrontation kam. Anlaß war eine blutige Auseinandersetzung zwischen der Bürgerschaft von Dover und dem dort als Gast des Königs mit seinem Gefolge weilenden Grafen von Boulogne, die auf beiden Seiten zahlreiche Tote gefordert hatte. Auf die Klage des Grafen hin befahl König Eduard dem zuständigen Earl Godwin, diesen Friedensbruch durch eine militärische Strafaktion gegen die rebellische Stadt zu ahnden. Godwin weigerte sich und zog unweit der königlichen Residenz in Gloucester ein Heer gegen den König zusammen. Die Loyalität der Earls Leofric und Siward, die den König mit Heeresmacht unterstützten, ließ Eduard jedoch als Sieger aus dieser Machtprobe hervorgehen. Godwin und seine Söhne sahen sich genötigt, das Land zu verlassen und in Flandern bzw. in Irland Schutz zu suchen. Godwins Tochter, die Königin Edith, wurde in ein Kloster verbannt.

Trotz dieser Niederlage gab sich Godwin noch nicht geschlagen, und bereits im nächsten Jahr (1052) erschienen er und sein Sohn Harold mit einem in Flandern und in Irland angeheuerten Flottenverband an der englischen Südküste. Die vom König in der Zwischenzeit verstärkt vorangetriebene, aber weithin unpopuläre Normannisierungspolitik trug das Ihre dazu bei, daß Godwin von den Bewohnern der Küstenstädte freudig aufgenommen wurde, so daß König Eduard keine andere Möglichkeit sah, als seinen Widersacher voll zu rehabilitieren und ihn und seine Familie wieder in alle Ämter und Rechte einzusetzen. Außerdem wurde der König verpflichtet, zahlreiche Normannen außer Landes zu schicken. Dieser Gegenreaktion fiel auch ein enger Vertrauter des Königs, der frühere Abt Robert von Jumièges/Normandie, zum Opfer, den König Eduard 1044 zum Bischof von London und 1051 – zu Beginn der Auseinandersetzungen mit Godwin – zum Erzbischof von Canterbury erhoben hatte. Während Robert gezwungen wurde, außer Landes zu fliehen, sorgte

Godwin dafür, daß das verwaiste Erzbistum sofort von einem seiner Vertrauten, dem Bischof Stigand von Winchester, in Besitz genommen wurde. Man hatte jedoch die Rechnung ohne Papst Leo IX. gemacht, der nicht bereit war, das ohne Zustimmung der Kurie durchgeführte Verfahren zu legalisieren, und der – auf die Appellation Roberts hin – Stigand nach einem Prozeß in Abwesenheit schließlich exkommunizierte. Wenn auch später Papst Benedikt X. den neuen Erzbischof anerkannte, so wurde diese Entscheidung jedoch von den beiden nachfolgenden Reformpäpsten Nikolaus II. und Alexander II. wieder rückgängig gemacht, die Stigand erneut exkommunizierten, ohne daß dieser – unterstützt von der Godwin-Familie – dazu gebracht werden konnte, auf das Amt zu verzichten.

Als Godwin 1053 starb, setzte sein Sohn Harold Godwinson mit großer Tatkraft und Umsicht die väterliche Familienpolitik fort. Während sich der König immer mehr vom Tagesgeschehen zurückzog, wurde Harold allmählich zum maßgebenden Herrscher im Lande, der nicht nur die dynastischen Ziele seiner Familie verfolgte, sondern darüber hinaus alleine noch in der Lage war, das Land auch vor äußeren Gefahren zu schützen. Dies zeigte sich deutlich, als gegen Ende der fünfziger Jahre der König der Waliser – im Zusammenwirken mit einer norwegischen Flotte und einem wegen Hochverrats geächteten englischen Earl – den Westen Englands bedrohte. Harold reagierte mit großer Entschlossenheit und fiel mit Heeresmacht in Wales ein, worauf die demoralisierten Waliser, um Frieden zu erlangen, ihren eigenen König umbrachten (1063). Damit war die Gefahr gebannt, und Harold stand auf der Höhe seiner Macht.

Da sich der Gesundheitszustand des Königs allmählich verschlechterte, wurde die Nachfolgefrage immer dringlicher.

Vom Geblütsrecht her hatte Edgar Etheling, Urenkel König Ethelreds des Unberatenen, die besten Aussichten; aber er war noch ein Kind und lebte in Ungarn, weit weg von den Geschehnissen in England. Herzog Wilhelm von der Normandie war über seine Großtante Emma, die Gemahlin König Ethelreds, mit dem westsächsischen Königshaus weitläufig verwandt, konnte aber vor allem auf die früheren Zusicherungen des Königs verweisen. Keinesfalls zwingend waren auch die verwandtschaftlichen Bindungen, die Harold für seinen Thronanspruch ins Feld führen konnte, dafür war er aber der derzeit mächtigste Mann in England. Endlich trat mit dem norwegischen König Harold Hardrada noch ein vierter Thronprätendent auf, der das englische Königtum als Erbe Knuts des Großen in Anspruch nahm.

Harold Godwinson geriet im Jahre 1064 insofern in eine mißliche Situation, als er wohl im Rahmen einer kontinentalen diplomatischen Mission – versehentlich oder durch Unwetter gezwungen – mit wenigen Getreuen an der normannischen Küste im Machtbereich Herzog Wilhelms landete und dabei in dessen Gewalt fiel. Wilhelm nutzte nun wohl die

Zwangslage seines Konkurrenten dazu aus, diesem einen Treueid – über dessen Inhalt allerdings nichts Näheres bekannt ist – zugunsten seiner Person abzunötigen.

Kurz nach der Rückkehr Harolds nach England starb König Eduard (5. 1. 1066) und wurde in der gerade kurz zuvor konsekrierten Westminsterabtei beigesetzt. Die Versammlung des *witenagemot* bot nun Harold die Königskrone an, den angeblich Eduard auf dem Sterbebett unter Mißachtung der früher Herzog Wilhelm erteilten Zusagen zu seinem Nachfolger designiert hatte.

II. Die normannische Eroberung und das Königtum Wilhelms I.

Die Entscheidung Harolds, die Krone anzunehmen, wurde von den beiden anderen mächtigen Thronprätendenten, Herzog Wilhelm und König Harald Hardrada von Norwegen, natürlich nicht tatenlos hingenommen; ein militärischer Konflikt war unausweichlich geworden.

So ging Herzog Wilhelm sofort daran, eine Invasionsflotte aufzubauen und das geplante Invasionsunternehmen durch die Anwerbung von Soldrittern sowie Friedens- und Bündnisverhandlungen mit den benachbarten Territorialgewalten in die Wege zu leiten.

Hand in Hand mit diesen Maßnahmen startete Wilhelm zugleich eine wirkungsvolle Propagandaoffensive, die Harold als den treulosen Eidbrecher hinstellte, der den Thron Englands ohne Recht usurpiert habe. Diese ‚Öffentlichkeitsarbeit' machte immerhin so viel Eindruck, daß nicht nur Kaiser Heinrich IV. die Partei des Normannenherzogs ergriff, sondern daß vor allem Papst Alexander II., zumal Harold nach wie vor an dem exkommunizierten Erzbischof Stigand festhielt, sich Wilhelms Sache zu eigen machte, indem er dem Invasionsheer eine geweihte Fahne übersenden ließ und damit das Unternehmen mit der ganzen Autorität der römischen Kirche absegnete.

Auch von anderer Seite gestaltete sich die Lage für König Harold bedrohlich; denn in der Zwischenzeit hatte sich einer seiner Brüder, Tostig, der wegen seines harten Regiments in seinem Earldom Nordhumbrien zum Verlassen des Landes gezwungen worden war, mit dem norwegischen Thronprätendenten Harald Hardrada verbündet. Im September 1066 landeten Harald Hardrada und Tostig an der Spitze einer ansehnlichen Streitmacht von 300 Schiffen an der Küste von Yorkshire, schlugen das regionale angelsächsische Aufgebot und schickten sich an, von hier aus weiter nach Süden vorzustoßen.

Harold hatte in der Zwischenzeit mit der Flotte und dem aufgebotenen Volksheer im Süden mehrere Wochen lang vergeblich auf das Invasionsheer aus der Normandie gewartet, das durch ungünstige Windverhältnisse am Auslaufen gehindert worden war. Dieser Umstand sollte Wilhelm zum Vorteil gereichen, denn da die Erntezeit bevorstand, mußte Harold einen Teil seines Heeres entlassen. Als er im September von der Landung der Norweger erfuhr, wandte er sich sofort mit den ihm verbliebenen Kräften nach Norden, wo es ihm am 25. September 1066 gelang, die Norweger bei Stamford-Bridge/Yorkshire vernichtend zu schlagen. Harald Hardrada und Tostig fielen in der Schlacht, die Reste des norwegischen Heeres segelten in ihre Heimat zurück. Doch kaum war diese Gefahr gebannt, erreichte Harold die Nachricht, daß Herzog Wilhelm an der Südküste bei Pevensey gelandet sei und nun auf Hastings vorrücke.

Bereits am 3. Oktober brach Harold mit seinem Heer auf und erreichte in strapaziösen Gewaltmärschen nach einem kurzen Aufenthalt in London, wo er zusätzliche Truppen zusammenzog, in der Nacht vom 13./14. Oktober das Hügelgelände nordwestlich von Hastings.

Ohne auf weitere Verstärkungen zu warten – es fehlten noch die Aufgebote des Südwestens und des Nordens – bot er seinem Gegner am 14. Oktober 1066 die Schlacht an, die mit der völligen Vernichtung des angelsächsischen Heeres und dem Tode König Harolds und seiner Brüder endete. Die Erinnerung an diese denkwürdige Schlacht, die über das künftige Schicksal Englands entschied, ist auch deshalb bis heute lebendig geblieben, weil sie und ihre Vorgeschichte in einer für die damalige Zeit einmaligen zeitgenössischen Quelle, dem berühmten Teppich von Bayeux,[39] dokumentiert wurden. Der Tod König Harolds und der militärische Sieg auf dem Schlachtfeld ebneten Wilhelm schnell den Weg zur Königsherrschaft. Zwar hatte die Versammlung des *witenagemot* zunächst den jungen Edgar Etheling zum König proklamiert; als Wilhelm jedoch, ohne auf koordinierten Widerstand zu treffen, gegen London vorrückte und damit begann, die Umgebung der Stadt zu verwüsten, bot man ihm gegen das Versprechen, die alten Gesetze zu wahren, die Krone an, so daß am Weihnachtstage 1066 die Krönung des neuen Königs in der Westminsterabtei erfolgen konnte.

Mit der Krönung Wilhelms war der angelsächsische Widerstand gegen die Eroberer jedoch noch nicht vollkommen gebrochen. Bereits die feierliche Krönungszeremonie wurde von blutigen Auseinandersetzungen überschattet. Um die Legitimationsbasis des neuen Königs zu stärken, wurde Wilhelm von je einem angelsächsischen und einem normannischen Bischof in jeweils angelsächsischer und altfranzösischer Sprache den beiden in der Kirche vertretenen Völkern als König vorgestellt. Die darauf folgende tumultartige Akklamation wurde jedoch von den außerhalb der Kirche wartenden normannischen Gefolgsleuten mißverstanden, die einen verräterischen Anschlag gegen das Leben ihres Herrn befürchteten und darauf die umliegenden Häuser in Brand setzten. Auf den nun entstehenden Kampfeslärm hin sollen alle Kirchenbesucher – bis auf die amtierenden

Bischöfe und Priester sowie Wilhelm selbst – in großer Hast aus der Kirche gestürzt sein, um sich an den Auseinandersetzungen zu beteiligen. Obwohl die Zeremonie trotz des Tumultes noch vollzogen werden konnte, erfüllte – so schrieb ein Chronist zu Beginn des 12. Jahrhunderts – „die Angelsachsen heftiger Zorn, als sie dieses unerwartete Verbrechen bedachten, und sie hatten seitdem kein Vertrauen mehr zu den Normannen ... und hofften inständig auf die Zeit der Rache".[40] Hiervon abgesehen, machte sich König Wilhelm auch sonst nicht gerade beliebt bei seinen neuen Untertanen, da er – im Gegensatz etwa zu seinem Vorgänger Knut – nicht auf eine nationale Versöhnungspolitik setzte, sondern vielmehr das eroberte Land gewissermaßen als Kriegsbeute betrachtete und bereits unmittelbar nach seiner Krönung dazu überging, Ländereien angelsächsischer Adliger, die bei Hastings auf Harolds Seite gefochten hatten, einzuziehen und an seine Ritter als Lehen auszugeben.

Zum Glück für Wilhelm war aber auf angelsächsischer Seite niemand in der Lage, den überall aufkeimenden Widerstand zu organisieren und – etwa in der Form einer allgemeinen Erhebung – zu koordinieren. Wilhelm begnügte sich zudem damit, seine unmittelbare Herrschaftsgewalt über das ganze Reich nicht sofort in einem Zuge, sondern ganz allmählich in mehreren Etappen auszudehnen, was dazu führte, daß sich der gesamte Widerstand der 1,5 Millionen Bewohner gegen die zahlenmäßig hoffnungslos unterlegenen Eroberer – man geht davon aus, daß Wilhelm anfangs über höchstens 10000 Gefolgsleute verfügte – auf wenige, lokal begrenzte und zeitlich nicht aufeinander abgestimmte Einzelaktionen beschränkte. So gelang es Wilhelm, 1068 in einem raschen Feldzug den gesamten Süden und Südwesten des Landes zu unterwerfen. Eine ernstere Gefahr ging allenfalls von den weitgehend unabhängigen Earldoms des Nordens aus, wo 1069 ein Aufstand gegen die normannische Herrschaft ausbrach, der noch zusätzlich durch Einfälle dänischer Wikinger und die Erhebung eines angelsächsischen Adligen in Mercien im Bunde mit den Walisern unterstützt wurde. Wilhelm reagierte mit der ganzen Brutalität eines Feldzuges der verbrannten Erde. Zwischen Durham und York wurde praktisch jedes Haus dem Erdboden gleichgemacht; nur wenige scheinen das Massaker dieses Rachezuges überlebt zu haben, denn noch siebzehn Jahre später weist das berühmte *Domesday Book*[41] die betroffene Gegend praktisch als unbewohnte Wüstung aus.

In den unterworfenen Gebieten wurden überall die typischen normannischen Befestigungen errichtet. Auf kreisrunden, künstlichen Hügeln entstanden Burgen, zunächst aus Holz, später in Stein erbaut. Zu diesen Wehrbauten, die auf eindrucksvolle Weise den Herrschaftswillen der Eroberer bekundeten, gehört auch Londons berühmtes Bauwerk, der Tower, der ebenfalls auf Geheiß König Wilhelms zunächst in Holz errichtet, später dann in Stein ausgebaut wurde.

Das Drama der normannischen Eroberung wurde 1072 endgültig abgeschlossen, als es Wilhelm gelang, die letzte Zufluchtsstätte des angelsächsisch-dänischen Widerstandes, die von dem Than Hereward verteidigte Moorinsel Ely, zu erobern.

Der Stabilisierung der normannischen Herrschaft auch gegenüber äußeren Bedrohungen diente endlich im gleichen Jahr ein Feldzug gegen den schottischen König Malcolm III., der durch die Aufnahme des Thronprätendenten Edgar Etheling sowie durch dauernde Einfälle in die nördlichen Reichsteile zu einer latenten Gefahr geworden war. Angesichts der energischen, durch einen Flottenverband unterstützten militärischen Aktion Wilhelms zog es Malcolm vor, Frieden zu schließen, den Thronprätendenten auszuweisen und Wilhelm sogar – wahrscheinlich für einige Grenzgrafschaften – die Lehnshuldigung zu erweisen.

Betrachten wir die Mittel und Maßnahmen im einzelnen, mit deren Hilfe Wilhelm versuchte, seine Herrschaft in England auf Dauer abzusichern, so stoßen wir auf eines der Zentralprobleme der englischen Geschichte überhaupt, nämlich die Frage, inwieweit die Etablierung der Normannenherrschaft in England lediglich im Rahmen eines kontinuierlichen Ausbaus angelsächsisch-dänischer Institutionen erfolgte oder vielmehr durch radikale Neuerungen in der Herrschafts- und Sozialordnung durchgesetzt wurde und damit im Ergebnis zu einem tiefen Bruch mit der Vergangenheit geführt hat. Bei allem Streit im einzelnen neigt doch die neuere Forschung dazu, diese Frage mit einem „sowohl als auch" zu beantworten, da König Wilhelm im Rahmen seiner Herrschaftspolitik beides, radikale Neuerungen auf institutionellem und personellem Gebiete einerseits und das Festhalten an alten angelsächsischen Einrichtungen und Traditionen andererseits, betrieb.

Als eine der bedeutendsten Neuerungen, die Wilhelm in England einführte, erscheint dabei das kontinentale Lehnswesen fränkisch-karolingischer Prägung, das als ein umfassendes Herrschafts- und Organisationsprinzip die Beziehungen zwischen König, Adel und Reichskirche auf eine neue Grundlage stellte und darüber hinaus auch die Wehrverfassung des Landes entscheidend umgestaltete. Seine Entstehung verdankt dieses neue Rechtssystem einer militärtaktischen Neuerung, die seit dem 8. Jahrhundert das Wehrwesen auf dem abendländischen Kontinent bestimmte: der Ablösung des im wesentlichen aus Fußkämpfern bestehenden, je nach Bedarf aufgebotenen Bauernkontingents durch das Ritterheer, dem jetzt kriegsentscheidende Bedeutung zugemessen wurde.

Während sich die neue militärische Komponente bis zur Mitte des 11. Jahrhunderts auf dem Kontinent weitgehend durchgesetzt hatte, blieb England von dieser Entwicklung gänzlich unberührt, so daß in der Schlacht von Hastings – auch militärtaktisch gesehen – zwei Welten aufeinanderprallten.

Auf der einen Seite erwartete König Harold seinen Rivalen an der Spitze des zu Fuß kämpfenden Volksaufgebotes *(fyrd)*, während Wilhelms Heer in seinem wesentlichen Kern aus gepanzerten Rittern bestand, die ihre Pferde – wie der berühmte Teppich von Bayeux auf anschauliche Weise schildert – auf den Schiffen mitgeführt hatten. Mit dem Einsetzen dieses Wandlungsprozesses war auf dem Kontinent nicht mehr der traditionelle, für eine begrenzte Zeitspanne aufgebotene Fußkämpfer gefragt; jetzt brauchte man den Ritter, das heißt den Typus des elitären Berufskriegers, der in der Lage war, vom Pferd herab zu kämpfen, und der bereit war, den Ritterdienst als Beruf und Lebenszweck anzunehmen.

Zur Rekrutierung und Finanzierung dieses aufwendigen Ritterdienstes entstand nun im Lehnswesen ein umfassendes Normensystem, das gleichermaßen die Interessen des Herrn, der Ritterdienste benötigte, wie auch des Ritters, der solche Dienste leistete und der dabei auf eine entsprechende materielle Ausstattung angewiesen war, berücksichtigte.

Diesem System lag dabei regelmäßig folgendes Prinzip zugrunde: Ein Freier (genannt Lehnsherr, lat. *dominus*) überließ einem anderen Freien (genannt [Lehens-]Mann, Vasall lat. *homo*) in der Regel auf Lebenszeit ein Stück Land zur Nutzung gegen das Versprechen, ihm Treue, Gehorsam und Dienstleistungen, vor allem ritterlichen Waffendienst, zu erweisen. Dieses Rechtsverhältnis knüpfte zunächst an die gallo-römische *commendatio* und damit an eine Art Knechtschaftsverhältnis an, wobei die Strenge des Unterwerfungsaktes unter die Gewalt des Herrn in der sogenannten Mannschaft (lat. *homagium, hominium*) und dem damit verbundenen Handgang zum Ausdruck kam: Bei der Begründung des Rechtsverhältnisses legte der Vasall seine Hände in die des Herrn, was in der Symbolsprache des Mittelalters an alte Selbstverknechtungsriten erinnerte und damit für sich genommen grundsätzlich die offensichtliche Unterwerfung als Knecht unter fremde Herrengewalt bedeutete.

Die Härte dieses Unterwerfungsaktes wurde nun aber entscheidend durch ein zweites, aus dem germanischen Gefolgschaftswesen übernommenes Element modifiziert, das Treueprinzip, das im Treueid, den der Belehnte ebenfalls bei der Begründung leistete, zum Ausdruck gebracht wurde. Dabei war von großer Bedeutung, daß es sich bei diesem Treueprinzip nicht um ein einseitig den Vasallen bindendes, sondern um ein gegenseitiges Rechtsverhältnis handelte, das sowohl den Mann als auch umgekehrt den Herrn zur Treue verpflichtete, wodurch die quasi-knechtische Unterwerfung zu einer Art Partnerschaftsverhältnis aufgewertet und damit erst für den Adligen und Freien akzeptabel wurde.

Dieses auf dem gegenseitigen Treuegedanken aufbauende Lehnsverhältnis, das den Vasallen verpflichtete, seinem Herrn mit ‚Rat und Tat' *(consilium et auxilium)* zur Seite zu stehen, eröffnete nun dem König wie auch anderen Lehnsherren die Möglichkeit, als Gegenleistung für die

Überlassung von Grund und Boden Ritterdienste zu erhalten, wobei sich die Anzahl der zu stellenden Ritter natürlich an der Größe des ausgegebenen Lehenbesitzes orientierte.

Es verwundert daher kaum, daß König Wilhelm auch in England das ihm vom Kontinent her vertraute Lehnswesen zunächst als ein militärisches Organisationsprinzip einsetzte, um das für eine erfolgreiche Kriegführung erforderliche ritterliche Wehrpotential zu erfassen. Wenn mit der Einführung des Ritterlehens auch das alte Volksaufgebot des *fyrd* an Bedeutung verlor, so wurde es doch keineswegs abgeschafft; es bestand vielmehr neben dem Lehnsaufgebot der Panzerreiter weiter. Das Lehnswesen bot sich jedoch nicht nur als militärisches Organisationsinstrument, sondern darüber hinaus als ein allgemeines Herrschaftsprinzip an, um Adel und Reichskirche dauerhaft an die Krone zu binden. Ermöglicht wurde dies durch das Prinzip der Unterleihe, wodurch eine Vielzahl von einzelnen Lehnsverhältnissen begründet wurde, die alle in ein hierarchisch abgestuftes System lehnrechtlicher Rangordnung – beginnend beim König als der Lehnsspitze und endend beim untersten Vasallen der Lehnskette – einbezogen waren, wobei es zum Wesen der innerhalb dieses Systems vom Vasallen ausgeübten Herrschaft gehörte, daß es sich stets um abgeleitete, auftragsgebundene und letzten Endes vom König verliehene Herrschaft handelte, die bei schweren Pflichtverletzungen auch entzogen werden konnte.

Kam somit bereits die prinzipielle Zentrierung der Lehnshierarchie auf eine Spitze hin der Ausbildung königlicher Zentralgewalt entgegen, so wurde dieser Prozeß noch zusätzlich durch den Umstand gefördert, daß der König nicht nur als oberster Lehnsherr aller Vasallen, sondern auch als oberster Herr des Grund und Bodens erscheint. Nach dem Grundsatz *nulle terre sans seigneur* („kein Land ohne [Lehns-]Herr") gab es weder herrenloses, das heißt von allen nutzbares Land (wie bisher Wälder und Einöden), noch freies Landeigentum in der Form des Allodgutes *(allodium)*, sondern der gesamte Grundbesitz galt entweder als Bestandteil der Krondomäne oder war als Lehenbesitz in den Lehnsverband einbezogen und damit der königlichen Lehnshoheit unterstellt. Diese aus dem Recht der Eroberung abgeleitete Tatsache erlaubte es König Wilhelm zunächst, im Wege einer strengen Forst- und Jagdgesetzgebung die Nutzung der ausgedehnten Wälder für die Krone zu monopolisieren. Die volle verfassungspolitische Bedeutung dieses Tatbestandes läßt sich jedoch erst ermessen, wenn man hiermit die Verhältnisse in Deutschland vergleicht, wo sich ein Großteil des Grund und Bodens als Allod oder *eigen* in der Hand des Adels befand und damit die Grundlage für eine autogene, von niemandem – auch nicht vom König – abgeleitete Adelsherrschaft bildete.

Während das römisch-deutsche Königtum des Mittelalters bereits beträchtliche Energien aufwenden mußte, um diese Allodialgewalten zu

„feudalisieren“, das heißt in den Lehnsverband des Reiches zu integrieren, konnte das englische Königtum dieses Energiepotential dazu nutzen, die herrschaftliche Komponente des Lehnrechts, etwa durch die Forderung von Erbgebühren beim Besitzwechsel, die Inanspruchnahme des Befestigungsmonopols auf Lehenbesitz oder die strenge Wahrnehmung der Lehnsvormundschaft, zu stärken. Mit einer gewissen Berechtigung hat man daher dem deutschen Allodialismus den anglo-normannischen Feudalismus gegenübergestellt und in diesem Gegensatz auch eine Erklärung für die unterschiedliche Verfassungsentwicklung der beiden Länder im Mittelalter gesehen.

In den allgemeinen Lehnsverband wurden auch die höheren Repräsentanten der Reichskirche, Bischöfe und Äbte, einbezogen, die ebenfalls mit entsprechenden Ritterkontingenten zum Lehnsaufgebot beizutragen hatten. Wenn Wilhelm 1076 auch die Trennung zwischen geistlicher und weltlicher Gerichtsbarkeit anordnete und damit eine eigene kirchliche Gerichtsbarkeit nach kanonischem Recht tolerierte, blieb er dennoch unbestrittener Herr der Kirche, der nach wie vor alle hohen Würdenträger in ihr Amt einsetzte.

Es spricht für Wilhelm, daß er auch die negativen Tendenzen erkannt hat, die vom Lehnswesen für die Ausbildung einer monarchischen Zentralgewalt vor allem dadurch ausgehen konnten, daß der König grundsätzlich nur mit seinen unmittelbaren Vasallen, den Kronvasallen, Lehensbeziehungen unterhielt, so daß deren Vasallen lehnrechtlich gesehen dem königlichen Zugriff weitgehend entzogen waren. Der Gefahr, auf diese Weise von der Masse der Vasallen abgeschnitten zu werden, begegnete Wilhelm, indem er an eine alte angelsächsische Tradition anknüpfte und 1085 in Salisbury von den wichtigsten Untervasallen in ihrer Eigenschaft als Grundbesitzer einen allgemeinen Treueid abverlangte, der absoluten Vorrang vor allen anderen Treueversprechungen hatte.

Das staatsmännische Format König Wilhelms zeigte sich jedoch vor allem darin, daß er sich nicht alleine auf das Lehnswesen als Herrschaftsprinzip stützte, sondern daß er daneben auch auf die alte angelsächsische Verwaltungsorganisation zurückgriff, soweit sie der Stärkung der Königsherrschaft diente.

Dies gilt zunächst für die alte Shire-Verfassung, die Wilhelm mit ihren Institutionen in leicht modifizierter Form wiederbelebte. An der Spitze der Grafschaft, die jetzt *county (comitatus)* genannt wurde, stand der Graf *(earl, count, comes)*, der die Grafschaft als Kronlehen innehatte. Wie schon während der Angelsachsenzeit in der Tendenz erkennbar, übte jedoch der Sheriff *(vicomte, vicecomes)* als jederzeit absetzbarer Amtsträger und unmittelbarer Repräsentant des Königs die wahre Herrschaft in der Grafschaft aus, indem er den lokalen Heerbann aufbot, Steuern und Abgaben für die Krone einzog, den Vorsitz im Grafschaftsgericht führte, die

Gerichtsbarkeit der Hundertschaftsgerichte kontrollierte und indem er jederzeit Prozesse, die an den grundherrlichen Gerichten der Lords *(manorial courts)* anhängig waren, mit Hilfe eines königlichen Mandats *(writ)* an das Grafschaftsgericht oder vor den König ziehen konnte. Um Machtmißbräuchen von seiten des Sheriffs vorzubeugen, bediente sich König Wilhelm reisender Kontrollkommissare, die Klagen gegen die Amtsführung des Sheriffs an Ort und Stelle untersuchten und gegebenenfalls an den König weiterleiteten.

Lediglich einige Grenzgrafschaften, wie z. B. Chester, Durham oder Shrewsbury, waren aus diesem allgemeinen Verwaltungssystem ausgegliedert; hier übten die Lords als Grafen und Vasallen des Königs wesentliche Funktionen des Sheriffs aus.

Dagegen brach Wilhelm insofern mit der angelsächsischen Tradition, als er die großen unter König Knut geschaffenen Earldoms auflöste und in Grafschaften umwandelte. Auch größere Shires – wie z. B. Wessex – wurden in mehrere Grafschaften aufgeteilt. Auch sonst war vorgesorgt, daß Lehenbesitz und damit Macht auf regionaler Ebene in der Hand einzelner Adliger nicht kulminierten. So führte bereits die etappenweise Befriedung des Landes zu verbreitetem Streubesitz; außerdem wußte König Wilhelm einen großen Teil des Bodens der königlichen Krondomäne zuzuführen, so daß der König in den meisten Grafschaften zugleich mächtigster Grundbesitzer war.

Wie bei der allgemeinen Verwaltungsorganisation knüpfte König Wilhelm auch beim Steuerwesen an die angelsächsische Tradition an, indem er voll auf die Besteuerung des Grundbesitzes, etwa in der Form des *Danegelds,* zurückgriff. Um die Finanzquellen des Landes auch restlos zu erfassen, bediente sich Wilhelm dabei besonderer, im fränkischen Reich entwickelter Untersuchungsmethoden, wobei jeweils speziell bevollmächtigte Kommissionen im Auftrage des Königs an Ort und Stelle Ermittlungen über die Rechte der Krone anstellten *(inquests).* Einer solchen auf Befehl König Wilhelms 1085/86 landesweit durchgeführten Untersuchung verdankt auch Englands berühmteste Quelle des Mittelalters, das sogenannte *Domesday Book,*[42] seine Entstehung. Dabei handelt es sich um eine großangelegte Bestandsaufnahme des Landes, die in der Art eines Grundkatasters – nach Grafschaften geordnet – minutiöse Angaben über die Liegenschaften, ihren Wert und Steuerertrag, die jeweiligen Besitz- und Bevölkerungsverhältnisse, den Viehbestand und anderes mehr jeweils für zwei Stichdaten, nämlich für das Jahr 1066 und für den Zeitpunkt der Abfassung (1086), bietet. Die Gründlichkeit, mit der die Kommissare Wilhelms dabei zu Werke gingen, wurde nicht überall mit Verständnis aufgenommen und veranlaßte einen zeitgenössischen Chronisten zu der bitteren Bemerkung: „... So peinlich genau ließ er [d. h. König Wilhelm] das ausspionieren, daß es nicht eine einzige Hide gab oder eine

Rute Landes, noch blieben – es ist eine Schande dies zu sagen, deuchte ihn aber keine Schande zu tun – ein Ochse oder eine Kuh oder ein Schwein übrig, die nicht in sein Geschreibsel gesetzt wurden, und all die Niederschriften wurden dann zu ihm gebracht".[43] Die hohe Beweiskraft, die schon die Zeitgenossen dem Werk zubilligten, kommt bereits in der seit dem 12. Jahrhundert nachweisbaren Bezeichnung „Domesday Book" zum Ausdruck, was so viel wie „Buch des Jüngsten Gerichts" bedeutete und wohl klarstellen sollte, daß die hier beurkundeten Feststellungen so unangreifbar seien wie dereinst die Urteilsfindung im Jüngsten Gericht.

Aus dem *Domesday Book* erfahren wir außerdem, daß die normannische Eroberung bis zum Jahre 1086 auch zu geradezu dramatischen Umwälzungen im Bereich der Führungsschicht geführt haben muß. So geht aus dem Werk hervor, daß in der Zwischenzeit seit der Eroberung der angelsächsisch-dänische Adel und die zahlreichen freien Landbesitzer nahezu völlig die Verfügungsgewalt über den Grund und Boden eingebüßt hatten; sie war auf die neue, relativ dünne normannisch-nordfranzösische Oberschicht übergegangen. Die sozialen Folgen dieser von König Wilhelm nach und nach betriebenen Enteignungsmaßnahmen dürften für die Betroffenen einschneidend gewesen sein. Während die Angehörigen des Adels, soweit sie nicht auf dem Schlachtfeld gefallen waren, sich genötigt sahen, als Untervasallen in die Dienste eines normannischen Herrn zu treten oder auszuwandern, sank die Masse der ehemals freien Bauern wohl in die Hörigkeit ab und diente den neuen Herren als Arbeitskräftepotential zur Bewirtschaftung ihrer Grundherrschaften *(manors, maneria)*.

Ähnliches gilt auch für die Führungspositionen innerhalb der kirchlichen Hierarchie, wenn auch der Prozeß der Eliminierung der altenglischen Prälaten sich hier über eine längere Zeit erstreckte und deshalb auch weniger dramatisch verlief. König Wilhelm führte die bereits von König Eduard dem Bekenner eingeleitete Politik der „Normannisierung" der Kirche weiter fort, weniger indem er Geistliche angelsächsischer Herkunft aus ihren Ämtern entfernte, sondern indem er bei fälligen Neubesetzungen ausschließlich auf seine normannischen oder nordfranzösischen Gefolgsleute zurückgriff. Eine besondere Stütze für seine künftige Politik fand Wilhelm dabei in Lanfranc von Bec, Abt von St. Stephan in Caen, einem bereits damals hochangesehenen Gelehrten, den er 1070 zum Erzbischof von Canterbury berief und mit dessen Hilfe er die englische Kirche im Sinne römischer Reformvorstellungen neu organisierte.

Mit dem sozialen Abstieg der bisherigen Führungseliten wurde auch die angelsächsische Sprache als Hoch- und Verwaltungssprache vom Altfranzösischen und Lateinischen verdrängt, wenn sie auch als Volkssprache in den unteren sozialen Kreisen weiterhin verbreitet blieb.

Als König Wilhelm im Jahre 1087 nach einem Feldzug in Nordfrankreich in Rouen starb, wurde ein Mann zu Grabe getragen, von dem der Chronist der Angelsächsischen Chronik meinte: „... er war mild zu jenen, die Gott liebten, aber über alle Maßen streng gegenüber jenen, die sich ihm widersetzten ... und er war ein so finsterer und gewalttätiger Mann, daß niemand wagte, gegen seinen Willen zu handeln ...“[44]

Bei der Beisetzung des toten Königs in Caen spielten sich makabre Szenen ab, die in fataler Weise an die einstige Krönung in Westminster erinnerten. Als man den fülligen Leichnam in den vorgesehenen Steinsarg bettete, verbreitete der tote Körper einen so unerträglichen Geruch, daß die amtierenden Geistlichen mit großer Hast die Zeremonie zu Ende führten und dann fluchtartig die Kirche verließen.[45]

Auch wenn die Zeitgenossen dies vielleicht als böses Omen für die Zukunft betrachtet haben, so war die Herrschaft der normannischen Minderheit in England doch bereits so gefestigt, daß sie auch die Wirrnisse der Folgezeit, den selbstmörderischen Kampf der Söhne um das Erbe des Vaters, überstanden hat.

III. Der Ausbau der anglonormannischen Herrschaft. England unter den Söhnen des Eroberers

Während Wilhelms ältester Sohn Robert, genannt Kurzhose, nach dem dort anerkannten Erstgeburtsrecht die Nachfolge im Herzogtum der Normandie antrat und der jüngste Sohn Heinrich mit Geld abgefunden wurde, wurde der zweite Sohn als Wilhelm II., Rufus (der Rote), König von England (1087–1100).

Seine brutale Macht- und Fiskalpolitik – vor allem gegenüber der Kirche – sowie vielleicht ein gewisser Hang zur Homosexualität haben ihm keine gute Presse bei den geistlichen Chronisten eingebracht. So tritt er uns in der zeitgenössischen Berichterstattung als ein barbarischer und zügelloser Tyrann entgegen, der auch von den Bischöfen und Äbten, wie bei weltlichen Vasallen, „Erbgebühren“ *(relevia)* beim Amtsantritt erpreßt und dabei absichtlich die Besetzung von Bistümern hinausgeschoben habe, um sie in der Vakanzzeit ungestört ausplündern zu können. Lediglich auf dem Krankenbett habe er sich zu frommen Vorsätzen bequemt.

Diese von vielen als rücksichtslos empfundene Fiskalpolitik ist jedoch auch im Rahmen der politischen Zielvorstellungen des Königs zu sehen, durch den Erwerb der Normandie die Einheit des anglonormannischen Reiches wiederherzustellen.

Jahrelang versuchte Wilhelm dabei vergeblich, durch militärischen und politischen Druck und vor allem durch den massiven Einsatz beträchtlicher Bestechungsgelder, den normannischen Adel auf seine Seite zu ziehen und den älteren Bruder aus dem Lande zu vertreiben. Im Jahre 1096 kam er endlich zum Zuge, als Herzog Robert – der unerquicklichen Auseinandersetzungen müde – beschloß, dem Kreuzzugsaufruf Papst Urbans II. zu folgen und gegen die hierfür benötigte Summe von 10000 Mark Silber die Normandie mit allen Herrschaftsrechten an den Bruder zu verpfänden.

Wenn auch auf diese Weise, jedenfalls für eine begrenzte Zeitspanne, die Reichseinheit wiederhergestellt werden konnte, mußten die für das Unternehmen aufgewendeten Gelder in England erpreßt werden, wobei Wilhelm Rufus, um seine fiskalischen Forderungen durchzusetzen, auch schwerwiegende Konflikte mit der Kirche in Kauf nahm. So nutzte der König die nach dem Tode des Erzbischofs Lanfranc von Canterbury (1089) eintretende Vakanz, um das Erzbistum jahrelang unter königliche Verwaltung zu stellen und damit fiskalisch für den eigenen Bedarf auszubeuten, bis er sich 1093 angesichts einer schweren Krankheit dazu bequemte, mit Anselm von Le Bec einen der berühmtesten Theologen und Philosophen des Hochmittelalters zum Erzbischof von Canterbury zu berufen.

Wenn Wilhelm allerdings geglaubt haben sollte, in Anselm ein williges Werkzeug seiner Kirchenpolitik zu finden, sah er sich getäuscht. Der neue Erzbischof verteidigte vielmehr mit beeindruckender Entschlossenheit die Rechte der Kirche, so daß es bald zum offenen Konflikt kam. Anlaß war der Wunsch des Erzbischofs, bei Papst Urban II. in Rom das Pallium einzuholen, was König Wilhelm als Eingriff in seine Königsrechte auffaßte, da er es mit Rücksicht auf den von Kaiser Heinrich IV. protegierten Gegenpapst Clemens III. vermeiden wollte, bereits zu diesem Zeitpunkt offiziell Partei für einen der Päpste zu ergreifen.

Nachdem auf einem im Jahre 1095 in Rockingham abgehaltenen Hoftag deutlich geworden war, daß sowohl die Bischöfe als auch die Laienbarone in ihrer Mehrheit nicht dazu bereit waren, sich für die von einem Parteigänger des Königs geforderte Absetzung Anselms auszusprechen, lenkte König Wilhelm ein und erkannte Urban II. als rechtmäßigen Papst an, in der Hoffnung, als Gegenleistung hierfür die Absetzung des unbequemen Erzbischofs durch den Papst erreichen zu können. Auch diese Hoffnung erfüllte sich jedoch nicht, da Papst Urban unbeirrt an Anselm festhielt. Nach neuerlichen Auseinandersetzungen und heftigen Disputen mit dem König verließ Erzbischof Anselm im Jahre 1097 das Land, um dem Papst in Rom die Sachlage vorzutragen und seine Befehle entgegenzunehmen, was König Wilhelm die hochwillkommene Gelegenheit bot, das Erzbistum wieder in seine Hand zu nehmen und die reichen Einkünfte an sich zu ziehen.

Bevor der weiterschwelende Konflikt endgültig entschieden werden konnte, fand der ungeliebte König jedoch unter seltsamen Umständen den Tod. Bei der Jagd im New Forest in Südengland wurde Wilhelm Rufus am 2. August 1100 von einem Pfeil tödlich getroffen. Ob es sich dabei um einen Unfall oder um ein Mordkomplott – angezettelt von dem ebenfalls anwesenden jüngeren Bruder Heinrich – handelte, muß, da die Quellen über die näheren Umstände des Vorfalls schweigen, offen bleiben. Einige Indizien sowie das Verhalten Heinrichs selbst geben allerdings Anlaß, an der „Unfallversion" zu zweifeln.

So kam der plötzliche Tod des Königs Heinrichs eigenen Königsplänen sehr entgegen. Denn wenn erst der ältere Bruder Robert, den man in einigen Monaten vom Kreuzzug zurückerwartete, wieder von seinem normannischen Herzogtum Besitz ergriffen hatte, hatte dieser als Erstgeborener und Herzog der Normandie auch die besten Aussichten, die Nachfolge Wilhelms als König von England anzutreten, so daß Heinrich nur eine Chance hatte, wenn es ihm gelang, vor der Rückkehr des Bruders die faktische Königsherrschaft an sich zu reißen. In diesem Sinne ließe sich dann auch sein Verhalten unmittelbar nach dem Tod seines Bruders erklären, als er, ohne sich um den Toten zu kümmern, gewissermaßen als erste Maßnahme nach Winchester ritt, dort vom Staatsschatz und den Kroninsignien Besitz ergriff, am nächsten Tag seine Wahl und bereits drei Tage nach dem Tode des Königs seine eigene Krönung betrieb. In dieses Bild würde auch passen, daß Heinrich als König nie versucht hat, den Tod seines Vorgängers gerichtlich aufzuklären. Der Todesschütze, der nach dem „Unfall" überstürzt nach Frankreich geflohen war, wurde von Heinrich nie zur Verantwortung gezogen; im Gegenteil wurden er und seine Familie später vom neuen König mit Gunstbeweisen bedacht.

Wie man diese Vorgänge auch beurteilen mag, so erscheint im nachhinein auf jeden Fall beeindruckend, mit welcher Skrupellosigkeit und Entschlossenheit Heinrich die Abwesenheit des älteren Bruders nutzte, um vollendete Tatsachen zu schaffen. Da er kaum damit rechnen konnte, daß Herzog Robert sich nach seiner Rückkehr mit der neuen Sachlage abfinden werde, galt es, die eigene Ausgangsposition für die erwartete politische und militärische Auseinandersetzung auf möglichst breiter Basis abzusichern. Um die Unterstützung der Kirche und der Barone zu erhalten, machte König Heinrich in seiner berühmt gewordenen Krönungscharta[46] den Vasallen seines Reiches bedeutsame Zugeständnisse, so daß die Urkunde von der Forschung auch als das erste Verfassungsgesetz Englands bezeichnet worden ist. Im einzelnen versprach Heinrich dabei der Kirche, die unter seinem Vorgänger eingerissenen Mißbräuche abzustellen und die alten Freiheiten in Zukunft zu beachten. Ähnlich wurde den weltlichen Kronvasallen allgemein die Rückkehr zum Rechtszustand, wie er unter Eduard dem Bekenner und Wilhelm dem Eroberer geherrscht hatte, zugesichert, wobei diese generelle Aussage durch zahlreiche Einzelversprechungen – wie etwa den Verzicht auf königliche Eingriffe und Gebühren bei der Verheiratung von Töchtern, Witwen oder anderen weiblichen Verwandten oder das Zugeständnis, als Vasall über das Lehengut testamentarisch oder durch Erbvertrag verfügen zu können – noch zusätzlich konkretisiert wurde.

Indem Heinrich zugleich Erzbischof Anselm von Canterbury in einem freundlichen Schreiben bat, wieder nach England zurückzukehren, bekundete er auch auf diese Weise seinen Willen, mit der unpopulären Kirchenpolitik seines Bruders und Vorgängers zu brechen.

Um auch bei der Masse der angelsächsischen Bevölkerung seine Position zu stärken, heiratete er die Tochter des schottischen Königs, Edith, die mütterlicherseits aus dem angelsächsischen Königshaus stammte und mit der Heirat den Namen Mathilde annahm. Als Herzog Robert dann nach seiner Rückkehr vom Kreuzzug – wie zu erwarten war – mit Heeresmacht in England einfiel, konnte Heinrich auf breite Unterstützung im Lande rechnen und so mit einiger Zuversicht der militärischen Auseinandersetzung entgegensehen. So weit kam es jedoch nicht, da es Heinrich gelang, in einem bei Alton abgeschlossenen Abkommen (1101) den älteren Bruder gegen die Zahlung einer jährlichen Pension von 3000 Mark Silber zur Anerkennung seiner Königsherrschaft zu bewegen.

Es scheint allerdings, als habe Heinrich von Anfang an nicht die Absicht gehabt, dem Bruder lange die versprochene finanzielle Entschädigung für seinen Thronverzicht zu zahlen; denn bereits unmittelbar nach dem Abkommen ging er mit der ihm eigenen Zielstrebigkeit daran, das Terrain für die letzte Auseinandersetzung vorzubereiten, mit dem Ziel, den Bruder auch von der Herrschaft in der Normandie auszuschließen. Systematisch wurden die Anhänger Herzog Roberts in Prozesse verwickelt und aus ihren englischen Besitzungen vertrieben, bis Heinrich sich im Jahre 1106 stark genug fühlte, die militärische Entscheidung in der Normandie zu suchen. Bei Tinchebray, etwa zwanzig Kilometer nördlich von Domfront, kam es zur Schlacht, die mit einem vollständigen Sieg des königlichen Heeres endete. Herzog Robert fiel in die Hand seines Bruders; damit war sein Schicksal besiegelt. Den Rest seines Lebens – immerhin noch knapp 28 Jahre – verbrachte er als Gefangener in englischen Kerkern, wobei es allerdings scheint, als seien ihm halbwegs ehrenvolle Haftbedingungen gewährt worden, so daß er gegen Ende seines Lebens sogar in der Lage gewesen sein soll, noch Walisisch zu lernen und in dieser Sprache ein Gedicht zu verfassen.

Hatte König Heinrich mit der Schlacht von Tinchebray auch seine machtpolitischen Ziele in der Normandie erreicht, so konnte er eine andere Auseinandersetzung, die ihn seit seinem Regierungsantritt beschäftigte, nicht mit der gleichen Eindeutigkeit für sich entscheiden: den Konflikt mit der Kirche in der Investiturfrage.

Dieser Konflikt ist im Zusammenhang mit der großen Konfrontation zu sehen, die zur gleichen Zeit auf dem Kontinent das Verhältnis zwischen Papst und Kaiser bestimmte und die als „Investiturstreit“ in die Geschichte eingegangen ist. Die erbitterten Auseinandersetzungen, die zu einer bisher kaum gekannten geistigen Polarisierung führten, warfen naturgemäß ihre Schatten auch auf England. Auch hier wurde im Zuge der kirchlichen Reformbewegung dem König – genauso wie anderen Laien – grundsätzlich das Recht bestritten, Bischöfe und Äbte mit den geistlichen Symbolen Ring und Stab in ihre Ämter einzusetzen, wodurch die königliche Kirchenherrschaft und damit elementare Herrschaftsinteressen der Krone in Frage gestellt wurden.

Der Konflikt kam zum Ausbruch, als der 1100 aus dem Exil zurückgekehrte Erzbischof Anselm von Canterbury unter Berufung auf päpstliche Anweisungen sich weigerte, dem König den gewohnten Treueid zu leisten. Als mehrere Versuche, in Verhandlungen zwischen dem König und der Kurie eine Lösung zu finden, gescheitert waren, entschloß sich Erzbischof Anselm erneut zum Exilaufenthalt in Frankreich, was dem König die Gelegenheit bot, das Erzbistum Canterbury – wie unter seinem Vorgänger – wieder unter königliche Verwaltung zu stellen und die Einkünfte für die Krone einzuziehen.

Es spricht für die staatspolitische Klugheit Heinrichs, daß er in dieser Auseinandersetzung den Bogen nicht überspannte und den Kompromiß suchte, der dann auch auf der Grundlage der Trennung zwischen dem geistlichen Amt *(spiritualia)* und der weltlichen Herrschaft *(temporalia)* des Geistlichen im sogenannten „Konkordat" von Westminster (1107) gefunden wurde. Ähnlich wie später der deutsche Kaiser im Wormser Konkordat (1122), verzichtete Heinrich darauf, Kleriker in ihr kirchliches Amt mit den Symbolen Ring und Stab einzusetzen, und gestattete, daß diese von nun an durch Geistliche in freier kanonischer Wahl berufen wurden. Der Einfluß des Königs wurde dadurch sichergestellt, daß die Wahl am Hofe des Königs oder in Gegenwart eines königlichen Beauftragten stattzufinden hatte und daß der Gewählte gehalten war, bereits vor der kirchlichen Weihe unter Leistung von Mannschaft und Treueid die königliche Belehnung mit der weltlichen Herrschaftsgewalt einzuholen. Wie „frei" durch diese Zugeständnisse an den König die kanonische Wahl dann in der Praxis noch war, kann man sich in etwa vorstellen, wenn man hierzu ein überliefertes Mandat *(writ)* König Heinrichs II. anläßlich einer Bischofswahl in Winchester vergleicht: „Ich befehle euch, eine freie Wahl vorzunehmen, aber nichtsdestotrotz verbiete ich euch, irgendjemanden zu wählen außer Richard meinen Diener."[47]

Im übrigen knüpfte König Heinrich I. – trotz der in seiner Krönungscharta gemachten Zusicherungen – durchaus auch an die ungeliebte Kirchenpolitik seines Vorgängers an, indem auch er Bischofsstühle und Abteien jahrelang vakant ließ, nur um in der Zwischenzeit ihre Einkünfte an sich ziehen zu können. Mit einer geradezu beängstigenden Planmäßigkeit nutzte er nicht nur die vielfältigen Möglichkeiten, die das bestehende

Rechts- und Verwaltungssystem bot, um die Finanzquellen des Landes für den Bedarf der Krone auszubeuten; in der Erkenntnis, daß die Effektivität seiner Fiskalpolitik entscheidend davon abhing, inwieweit es gelang, durch rationale Kontrollmechanismen die mit der Einziehung der Gelder betrauten Amtsträger zu überwachen, ging Heinrich auch daran, den Verwaltungsapparat noch weiter auszubauen und zu perfektionieren. So dürfte es kaum auf einem Zufall beruhen, daß gerade unter seiner Regierung Englands berühmteste Zentralinstitution, das Schatzamt *(Exchequer, scaccarium)* ins Leben getreten ist. Es handelte sich dabei um eine auf Dauer in Westminster installierte Behörde, die in sich „die Funktionen eines Rechnungshofes, eines Finanz- und Verwaltungsgerichtes und einer Zentralkasse vereinigte",[48] und in der die Sheriffs und andere Amtsträger zweimal im Jahr über ihre Einnahmen Rechnung legten. Der Name Exchequer rührt dabei von dem Tisch her, auf dem die Abrechnungen erfolgten, der, um den Zählvorgang zu erleichtern, wie ein Schachbrett gemustert war, wobei die einzelnen Felder wahrscheinlich unterschiedliche Geldwerte repräsentierten.

Die Ergebnisse der Rechnungslegung wurden in langen Rollen, den heute noch weitgehend erhaltenen *Pipe Rolls*,[49] schriftlich festgehalten.

Der Kontrolle der Sheriffs wie auch der Stärkung der königlichen Präsenz auf dem Lande diente eine andere Neuerung, die König Heinrich I. einführte: die Institution der Reiserichter *(itinerant justices, justices in eyre)*. Diese Reiserichter waren königliche Amtsträger, die im Auftrag des Königs regelmäßig das Land bereisten und ermächtigt waren, an Ort und Stelle Klagen gegen die Amtsführung der Sheriffs entgegenzunehmen und jeden am Grafschaftsgericht anhängigen Prozeß an sich zu ziehen.

Gegenüber treulosen Amtsträgern ging Heinrich, vor allem wenn fiskalische Interessen der Krone berührt wurden, mit barbarischer Strenge vor. So wurden 1125, als von königlichen Münzstätten Münzen mit zu geringem Silbergehalt in Umlauf gesetzt wurden, die betroffenen Münzer auf Befehl des Königs mit der Entmannung und dem Verlust der rechten Hand bestraft. Zeigte sich Heinrich somit seinen Untertanen gegenüber kaum als ein liebenswerter Charakter, so wurde er dennoch – oder vielleicht gerade wegen seiner unbarmherzigen Härte – als ein „Löwe der Gerechtigkeit"[50] gepriesen, der Sicherheit und Friede im Lande garantiert habe.

Als größtes Problem stellte sich für den alternden König die Nachfolgefrage. Neben zwanzig unehelichen Kindern, die für die Thronfolge nicht in Frage kamen, hatte Heinrich lediglich einen Sohn und eine Tochter.

Durch ein obskures Unglück verlor der König im Jahre 1120 den zum Thronfolger ausersehenen und hierfür sorgfältig erzogenen Sohn Wilhelm. Bei der Überfahrt von der Normandie nach England sank das „Weiße Schiff", das den Thronfolger und eine illustre Adelsgesellschaft an

Bord hatte, durch grobe nautische Bedienungsfehler, die offensichtlich darauf zurückzuführen waren, daß die gesamte Schiffsbesatzung total betrunken war; nur ein Besatzungsmitglied überlebte die Katastrophe.

Nach diesem Schicksalsschlag versuchte König Heinrich, seiner Tochter Mathilde, die ursprünglich mit dem deutschen Kaiser Heinrich V. verheiratet, nach dessen Tod jedoch als Witwe nach England zurückgekehrt war (1126), die Nachfolge in der Königsherrschaft zu sichern, indem er ihre Rechte von den anglonormannischen Baronen förmlich durch Eid anerkennen ließ (1127). Außerdem verheiratete er Mathilde mit dem bisherigen Hauptgegner normannischer Territorialpolitik auf dem Kontinent, dem Grafen Gottfried von Anjou aus dem Hause Plantagenet, benannt nach dem Ginsterzweig *(planta genista)*, den die Angehörigen des Geschlechts als Helmzier führten. Dies geschah wohl in der Hoffnung, auf diese Weise die beiden um die Vorherrschaft im nordfranzösischen Raum rivalisierenden Dynastien auf Dauer miteinander zu vereinigen.

Die Barone betrachteten diese Verbindung zwar mit Mißtrauen, und auch sonst schien die Ehe der beiden nicht nur vom Alter her höchst unterschiedlichen Charaktere wenig Zukunft zu haben; aber 1133 brachte Mathilde einen Sohn, den späteren König Heinrich II., zur Welt, und es folgten 1134 und 1136 noch zwei weitere Söhne, Gottfried und Wilhelm, so daß die dynastische Kontinuität des normannischen Königshauses gesichert schien.

IV. Thronkämpfe, Instabilität und Auflösung der Rechtsordnung. Das Königtum Stephans von Blois (1135–1154)

Als König Heinrich I. nach kurzer Krankheit am 1. Dezember 1135 starb, weilten weder seine Tochter Mathilde noch sein Schwiegersohn Gottfried an seinem Sterbebett. Bereits 1134 hatte Gottfried – unterstützt von Mathilde – die Übertragung der Herrschaft in der Normandie gefordert und, als der König dies ablehnte, zu den Waffen gegriffen. Die bewaffnete Rebellion gegen den Vater bzw. den Schwiegervater verstärkte nur die im Kreise der anglonormannischen Barone verbreiteten Aversionen gegen die „Kaiserin" und ihren ungeliebten Gemahl, der in einem brutalen Feldzug versuchte, sich in der Normandie durchzusetzen. Man hatte sich zwar 1127, wenn auch widerwillig, auf Drängen König Heinrichs durch Eid verpflichtet, Mathilde als Thronerbin in England und in der Normandie anzuerkennen, nicht aber war man dagegen gewillt, sich der Herrschaft Gottfrieds von Anjou zu unterwerfen.

Diese Vorbehalte und die Abwesenheit der designierten Thronfolgerin wurden nun von Stephan von Blois, einem Neffen des verstorbenen Königs und Enkel Wilhelms des Eroberers in weiblicher Linie, der zudem als Graf von Mortain zu den bedeutendsten Grundbesitzern in England und in der Normandie zählte, mit großer Entschlossenheit genutzt. Auf die Kunde vom Tode des Königs eilte er nach England, ließ sich von den Bürgern Londons nach einem von diesen in Anspruch genommenen Vorrecht zum König proklamieren und bemächtigte sich dann nach bewährtem Vorbild des Kronschatzes in Winchester, wobei sein jüngerer Bruder, der mächtige Bischof Heinrich von Winchester, entscheidende Schützenhilfe leistete. Dessen Einfluß war es auch zuzuschreiben, daß in kurzer Zeit die hohen geistlichen Würdenträger, vor allem Erzbischof Wilhelm von Canterbury und Bischof Roger von Salisbury, der als Großjustitiar Heinrichs I. in England die faktische Königsherrschaft ausgeübt hatte, solange der König außer Landes weilte, sowie mächtige Laienbarone gewonnen wurden, so daß noch vor dem Weihnachtstag 1135 Wahl und Krönung erfolgen konnten. Der neue König dürfte von seiner Persönlichkeit her ganz dem Geschmack der Bischöfe und Barone entsprochen haben. Ritterlich, großzügig und gutmütig, erschien er von seinem Charakter her ziemlich als das genaue Gegenteil des verstorbenen Heinrich, was wohl zu der Hoffnung Anlaß gab, daß mit ihm das harte Regiment der Vorgänger endgültig der Vergangenheit angehören werde.

Für die Legitimationsbasis Stephans war es von großer Wichtigkeit, daß Papst Innocenz II., wohl auf die Vermittlung des Erzbischofs von Canterbury hin, seine Königswürde ausdrücklich bestätigte und damit den König selbst wie auch die meisten seiner Wähler vom Vorwurf des Eidbruchs lossprach. König Stephan revanchierte sich mit einer besonderen Urkunde,[51] in der er die Freiheiten der Kirche bestätigte und eingerissenen Mißbräuchen, wie das von seinen Vorgängern immer wieder praktizierte Heimfallrecht am beweglichen Nachlaß verstorbener Bischöfe (Spolienrecht), ausdrücklich abschwor. Auch dem weltlichen Hochadel machte er bedeutsame Zugeständnisse, zum Teil in der Form individueller Verträge mit den einzelnen Magnaten, deren Unterstützung er sich auf diese Weise sichern wollte, was sich allerdings als ein verhängnisvolles Präjudiz für die Zukunft erweisen sollte und seine Position – auf Dauer gesehen – entscheidend geschwächt hat.

Doch zunächst konnte Stephan auf diese Weise sogar den Halbbruder der ‚Kaiserin' Mathilde, den mächtigen Earl Robert von Gloucester, auf seine Seite ziehen, so daß er sich 1137 stark genug fühlte, auch seine Ansprüche auf die Herrschaft in der Normandie gegen Mathilde und Gottfried von Anjou durchzusetzen. Obwohl die Erfolgsaussichten hierfür zunächst nicht schlecht waren, mißlang das militärische Unternehmen nicht zuletzt deshalb, weil der König nicht dazu in der Lage war, seinen Führungsanspruch in dem aus flämischen Söldnern und den Aufgeboten der normannischen Barone zusammengesetzten Heer notfalls auch mit aller Härte durchzusetzen. So blieb ihm nichts anderes übrig, als mit seinem Rivalen einen Waffenstillstand zu schließen und ohne wirkliches Ergebnis nach England zurückzukehren.

Hier änderte sich die politische Situation im Laufe des Jahres 1138 insofern zuungunsten Stephans, als der Earl Robert von Gloucester ins Lager der angevinischen Partei überschwenkte und zudem der König von Schottland mit einem bunt zusammengewürfelten Heer in Nordengland einfiel. Wenn es auch einem regionalen anglonormannischen Aufgebot gelang, in der *Battle of Standard*, genannt nach der als Feldzeichen mitgeführten Standarte mit den Bannern mehrerer Heiliger, die Schotten zurückzuschlagen, konnte Stephan nicht verhindern, daß die ‚Kaiserin' Mathilde im nächsten Jahr sich mit einem Invasionsheer im Südwesten des Landes festsetzte.

Die folgenden neun Jahre sind durch die wechselvollen Auseinandersetzungen zwischen den beiden Parteien geprägt, die in den betroffenen Gebieten zum weitgehenden Zusammenbruch der bisherigen Rechts- und Friedensordnung führten, so daß man diese Zeit mit einer gewissen Berechtigung als „Anarchie" bezeichnet hat.

Nutznießer waren die mächtigen Barone und hohen kirchlichen Würdenträger, die bei mehrfachem Parteiwechsel vor allem ihre eigenen machtpolitischen Interessen verfolgten, indem sie die fehlende königliche Autorität auch dazu nutzten, trotz des königlichen Befestigungsmonopols auf ihren Liegenschaften Burgen zu bauen und von diesen befestigten Herrschaftsmittelpunkten aus ihre Privatfehden zu führen.

König Stephan trug durch kurzsichtiges, vordergründiges Taktieren und schwere politische Mißgriffe – etwa indem er seine bisherigen Hauptbundesgenossen, die hohen kirchlichen Würdenträger, brüskierte – selbst entscheidend zur Schwächung seiner Position bei, so daß sein Schicksal besiegelt schien, als er 1141 in einem Gefecht bei Lincoln als Gefangener in die Hände seiner Gegner fiel. Dennoch kam es anders, da seine Rivalin, die ‚Kaiserin' Mathilde, unfreiwillig zu seiner besten Bundesgenossin wurde; durch ihre maßlos übersteigerte Herrschsucht und ihr unerträgliches Auftreten verprellte sie alle Anhänger, so daß König Stephan am Ende befreit wurde und sie selbst als Geschlagene in die Normandie zurückkehren mußte (1148).

Dort war es allerdings ihrem Ehemann Gottfried Plantagenet in der Zwischenzeit mit brutaler Härte gelungen, den widerspenstigen Adel völlig zu unterwerfen.

Als 1150 der älteste Sohn Heinrich das normannische Herzogtum übernahm, tat er dies auch im Bewußtsein, der wahre Erbe der englischen Krone zu sein. Ein Krieg mit Frankreich und der plötzliche Tod des Vaters (1151) verzögerten zunächst noch das geplante Invasionsunternehmen. Noch im gleichen Jahr konnte der junge Herzog der Normandie und jetzt auch Graf von Anjou durch eine glänzende Heirat seinen schon bisher ansehnlichen Territorialbesitz nahezu verdoppeln. Der französische König hatte sich von seiner jungen, lebenslustigen Gattin Eleonora, der Herzogin von Aquitanien, getrennt. Der Papst hatte die Ehe – wenn auch widerstrebend – wegen zu naher Verwandtschaft für nichtig erklärt, so daß Eleonora unmittelbar darauf mit Herzog Heinrich den mächtigsten Vasallen der französischen Krone heiraten konnte, was diesem wiederum das weiträumige, den gesamten Südwesten Frankreichs umfassende Herzogtum Aquitanien als Mitgift einbrachte.

Mit dieser beeindruckenden Territorialmacht im Rücken landete Heinrich 1153 mit einem Heer in England, um seine Ansprüche auf den englischen Thron durchzusetzen. Nach anfänglichem Widerstand resignierte König Stephan bald, so daß der Weg für eine Verständigung frei wurde. Im Vertrag von Winchester (1153) erkannte Heinrich zwar die Königsherrschaft Stephans während dessen Lebenszeit an; dafür wurde er vom König adoptiert und als förmlicher Thronerbe benannt. Als Stephan neun Monate nach dem Abkommen starb (1154), konnte Heinrich Plantagenet ohne Widerspruch die Nachfolge antreten und wurde am 19. Dezember 1154 als Heinrich II. zum König von England gekrönt.

Zweiter Teil

Ausbau und Blüte der mittelalterlichen Gesellschafts- und Herrschaftsordnung

Viertes Kapitel
Wachstum, Prosperität und Mobilität. Die englische Sozial- und Wirtschaftsstruktur im Wandel (ca. 1150–ca. 1300)

I. Bevölkerungswachstum, Kolonisation und Wirtschaftsaufschwung

Seit der Mitte des 11. Jahrhunderts wurde die Entwicklung in England – wie im übrigen abendländischen Europa auch – durch ein anhaltendes Bevölkerungswachstum geprägt, das sich im 12. und 13. Jahrhundert dramatisch beschleunigte und dazu führte, daß sich die Einwohnerzahl vom Zeitpunkt der Abfassung des *Domesday Book* (1086) bis zur Mitte des 14. Jahrhunderts nahezu verdreifacht hat. Ist man sich über dieses Ergebnis noch weitgehend einig, so gehen die Meinungen beim Versuch, die demographische Entwicklung in absoluten Zahlen zu fassen, erheblich auseinander, wobei die neuere Forschung dazu neigt, die früher angenommenen Zahlen nach oben zu korrigieren, und daher davon ausgeht, daß die Bevölkerung Englands in dem genannten Zeitraum von knapp zwei auf fünf bis sechs Millionen Einwohner angestiegen ist. Wie auf dem Kontinent konnte der mit dem Bevölkerungswachstum gestiegene Nahrungsbedarf nur durch verbesserte Anbaumethoden und vor allem durch die Erschließung neuer Anbauflächen gedeckt werden, so daß auch in England eine umfassende Kolonisationstätigkeit einsetzte, die das äußere Erscheinungsbild des Landes entscheidend umgestaltet hat.

Als Neusiedelland boten sich dabei die unwirtlichen Highlandregionen und Marsch- und Moorlandschaften, die bisher allenfalls als Schafweiden genutzt wurden, sowie vor allem die riesigen Waldflächen des Landes an. Gerade in den Waldgebieten, die 1086 wohl noch immerhin ein Drittel des gesamten Grund und Bodens bedeckten, waren der Neusiedlung im Prinzip jedoch enge Grenzen gezogen, da die anglonormannischen Könige die Wälder unter ein strenges Forstrecht gestellt hatten, das der Krone ein weitgehendes Nutzungsmonopol sicherte und – bereits im Interesse der Jagdausübung – jede landwirtschaftliche Nutzung untersagte. Der gestiegene Geldbedarf der Krone führte dann allerdings in der Praxis dazu, daß sich das Königtum in zahlreichen Fällen gegen eine finanzielle Entschädigung dazu bereit erklärte, der Rodung und Umwandlung in Akkerbauflächen zuzustimmen. Im Gefolge militärischer Expansion machte die Kolonisationsbewegung auch vor den bisher keltisch besiedelten Gebieten nicht halt, so daß nach der Eroberung von Wales unter König Eduard I. auch zahlreiche englische Siedler in das unterworfene Land strömten, um sich hier auf Dauer niederzulassen.

Getragen wurde diese Neusiedlungsbewegung von freien Bauern, vom Laienadel, aber auch von der Kirche, wobei vor allem der Orden der Zisterzienser durch zahlreiche Klostergründungen in der einst unter Wilhelm dem Eroberer verwüsteten Landschaft Yorkshire maßgeblich zur Erschließung neuer Ackerbauflächen beigetragen hat. Voraussetzung für diesen Prozeß der Neu- und Umorientierung war eine bisher nicht gekannte soziale Mobilität, die die althergebrachten familiären und herrschaftlichen Bindungen stark in den Hintergrund treten ließ.

Die durch die vergrößerte Anbaufläche sowie neue Anbaumethoden bewirkte Steigerung der landwirtschaftlichen Produktion führte bei niedrigen Löhnen und scharf ansteigenden Verkaufspreisen zu beträchtlichen Überschüssen und löste damit eine wirtschaftliche und soziale Dynamik aus, die im Laufe des 12. Jahrhunderts in einen allgemeinen Wirtschaftsaufschwung mündete. In der Zeit zwischen 1180 und 1220 nahm er – gefördert durch eine erhebliche Ausweitung der Geldmenge – stark inflationäre Züge an.

Die Auswirkungen, die mit diesem umfassenden Wachstumsprozeß verbunden waren, schlugen sich in tiefgreifenden Veränderungen innerhalb des gesamten Wirtschafts- und Sozialsystems nieder, die in den folgenden Abschnitten – in einer exemplarischen Auswahl – näher betrachtet werden sollen.

II. Wandlungen im Wirtschaftssystem

1. Die Agrarstruktur

a) Dorf (vill) *und adlige Grundherrschaft* (manor)

Auch nach der normannischen Eroberung bestand das aus der angelsächsischen Zeit überkommene Dorf *(vill)* als Siedlungs- und Wirtschaftseinheit fort, wobei in den Altsiedelgebieten des Südens und Ostens die geschlossene Ortschaft, in den Schafweideregionen und neuerschlossenen Ackerbaugebieten die Streusiedlung, bestehend aus mehr oder weniger isolierten Einzelgehöften, überwog. In der Regel waren die geschlossenen Dörfer der Lowlandzone von weiten, offenen Feldern umgeben, die zwar im Einzeleigentum standen, die aber gemeinsam bewirtschaftet wurden und damit auch eine stark genossenschaftliche, das heißt auf der Basis gemeinsamer Mitwirkung aller Dorfbewohner aufbauende Grundorganisation voraussetzten. Verkörperte das Dorf noch in der älteren Zeit die maßgebliche lokale Wirtschaftseinheit, so änderte sich dies seit dem Ende des

11. Jahrhunderts grundlegend. Bereits das berühmte *Domesday Book* von 1086 knüpfte bei der Berechnung der Abgaben und Leistungen an eine neue Institution an, die von nun an die englische Agrarstruktur entscheidend prägen sollte: das *manor (manoir, manerium)*, worunter man das ritterliche Lehengut, die adlige Grundherrschaft eines Herrn (Lord) verstand.

Im Gegensatz zum Dorf war das *manor* im wesentlichen herrschaftlich organisiert. An der Spitze stand der Grundherr, der vom König oder einem anderen Lehnsherren mit dem Land und den zugehörigen Rechten belehnt war. Bei allen regionalen Unterschieden im einzelnen erfolgte die Bewirtschaftung des *manor* noch gegen Ende des 11. Jahrhunderts nach einem im wesentlichen gleichen Grundprinzip. Während ein relativ kleiner Kernbestandteil des Grund und Bodens – bestehend vor allem aus dem Herrenhof mit Zubehör, der Mühle und dem Backhaus – unmittelbar vom Grundherrn verwaltet wurde, wurde der übrige, in der Regel weitaus größere Teil des Landes an Bauern gegen die Verpflichtung zu Dienstleistungen und Abgaben weiterverliehen. Mit Hilfe der ihm hieraus geschuldeten Leistungen konnte der Grundherr nicht nur seine eigene Herrendomäne bewirtschaften, sondern er war auch in der Lage, die ihm aus dem Lehnsverhältnis obliegenden Pflichten, vor allem den aufwendigen Ritterdienst, zu erfüllen.

Das äußere Bild des *manor* wurde außerdem durch das Prinzip weitgehender Eigenbedarfsdeckung mit dem Ziel einer gewissen Autarkie geprägt. Ein Großteil der für die Dorfbewohner lebensnotwendigen Bedarfsgüter wurde im *manor* selbst produziert, wobei die an sich schon durch die Verleihung des Grund und Bodens bestehende Abhängigkeit zwischen Bauern und Grundherrn durch einzelne Monopolrechte des Herrn noch zusätzlich verstärkt wurde – wie z. B. die Jagd, die nur vom Herrn ausgeübt werden durfte, oder das Mahlen von Korn und das Brotbacken, das beides nur in der Mühle des Herrn, bzw. in dem zum Herrenhof gehörigen Backhaus erfolgen durfte

Die Entscheidung König Wilhelms, auch auf lokaler Ebene die angelsächsischen Verwaltungsinstitutionen bestehen zu lassen, führte dazu, daß die *vills* nur teilweise in das Lehens- und Grundherrschaftssystem der *manors* einbezogen waren. In der Praxis konnte dies zwar bedeuten, daß im Einzelfall *vill* und *manor* identisch waren, wenn es einem Grundherrn gelungen war, ein ganzes Dorf als Lehenbesitz zu erwerben; in aller Regel deckten sich jedoch in der Praxis die Grenzen keineswegs, so daß die Bewohner eines Dorfes oft mehreren *manors* angehörten und damit auch unterschiedlichen Grundherren unterstanden. Daneben gab es auch noch – wenn auch nur wenige – freie Dörfer ohne unmittelbaren Grundherrn, die als Bestandteile der Hundertschaft lediglich in das allgemeine Herrschafts- und Verwaltungssystem einbezogen waren.

Die Zugehörigkeit zu einem *manor* bedeutete außerdem keineswegs, daß hierdurch die genossenschaftliche Organisation des Dorfes – etwa bei der Wahrnehmung der polizeilichen Aufgaben – in Frage gestellt wurde. Auch innerhalb des sonst streng herrschaftlich organisierten *manor* wurde dem genossenschaftlichen Prinzip insofern Rechnung getragen, als in dem grundherrlichen Niedergericht des *manorial court* der Grundherr zwar die Verhandlung leitete, das Urteil selbst aber von den bäuerlichen Genossen gefunden wurde.

b) Neue adlige Bewirtschaftungsformen

Die vor allem seit der zweiten Hälfte des 12. Jahrhunderts scharf ansteigenden Preise für landwirtschaftliche Produkte bei gleichzeitig niedrigen Arbeitslöhnen führten dazu, daß vor allem die adligen Großgrundbesitzer erkannten, daß die bisherige Bewirtschaftungsform – die Ausgabe der Masse des Landes an Bauern gegen fixe Abgaben und Dienstleistungen – nicht den Profit einbrachte, der zu erzielen wäre, wenn man gezielt für den Markt produzierte. So ist in ganz England eine verstärkte Tendenz vor allem der bedeutenden Grundherren zu beobachten, die ausgegebenen Ländereien wieder an sich zu ziehen, sie in eigener Regie zu bewirtschaften und die auf diese Weise erzielte Überschußproduktion am Markt zu verkaufen *(demesne farming)*. Hierzu wurden oft mehrere *manors* zu neuen Einheiten zusammengefaßt, die unter der Leitung eines professionellen Verwalters *(baillif, reeve, praepositus)* mit der Hilfe von Lohnarbeitern *(famuli)* bewirtschaftet wurden. Als symptomatisch für diese neue Form des *demesne farming* sind einige aus dem 13. Jahrhundert überlieferte Traktate anzusehen,[52] in denen Grundherren, die auf diesem Gebiet einschlägige Erfahrungen gesammelt hatten, ihren Standesgenossen gute Ratschläge und Hinweise für eine möglichst profitable Verwaltung ihrer Domänen boten.

c) Neue landwirtschaftliche Produktionstechniken

Der durch den Bevölkerungsdruck verursachte Bedarf an Agrarprodukten führte endlich auch zu verbesserten Anbaumethoden.

Um eine solche Verbesserung handelte es sich bei der Umstellung von der Zweifelder- auf die Dreifelderwirtschaft, die in England zu Beginn des 13. Jahrhunderts einsetzte und dort, wie im übrigen Europa auch, bis in die Neuzeit hinein praktiziert wurde.

Während beim Zweifeldersystem abwechselnd ein Feld gepflügt wurde und das andere brachlag, wurden im Rahmen der Dreifelderwirtschaft zwei Felder bebaut, eines mit Wintersaat (Weizen oder Roggen) und eines mit Sommergetreide (Gerste oder Hafer), während das dritte Feld brach blieb und als Viehweide diente.

Einen Fortschritt bedeutete es ebenfalls, daß seit dem Beginn des 12. Jahrhunderts Ochsen als Pflug- und Lasttiere durch Pferde ersetzt wurden. Endlich profitierte auch die landwirtschaftliche Produktion von der vermehrten Nutzung mechanischer Energie in der Form der Mühlen, wobei neben der bereits früher in Gebrauch befindlichen Wassermühle im Laufe des 12. Jahrhunderts auch die Windmühle in England bekannt wurde.

2. *Märkte, Messen und Städte*

Als unmittelbare Folge wachsender Produktivität und aufblühender Handelsbeziehungen entstanden zahlreiche Märkte und Messen, die das Land wie mit einem dichten Netz überzogen, so daß wir davon ausgehen können, daß um 1300 die meisten Bewohner die Möglichkeit hatten, in einem halben Tagesmarsch einen Markt oder eine Messe zu erreichen. Der Sache nach handelte es sich bei beiden Einrichtungen um die Konzentration des lokalen, regionalen oder sogar internationalen Handels auf bestimmte Orte während bestimmter Zeiten. Der Unterschied zwischen beiden Institutionen war weniger grundsätzlicher als gradueller Natur.

Während die Märkte mehr der Bedarfsdeckung der näheren regionalen Umgebung dienten und meist wöchentlich abgehalten wurden, hatten die in der Regel nur einmal im Jahr stattfindenden Messen grundsätzlich überregionalen, oft sogar internationalen Charakter, wobei die großen Messen, etwa von St. Ives/Huntingdonshire oder St. Giles in Winchester, durchaus mit denen des Kontinents (z. B. Frankfurt, Leipzig) verglichen werden können. Märkte und Messen waren für die Handeltreibenden schon wegen der verbürgten Handelsfreiheit, aber auch wegen des streng garantierten Friedens- und Rechtsschutzes attraktiv; aber auch für den Markt- bzw. Messeherrn brachte diese Form der Konzentration und Monopolisierung des Handels erhebliche Vorteile, da sich auf diese Weise die Einziehung der Zölle, Gebühren und Abgaben besser überwachen ließ, so daß Märkte und Messen für die Berechtigten in aller Regel lukrative Einnahmequellen bildeten.

Das Recht, Messen und Märkte zu errichten, galt grundsätzlich als Regal und stand daher dem König zu, der es durch Privileg an andere delegieren konnte und von dieser Möglichkeit aus fiskalischen Gründen auch ausgiebig Gebrauch machte.

Der jeweilige Inhaber der Markt- bzw. Messegerechtigkeit war für Organisation und Ablauf verantwortlich und hatte vor allem die Sicherheit der Teilnehmer und den Rechtsfrieden zu garantieren. Zu diesem Zwecke galten die hoheitlichen Befugnisse der jeweiligen Lokalobrigkeiten für die Dauer der Messe oder des Marktes als suspendiert und wurden nun vom

Inhaber des Regals wahrgenommen. Besonders die Gerichtsbarkeit hatte dabei den besonderen Bedürfnissen der Handeltreibenden Rechnung zu tragen, die auf relativ formlose Verfahren mit schnellen Entscheidungen drängten. Dieser Forderung entsprachen die sogenannten *Courts of Piepowder* (*curiae pedis pulverisati* = „Gerichte der staubigen Füße"), die zum Teil mehrmals am Tage nach Kaufmannsrecht *(secundum legem mercatoriam)* oder in Hafenstädten nach einem sich herausbildenden internationalen Seehandelsrecht *(secundum legem marinam)* urteilten.

Um „Märkte auf Dauer" handelte es sich bei den Städten *(boroughs)*. Nachdem die angelsächsische Eroberung die in der Römerzeit entstandene Stadtkultur jäh unterbrochen hatte, waren es vor allem die dänischen Wikinger, die erste Impulse für ein neuerliches Aufblühen der Städte lieferten, indem sie ihre Herrschaft im Bereich des *Danelag* im wesentlichen auf die fünf befestigten Städte Derby, Lincoln, Leicester, Stamford und Nottingham stützten, die zugleich als Handelszentren dienten.

Für die weitere städtische Entwicklung spielten jedoch auch in England der wachsende Bevölkerungsdruck sowie neue politische Konstellationen wie die normannische Eroberung und die Begründung des Angevinischen Reiches durch Heinrich II., die zu einer starken Intensivierung der Beziehungen zum Kontinent führten, eine entscheidende Rolle. Diese neue Entwicklung schlug sich zunächst in einem Aufblühen der bereits bestehenden Städte nieder, von denen sich allerdings nur London, das um 1300 über ca. 50000 Einwohner verfügte, mit den großen Handelsstädten des Kontinents messen konnte.

Wichtiger für den wirtschaftlichen Aufschwung des Landes war jedoch eine in dieser Zeit einsetzende Welle von Neugründungen, die bemerkenswerte Ausmaße annahm. So hat man 172 Städte gezählt, die in der Zeit von 1100 bis 1300 in England gegründet wurden, wobei es sich allerdings von der Größe her meist nur um bescheidene Ansiedlungen handelte.

Wie auf dem Kontinent übten auch in England die von den Städten garantierten freieren Lebensbedingungen einen starken Anreiz auf die in das System der Grundherrschaft eingebundene Landbevölkerung aus. Die Stadt war aber auch für den Stadtherrn attraktiv, da sie als Zentrum von Handel und Gewerbe eine kaum versiegende Einnahmequelle bildete. So war es nicht verwunderlich, daß sowohl das Königtum als auch der Laienadel und die Kirche diese Entwicklung durch die Vergabe von Privilegien und Neugründungen förderten. Daneben ist jedoch der Aufschwung des Städtewesens auch in England eng mit einer gesamtabendländischen Erscheinung verknüpft, die die mittelalterliche Rechtswirklichkeit entscheidend geprägt hat, dem Gildenwesen. Unter Gilde ist dabei ein freiwilliger Zusammenschluß von Personen zu verstehen, die sich durch die Leistung eines gegenseitigen Eides zu wechselseitigem Schutz und Beistand verpflichteten. Die engen Bindungen innerhalb dieser Rechtsgemeinschaft wurden dabei durch die rituelle Einnahme gemeinsamer Mahlzeiten, verbunden mit Gottesdienst und Totengedenken, bekräftigt. Als „geschworene Einung" unter Gleichberechtigten erscheint die Gilde als Rechtsgenossenschaft, die ihren Mitgliedern unter Führung eines gewählten Äldermannes mit Hilfe eines eigenen Satzungsrechts und eigener Gerichtsbarkeit einen begrenzten Friedens- und Rechtsschutz bot und daher wesentliche Aufgaben des Sippenverbandes übernahm.

Wenn man heute auch der von der älteren Forschung vertretenen These, wonach die „Gründungsgemeinden" der neuen Städte in aller Regel mit entsprechenden Gilden der Kaufleute und Gewerbetreibenden identisch gewesen seien, skeptisch gegenübersteht, so kann doch für England nicht bezweifelt werden, daß die Gilden sowohl personell als auch institutionell auf die Bildung der Stadtgemeinde und frühen Stadtverfassung eingewirkt haben, was schon darin zum Ausdruck kam, daß sich auch die Stadtgemeinde als ein genossenschaftlicher Schwurverband, begründet durch den Bürgereid, verstand.

Mit der Gewährung von Schutz und Rechtsschutz für ihre Bürger übernahm zwar die Stadtgemeinde bald wesentliche Funktionen der Gilden; dennoch bestanden innerhalb der städtischen Gemeinschaft für einige Berufsgruppen, etwa für die Handwerker, entsprechende Gilden – vergleichbar mit den Zünften in Deutschland – weiter fort. Sie entwickelten sich allerdings auch hier immer mehr zu dirigistischen Berufsverbänden, die in einem Dickicht von Regelungen und Kontrollmechanismen die individuelle Eigeninitiative als Voraussetzung für wirtschaftlichen Erfolg immer mehr verkümmern ließen.

Mit steigendem Wohlstand wuchs auch der Wunsch der Städte, sich von der obrigkeitlichen Kontrolle des Stadtherrn zu lösen und die Gestaltung der Zukunft in die eigenen Hände zu nehmen. Dem stand naturgemäß das Bestreben des Stadtherrn entgegen, seine herrschaftlichen Befugnisse zu behaupten, wobei die Position des Königs als Stadtherr in England wesentlich stärker war als etwa in Deutschland, so daß die englischen Königsstädte während des Mittelalters nie den Grad an Selbstverwaltung und Autonomie erlangten wie die deutschen Reichsstädte.

Dennoch kann man auch in England bereits seit dem Ende des 12. Jahrhunderts erste bescheidene Ansätze auf dem Wege zu einer städtischen Selbstverwaltung beobachten, etwa in der Verleihung der *firma burgi,* das heißt dem Recht der Stadt, gegen ein pauschales Entgelt an den Stadtherrn die anfallenden Abgaben, Zölle und Gebühren in eigener Regie einzuziehen, was insofern ein wichtiges Zugeständnis bedeutete, als mit dieser Befugnis der Sheriff weitgehend vom städtischen Finanz- und Rechnungswesen ausgeschlossen war.

Andere Stationen auf diesem Weg waren z. B. die Verleihung eigener städtischer Gerichtsbarkeit oder das Zugeständnis, den Magistrat der Stadt frei wählen zu können, wobei London bereits unter König Heinrich I. in den Besitz dieser begehrten Vergünstigungen gelangte.

3. Gewerbe, Handel und Verkehrswesen

a) Metallgewinnung und -verarbeitung

Während noch die Römer bestrebt waren, die reichen Bodenschätze Englands, wie z. B. Kohle, Eisenerz und Zinn, wirtschaftlich zu erschließen, waren die Angelsachsen hieran offensichtlich weniger interessiert.

So wurde mineralische Kohle erst seit dem Beginn des 13. Jahrhunderts in einem primitiven Tagebauverfahren abgebaut; vorher begnügte man sich mit Holzkohle. Bereits seit dem Ende des 11. Jahrhunderts hatte dagegen die steigende Nachfrage nach Waffen, Werkzeugen und landwirtschaftlichem Gerät zu einer Wiederbelebung der Eisengewinnung und -verarbeitung geführt, wobei bis zum 13. Jahrhundert das Dean-Waldgebiet in Gloucestershire ein noch relativ bescheidenes Zentrum für den Abbau von Eisenerz bildete, das an Ort und Stelle verarbeitet wurde. Größere Bedeutung für die Eisengewinnung erlangte dagegen seit dem 13. Jahrhundert der Weald von Sussex und Kent, ein weitläufiges Waldgebiet, das durch seine reichen Kohlevorkommen günstige Voraussetzungen für die Verarbeitung bot, so daß hier beträchtliche Mengen an Eisenwaren produziert werden konnten, die einen Großteil des einheimischen Bedarfs deckten.

Einen beachtlichen Aufschwung nahm seit dem 12. Jahrhundert auch der seit alters her betriebene Abbau von Zinn in Devon und Cornwall. So führte die Tatsache, daß zu dieser Zeit auf dem Kontinent noch kaum andere Zinnvorkommen bekannt waren, dazu, daß sich das Metall, bzw. die hieraus gefertigten Produkte, als begehrte Exportgüter erwiesen, die die Produktion in der Zeitspanne vom Beginn der Regierungszeit Heinrichs II. (1154) bis zum Jahre 1214 auf das achtfache Volumen ansteigen ließen. Das Königtum trug dieser geradezu dramatischen Entwicklung durch eine besondere, den wirtschaftlichen Bedürfnissen angepaßte Organisationsstruktur Rechnung, indem 1198 die Produktionsstätten der Kontrolle des Sheriffs entzogen und einem speziellen Amtsträger *(warden)* unterstellt wurden, der – ausgestattet mit eigener Jurisdiktionsgewalt und einem Stab von Bediensteten – die fälligen Abgaben für die Krone einzog.

b) Woll- und Tuchproduktion

Von weit größerer Bedeutung für die englische Wirtschaft war jedoch die Woll- und Tuchproduktion, da aus Wolle hergestellte Laken das Grundmaterial der mittelalterlichen Kleidung bildeten, so daß Wolle – angesichts einer wachsenden Bevölkerung – zu einem Massenbedarfsartikel ersten Ranges wurde. Eine wesentliche Voraussetzung für den Aufschwung dieses Gewerbezweiges hatten bereits die Römer geschaffen, die aus Kleinasien die Zucht eines ausgesprochenen Wollschafes übernommen und diese Tierart auch in England eingeführt hatten.

Die Schafweidewirtschaft wurde im Laufe des hohen Mittelalters vor allem in den waldarmen Hügellandzonen zur dominierenden landwirtschaftlichen Produktionsform, wobei der Aufschwung der flandrischen Tuchindustrie seit dem späten 11. Jahrhundert dazu führte, daß von nun an Rohwolle auch in größeren Mengen in die flämischen Verarbeitungszentren exportiert wurde. Auch in den folgenden Jahrhunderten bildete die Rohwolle das bevorzugte Exportgut des Landes, wobei die Wollausfuhr zu Beginn des 14. Jahrhunderts mit einer jährlichen Rate von 34000 Säcken ihren Höhepunkt erlebte.

Daneben sind jedoch seit dem Ende des 12. Jahrhunderts auch deutliche Anzeichen einer dynamisch aufstrebenden englischen Wollverarbeitungsindustrie zu erkennen, wobei sich vor allem die Städte Lincoln, Northampton, Stamford, York, Berley und Bristol zu Zentren dieser heimischen Tuchproduktion entwickelten, die bereits einen erheblichen Teil des Eigenbedarfs auf lokaler und regionaler Ebene deckten. Mit entscheidend für den weiteren Aufschwung der englischen Tuchindustrie, die – trotz der flämischen Konkurrenz – im Laufe des 13. Jahrhunderts schon internationale Bedeutung gewann, war eine für die damalige Zeit geradezu revolutionäre technische Neuerung im Fertigungsprozeß: die Nutzung der Wasserkraft in Form der sogenannten *fulling mills,* der Walkmühlen, die neben einer Verbesserung der Qualität auch eine beachtliche Steigerung der Quantität der Produkte bewirkten.

Mit der technischen Neuerung der *fulling mills* waren außerdem tiefgreifende Änderungen in der Struktur des englischen Tuchgewerbes vorprogrammiert. Die Notwendigkeit von Wasserkraft führte zu einer allmählichen Verlagerung der alten Tuchproduktionszentren aus den Städten heraus in an Flüssen gelegene Dörfer, wodurch die neuen Produktionsstätten der oft hemmenden Kontrolle des städtischen Gildewesens entzogen wurden, was wiederum für die freie Expansion des sich neu orientierenden Gewerbes nur förderlich sein konnte.

c) Handel und Kreditwesen

Mit wachsendem Wohlstand und dem damit verbundenen steigenden Bedarf an Importgütern blühte seit dem 12. Jahrhundert auch der Fernhandel in England auf, wobei zunächst Handelsbeziehungen mit den skandinavischen Ländern Dänemark und Norwegen sowie mit Frankreich, Flandern und dem Rheinland im Vordergrund standen, bis seit dem

13. Jahrhundert die im Rahmen der deutschen Ostkolonisation neu erschlossene Ostseeküste und der Mittelmeerraum hinzutraten.

Während die Exportgüter des Landes bis zum 14. Jahrhundert vornehmlich aus Rohprodukten, vor allem aus Rohwolle, bestanden, setzte sich der Import aus ganz unterschiedlichen Gütern zusammen, die von Rohstoffen und Nahrungsmitteln für den allgemeinen Lebensbedarf bis zu exklusiven Luxusgütern aus dem Mittelmeerraum und dem Orient reichten. So war die englische Tuchproduktion schon immer auf den Import von Alaun und Färbemitteln angewiesen. Dazu kamen vor allem aus dem Ostseeraum andere Rohstoffe für den täglichen Bedarf, wie Holz, Wachs, Pech, Felle und bei Mißernten auch Getreide, während Flandern hochwertige Textilien, Frankreich vor allem Wein und der Mittelmeerraum die Luxusartikel des Orients, wie z. B. Seide und Gewürze, lieferten.

Typisch für die Situation in England war dabei, daß der internationale Einfuhr- und Ausfuhrhandel weitgehend von nichtenglischen Kaufleuten getragen wurde. So vermittelten zunächst flämische und skandinavische Händler, seit dem 13. Jahrhundert vor allem die deutschen Hansekaufleute den Handel mit dem Nord- und Ostseeraum, während der Weinhandel mit den südwestfranzösischen Weinanbaugebieten des Poitou und der Gascogne vor allem von Franzosen und Bretonen, der Handel mit dem Mittelmeerraum meist von Italienern getragen wurde. Erst seit dem Ende des 13. Jahrhunderts gelang es einheimischen englischen Kaufleuten, verstärkt im Fernhandel Fuß zu fassen und vor allem im Woll- und Weinhandel größere Marktanteile an sich zu bringen.

Mit wachsendem Wohlstand und steigendem Handelsvolumen erhöhte sich auch die Bedeutung des Geldes als Ware, wodurch wiederum die Grundlage für den Aufschwung eines expandierenden Bank- und Kreditgewerbes gelegt wurde, zumal der Adel in erster Linie nur über illiquide Mittel in der Form des Grundbesitzes verfügte und zur Bedarfsdeckung daher oft auf Kredite angewiesen war.

Lag das Kreditwesen im 12. Jahrhundert noch weitgehend in den Händen jüdischer Kaufleute, so traten seit dem Beginn des 13. Jahrhunderts in zunehmendem Maße Italiener aus den großen Handelsstädten Venedig, Genua, Lucca und Siena an ihre Stelle. Ihnen gelang es dann im Laufe des 13. Jahrhunderts, sich als Bankiers und Hauptfinanziers des Adels und der englischen Krone weitgehend unentbehrlich zu machen, bis dann der finanzielle Zusammenbruch der großen italienischen Bankgesellschaften in den vierziger Jahren des 14. Jahrhunderts den Weg für andere Kreditgeber, vor allem englische Bankiers und deutsche Hansekaufleute, freimachte.

d) Landverkehr und Seeschiffahrt

Als Erbe der Römerzeit hatte das mittelalterliche England das einst gut ausgebaute Straßensystem übernommen, das jedoch im Laufe der Angelsachsenzeit mehr und mehr verfallen war. Außerdem war man bereits vor der normannischen Eroberung dazu übergegangen, Städte, Dörfer und Märkte zusätzlich durch unbefestigte Wege miteinander zu verbinden.

In den Rechtsbüchern des 12. Jahrhunderts wurden die drei Römerstraßen, die Watling Street, die Ermine Street und der Fosse Way, sowie der aus prähistorischer Zeit stammende Icknield Way ausdrücklich als königliche Straßen bezeichnet, die unter dem besonderen Schutz der Krone standen.

Als mit dem allgemeinen Handelsaufschwung im Verlaufe des 12. Jahrhunderts auch das Verkehrsvolumen kräftig anstieg, versuchte das Königtum, durch gezielte Instandsetzungsmaßnahmen sowie vor allem durch den Bau von Brücken über die Flüsse, die den alten Fährbetrieb ablösten, die Reise- und Transportmöglichkeiten auf dem Lande zu verbessern. Dennoch bot sich vor allem für den Transport großräumiger Güter in erster Linie der Wasserweg auf den Flüssen als eine Alternative an, die in zunehmendem Maße genutzt wurde und die den an Flüssen gelegenen Städten, wie London, Chester, Gloucester oder Norwich, zusätzliche Handelsvorteile verschaffte.

Eine weitere Alternative bestand an sich in der Seeschiffahrt. Wenn auch heute Großbritannien als die klassische Seefahrernation schlechthin mit langer maritimer Erfahrung erscheint, so sind dennoch für das frühe und hohe Mittelalter noch kaum Ansätze in dieser Richtung erkennbar. Die unter Alfred und vor allem Knut dem Großen geschaffenen ständig operierenden Flottenverbände erwiesen sich bald als zu kostspielig, so daß bereits König Eduard der Bekenner einen neuen Weg einschlug, um die Lasten der Flottenausrüstung in Grenzen zu halten, der auch von den nachfolgenden normannischen und angevinischen Königen weiter beschritten wurde. Die ständige Flotte wurde aufgelöst; dafür förderte der König eine Gruppe von Hafenstädten durch die Vergabe großzügiger Privilegien gegen die Verpflichtung, im Bedarfsfalle dem König eine bestimmte Anzahl von Schiffen zur Verfügung zu stellen. Bei den auf diese Weise privilegierten Städten handelte es sich um die Seehäfen Hastings, Romney, Hythe, Dover und Sandwich, die sich um 1200 in der berühmten Konföderation der *Cinque Ports* („Fünf Hafen") zusammenschlossen und die die – wenn auch zunächst noch bescheidene – Grundlage für eine künftige eigene Seemacht schufen, die in der Lage war, im Frieden den Transport von Handelsgütern, im Kriegsfall die Verteidigung des Landes zu übernehmen.

Der Verlust der Normandie zu Beginn des 13. Jahrhunderts führte dann zu weiteren Anstrengungen der Krone, eine eigene königliche Flotte zu schaffen, um mit deren Hilfe die verlorenen Gebiete wieder zurückzugewinnen und die Seeverbindungen zu dem verbliebenen Festlandsbesitz in Südwestfrankreich sicherzustellen. Die Masse des englischen Import- und Exporthandels wurde jedoch noch bis zum Ende des 13. Jahrhunderts auf nichtenglischen Schiffen abgewickelt, wobei hier vor allem Schiffe aus den Niederlanden, den deutschen Städten Hamburg und Lübeck, der Bretagne und Südwestfrankreich sowie aus dem Mittelmeerraum eine Rolle spielten.

III. Wandlungen in der Sozialstruktur

1. Die Grundherren (Lords)

Wie bereits das berühmte *Domesday Book* erkennen läßt, teilte sich seit der normannischen Eroberung neben dem König eine verhältnismäßig dünne Oberschicht, bestehend aus den hohen geistlichen Würdenträgern (Bischöfe und Äbte) und den etwa 170 Familien der Laienbarone, als unmittelbare Vasallen der Krone *(tenants-in-chief, in capite tenentes)* in den Besitz des gesamten Landes. Dazu kamen etwa 5000–6000 Ritter *(knights, milites)*, die in aller Regel ihre Güter als Unterlehen der Kirchen oder Laienbarone innehatten.

Grundlage der privilegierten Stellung dieser elitären Führungsschicht war immer noch ihre Einbindung in die feudale Rechts- und Sozialordnung, die sich vor allem in der Verpflichtung zur Leistung des militärischen Ritterdienstes gemäß den Normen des Lehnrechts niederschlug. Hatte dieser Ritterdienst in der Anfangszeit nach der Eroberung, als die neuen Herren noch wie eine Besatzungsarmee in einem feindlichen Land wirkten, auch beträchtliche praktische Bedeutung, so änderte sich die Situation in der Folgezeit in dem Maße, wie es den normannischen und angevinischen Königen gelang, das Land zu befrieden und die einheimische Bevölkerung mit der neuen Herrschaft zu versöhnen.

Der normannische Baron oder Ritter erhielt immer seltener Gelegenheit, durch persönliche Dienstleistung seinem eigentlichen Beruf, auf dem seine privilegierte Stellung beruhte, nachzugehen. Die weitgehende innere Befriedung des Landes führte dazu, daß ritterliche Kriegsdienste kaum mehr in England, wohl aber im Rahmen der transmaritimen militärischen Unternehmungen der Anjou-Plantagenets gegen die französische Krone gefragt waren. Aber gerade für diese militärischen Operationen reichte die Lehnspflicht als Rechtsgrundlage nicht mehr aus, da nach den Normen des Lehnrechts die persönliche Kriegsdienstpflicht des Adligen an der persönlichen Zumutbarkeit ihre Grenze fand, was sich in der Praxis in einer zeitlichen Befristung, in der Regel auf vier Wochen, niederschlug. Vor allem König Heinrich II. eröffnete nun mit der Institution des Schildgeldes *(scutagium)* dem einzelnen Vasallen die Möglichkeit, seine persönliche Dienstleistungspflicht durch die Zahlung einer Geldsumme abzulösen, die dann zur Anwerbung von Soldrittern verwandt wurde.

Die Grundherren machten von dieser Möglichkeit um so lieber Gebrauch, als die bereits angesprochenen ökonomischen Wandlungen in der Agrarstruktur ein neues Betätigungsfeld eröffneten. Angesichts steigender Preise für Agrarprodukte bei niedrigen Löhnen lag es nahe, durch eine unter streng ökonomischen Gesichtspunkten erfolgende Eigenbewirtschaftung der früher meist ausgeliehenen Güter *(demesne farming)* eine Überschußproduktion zu erzielen, die dann gewinnbringend auf dem Markt verkauft werden konnte.

In dem Maße, wie der Grundherr immer weniger persönlich an Feldzügen teilnahm und sich dafür immer mehr „friedlicheren" Aufgaben wie der politischen Karriere im Königsdienst oder vor allem der Verwaltung der eigenen Liegenschaften widmete, wandelte sich naturgemäß auch das äußere Erscheinungsbild und das innere Selbstverständnis dieser Führungsschicht: Aus elitären Berufskämpfern wurden renditebewußte Verwaltungsfachleute, die es nicht unter ihrer Würde fanden, ihren weniger erfahrenen Standesgenossen in lehrreichen Traktaten[53] die Grundzüge einer profitorientierten Verwaltungspraxis darzulegen, wobei allerdings nicht die Frage, wie man mit Hilfe von Investitionen oder verbesserten Anbautechniken die landwirtschaftliche Produktion steigern, sondern wie man die eigenen Verwalter und Bediensteten davon abhalten könne, sich auf Kosten der Herrschaft zu bereichern, im Mittelpunkt der weitergegebenen Ratschläge stand. Dieses Phänomen, das man auch als *rustication* (‚Verländlichung') des Adels bezeichnet hat, führte vor allem bei den Großgrundbesitzern, den baronialen Familien und geistlichen Körperschaften, die in der Lage waren, mehrere *manors* unter ökonomischen Gesichtspunkten zu neuen Wirtschaftseinheiten zusammenzufassen, zu wachsendem Wohlstand. Weniger scheint hiervon die Masse der ritterlichen Familien, die nur über relativ bescheidene Liegenschaften verfügten, profitiert zu haben, da die seit 1180 verstärkt einsetzende Geldinflation die Gewinne weitgehend aufzehrte; dennoch erscheint es übertrieben, von einer „Krise" des ritterlichen Niederadels im 13. Jahrhundert zu sprechen, wie dies von einem Teil der Forschung vorgeschlagen wurde.

Wachsender Wohlstand – zumindest im Kreise der Großgrundbesitzer – schlug sich endlich auch in einer verfeinerten Lebensweise nieder, geprägt durch einen gewissen Hang zum Luxus bei Nahrung und Kleidung, glanzvolle Feste und aufwendige Jagdveranstaltungen. Lediglich die Turniere erinnerten noch an die „ritterliche Lebensweise". Zunächst von der Krone gefördert, um die militärische Kampfkraft des Adels zu erhalten, handelte es sich bei den ersten Turnieren noch um äußerst rohe und brutale Veranstaltungen, die nicht selten mit schweren Verletzungen oder dem Tod des Unterlegenen endeten. Doch bald wurden aus ihnen höfische Spiele, die der Zerstreuung und Unterhaltung einer privilegierten Oberschicht dienten, die genügend Zeit und Muße hatte, sich derartigen Vergnügungen zu widmen.

2. Bauern und ländliche Unterschichten

Bewirtschaftet wurden die Ländereien der Grundherren von Bauern und Lohnarbeitern.

Betrachten wir zunächst die Gruppe der Bauern, so sollte die im wesentlichen gleichartige Arbeit nicht dazu verleiten, auch einen weitgehend gleichen Rechts- und Sozialstatus innerhalb dieser Gruppe anzunehmen. Das Gegenteil ist vielmehr richtig. Wie bereits die zeitgenössische Terminologie, die z. B. 1279 für das Territorium von Cambridgeshire innerhalb der bäuerlichen Bevölkerung nicht weniger als zwanzig Personengruppen unterschied,[54] erkennen läßt, müssen wir in der Praxis mit einer verwirrenden Vielfalt unterschiedlicher rechtlicher und sozialer Bedingungen rechnen, in die der einzelne jeweils eingebunden war. Gemeinsam war dieser Personengruppe nur eines: Sie war ausgeschlossen vom exklusiven Kreis des Lehenrechts, das die adligen Grundherren verband, was konkret bedeutete, daß der Bauer – ob frei oder unfrei – niemals über Grund und Boden kraft eigenen Rechts verfügte, sondern das Land, das er in eigener Regie bewirtschaftete, stets nur als Leihegut von einem Grundherrn gegen entsprechende Gegenleistungen (Geldabgaben, Dienstleistungen) innehatte.

Will man nicht vor der Vielfalt der unterschiedlichen rechtlichen und sozialen Gegebenheiten in der Praxis kapitulieren, bleibt nur die Möglichkeit, eine stark vergröbernde und vereinfachende Sichtweise in Kauf zu nehmen und etwa, wie es schon die zeitgenössischen Juristen getan haben, grundsätzlich zwischen freien und unfreien Personen zu unterscheiden. So gab es noch immer den Typus des persönlich freien Bauern, der unter dem Schutz des Königsrechts stand und daher die königlichen Gerichte anrufen konnte, der aber wirtschaftlich gesehen sich meist in mehr oder weniger starker Abhängigkeit vom Grundherrn befand, wobei in der Praxis wiederum – im Gegensatz zur juristischen Theorie – zwischen der vollen und einer durch besondere Pflichten eingeschränkten Freiheit unterschieden wurde. Weit zahlreicher als der Freibauer war in den Dörfern und *manors* jedoch der Typus des Unfreien, des *villein, villanus,* anzutreffen. Im Gegensatz zum Freibauern war der *villanus* durch seine persönliche Unfreiheit zusätzlich an den Grundherrn gebunden und – ohne Schutz durch das Königsgericht – dessen unmittelbarer Herrschaftsgewalt unterworfen. Zwar wurde auch er in der Regel vom Grundherrn mit Land ausgestattet, das er für den eigenen Lebensbedarf bewirtschaften konnte; im Vergleich zum Land des Freibauern war dieser Besitz allerdings in der Regel mit höheren Abgaben und Dienstleistungspflichten belastet. So mußte der *villanus* auf der Herrendomäne zusätzliche Arbeitsleistungen erbringen. Im Erbfall, zur Erlangung der Heiratserlaubnis und bei anderen Gelegenheiten waren besondere Abgaben an den Herrn zu zahlen. Wie ein Zubehörstück mit dem Grundbesitz des Herrn verbunden, konnte der *villanus* ohne weiteres veräußert werden, ohne daß er selbst die Möglichkeit hatte, in irgendeiner Weise über das ihm überlassene Land ohne Zustimmung des Herrn zu verfügen.

Gefahren für die Stellung des *villanus* ergaben sich außerdem insofern, als er es grundsätzlich hinnehmen mußte, daß der Herr nach pflichtgemäßem Ermessen Umfang und Inhalt seiner Dienstleistungen bestimmte. Nach dem berühmten englischen Rechtsgelehrten Henry Bracton war die Stellung des Unfreien dadurch gekennzeichnet, daß er regelmäßig am Abend noch nicht wußte, welche Dienste der Herr am nächsten Morgen von ihm fordern werde.

Der allgemeine Bevölkerungsanstieg und der damit einhergehende ökonomische Aufschwung wirkten sich für den *villanus* eher nachteilig aus, da der mit dem Bevölkerungswachstum verbundene „Landhunger" den Grundbesitz verknappte und damit verteuerte, während andererseits die Arbeitskraft durch das reichlich zur Verfügung stehende Angebot entwertet wurde. Die sich hieraus ergebende gesteigerte wirtschaftliche Überlegenheit des Grundherrn dürfte diesen nur allzuoft in die Versuchung geführt haben, die Abgabenlast und die Dienstleistungspflichten seiner Hörigen zu verschärfen. Zudem wurde der Grundherr im 13. Jahrhundert noch durch die königliche Gesetzgebung unterstützt, die – etwa im Statut von Merton – den Lords ausgedehnte Rechte am Allmendegut zu Lasten der Dorfbevölkerung einräumte.

Ein gewisses Gegengewicht gegenüber der willkürlichen Interessenwahrnehmung durch den Grundherrn gewährleistete allerdings die genossenschaftlich organisierte Dorfgemeinschaft *(vicinitas)*, die Freie und Unfreie umfaßte und die – auch für den Herrn verbindlich – das alte Herkommen in der Form von Dorfweistümern feststellen konnte.

Neben dem Grundherrn forderte endlich auch die Kirche, vertreten durch den Dorfpfarrer, von der bäuerlichen Bevölkerung Abgaben, z. B. in der Form des Zehnten vom landwirtschaftlichen Ertrag oder auch Dienstleistungen, etwa im Rahmen von Instandsetzungsarbeiten an der Kirche.

Bestand zunächst auch noch eine tiefe soziale Kluft zwischen Freien und Unfreien, so ist doch in der dörflichen Lebensgemeinschaft ein allmählich einsetzender Angleichungsprozeß nicht zu übersehen, der nicht selten in Eheverbindungen zwischen Angehörigen beider Gruppen zum Ausdruck kam. Dieser Angleichungsprozeß wurde außerdem durch die Tatsache gefördert, daß der *villanus,* was materiellen Wohlstand anging, keineswegs zwangsläufig hinter den Freibauern zurückstand. So haben neuere Forschungen die überraschende Erkenntnis erbracht, daß häufig nicht *villani,* sondern Freibauern zu den ärmsten Dorfbewohnern gehörten.

Die unterste Schicht innerhalb der ländlichen Bevölkerung wurde wohl von den Lohnarbeitern *(famuli)* gestellt, die selbst nicht über Land zur Eigenbewirtschaftung verfügten, sondern ihren Lebensunterhalt mit Gelegenheitsarbeiten auf den Feldern sowohl der Herrendomäne als auch der Freibauern und *villani* bestritten.

Mit der zunehmenden Eigenbewirtschaftung ihrer Güter entdeckten die Grundherren die billige Arbeitskraft dieser Personen, die nun verstärkt zur Bewirtschaftung der Herrendomänen angeworben wurden, andererseits aber keine Chance hatten, in die Dorfgemeinschaft integriert zu werden, und so als eine Art „Dorfproletariat" am untersten Ende der sozialen Stufenleiter ihr Dasein fristeten.

Bei aller Eingebundenheit in eine geburtsständisch geprägte Welt war soziale Mobilität nach oben wie auch nach unten keineswegs ausgeschlossen. So sorgte bereits das Königtum dafür, daß Angehörige einfacher Ritterfamilien zu Baronen, Grafen und engsten Beratern des Königs aufsteigen konnten. Auch dem unfreien *villanus* boten sich in der Praxis mehrere Möglichkeiten an, den Makel der unfreien Geburt abzustreifen und die soziale Position zu verbessern. Er konnte bei entsprechender Eignung im Dienste des Grundherrn – etwa im Rahmen der Domänenverwaltung – Karriere machen, zu günstigen Bedingungen Land erwerben und unter Umständen in den ritterlichen Stand der Grundherren aufsteigen. Auch die Kirche bot Personen von niedriger Geburt die Möglichkeit, höchste Kirchenämter zu erwerben, wie etwa im 13. Jahrhundert das Beispiel des Bischofs Robert Lisle von Durham zeigt, der als Sohn eines Kleinbauern in Lindisfarne geboren wurde.

In der Praxis dürfte jedoch die Abwanderung in die Stadt der am meisten gewählte Weg gewesen sein, den bisherigen Status zu verbessern, wobei der Bevölkerungsdruck und der hiermit verbundene Überschuß an Arbeitskräften wohl mit dazu beigetragen haben, daß die Grundherren diesen Bestrebungen in der Praxis nicht allzu große Hemmnisse in den Weg legten.

3. Die städtische Bevölkerung

So wenig wie auf dem Lande bildete auch die Bevölkerung der Städte eine homogene Gruppe von Personen mit weitgehend gleichem Rechts- und Sozialstatus, wobei allerdings ein wesentlicher Unterschied gegenüber dem Lande nicht zu übersehen ist. Vor dem Gesetz galten alle Stadtbewohner, solange sie innerhalb der Stadt lebten, als persönlich frei, wenn auch in der Praxis bestimmte Abhängigkeitsverhältnisse – etwa zwischen Hausgehilfen und Arbeitgebern, Lehrlingen und Meistern – oft weniger Raum für Freizügigkeit und persönliche Entfaltungsmöglichkeiten geboten haben dürften als das Herrschaftsverhältnis des Grundherrn gegenüber so manchem *villanus*.

Von dieser mehr formalen Rechtsqualifikation abgesehen, bot auch die städtische Bevölkerung ein sehr differenziertes Bild sozialer Schichtung, das wiederum nur vergröbert mit den drei Gruppen der Kaufleute, Handwerker und sonstigen Beschäftigten erfaßt werden kann.

So spielten z. B. für die Zusammensetzung der städtischen Oberschicht, die entscheidend auf die politische Geschichte der Stadt Einfluß nahm, im Einzelfall mehrere Kriterien wie Reichtum, lange Angesessenheit der Familie in der Stadt und Ansehen des ausgeübten Berufes eine Rolle, so daß die Führungsschichten der Städte sich keineswegs nur aus Kaufmanns-, sondern verstärkt auch aus reichen Handwerkerfamilien zusammensetzten. Deutlicher läßt sich dagegen die dritte Gruppe der sonstigen Beschäftigten, die vor allem die Gelegenheitsarbeiter und Hausgehilfen umfaßte, von den etablierten, in Gilden organisierten Handwerksmeistern mit ihren Familien, Gesellen und Lehrlingen abgrenzen und den städtischen Unterschichten zuordnen. Auch die städtische Gesellschaft bot ihren Mitgliedern Möglichkeiten aufzusteigen, und nicht nur innerhalb der Stadt. Wer über materiellen Wohlstand verfügte, konnte Landgüter aufkaufen und möglicherweise in den Niederadel aufgenommen werden. Andere erlangten als Kreditgeber der Krone und des Hochadels politischen Einfluß, wie etwa die Kaufmannsfamilie de la Pole, deren Mitglied Michael de la Pole unter König Richard II. sogar königlicher Kanzler und Earl von Suffolk wurde.

4. Minderheiten und Randgruppen

Auch im mittelalterlichen England gab es Minderheiten und Randgruppen, die aus den unterschiedlichsten Gründen nicht in die Kerngesellschaft integriert waren und die als grundsätzlich Rechtlose auf den besonderen Rechtsschutz des Königs angewiesen waren.

Hierzu zählten zunächst alle Fremden, von denen vor allem die fremden

Kaufleute besondere Bedeutung für das Land erlangten. Wie stark die Vorstellung von der grundsätzlichen Rechtlosigkeit des Fremden verbreitet war, wird am Beispiel des Strandrechts deutlich, das – jedenfalls in seiner frühen Form – dem Inhaber des Strandregals nicht nur das Recht einräumte, das von fremden Schiffen stammende Strandgut an sich zu nehmen, sondern das ihm auch die Menschen, die sich aus diesen Schiffen ans Land retten konnten, zusprach. Zwar wandte sich unter dem Eindruck der Kreuzzugsbewegung zunächst die Kirche, dann seit dem Ende des 12. Jahrhunderts auch das englische Königtum in Privilegien zugunsten der Kaufleute entschieden gegen diesen Brauch; wenn denen, die das Verbot übertraten, auch schwere Strafen drohten, so behauptete sich die alte Übung in der Praxis doch noch eine geraume Zeit, wie die immer erneute Einschärfung der Verbote erkennen läßt. Wenn die fremden Kaufleute in England selbst auch unter dem besonderen Schutz des Königs standen, mußten sie dennoch in der Praxis – im Rahmen eines altüberlieferten Fremdenrechts – mannigfache Beschränkungen hinnehmen. So war ihre Aufenthaltsdauer an einem Ort oft grundsätzlich auf vierzig Tage begrenzt, und es war ihnen in der Regel untersagt, Grundbesitz zu erwerben sowie Einzelhandel oder Handel mit anderen Fremden zu treiben.

Die Interessenkonformität zwischen dem Königtum und einigen Gruppen fremder Kaufleute, die sich als Finanziers, Kreditgeber und Lieferanten begehrter Importwaren nützlich zu machen wußten, führte zwar dazu, daß das Königtum diesen Personengruppen zahlreiche Sonderprivilegien einräumte, die sie in vielem den einheimischen Kaufleuten gleichstellten. Dies gilt vor allem auch für die deutschen Kaufleute der Städte Köln, Lübeck und Hamburg, die im Laufe des 13. Jahrhunderts in London zur deutschen Kaufmannshanse *(mercatores de hansa Alemanie)* zusammenwuchsen und die in der Stadt über eine eigene Gildhalle *(gildhalla Teutonicorum)*, aus der der spätere Stalhof hervorging, mit einem eigenen, von ihnen gewählten *alderman* verfügten. Dennoch wurden diese offiziell zugestandenen Freiheiten in der Praxis auf Betreiben der einheimischen Konkurrenz immer wieder in Frage gestellt und mußten oft in langwierigen Gerichtsverfahren vor den königlichen Gerichten verteidigt werden.

Innerhalb der Fremden bildeten die Juden eine besondere Gruppe. Von der kirchlichen Gesetzgebung verfemt, angefeindet von einer religiösintoleranten Umwelt, ausgeschlossen von den traditionellen Berufen der christlichen Kerngesellschaft, waren sie auf Tätigkeiten verwiesen, die – nach christlich-mittelalterlicher Morallehre – mit einer christlichen Lebensführung nicht in Einklang zu bringen waren, für die aber dennoch Bedarf bestand. So galt der mit der christlichen Ethik an sich nicht zu vereinbarende, aber dennoch betriebene und als Einnahmequelle geschätzte Sklavenhandel weitgehend als jüdisches Monopol. Ebenso befand sich der Geldhandel und das Geldverleihgeschäft gegen Zinsen noch zu Beginn des 12. Jahrhunderts fast ausschließlich in den Händen jüdischer Händler.

Wie auf dem Kontinent, nahm sich auch in England das Königtum der Juden an und stellte sie unter den besonderen Königsschutz – kaum aus humanitären Motiven, sondern vielmehr, weil dies Geld in der Form von Privilegien- und Schutzgebühren einbrachte und weil man zudem die Juden als Geldgeber benötigte. Gegen erhebliche Zahlungen konnten die Juden im Laufe des 12. Jahrhunderts durch königliche Privilegien das Recht weitgehender Selbstverwaltung erwerben.

Im 13. Jahrhundert verschlechterte sich jedoch ihre Situation zunehmend, als sich für die Krone und den Hochadel in Gestalt der Italiener und der Hansekaufleute Alternativen auf dem Geldmarkt und im Kreditgewerbe boten. Nach blutigen Pogromen im Jahre 1190 und in den sechziger Jahren des 13. Jahrhunderts kam es dann zur endgültigen Katastrophe unter König Eduard I., der im Jahre 1290 die Ausweisung aller Juden aus dem Lande anordnete. Diese Maßnahme ist kaum allein auf religiöse Intoleranz und emotionale Antipathien gegenüber einer Minderheit, die wie keine andere gesellschaftliche Gruppe ihre kulturelle Eigenheit in der fremden Umgebung zu wahren wußte, zurückzuführen; mindestens ebenso ursächlich dürften handfeste materielle Interessen, wie etwa die Versuchung, mit dem ungeliebten Gläubiger auch die lästigen Schulden loszuwerden, gewesen sein.

Um desintegrierte Außenseiter im radikalsten Sinne handelte es sich endlich bei den *Outlaws*, den Vogelfreien, die wegen schwerer Verbrechen oder Nichtverantwortung vor Gericht geächtet und damit aus der Rechtsgemeinschaft ausgeschlossen waren. Wie auf dem Kontinent ist seit dem 11. Jahrhundert auch für England das Phänomen wachsender Kriminalität zu beobachten, gegen die man sich durch verschärfte Strafbestimmungen in der Form harter Leibes- und Lebensstrafen zu schützen suchte. Diese Praxis führte jedoch nur zu einem Anwachsen des Heeres der Entwurzelten, die nun, meist in der Form organisierter Banden, die Straßen unsicher machten, wobei sich vor allem die ausgedehnten Waldgebiete als Schlupfwinkel anboten.

Besonders lange konnten sich derartige Banden von Outlaws halten, wenn sie bei den ländlichen Unterschichten Rückhalt fanden. Diese Konstellation liegt z. B. den zahlreichen Legenden um Robin Hood[55] zugrunde, der nach der Überlieferung in der Volksdichtung des 14. und 15. Jahrhunderts als Anführer einer Gruppe von Outlaws das Waldgebiet von Nottingham unsicher gemacht und dabei die Reichen beraubt und die Armen mit der Beute beschenkt haben soll.

Inwieweit die Figur des Robin Hood historisch ist, entzieht sich näherer Kenntnis. Immerhin ist für 1230 bezeugt, daß der Sheriff von

Yorkshire die Güter eines gewissen Robert (Robin) Hood, der als *fugitivus* (Flüchtiger) bezeichnet wird, beschlagnahmt hatte. Ein späterer Hinweis findet sich in den *manor records* von Wakefield für das Jahr 1320, wonach ein Robert Hood wegen Waldfrevels und Widerstandes gegen seinen Lord vor Gericht stand. Ob die Legendengestalt des Robin Hood mit einem dieser Männer identisch war, läßt sich angesichts eines so verbreiteten Namens praktisch nicht entscheiden. Auf jeden Fall dürfte der Legendenstoff insofern auf historische Realitäten hinweisen, als er symptomatisch erscheint für die im 13. und 14. Jahrhundert weit verbreitete Unzufriedenheit breiter ländlicher Unterschichten mit der Obrigkeit, verkörpert vor allem durch den Grundherrn und den königlichen Sheriff.

IV. Neue Formen geistigen Bewußtseins

Die dramatischen Wandlungen, die die abendländische Welt seit der Mitte des 11. Jahrhunderts prägten, schlugen sich nicht nur in Wachstum, ökonomischer Prosperität und sozialer Mobilität nieder. Die erbitterten Auseinandersetzungen zwischen Kaiser und Papst im Investiturstreit und die damit verbundene Polarisierung innerhalb der theologischen Wissenschaft lösten – kaum war der Streit selbst beendet – eine tiefgreifende geistige Erneuerungsbewegung aus, die, anknüpfend an die antike Bildungstradition, diese jedoch nicht nur rezipierte, sondern im Rahmen eines gewandelten „Wahrnehmungsvermögens" zu neuen Denkformen verarbeitete und daher mit Recht als „Renaissance des 12. Jahrhunderts" bezeichnet wurde.

Zum Zentrum dieser Bewegung, die vor allem mit dem Bestreben, „sich in einer veränderten Welt neu zu orientieren",[56] erklärt werden kann, wurde Frankreich mit den Schulen in Laon, später in Paris und Chartres, wo große Gelehrte wie Anselm von Laon († 1117), Petrus Abaelard (1079–1142), Gilbert von Poitiers († 1154) und Thierry von Chartres († ca. 1170) wirkten und über ihre Schüler auch das Geistesleben im übrigen Abendland beeinflußten.

Auch in England entwickelten sich in den Bischofsstädten, wie Canterbury, Exeter, Lincoln u. a., bedeutsame Schulen, die die bisherigen Bildungseinrichtungen der Klöster ablösten und die zu wesentlichen Mittelpunkten des neuen Geisteslebens wurden. Diese „geistige Wiedergeburt" erfaßte auch hier alle wissenschaftlichen Disziplinen. So entwarf der an der Schule von Chartres lehrende Johann von Salisbury († 1180) in seinem Werk „Policraticus" eine erste systematische Philosophie des Mittelalters, in der Recht und Gesetz als höchste Richtschnur staatlichen Handelns erscheinen und nach der – bei Mißachtung dieser Prinzipien – auch der Tyrannenmord gerechtfertigt ist. Die Geschichtsschreibung wurde von Historikern wie Wilhelm von Malmesbury (geb. um 1095), Ordericus Vitalis (geb. 1075) und Wilhelm von Newburgh (geb. um 1135/36) zu einer neuen Blüte gebracht, während Gelehrte wie z. B. Adelard von Bath (geb. um 1070) England mit der wissenschaftlichen Tradition der Griechen und Araber konfrontierten und damit auch einen wesentlichen Beitrag zum Aufschwung der Naturwissenschaften im Mittelalter lieferten. Diese Entwicklung setzte sich im 13. Jahrhundert verstärkt fort. Zu neuen Zentren des geistigen Lebens wurden nun die beiden Universitäten Oxford und Cambridge, wobei Oxford mit seinem ersten Kanzler, dem Bischof von Lincoln, Robert Grosseteste († 1253), einen der größten abendländischen Gelehrten des 13. Jahrhunderts hervorbrachte, der, fußend auf der geistigen Tradition des Aristoteles, vor allem durch seine wissenschaftliche Methodik weit in die Zukunft wirkte. Unter seinen Schülern und Nachfolgern in Oxford ragten vor allem Roger Bacon († um 1292) und Duns Scotus († 1308) hervor, die im Rahmen der scholastischen Theologie eine Gegenposition zu der von Thomas von Aquin und dem Dominikanerorden vertretenen Lehrmeinung einnahmen.

Während die Geschichtsschreibung in der Person des bedeutendsten mittelalterlichen Chronisten Englands, Matthew Paris (geb. um 1200), einem neuen Höhepunkt zustrebte, schlug sich der auch vom angevinischen Königtum geförderte allgemeine Aufschwung der Jurisprudenz im Werk des englischen Hofjuristen Henry Bracton nieder, der unter dem Titel „Über die Gesetze und Gewohnheiten Englands" *(De legibus et consuetudinibus Angliae)* eine erste kritisch kommentierte Zusammenfassung des Common Law bot.

Daß diese allgemeine Blütezeit des Geisteslebens nicht nur auf einen engen Kreis von Gelehrten beschränkt blieb, sondern auch eine beträchtliche Breitenwirkung entfaltete, ist vor allem den Bettelmönchen des Dominikaner- und Franziskanerordens zu verdanken, die seit dem Beginn des 13. Jahrhunderts in das Land strömten, die Universitäten bevölkerten, zahlreiche neue Schulen gründeten und als Gelehrte, Erzieher und Prediger dafür sorgten, daß Bildung und Wissen auch in breiten Laienschichten – über den Adel bis hin zu Handwerkerkreisen – verbreitet wurden.

Fünftes Kapitel
Im Bannkreis des Kontinents. Das Angevinische Reich (1154–1215)

I. Das Angevinische Reich unter König Heinrich II.

1. Herrschaftsprobleme und Persönlichkeit des neuen Königs

Mit dem Regierungsantritt König Heinrichs II. trat England insofern in einen neuen Abschnitt seiner Geschichte ein, als das Land nun im Rahmen des angevinischen Großreiches noch enger in den Bannkreis des Kontinents geriet und damit aber auch noch unmittelbarer mit der Kontinentalmacht Frankreich konfrontiert wurde, als dies unter den normannischen Königen der Fall war.

Als Heinrich II. 1154 den englischen Königsthron bestieg, vereinigte er in seiner Hand bereits eine imponierende Ländermasse. Von seinem Vater Gottfried Plantagenet hatte er die Grafschaft Anjou, Maine und Touraine, über seine Mutter das Herzogtum Normandie mit lehnsherrlichen Ansprüchen über die Bretagne geerbt; seine Heirat mit der ehemaligen Gemahlin des französischen Königs, Eleonora von Aquitanien (1152), hatte ihm die Herrschaft über das großräumige Herzogtum Aquitanien mit den Grafschaften Poitou und Auvergne eingebracht, so daß praktisch der gesamte Westen Frankreichs von der Normandie bis zu den Pyrenäen unter seiner Kontrolle stand.

Dabei ist allerdings festzuhalten, daß es sich bei diesem „Angevinischen Reich“ in Wirklichkeit um eine äußerst heterogene Ansammlung unterschiedlich strukturierter Besitztümer handelte, die eigentlich nur durch die Person des Königs zusammengehalten wurden. Außerdem kam für die französischen Gebiete noch insofern eine besondere Problematik hinzu, als sie alle unter der Lehnshoheit der französischen Krone standen, was konkret bedeutete, daß König Heinrich als Herr dieser Gebiete zugleich Vasall des französischen Königs war. Der französische König, der zu dieser Zeit als unmittelbares Herrschaftsgebiet nur die Ile de France besaß, wirkte zwar – machtpolitisch gesehen – im Verhältnis zu seinem Supervasallen geradezu wie ein Zwerg; dennoch verfügte er mit seiner Rechtsstellung als Lehnsherr über nicht zu unterschätzende Möglichkeiten, seinem mächtigen Vasallen das Leben schwer zu machen, so daß sich bereits aus dieser Konstellation die Grundlage für den chronischen Dauerkonflikt ergab, der die Beziehungen zwischen den beiden Mächten in der Folgezeit bis zum Ende des Mittelalters prägen sollte.

So ungewöhnlich wie das von ihm beherrschte Konglomerat von Ländern war auch die Persönlichkeit des neuen Königs. Ausgestattet mit einem ausgeprägten Sinn für Macht, vereinigte er in seiner Person gleichermaßen die analytisch-nüchterne Begabung und kühle Routine des Verwaltungsfachmannes mit der ungezügelten Leidenschaft des Cholerikers, dessen plötzliche Wutausbrüche wie elementare Naturgewalten über seine Umgebung hereinzubrechen pflegten und gestandene Bischöfe wie bei einem Vergehen ertappte Schuljungen erzittern ließen. Dazu kam eine rastlose Energie, eine geradezu zwanghafte Abneigung gegen jede Form der Untätigkeit und Ruhe, die so weit gegangen sein soll, daß der König selbst in der Kirche glaubte, sich die Zeit durch Kritzeleien oder ständiges Geflüster mit seiner Umgebung verkürzen zu müssen. Diese motorische Dynamik schlug sich in zahlreichen Reisen nieder, die König Heinrich und seinen Hof kreuz und quer durch das Reich führten. Dabei wurden Freund und Feind immer wieder von der Schnelligkeit überrascht, mit der Heinrich in der Lage war, große Entfernungen zu überwinden. Diese Rastlosigkeit an sich wie auch der schnelle Wechsel der jeweiligen Reiseziele, die allein von den Launen des Königs abzuhängen schienen, strapazierten auch die Nerven der Mitreisenden gehörig, so daß ein gestreßtes Mitglied dieser Dauerreisegesellschaft die Hofhaltung Heinrichs als ein „wahres Abbild der Hölle“[57] bezeichnet hat.

Wenn Heinrich es auch gewohnt war, anderen seinen Willen aufzuzwingen, so verkörperte er doch keineswegs den Typus des brutalen Gewaltmenschen; selbst hochgebildet, verfügte er auch über ein beträchtliches diplomatisches Geschick, das einen realistischen Sinn für das Machbare einschloß und auf das er sich in kritischen Situationen auch mehr zu verlassen pflegte als auf militärische Kraftakte.

Derartige Fähigkeiten waren aber auch vonnöten, um die beträchtlichen Probleme zu lösen, mit denen sich Heinrich bereits zu Beginn seiner Regierungszeit konfrontiert sah. So erhob der jüngere Bruder Gottfried Ansprüche auf die Grafschaft Anjou, mit der Behauptung, der Vater habe auf dem Totenbett verfügt, daß Heinrich, sobald er die Königsherrschaft in England angetreten habe, dem Bruder Anjou abtreten solle. Unterstützt wurde diese Forderung von König Ludwig VII. von Frankreich, der sich durch die Heirat Heinrichs noch immer persönlich brüskiert fühlte und der unter Berufung auf seine fehlende lehnsherrliche Zustimmung sich weigerte, diesen als Herzog von Aquitanien anzuerkennen.

Obwohl in England Heinrichs Thronanspruch nicht bestritten wurde, traf er auch hier auf Probleme, und zwar in Gestalt der negativen Folgen, die die Zeit der „Anarchie“ für die Königsherrschaft gebracht hatte. Da Heinrich nicht gewillt war, die so geschaffenen machtpolitischen Realitäten zu Lasten der Krone hinzunehmen, war der Konflikt mit den mächtigen Baronen als den Hauptnutznießern dieser Entwicklung bereits vorprogrammiert. Endlich galt es auch, die keltischen Nachbarherrschaften in Schottland und Wales, die die „Anarchie" ebenfalls dazu genutzt hatten, sich von der englischen Oberhoheit zu lösen und zum Teil auch englische Grenzgebiete unter ihre Kontrolle zu bekommen, wieder in ihre Schranken zu verweisen.

2. *Außenpolitische Aktivitäten*

Mit diplomatischen Mitteln gelang es Heinrich zunächst, die Allianz zwischen König Ludwig und dem jüngeren Bruder Gottfried zu sprengen, indem er sich mit dem französischen König verständigte und diesem gegen die Anerkennung als Herzog von Aquitanien für alle betroffenen Gebiete die Lehenshuldigung leistete. Ein Jahr später (1158) wurde das auf diese Weise hergestellte Einvernehmen durch die Verlobung der französischen Königstochter Margarethe mit Heinrich, dem ältesten Sohne König Heinrichs, bekräftigt, wobei die junge Braut bei der schon zwei Jahre später erfolgten Hochzeit den bisher zwischen Ludwig und Heinrich umstrittenen Nordteil der Grafschaft Vexin als Mitgift in die Ehe einbrachte.

Dem jüngeren Bruder Gottfried, der durch diese Entwicklung politisch isoliert wurde, blieb nichts anderes übrig, als auf seine Ansprüche gegen eine jährliche Rentenzahlung und die Abtretung einer Burg zu verzichten. Ein besonderer Glücksfall eröffnete ihm jedoch sogleich ein neues Betätigungsfeld. Angesichts des Streites zweier Prätendenten im Herzogtum Bretagne boten ihm die Stadt Nantes und einige Große des Landes an, sich seiner Herrschaft zu unterstellen. Nach dem Tode des Bruders (1158) nutzte König Heinrich die Gelegenheit, mit dessen Erbe den Anspruch auf die unmittelbare Herzogsherrschaft in der Bretagne, über die die normannischen Herzöge bisher lediglich oberlehensherrliche Rechte ausübten, zu erheben. Die Durchsetzung dieses Anspruches wurde wieder durch ein Eheprojekt eingeleitet, indem der dritte Sohn König Heinrichs, Gottfried, mit der Erbin aus dem einheimischen Herzogshause verheiratet wurde, wobei allerdings in mehreren Feldzügen der Widerstand des einheimischen Adels gebrochen werden mußte, bis im Jahre 1169 die Herrschaft der Plantagenets allgemein in der Bretagne anerkannt wurde.

Ein großangelegter Feldzug gegen den Grafen von Toulouse (1159) endete zwar durch das Eingreifen des französischen Königs mit einem Fehlschlag; dennoch sah sich später Graf Raymund V. genötigt, die angevinische Lehenshoheit anzuerkennen (1173).

Auch in England gelang es König Heinrich, sich mit Hilfe einer Kombination von diplomatischen Aktivitäten und militärischem Zwang gegenüber den keltischen Nachbarherrschaften durchzusetzen. So wurde König Malcolm IV. von Schottland durch diplomatischen Druck veranlaßt, auf die einst von König Stephan abgetretenen Grenzlande zu verzichten und erneut die englische Lehenshoheit anzuerkennen (1157).

Während in Wales mehrere Feldzüge lediglich zur Wiederanerkennung der englischen Oberhoheit führten, konnte Heinrich im Jahre 1171 eine militärische Invasion gegen Irland wenigstens insoweit erfolgreich abschließen, als die Insel von nun an – wenn auch nur oberflächlich – der englischen Herrschaft unterworfen blieb.

Durch ein weitgespanntes Netz von Eheallianzen, das die englische Königsfamilie mit den europäischen Königshäusern bis Kastilien und Süditalien verband, sicherte sich Heinrich Einfluß und Rückhalt auf europäischer Ebene, so daß er neben Kaiser Friedrich Barbarossa als der mächtigste Herrscher des damaligen Abendlandes erscheint. Im Rahmen dieser Eheverbindungen sollte sich die 1168 zwischen einer Tochter Heinrichs und dem mächtigen Sachsenherzog Heinrich dem Löwen geschlossene Ehe für die deutsche Geschichte als besonders folgenreich erweisen, da sie für die kommenden Jahrzehnte eine enge angevinisch-welfische Allianz begründete und damit der welfischen Opposition den entscheidenden außenpolitischen Rückhalt im Kampf gegen die staufische Dynastie lieferte.

3. Maßnahmen zur Wiederherstellung der Königsmacht

Bleibende staatsmännische Bedeutung erlangte König Heinrich jedoch weniger durch seine außenpolitischen und militärischen Erfolge als vor allem durch die energische Reorganisation und den planmäßigen Ausbau der Königsherrschaft, die in den anarchischen Zeiten unter Stephan von Blois und Mathilde erheblich gelitten hatte.

Eine der ersten Maßnahmen Heinrichs zur Wiederherstellung der Königsmacht zielte auf die Einschärfung des königlichen Befestigungsmonopols ab. Die Errichtung von Burgen ohne königliche Zustimmung wurde grundsätzlich für rechtswidrig erklärt, und sämtliche Inhaber derartiger Burgen wurden aufgefordert, diese zu schleifen, wobei Heinrich auch nicht davor zurückschreckte, gegen widerstrebende Barone mit militärischen Mitteln vorzugehen. Gleichzeitig wurden die zerstörten königlichen Burgen wieder aufgebaut. Außerdem wurde mit Hilfe detaillierter Untersuchungen vor Ort das unter König Stephan verschleuderte Krongut von den jeweiligen Besitzern wieder zurückgefordert.

Der allgemeine ökonomische Wandel sowie die besondere Beschaffenheit des angevinischen Großreiches machten außerdem besondere Maßnahmen im Bereiche des Wehrwesens erforderlich, um dieses an die veränderten Verhältnisse anzupassen.

So trug das bisherige Lehnsaufgebot der ritterlichen Vasallen den neuen wehrpolitischen Bedürfnissen des Königs nur mehr ungenügend Rechnung, da diese Streitmacht nach dem lehnrechtlichen Herkommen nur beschränkte Zeit, in der Regel vierzig Tage, zur Verfügung stand und daher für die militärischen Einsätze auf dem Kontinent, die jetzt vor allem gefragt waren, nur bedingt herangezogen werden konnte. Dazu kam, daß die von Wilhelm dem Eroberer seinerzeit recht pauschal nach der Größe des Lehengutes festgelegte Anzahl der zu stellenden Ritter nicht dem bis dahin eingetretenen ökonomischen Wachstumsprozeß angepaßt war, da die Verteuerung des Landes mittlerweile manchen Kronvasallen bewogen haben mochte, kleinere Lehen an mehr Ritter auszugeben, wobei das hierdurch gewonnene „Mehr" an ritterlichem Wehrpotential bei gleichbleibenden Quoten von der Krone jedoch nicht ausgeschöpft werden konnte.

König Heinrich versuchte, auf zweierlei Weise Abhilfe zu schaffen. Zum ersten wurden im Jahre 1166 alle Kronvasallen – in Anknüpfung an das schon bei der Abfassung des *Domesday Book* geübte Verfahren des *inquest* – aufgefordert, in der Form besiegelter Briefe Auskunft über die Anzahl und die Namen der von ihnen vor dem Tode König Heinrichs I. (1135) und in der Zeit danach belehnten Untervasallen sowie die Anzahl der bisher der Krone geschuldeten Ritterdienste zu geben. Die daraufhin eingegangenen Schreiben, die sogenannten *cartae baronum*, lieferten dem Schatzamt die Informationsbasis für eine Überprüfung bzw. Neubewertung der Lehenspflichten der Kronvasallen und dienten außerdem dem Zweck, auf diese Weise alle Untervasallen namentlich zu erfassen, um von ihnen den unmittelbaren Treueid auf den König einfordern zu können. Auf der Grundlage dieser Informationen knüpfte Heinrich nun an eine bereits früher im Bereich der geistlichen Lehen verbreitete Einrichtung, das sogenannte „Schildgeld" *(scutagium)* an, indem er von den Kronvasallen an Stelle der persönlichen Dienstleistung regelmäßig einen bestimmten Geldbetrag, gestaffelt nach der Anzahl der ausgegebenen Ritterlehen, einforderte und von diesem Geld ihm auf Dauer zur Verfügung stehende Soldritter anwarb.

Diese Fiskalisierung des Wehrwesens wurde indirekt noch insofern gefördert, als sich im 12. Jahrhundert im englischen Lehnswesen wie auch in der Normandie das Primogeniturprinzip (Erstgeburtsrecht) durchsetzte, was in der Praxis bedeutete, daß einerseits Teilungen vermieden wurden und damit die wirtschaftliche Substanz für die Zahlung des Schildgeldes erhalten blieb und daß andererseits die nachgeborenen Söhne von Rittern im besoldeten Ritterdienst des Königs eine standesgemäße Möglichkeit erhielten, ihren Lebensunterhalt zu bestreiten.

Daneben versuchte König Heinrich in der *Assize of Arms* (1181), die Wehrverfassung des Landes auf eine wesentlich breitere Grundlage, die zudem der gestiegenen wirtschaftlichen Ertragskraft Rechnung trug, zu stellen, indem er an die Tradition des angelsächsischen Heeresaufgebotes *(fyrd)* anknüpfte und allen Freien des Landes – unabhängig von bestehenden Lehnsverpflichtungen – das Halten bestimmter Waffen und Ausrüstungsgegenstände, gestaffelt nach Einkommen und Vermögen, vorschrieb, damit sie im Falle der Not einem entsprechenden Aufgebot des Königs Folge leisten konnten. Hierdurch wurde nicht nur der Kreis der Wehrdienstpflichtigen auf alle Freien, unter Einschluß der Stadtbürger, ausgedehnt, sondern auch ein Gegengewicht gegen das Wehrmonopol der Kronvasallen geschaffen, auf das sich der König in einem Konfliktfall mit dem Hochadel stützen konnte.

Die bedeutendste staatspolitische Leistung Heinrichs dürfte indessen in der Reform des englischen Rechtswesens mit dem Ziel der Zurückdrängung der gewaltsamen Selbsthilfe und der Ausbildung eines Common Law – im Sinne einer generellen Rechtsvereinheitlichung – liegen.

Diesem Ziel diente zunächst die Aufwertung der königlichen *curia* zu einem Zentralgericht mit umfassendem Zuständigkeitsbereich zu Lasten der regionalen und vor allem grundherrlichen Gerichtsbarkeiten. Die Kompetenzausweitung der zentralen königlichen Gerichtsbarkeit wurde dabei vor allem durch die bereits von König Heinrich I. geschaffene Institution der Reiserichter *(justices in eyre, iudices itinerantes)* gefördert, die Heinrich II. nun systematisch zu einer wirksamen Kontroll- und Gerichtsinstanz ausbaute. Zu diesem Zweck wurde das ganze Land in sechs Bereiche aufgeteilt, die jeweils von drei weisungsgebundenen, unmittelbar vom König beauftragten Reiserichtern in regelmäßigen Abständen besucht wurden *(circuits of eyre)*, wobei den Reiserichtern eine absolut vorrangige Gerichts- und Kontrollkompetenz eingeräumt wurde, die so weit ging, daß die regionale Justiz während der Tätigkeit der Reiserichter als suspendiert galt. Zu den Aufgaben der Reiserichter gehörte es vor allem, die Gerichtsbarkeit der Untergerichte und die Amtsführung der Sheriffs und anderer königlicher Bediensteter zu überwachen, wobei sie jeden Rechtsfall an sich ziehen und auch Zutritt zu den baronialen Gerichtsversammlungen, in denen es um Freie als Kläger oder Beklagte ging *(manorial courts)*, verlangen konnten.

Entscheidend war aber daneben, daß König Heinrich in den Verordnungen *(assizes)* von Clarendon (1166) und Northampton (1176) klarstellen ließ, daß die hohe Strafgerichtsbarkeit sowie die Voruntersuchung und Haftanordnung ausschließlich den königlichen Richtern und ihren Hilfsorganen vorbehalten waren. Ihre Informationen bezogen Sheriffs und Reiserichter dabei von eigens hierzu geschaffenen Juries, die sich in den einzelnen Hundertschaften aus zwölf mit den örtlichen Verhältnissen vertrauten und dem König durch einen besonderen Treueid verbundenen Männern zusammensetzten, die die Aufgabe hatten, im Sinne einer öffentlichen Anklageinstitution verdächtige Straftäter dem Sheriff oder den Reiserichtern zu nennen. Der Kompetenzausweitung der königlichen

Gerichtsbarkeit diente endlich auch eine völlige Neuordnung des gerichtlichen Verfahrens durch mehrere im Wege vertraglicher Vereinbarungen mit den Baronen erlassene königliche Rechtsverordnungen *(assizes, assisae)*, wodurch freien Personen in nahezu allen Fällen die Möglichkeit eröffnet wurde, durch den Erwerb entsprechender königlicher Mandate *(writs, brevia)* die königliche Gerichtsbarkeit anzurufen, auch wenn der jeweilige Streitfall bereits bei einem baronialen Gericht anhängig war. Dabei zielte dieser alternativ eingeräumte Rechtsweg zunächst nicht darauf ab, Streitigkeiten über Grundbesitz oder Rechte in der Sache zu entscheiden, sondern beschränkte sich darauf, die Parteien vor gewaltsamem Besitzentzug oder eigenmächtiger Veränderung des bisherigen Besitzstandes zu schützen. So sah z. B. die wichtigste dieser Verordnungen, die *Assize of Novel Disseisin* (assisa de nova disseisina = Assise über die kürzliche Besitzentziehung) von 1166 vor, daß jeder freie Inhaber von Land, der behauptete, gegen seinen Willen in der Nutzung behindert oder hiervon ausgeschlossen worden zu sein, ein königliches *writ* erhalten konnte, das dem Sheriff befahl, eine Jury zusammenzusetzen und zu untersuchen, ob eine solche Besitzstörung vorlag oder nicht. Kam die Jury zum Ergebnis, daß dies der Fall war, war der Sheriff gehalten, den Kläger wieder in seinen Besitz einzusetzen, ohne daß über die eigentliche Rechtsfrage, ob die Besitzentziehung gerechtfertigt war oder nicht, entschieden wurde.

Diese Verfahrensweise hatte den Vorteil, daß sie jede gewaltsame Besitzstörung im Wege der Selbsthilfe, ein Verfahren, das ja in Deutschland unter dem Begriff der Fehde bis zum Ende des Mittelalters blühte, grundsätzlich als Unrecht diskriminierte und die Parteien auf den Rechtsweg verwies, was in der Praxis bereits die Vorwegnahme des vom modernen Staat beanspruchten „Monopols legitimer Gewaltanwendung" bedeutete.

In der *Grand Assize* von 1179 ging König Heinrich noch einen Schritt weiter, indem er nun den Parteien auch ein alternatives Rechtsverfahren zur Entscheidung in der Sache selbst bot, das gegenüber dem Verfahren innerhalb der baronialen Gerichtsbarkeit den Vorteil hatte, daß die Beweiserhebung und Tatsachenfeststellung nicht mehr in den archaischen Formen des Reinigungseides und Gottesurteils, sondern durch die Untersuchung einer mit den örtlichen Verhältnissen vertrauten Geschworenenjury erfolgten.

Durch den Erwerb entsprechender *writs* konnten also einerseits alle freien Personen in zahlreichen Fällen den Rechtsweg vor ein königliches Gericht erzwingen, wie umgekehrt auch der König durch ein *writ* jeden Streitfall vor seine Gerichtsbarkeit ziehen konnte, wobei lediglich das „Hallengericht" des Grundherrn *(hallcourt)* gegenüber seinen Unfreien von diesen Eingriffsmöglichkeiten der königlichen Justiz verschont blieb.

Die Folgen dieser Kompetenzerweiterung der königlichen Gerichtsbarkeit können in ihrer Bedeutung für den Ausbau der Königsmacht und den Prozeß der Entwicklung Englands zum modernen Staat kaum überschätzt werden. Die vermehrte Inanspruchnahme der königlichen Gerichte und deren Rechtsprechung im Rahmen eines einheitlichen Verfahrens mußten über kurz oder lang zu einer Rechtsvereinheitlichung auf der Grundlage eines allgemeinen Königsrechtes führen, das der eigenmächtigen Rechtsverwirklichung im Wege der Selbsthilfe keinen Raum ließ und als Common Law allen Freien offenstand.

Wurden so auch die Mächtigen des Landes unter die Herrschaft des Rechts gezwungen, so bedeutete dies allerdings noch nicht, daß König Heinrich gewillt war, sich für seine Person ebenfalls dieser allgemeinen Normenordnung zu unterwerfen.

Es scheint vielmehr, als habe er es als selbstverständliches Königsrecht betrachtet, durch einfache Willensentscheidungen – ohne jede rechtliche Kontrolle – tief in die Besitzstands- und Statusverhältnisse seiner Untertanen einzugreifen, wobei die Formel vom „Unwillen und Zorn" *(malivolentia et ira)* des Königs einen Zustand umschrieb, der für die Betroffenen existenzbedrohende Formen annehmen konnte, ohne daß die Möglichkeit bestand, sich mit einem Rechtsverfahren hiergegen zur Wehr zu setzen.

Um den „Zorn" des Königs auf sich zu ziehen, mußte man nicht unbedingt – wie es von einem Ritter überliefert ist – in einer emotionalen Aufwallung einen Stein gegen den Herrscher schleudern.[58] Es genügte hierzu jeder Widerstand gegen den erklärten Willen des Königs oder auch jede nachlässige Nichtbeachtung seiner Befehle, wie eine Urkunde des Seneschalls von Anjou, Stephan von Marcay, vom Jahre 1161 erkennen läßt: Hier bekannte der Aussteller zerknirscht, daß er in einem Rechtsstreit zwischen den Mönchen von Marmoutier und einem gewissen Hamelin von Athenaise es trotz einer königlichen Anweisung „mit Rücksicht auf den hohen Stand Hamelins" unterlassen habe, diesen zu zwingen, vor seinem Gericht zu erscheinen, um sich auf die Klage der Mönche zu verantworten. „Darauf", fährt die Urkunde fort „erzählten die Mönche dem Herrn König, daß ich für die Gerechtigkeit nie gewonnen werden konnte, sondern immer nur für das Unrecht empfänglich war. Als der König dies erfuhr, wurde er äußerst zornig mit mir und zögerte nicht, die heftigsten Drohungen auszustoßen. Ich verließ ihn in Furcht und lud Hamelin vor..."[59]

Um das „Wohlwollen" des Königs wieder zu erringen *(ad obtinendam benevolentiam regis)*, blieb den Betroffenen in der Regel nichts anderes übrig, als Bußgelder zu zahlen, deren Höhe im Ermessen des Königs lag.

Aus alledem wird ein stark autokratischer, von der außergewöhnlichen Persönlichkeit des Königs geprägter Regierungsstil deutlich, der in der Forschung auch als „angevinischer Despotismus" bezeichnet wurde.

Mit der Ausweitung der königlichen Gerichtskompetenz stiegen auch die Anforderungen an die königlichen Gerichte, was im Bereiche der *curia*, dem Zentralgericht und Beratungsorgan des Königs, zu einer weiteren Differenzierung und Spezialisierung führte, die sich wiederum in der Ausbildung besonderer Behörden und Gerichtshöfe niederschlug.

So löste sich von der als Beratungsgremium und Zentralgericht mit dem König reisenden *curia* noch in der Regierungszeit König Heinrichs der *Court of Westminster*, ein ständig in Westminster tagender, für allgemeine Zivilfälle zuständiger Gerichtshof, aus dem dann später der *Court of Common Pleas* hervorging. Die zahlreichen, die Belange der Krone unmittelbar berührenden Prozesse führten ebenfalls zur Herausbildung eines besonderen Gerichtshofes, dem *Court of the King's Bench (bancum regis)*. Für den König hatte die Ausweitung der königlichen Gerichtsbarkeit endlich noch erfreuliche fiskalische Nebenwirkungen, da natürlich für jedes königliche *writ (breve)*, das einen Fall vor das Königsgericht brachte, besondere Gebühren verlangt wurden. Dies, wie auch die Fiskalisierung der Wehrverfassung durch die Einführung des Schildgeldes, hatten zur Folge, daß das bereits unter Heinrich I. ins Leben getretene Schatzamt *(exchequer)* sich – wie der berühmte „Dialog über das Schatzamt" aus der Feder des königlichen Reiserichters Richard Fitz-Neal erkennen läßt[60] – zur wichtigsten Zentralbehörde des Landes mit einem differenzierten Geschäftsgang und unterschiedlichen Zuständigkeitsbereichen entwikkelte, wobei sich bereits unter Heinrich I. im *Court of Exchequer* ein besonderer höchster Gerichtshof in Finanzangelegenheiten herausgebildet hatte.

4. *Konflikte mit der Kirche und der eigenen Familie*

Hatte König Heinrich auch auf dem Felde der Gerichts- und Verwaltungsorganisation neue Maßstäbe für Englands Weg zur modernen Staatlichkeit gesetzt, so wurde seine Regierungszeit im übrigen aber durch schwere Konflikte mit der Kirche und mit seiner eigenen Familie überschattet, die am Ende das gesamte Lebenswerk des Königs in Frage zu stellen drohten. Streitobjekt mit der Kirche war dabei nicht die Frage der Bischofsinvestitur, die ja unter Heinrich I. im Vertrag von Westminster beigelegt worden war; im Mittelpunkt des Konflikts stand vielmehr die Frage der Abgrenzung zwischen weltlicher und geistlicher Gerichtsbarkeit. Nach der bereits unter Wilhelm dem Eroberer erfolgten Trennung zwischen den beiden Kompetenzbereichen hatte die Ausbildung des kanonischen Prozeßverfahrens nicht nur steigendes Selbstbewußtsein, sondern auch eine starke Ausweitung der geistlichen Gerichtsbarkeit zur Folge, was über kurz oder lang zum Konflikt mit der königlichen Gewalt führen mußte, zumal ja die englischen Prälaten oft zugleich Vasallen des Königs waren. Der Streit entzündete sich dabei vor allem an dem Anspruch der Geistlichkeit, die bisher unbestritten von der Krone geübte höhere Strafjustiz über kriminelle Kleriker an sich zu ziehen und damit den straffälligen Geistlichen dem Arm der weltlichen Gerichtsbarkeit zu entziehen.

Daß dieser Konflikt in einer bis dahin nicht gekannten Schärfe und Unversöhnlichkeit ausgetragen wurde, lag nicht zuletzt an der Persönlichkeit der beiden Hauptakteure. Auf der einen Seite agierte ein machtbewußter, zu leidenschaftlichen Ausfällen neigender König, der es gewohnt war, seinen Willen durchzusetzen; auf der anderen Seite stand mit Thomas Becket, dem Erzbischof von Canterbury, ein Mann, der so ganz und gar nicht den Typus eines frommen Heiligen und geduldigen Märtyrers verkörperte. Von relativ niedriger Herkunft, verdankte er der Gunst Heinrichs eine steile Karriere, die ihn zum Kanzler und engsten Vertrauten des Königs aufsteigen ließ (1155). Heinrich, der seinem Kanzler in echter Freundschaft verbunden war, glaubte daher einen guten Griff zu tun, als er nach dem Tode Erzbischof Theobalds Thomas Beckets Wahl zum Erzbischof von Canterbury betrieb (1162). So sehr sich Thomas jedoch als Kanzler zum Vollstrecker königlicher Machtpolitik hatte einspannen lassen, so wenig gedachte er diese Rolle als Erzbischof weiterzuspielen. Tief durchdrungen von seiner Verantwortung als Kirchenfürst, wurde er nun zu einem bedingungslosen, bis zum Starrsinn unbeugsamen Verfechter kirchlicher Prärogativen.

Die Position Heinrichs in dieser von Anfang an mit grundsätzlicher Härte geführten Auseinandersetzung war an sich nicht ungünstig, da der 1159 gewählte Papst Alexander III. sich gegen den inzwischen von Kaiser Friedrich Barbarossa unterstützten Gegenpapst Viktor IV. durchsetzen mußte und dabei naturgemäß auf die besondere Unterstützung Frankreichs und Englands angewiesen war. So versuchte Heinrich, Nägel mit Köpfen zu machen, als er 1164 in den Konstitutionen von Clarendon als angeblich alte Gewohnheiten feststellen ließ, daß in allen Kronfällen (Hochverrat, Kapitalverbrechen, Forstdelikte und Angriff auf königliche Amtsträger) Kleriker auf eine entsprechende Anklage hin zwar zunächst der geistlichen Gerichtsbarkeit überstellt werden sollten, die aber nur über die Schuld des Angeklagten zu entscheiden hatte. Falls es zur Verurteilung kam, sollte die Kirche dem Angeklagten ihren Rechtsschutz entziehen, so daß der königliche Amtsträger die Strafe – wie bei einem des gleichen Verbrechens überführten Laien – vollstrecken konnte. Bei Konflikten zwischen Klerikern und Laien sollte eine Jury über das weitere Verfahren entscheiden. Vor allem sollte jede Appellation über das erzbischöfliche Gericht hinaus, das heißt an die päpstliche Kurie, ohne königliche Zustimmung untersagt sein.

Nachdem Thomas Becket unter dem Druck des Königs und ohne

Hoffnung auf energische Unterstützung aus Rom zunächst diesen Konstitutionen zugestimmt hatte, machte er jedoch bald offen gegen den König Front, widerrief seine Zustimmungserklärung und floh nach Frankreich ins Exil, von wo aus er die engsten Berater des Königs mit der Exkommunikation belegte, obwohl ihm der Papst aus politischer Rücksichtnahme seine volle Unterstützung versagte.

Der Konflikt eskalierte weiter, als König Heinrich im Jahre 1170 beschloß, seinen ältesten Sohn Heinrich vom Erzbischof von York zum Nachfolger krönen zu lassen, wobei er sich bewußt über das Krönungsrecht des Erzbischofs von Canterbury hinwegsetzte.

Nach einer von den päpstlichen Gesandten vermittelten oberflächlichen Versöhnung mit dem König, die Thomas die Rückkehr nach England erlaubte, setzte dieser seinen Konfrontationskurs unbeirrt fort, indem er am Weihnachtstage 1170 öffentlich von der Kanzel herab die Exkommunikation aller Bischöfe verkündete, die an der Krönung des Königssohnes mitgewirkt hatten.

Der König, den die Nachricht vom neuerlichen Affront des Erzbischofs in der Normandie erreichte, zeigte sich über das Verhalten des ehemaligen Freundes außer sich und ließ sich zu maßlosen Beschimpfungen hinreißen, die jene unsinnige Bluttat auslösten, die Thomas Becket zum Märtyrer, die Kirche aber zur Siegerin in dieser grundsätzlichen Auseinandersetzung zwischen geistlicher und weltlicher Gewalt machte.

Wohl im Glauben, im Sinne ihres Königs zu handeln, drangen am 29. Dezember 1170 vier Ritter, die dem königlichen Haushalt angehörten, in die Kathedrale von Canterbury ein und ermordeten dort den Erzbischof nach einem heftigen Wortwechsel und dem vergeblichen Versuch, ihn ins Freie zu zerren, vor den Altarstufen seiner Kirche.

Die Nachricht von dem ungeheuerlichen Sakrileg traf die gesamte Christenheit wie ein Schock. Obwohl der lebende Erzbischof auch innerhalb des Klerus viele Feinde hatte, wurde der Tote sofort als Märtyrer verehrt und bereits zwei Jahre später von Papst Alexander heilig gesprochen. Sein Kult verbreitete sich in Windeseile über das gesamte christliche Abendland und lockte jahrhundertelang zahllose Pilger an seine Grabstätte nach Canterbury.

Obwohl König Heinrich sich sofort von dem Verbrechen distanziert hatte, war seine Position über Nacht unhaltbar geworden. Im Abkommen von Avranches (1172) leistete er einen Reinigungseid und versprach, die unter seiner Regierung eingeführten Rechtsänderungen, vor allem das Appellationsverbot an die römische Kurie, zu widerrufen, wobei allerdings die Konstitutionen von Clarendon in ihrem wesentlichen Kern als „alte Gewohnheiten" hiervon nicht berührt wurden und damit auch die grundsätzliche Kirchenhoheit Heinrichs nicht in Frage gestellt wurde.

Nachhaltiger noch als durch den Konflikt mit der Kirche wurde die

Regierungszeit Heinrichs von der ungehemmten Herrschsucht seiner vier Söhne Heinrich, Gottfried, Richard und Johann sowie seiner Gattin Eleonora überschattet. Um den Ehrgeiz der Söhne unter Kontrolle zu halten, hatte sich der König zu einer frühzeitigen Nachfolgeregelung und gezielten Abtretung von Herrschaftsaufgaben entschlossen. So sollte der älteste Sohn Heinrich die Nachfolge als König von England antreten, während Gottfried die Bretagne, Richard Aquitanien und Johann den Herrschaftsanspruch auf das 1171 eroberte Irland erhielt. Damit war aber der Familienfriede im Hause Plantagenet noch nicht gesichert. Unzufrieden mit der eigenen Stellung, beobachtete jeder eifersüchtig und mißtrauisch die Versuche des anderen, seine Herrschaft auszubauen, wobei man sich allerdings dann einig war, wenn es galt, gegen den Vater Front zu machen. In drei Empörungen versuchten die Söhne, Heinrich die Herrschaft vorzeitig zu entreißen, wobei sie auch nicht davor zurückschreckten, mit dem gemeinsamen Feind, dem französischen König, gemeinsame Sache zu machen.

Während es Heinrich noch gelang, mit Hilfe der ihm loyal ergebenen englischen Kronvasallenschaft die ersten beiden Erhebungen militärisch niederzuschlagen, war er der dritten Empörung, die vom ältesten überlebenden Sohn Richard im Bunde mit dem französischen König getragen wurde und der sich dann am Schluß auch noch der jüngste Sohn Johann anschloß, nicht mehr gewachsen. Bereits vom Tode gezeichnet, mußte er kapitulieren und sich den demütigenden Bedingungen seiner Gegner unterwerfen. Zwei Tage später, am 6. Juli 1189, starb König Heinrich II. seine Söhne verfluchend und an seinem Lebenswerk verzweifelnd auf der Burg Chinon in der Touraine. Doch zu sehr waren die Herrschaftsbeziehungen bereits entpersonalisiert und institutionalisiert, als daß die persönliche Tragödie dieses außergewöhnlichen Mannes das englische Königtum noch in seiner Substanz hätte treffen können; die vielleicht von dem einen oder anderen erwartete Herrschaftskrise blieb aus.

II. Autokratische Königsherrschaft und adliges Widerstandsrecht. England unter den Königen Richard I. und Johann Ohneland

1. Richard I. Löwenherz (1189–1199)

Nach dem Tode der älteren Brüder Heinrich und Gottfried war das Nachfolgerecht Richards, genannt Löwenherz, kraft Erbrechts unumstritten.

Während noch der Vater, Heinrich II., seinen Regierungsantritt durch einen allgemeinen Akklamationsakt der Barone hatte absegnen lassen, deutet bei der Nachfolge Richards nichts mehr auf den aus der Angelsachsenzeit überkommenen Wahlgedanken hin; das dynastische Prinzip hatte gesiegt, England war endgültig zu einem reinen Erbkönigreich geworden.

In welchem Maße der von Heinrich II. ausgebaute Herrschaftsapparat bereits institutionalisiert war, zeigte sich nicht zuletzt darin, daß er auch unter einem König funktionierte, der von seiner insgesamt zehnjährigen Regierungszeit ganze sechs Monate in England verbrachte, der zwar in den Augen der Zeitgenossen den Mut und die unbändige Kraft des Löwen besaß, dafür aber auch über ein erschreckendes Maß an „psychischer Labilität, die ihn zwischen Großmut, Grausamkeit und devoter Zerknirschung hin- und herschwanken ließ“,[61] verfügte. Von bärenstarkem Wuchs, gefürchtet als unerschrockener Kämpfer auf dem Schlachtfeld und bewundert als genialer Feldherr, verkörperte Richard mehr den Typus des abenteuernden Ritters als den des umsichtigen Staatsmannes mit langfristiger Herrschaftskonzeption.

Bereits im Jahre 1190 verließ er sein Land, um – gemeinsam mit Kaiser Friedrich Barbarossa und dem französischen König Philipp August – am dritten Kreuzzug teilzunehmen. Trotz beachtlicher Erfolge konnte das Ziel dieses Kreuzzuges, die Rückeroberung Jerusalems, nicht verwirklicht werden. Darüber hinaus endete das Unternehmen für Richard auch noch mit einer persönlichen Katastrophe, da er auf dem Rückweg nach England durch einen Schiffbruch bei Aquileja gezwungen wurde, an Land zu gehen, und dabei in die Hände seines persönlichen Todfeindes Herzog Leopold von Österreich fiel, der ihn seinerseits wiederum an seinen politischen Gegner, den römisch-deutschen Kaiser Heinrich VI., auslieferte. Dieser ließ seinen wertvollen Gefangenen auf der Burg Trifels in der Pfalz festsetzen und erpreßte von ihm ein gewaltiges Lösegeld von zuletzt insgesamt 150000 Mark Silber sowie die Zusicherung, das Königreich England vom Reich gegen einen jährlichen Zins von 5000 Pfund zu Lehen zu nehmen.

Die Lage Richards war insofern besonders prekär, als in England sein eigener Bruder Johann gegen ihn konspirierte und im hochverräterischen Zusammenwirken mit dem französischen König seine Entlassung aus der Haft zu verhindern suchte.

Daß Richard überhaupt das Licht der Freiheit wieder erblickte, lag einmal an der politischen Klugheit Kaiser Heinrichs, der mit der Freilassung Richards den französischen König zu einem Bündnis mit der Stauferpartei treiben wollte, zum anderen aber auch an der Opferbereitschaft der englischen Untertanen, die das Lösegeld aufbrachten, und vor allem an der Loyalität des Beamtenapparates, an dessen Spitze mit Hubert Walter, Erzbischof von Canterbury, Kanzler und Justitiar des Königs, ein Mann stand, der die Interessen der Krone mit großer Umsicht und Tatkraft wahrnahm.

Bereits im Jahre 1193/94 hatte Hubert Walter mit Hilfe der Londoner

Bürgerschaft und des Niederadels ein Komplott Johanns niedergeschlagen, und auch jetzt erwies sich Hubert den Umtrieben Johanns gewachsen, der nach Frankreich flüchten mußte. König Richard belohnte jedoch die Treue und Opferbereitschaft des Landes auf seine Weise, indem er – kaum nach England zurückgekehrt – neue Geldsummen von seinen Untertanen eintrieb und wieder das Land verließ, um auf dem Kontinent erneut den Kampf gegen den rebellischen Adel und das französische Königtum aufzunehmen.

Dort erreichte ihn dann auch sein Schicksal, das durch seinen Lebensstil bereits bestimmt schien. Bei der Belagerung der Burg eines unbedeutenden Vasallen im Limousin wurde er von einem Pfeilschuß in die Schulter getroffen, an dessen Folgen er am 6. April 1199 starb, nachdem er zuvor noch seinen jüngeren Bruder Johann zum Nachfolger designiert hatte.

2. *Johann Ohneland (1199–1216)*

Johann, der jüngste der Söhne Heinrichs II., soll seinen Beinamen Ohneland von seinem Vater erhalten haben, der ihn im Gegensatz zu den älteren Brüdern nicht mit einem Territorium des Angevinischen Reiches, sondern nur mit dem Herrschaftsanspruch auf Irland ausgestattet hatte, der sich jedoch in der Praxis kaum realisieren ließ.

Im Gegensatz zu seinem Bruder Richard, der zumindest in bestimmten Kreisen eine gewisse Popularität genoß, tritt uns Johann in den Berichten der Chronisten als ein äußerst grausamer, treuloser und unfähiger Tyrann entgegen, der – bar jeglicher wirklicher Herrscherqualitäten – den weitgehenden Zusammenbruch des Angevinischen Reiches zu Beginn des 13. Jahrhunderts verschuldet habe.

Dieses Bild von der Persönlichkeit Johanns hat lange Zeit auch auf die historische Forschung eingewirkt. Erst in jüngerer Zeit versuchte man, seine Herrscherqualitäten etwas differenzierter zu sehen, indem man – ohne die abstoßenden Züge in seinem Charakter zu leugnen – auf seine verwaltungsorganisatorischen Fähigkeiten verwies und an die unglücklichen Umstände und die besonderen Schwierigkeiten erinnerte, denen er sich sein ganzes Leben lang ausgesetzt sah. Hatte er bereits in seiner Jugend stets im Schatten der älteren Brüder gestanden, so gestalteten sich auch die Umstände seiner Thronbesteigung für ihn alles andere als günstig; denn anders als bei seinen Vorgängern war sein Thronfolgeanspruch sowohl in England als auch in den kontinentalen Besitzungen umstritten, da nach Auffassung vor allem der bretonischen Vasallen Arthur, der noch minderjährige Sohn des älteren Bruders Gottfried, die besseren Nachfolgerechte geltend machen konnte.

Gestützt auf die Designation des Vorgängers, konnte Johann allerdings mit Hilfe der englischen und normannischen Barone und seiner noch lebenden Mutter Eleonora von Aquitanien die Nachfolgefrage faktisch für sich entscheiden, indem er sich schnell in den Besitz der wichtigen Loireburgen und des Kronschatzes setzte und in England seine Krönung betrieb. Als es ihm gelang, auch mit dem französischen König als seinem Lehnsherrn im Vertrag von Le Goulet (1200) eine Verständigung über die Belehnung mit den angevinischen Besitzungen zu erreichen, schien seine Herrschaft gefestigt, wenn auch nicht zu übersehen war, daß in der Person des jungen, in der Obhut des französischen Königs aufgewachsenen Arthur ein Unsicherheitsfaktor blieb.

Doch schon bald trug Johann durch sein Verhalten selbst dazu bei, daß sich die Situation grundlegend zu seinen Ungunsten änderte. Im Jahre 1200 ließ er seine bisherige Ehe mit Isabella von Gloucester für ungültig erklären und heiratete Isabelle, die erst zwölfjährige Tochter des Grafen von Angoulême, eines der mächtigsten Territorialherren innerhalb des Herzogtums Aquitanien. Die Heirat hatte jedoch einen entscheidenden Schönheitsfehler, da die Braut bereits mit dem Grafen Hugo von Lusignan, ebenfalls einem mächtigen Territorialherrn in Südwestfrankreich, dessen Familie außerdem zur gleichen Zeit die Könige im Restbestand des Kreuzfahrerstaates Jerusalem stellte, verlobt war.

Vielleicht wollte König Johann durch seine Heirat gerade verhindern, daß die beiden mächtigen Adelsfamilien, die sich bisher in ihrer gegenseitigen Rivalität die Waage hielten, nun über das Eheprojekt gemeinsame Herrschaftsinteressen entwickelten. Jedenfalls geschah, was zu erwarten war. Der als Ehemann verschmähte Graf von Lusignan sagte seinem Lehnsherrn Johann den Gehorsam auf und wandte sich, als Johann darauf mit der gewaltsamen Beschlagnahme seiner Güter antwortete, hilfesuchend an den französischen König Philipp II. als Oberlehnsherrn.

König Philipp, der zu dieser Zeit wegen des Vorwurfs, mit seiner dritten Gemahlin, Agnes von Andechs-Meranien, eine bigamistische Ehe zu führen, einen schweren Konflikt mit der Kurie in Rom ausfocht, zögerte zunächst, sich der Sache energisch anzunehmen, so daß bei einer persönlichen Zusammenkunft der beiden Könige schnell ein Kompromiß gefunden wurde, der es beiden Parteien erlaubte, ihr Gesicht zu wahren. Gegen die Zusage Johanns, Hugo von Lusignan die Möglichkeit zu geben, vor dem Lehengericht der Standesgenossen seine Sache zu vertreten, versprach König Philipp, die Angelegenheit nicht weiter zu verfolgen, und forderte seinen Untervasallen auf, alle Feindseligkeiten gegen Johann einzustellen.

In völliger Fehleinschätzung der Situation glaubte Johann jedoch, es sich leisten zu können, an dem aufmüpfigen Vasallen ein Exempel zu statuieren.

Hugo wurde kurzerhand des Hochverrats beschuldigt und aufgefordert, seine Unschuld im gerichtlichen Zweikampf zu erweisen, wobei als Gegner allerdings nicht der eher als kleinwüchsig und schmächtig geschilderte

König, sondern ein von ihm engagierter Berufskämpfer auftreten sollte. Hugo von Lusignan zeigte sich hiervon begreiflicherweise wenig erbaut und zog es vor, abermals an den französischen König zu appellieren, indem er Johann vorwarf, seine Pflichten als Lehnsherr zu verletzen, da er seinem Vasallen das lehnrechtliche Verfahren und damit „das Recht" verweigere. Da sich für Philipp II. inzwischen der Streit mit der Kurie durch den Tod seiner dritten Frau Agnes erledigt hatte, hatte er nun die Hände frei, seine Stellung als Oberlehensherr zur Geltung zu bringen und gegen den ungeliebten Plantagenet vorzugehen. Im Frühjar 1202 wurde Johann nach Paris vorgeladen, um sich dort vor seinen französischen Mitvasallen wegen des Vorwurfs der Rechtsverweigerung zu verantworten. Als Johann einwandte, daß er nach altem Herkommen als Herzog der Normandie vom französischen König nur an die Grenze seines Herzogtums vorgeladen werden könne, mußte er sich belehren lassen, daß er sich nicht als Herzog der Normandie, sondern als Herzog von Aquitanien und Graf von Anjou zu verantworten habe.

a) Der Verlust der nord- und mittelfranzösischen Besitzungen

Wie fast alle großen „politischen Prozesse" des Mittelalters lief auch dieses Verfahren in der Form des Kontumazprozesses ab, das heißt, der Angeklagte zog es vor, nicht vor Gericht zu erscheinen, und wurde daraufhin in Abwesenheit zum Verlust der betroffenen Lehen, des Herzogtums Aquitanien und der Grafschaft Anjou mit den zugehörigen Ländern Maine und Touraine, verurteilt, die nun an den französischen König als Lehnsherrn zur freien Verfügung zurückfielen.

Mit diesem Urteil hatte sich König Philipp II. zwar eine Rechtsgrundlage für das bewaffnete Vorgehen gegen seinen Widersacher verschafft; wie meist beim „politischen Prozeß" mußten jedoch auch hier über die Durchsetzbarkeit und Rechtmäßigkeit des Verfahrens am Ende die Waffen entscheiden. In dieser Situation erinnerte sich König Philipp daran, daß ihm ja in der Person des englischen Thronprätendenten und Neffen König Johanns, Arthur von der Bretagne, ein natürlicher Bundesgenosse zur Verfügung stand. Arthur wurde mit den Johann abgesprochenen Ländern belehnt und drang, während Philipp II. in die Normandie einfiel, an der Spitze eines Truppenkontingents in die Touraine vor, wo er sich mit den rebellischen Lusignans vereinigte und mit diesen gemeinsam versuchte, die Herrschaft im Lande an sich zu reißen und die Parteigänger Johanns zu vertreiben. Wenn König Philipp auch in der Normandie schnell an Boden gewinnen konnte, so war es doch Johann, dem der entscheidende militärische Schlag glückte. Als er hörte, daß Arthur mit den verbündeten Rebellen sich anschickte, seine greise Mutter Eleonora in ihrem Schloß Mirabeau (nördlich von Poitiers) zu belagern, gelang es ihm, nach einem strapaziösen Gewaltmarsch die ahnungslosen Belagerer zu überraschen und dabei seinen Rivalen Arthur sowie Hugo von Lusignan und die anderen Häupter der Rebellion gefangenzunehmen.

Dieses Ereignis versetzte König Philipp in eine mißliche Situation, da nun einerseits die Häupter des Widerstands in Aquitanien und Anjou ausgeschaltet waren und andererseits die französischen Angriffe auf die Normandie durch das Urteil im lehngerichtlichen Verfahren nicht gedeckt waren, da Johann ja nur als Herzog von Aquitanien und Graf von Anjou vor Gericht stand und ihm daher nur die hierzu gehörenden Lehen, nicht aber die Normandie, aberkannt worden waren.

Johann war jedoch nicht in der Lage, seinen Vorteil in vernünftiger Weise politisch zu nutzen. So gab er überraschenderweise seine Hauptwidersacher und Todfeinde, die Angehörigen des Hauses Lusignan, bald frei, in der Hoffnung, sie dadurch auf seine Seite ziehen zu können, eine Hoffnung, die sich allerdings nicht erfüllte, da diese – kaum in Freiheit – erneut den Kampf aufnahmen.

Dazu kam, daß bald Gerüchte kursierten, wonach der gefangene Arthur auf Befehl Johanns umgebracht worden sei. Nach einer sonst recht zuverlässigen Quelle soll Johann am 3. April 1203 in Rouen seinen Rivalen – durch Trunkenheit enthemmt – in einem maßlosen Wutanfall selbst getötet haben; die Leiche sei dann in der Seine versenkt worden.[62]

Wie dem auch sei, jedenfalls war Johann nicht in der Lage, durch Präsentation seines Gefangenen die gegen ihn erhobenen Vorwürfe zu entkräften, so daß auch in der modernen Forschung kaum an seiner Verantwortung für das „Verschwinden" seines Thronrivalen gezweifelt wird.

Bereits im Sommer 1203 beschuldigten bretonische Adlige Johann offiziell des Mordes an ihrem Herzog, so daß König Philipp II. nun eine rechtliche Handhabe hatte, in einem zweiten, strafrechtlichen Verfahren Johann zum Mörder zu stempeln, der sein Leben, sein Königtum und natürlich auch alle festländischen Besitzungen – einschließlich der Normandie – verwirkt habe.

Mit dieser ungeheuerlichen Tat, für deren Publizität die französische Propaganda sorgte, hatte sich Johann selbst den letzten Rest der Sympathien, die man ihm noch hie und da entgegenbrachte, verscherzt. Wie ein Kartenhaus brach seine politisch-militärische Position auf dem Festland zusammen.

Bis zum Ende des Jahres 1204 fielen die Normandie sowie die mittelfranzösischen Besitzungen in Anjou, Maine und der Touraine an den französischen König, der sie seiner Krondomäne einverleibte; lediglich südlich der Loire konnte sich die anglonormannische Herrschaft noch im wesentlichen behaupten.

b) Der Konflikt mit Papst Innocenz III.

Die politische und die sich bereits abzeichnende militärische Katastrophe lasteten schwer auf dem Ansehen König Johanns, als er im Dezember 1203 wieder nach England zurückkehrte, zumal die meisten Barone nicht nur in England, sondern auch in der Normandie Landbesitz hatten und sich nun ihrer festländischen Güter beraubt sahen.

Doch schon bald legte Johann den Grund für einen neuen Konflikt, der in einer weiteren politischen Niederlage enden sollte.

Im Jahre 1205 starb Hubert Walter, Erzbischof von Canterbury, der als Justitiar *(iusticiarius)* die Spitze des von Heinrich II. geschaffenen Herrschaftsapparates verkörperte und der, vor allem während König Richards Abwesenheit, die Belange der Krone und des Landes mit Umsicht und Tatkraft wahrgenommen hatte.

Die fällige Neubesetzung des Erzbischofsstuhles gestaltete sich insofern kompliziert, als sich – sowohl was das Wahlrecht und Wahlverfahren als auch was die Person des Kandidaten anging – unterschiedliche Interessen gegenüberstanden.

Zum einen versuchten die Mönche des Domklosters, die das Domkapitel bildeten, vor allem ihr ausschließliches Wahlrecht zu wahren. Dabei glaubten sie, daß ihren Interessen am besten durch die Wahl eines Kandidaten aus den eigenen Reihen Rechnung getragen würde. Demgegenüber pochten die zur Kirchenprovinz Canterbury gehörigen Bischöfe schon immer auf ein Mitspracherecht bei der Wahl ihres Metropoliten, wobei die Person des Kandidaten gegenüber der grundsätzlichen Frage der Wahlberechtigung in den Hintergrund trat. Endlich war da noch der König, der ein fundamentales Interesse an der Besetzung des Erzbischofsstuhles haben mußte, da der Erzbischof von Canterbury als Primas der englischen Kirche traditionsgemäß zu den engsten Beratern des Königs gehörte und regelmäßig zu den höchsten Staatsaufgaben herangezogen wurde. So war es eigentlich kein Wunder, daß König Johann auch bereits ganz konkrete Personalvorstellungen hatte, die auf Johann de Grey, Bischof von Norwich, einen ehemaligen Angehörigen der königlichen Kanzlei und engen Vertrauten des Königs, hinausliefen.

In der Durchsetzung seiner Vorstellungen hatte Johann jedoch keine glückliche Hand. Sein Befehl an die Parteien, jede Wahlhandlung vor der rechtlichen Klärung der Wahlberechtigungsfrage durch die römische Kurie zu unterlassen, wurde von den Mönchen des Domkapitels mißachtet, die insgeheim und ohne dem Erfordernis königlicher Anwesenheit *(praesentia regis)* Rechnung zu tragen, ihren Subprior Reginald wählten, der sich sofort mit einigen Mitgliedern des Domkapitels auf den Weg nach Rom machte, um von Papst Innocenz III. die Bestätigung seiner Wahl zu erreichen.

Als König Johann hiervon erfuhr, war er außer sich vor Wut, so daß das eingeschüchterte Domkapitel es vorzog, die vollzogene Wahl überhaupt in Abrede zu stellen und den eigenen Kandidaten zu verleugnen. Daraufhin zwang der König beide Parteien in der Frage des Wahlverfahrens zu einem Kompromiß. Das Domkapitel sollte zwar das Wahlrecht haben, die Wahl jedoch an die Zustimmung der Metropolitanbischöfe gebunden werden. Auf dieser Basis wurde dann im Dezember 1205 einstimmig der Kandidat des Königs, Johann de Grey, gewählt. In Rom trugen nun allerdings zwei Gesandtschaften dem Papst unterschiedliche Kandidatenvorschläge vor, da die erste Abordnung unter der Führung des vom Domkapitel gewählten Subpriors Reginald sich weigerte, die neue Entwicklung zur Kenntnis zu nehmen und an ihrem Wahlvorschlag festhielt.

Papst Innocenz III. versuchte nun auf seine Weise, die verworrene Situation zu ordnen, indem er zunächst dem Domkapitel das ausschließliche Wahlrecht zusprach, beide Wahlen als irregulär suspendierte und die anwesenden Mitglieder des Domkapitels zur Neuwahl aufforderte. Als diese sich nicht auf einen gemeinsamen Wahlvorschlag einigen konnten, präsentierte der Papst ihnen mit Stephan Langton, einem gebürtigen Engländer, der bis zu seiner kürzlich erfolgten Berufung nach Rom an der Pariser Universität gelehrt und dort auch hohes Ansehen genossen hatte, einen dritten Kandidaten, der dann auch einstimmig gewählt wurde.

König Johann war jedoch keineswegs gewillt, diese Lösung hinzunehmen, da sie – von der Personalentscheidung einmal abgesehen – die Rechte des Königs nach dem Vertrag von Westminster grundsätzlich in Frage stellte.

Nachdem er bei der Kurie vergeblich gegen das Verfahren und die getroffene Entscheidung protestiert hatte, richtete sich sein Zorn zunächst gegen die Mönche des Domkapitels, die aus ihren Besitzungen vertrieben wurden und nach Frankreich fliehen mußten. Stephan Langton, obwohl inzwischen vom Papst persönlich zum Erzbischof geweiht, wurde die Einreise nach England verweigert, und jeder, der ihm den Titel eines Erzbischofs von Canterbury zuerkannte, sollte wie ein Staatsfeind behandelt werden. Wieder, wie einst unter den Königen Wilhelm Rufus und Heinrich I., wurden die weltlichen Besitzungen des Erzstifts unter königliche Verwaltung gestellt, und wieder wurden die Einkünfte für die Krone eingezogen.

In seinem Widerstand gegen die päpstliche Entscheidung konnte sich Johann zunächst durchaus auf die große Mehrheit der Magnaten des Landes stützen, die im Vorgehen des Papstes ein gefährliches Präjudiz, nicht zuletzt auch für ihre eigene Herrschaft, sahen.

Trotz aller diplomatischen Bemühungen eskalierte die Auseinandersetzung weiter, als Papst Innocenz im Jahre 1208 das Interdikt über ganz England und Wales verhängte und ein Jahr später auch König Johann ausdrücklich exkommunizierte. Wenn dies auch theoretisch bedeutete, daß der König aus der Gemeinschaft der Gläubigen ausgeschlossen war und im ganzen Lande keine Gottesdienste noch sonstige kirchliche Handlungen vorgenommen werden durften, so ergab sich in der Praxis doch ein wesentlich differenzierteres Bild.

Auf den König, von dem berichtet wird, daß er einmal während der Messe dem amtierenden Bischof eine Botschaft zustecken ließ mit der Aufforderung, sich kurz zu fassen, da er zu speisen wünsche,[63] machten die päpstlichen Maßnahmen offensichtlich wenig Eindruck, zumal er in seiner Umgebung ohne Schwierigkeiten Geistliche fand, die sich nicht an die päpstlichen Verbote hielten. Außerdem wartete er mit harten Gegenmaßnahmen auf. Die Sheriffs wurden angewiesen, von jedem Kleriker, der sich im Sinne des Interdikts weigerte, Kirchenhandlungen vorzunehmen, den weltlichen Besitz zugunsten der Krone einzuziehen, was vielleicht doch so manchen zu einem kompromißbereiten Verhalten genötigt haben mag.

Konnte Johann selbst in dieser schwierigen Situation zunächst noch mit breitem Verständnis im Lande rechnen, verscherzte er sich jedoch auch hier bald alle Sympathien durch die zunehmende Maßlosigkeit und Unberechenbarkeit seiner Aktionen, die immer mehr den Charakter einer durch nichts gezügelten, hemmungslosen Macht- und Fiskalpolitik annahmen. Der Besitz der außer Landes gegangenen Bischöfe wurde rücksichtslos ausgeplündert. Dazu kamen hohe Geldforderungen in Form jährlicher Erhebungen des Schildgeldes sowie durch die Belastung der Städte mit festen Steuern. Da der König den einheimischen Magnaten mißtraute, stützte er sich immer mehr auf angeworbene Soldritter, an die er bevorzugt die Schlüsselpositionen im Herrschaftsapparat, wie z. B. das Amt des Sheriffs, vergab. Das tiefe Mißtrauen des Königs gegenüber den einheimischen Baronen ging so weit, daß er von den einzelnen Magnatenfamilien als Unterpfand ihrer Loyalität sogar die Stellung von Geiseln verlangte.

Der nun schon Jahre schwelende Konflikt mit dem Papsttum schien auf einen neuen, dramatischen Höhepunkt zuzutreiben, als Papst Innocenz im Jahre 1213 den französischen König offiziell zum Sturz Johanns aufrief und dieser auch den Auftrag annahm und in Boulogne ein Invasionsheer sammelte. Doch auch jetzt reagierte Johann wieder unberechenbar. Zur Überraschung seiner Gegner unterwarf er sich den Forderungen des Papstes und erklärte sich sogar bereit, England und Irland in einer feierlichen Zeremonie vom päpstlichen Stuhl gegen einen jährlichen Zins von 1000 Mark zu Lehen zu nehmen. Papst Innocenz, der bisher eher skeptisch den Verhandlungswillen seines Gegners beurteilt hatte, zeigte sich tief erfreut über den Sinneswandel Johanns, der nun als zerknirschter Sünder nicht nur bedingungslos vor den päpstlichen Forderungen kapitulierte, sondern darüber hinaus sogar bereit war, die englische Königskrone als Vasall des Papstes zu tragen, wobei dieses Lehensverhältnis nicht nur ihn, sondern auch alle Nachfolger „auf ewige Zeiten" binden sollte.

So kam der endgültige Friede schnell zustande. Stephan Langton wurde als Erzbischof von Canterbury zugelassen, alle vertriebenen Geistlichen wurden wieder in ihre Güter eingesetzt, und der König zahlte eine pauschale Summe von einer Million Mark als Schadenersatz; dafür wurden Exkommunikation und Interdikt aufgehoben.

Im Gegensatz zu den später schreibenden Chronisten scheinen die Zeitgenossen die Unterstellung unter die päpstliche Lehensherrschaft keineswegs als spektakulär empfunden zu haben; immerhin gab es in dieser Hinsicht bereits Vorbilder, da auch andere Königreiche, wie z. B. Dänemark, Schweden, Polen, Sizilien oder Portugal, ebenfalls als päpstliche Lehen galten.

c) Die Schlacht bei Bouvines und die Magna Carta libertatum

Der Friede mit der Kirche führte außerdem dazu, daß sich die politische Lage für König Johann wieder wesentlich günstiger gestaltete; denn nun stand sein Königtum unter dem Schutz eines mächtigen Herrn, der – wie sich zeigen sollte – durchaus auch geneigt war, die Interessen seines Vasallen zu fördern. In der Praxis bedeutete dies nicht nur, daß das vom französischen König geplante Invasionsunternehmen hinfällig geworden war, sondern Johann sah jetzt auch neue Möglichkeiten, die auf dem Kontinent verlorenen Gebiete wieder zurückzugewinnen.

Dieser Zielsetzung diente ein umfassendes Bündnissystem mit den Gegnern des französischen Königs, dem vor allem die Welfenpartei in Deutschland, vertreten durch Johanns Neffen, Kaiser Otto IV., sowie der Graf von Flandern und einige niederrheinische Magnaten angehörten.

Nachdem zwei Versuche Johanns, die militärische Initiative zu ergreifen und ein Expeditionsheer aufzustellen, am Widerstand der englischen Barone gescheitert waren, war es dann im Jahre 1214 soweit. Nach sorgfältiger Absprache mit den Verbündeten wurde beschlossen, einen Zweifrontenkrieg gegen den französischen König zu eröffnen. Während König Johann mit seiner Streitmacht von Poitou aus nach Norden vorstoßen sollte, sollte der Hauptangriff von Flandern aus erfolgen, wo sich ein englisches Expeditionsheer unter der Führung des Earl von Salisbury mit den Truppen Kaiser Ottos und den niederrheinischen Verbündeten vereinigen würde.

Die militärischen Operationen liefen aus der Sicht König Johanns zunächst auch ganz nach Plan ab. Es gelang ihm, den Widerstand in Poitou, vor allem der immer noch feindseligen Lusignans, niederzukämpfen und durch die Verheiratung seiner Tochter mit dem Sohne Hugos von Lusignan einen dauerhaften Frieden mit dieser mächtigen Familie zu schließen. Die Entscheidung des Krieges fiel jedoch nicht in Poitou, sondern auf dem Schlachtfeld von Bouvines, in der Nähe von Valenciennes/Flandern, wo es König Philipp II. am 27. Juli 1214 gelang, das Heer der Verbündeten vernichtend zu schlagen. Nur mit Mühe konnte sich Kaiser Otto IV. vor der Gefangenschaft retten; die kaiserlichen Feldzeichen fielen in die Hand der Franzosen und wurden im Triumph nach Paris geführt.

Mit Recht hat man diese Schlacht als ein Ereignis von europäischer Bedeutung eingestuft, denn ihre Auswirkungen gingen weit über den englisch-französischen Konflikt hinaus. So hatte die Schlacht das kapetingische Königtum nicht nur vor einer militärischen Katastrophe bewahrt, sondern hatte ihm darüber hinaus die Möglichkeit eröffnet, Frankreich zu einem starken Nationalstaat und einer europäischen Großmacht auszubauen. Für England war der Verlust der nord- und mittelfranzösischen Besitzungen und damit der Zusammenbruch des Angevinischen Reiches endgültige Realität geworden, wenn sich auch das englische Königtum offiziell erst im Friedensvertrag von Paris (1259) zum Verzicht auf diese Gebiete bereitfand. Von nun an waren die festländischen Besitzungen Englands im wesentlichen auf den südlichen Teil des Herzogtums Aquitanien (Guyenne) beschränkt, was zwar nicht zum völligen Abbau der Konfrontation mit Frankreich führte, was aber dem englischen Königtum immerhin für ein Jahrhundert die Möglichkeit gab, seine Kräfte weitgehend auf die innerenglische Entwicklung und die Beziehungen zu den Nachbarherrschaften Wales und Schottland zu konzentrieren. In der Schlacht von Bouvines fiel außerdem eine weitere Entscheidung von europäischer Bedeutung, da hier zugleich der deutsche Thronstreit zwischen dem Welfen Otto IV. und dem jungen Staufer Friedrich II. zugunsten des letzteren, der mit König Philipp verbündet war, entschieden wurde.

Endlich blieb die verlorene Schlacht auch nicht ohne Wirkung auf die Verhältnisse in England selbst, wo König Johann auf wachsende Unzufriedenheit und zunehmenden Widerspruch der selbstbewußten Barone traf, die immer deutlicher auf Sicherheitsgarantien gegenüber der als despotisch empfundenen Machtpolitik des Königs drängten.

Der sich nun bildende Widerstand gegen den König, der am Ende zur berühmten Verfassungsurkunde, der *Magna Carta libertatum,* führte, beruhte keineswegs – wie manchmal in späteren Jahrhunderten angenommen wurde – auf einer „demokratischen Volksbewegung", die eine grundsätzliche Änderung der Herrschaftsverhältnisse erstrebte oder im Sinne eines modernen Konstitutionalismus einen Teil der monarchischen Herrschaftsgewalt in Anspruch nahm.

Dieser Widerstand bewegte sich vielmehr ganz in den Bahnen der feudalen Rechtsordnung, die die Herrschaft des Königs als Lehnsherr nicht als einseitiges Unterwerfungsverhältnis, sondern als einen beide Seiten verpflichtenden „vertragsähnlichen Zustand“ erscheinen ließ.

Wenn sich die Barone auch auf „die Gesetze Eduards des Bekenners“ und die Krönungscharta Heinrichs I. beriefen, so bedeutete dies keineswegs, daß sie sich gegen die unter Heinrich II. erfolgten Maßnahmen zur Stärkung der Königsherrschaft in Justiz und Verwaltung wandten. Ihr Widerstand richtete sich vielmehr gegen die Formen des „angevinischen Despotismus“, jenen seit Heinrich II. üblich gewordenen Regierungsstil, wonach der König in der Form einfacher Willenserklärungen – ohne jede rechtliche Kontrolle und ohne gerichtliches Verfahren – tief in die Rechte und den Besitzstand seiner Vasallen einzugreifen pflegte. Der König, der seine Untertanen unter die Herrschaft des Common Law gezwungen hatte, sollte nun selbst dazu gebracht werden, auch für seine Person die Normenordnung des Rechts anzuerkennen und danach zu handeln.

Die Besonderheit dieser in ihrem Kernbestand feudalen, das heißt im wesentlichen von den Kronvasallen getragenen Bewegung lag nun allerdings darin, daß man sich darüber hinaus auch der Unterstützung anderer sozialer Gruppen, wie der eigenen Vasallen, der Stadtbürger und der freien Bauern, versicherte, indem man auch deren Beschwerden aufgriff und in den Forderungskatalog an den König einfließen ließ und damit der ganzen Bewegung eine geradezu nationale Dimension verlieh.

Als König Johann sich gegenüber den Forderungen taub stellte, versammelten sich die unzufriedenen Barone – keineswegs alle –, sagten dem König am 3. Mai 1215 die Lehnstreue auf und erklärten den bewaffneten Widerstand.

Die Entscheidung zugunsten der Barone wurde maßgeblich durch das Verhalten der Londoner Bürgerschaft beeinflußt, die den rebellischen Magnaten ihre Tore öffnete und so den König von der Stadt ausschloß. Als Johann einsehen mußte, daß er mit Waffengewalt nicht zum Ziele gelangte, nahm er auf dem Themseufer bei Runnymede Verhandlungen mit den Rebellen auf, die dann – wohl unter der Vermittlung der sich bisher ‚neutral‘ verhaltenden Barone – im Juni 1215 zum Erlaß jener denkwürdigen Urkunde führte, die unter dem Namen *Magna Carta libertatum*[64] in die Geschichte eingegangen ist.

Äußerlich in der Form eines einseitigen königlichen Privilegs ausgestellt, handelt es sich der Sache nach jedoch um eine Art „Herrschaftsvertrag“, der in 63 Artikeln den Beschwerden gegen das königliche Regiment Rechnung trug. Während die meisten Artikel das lehnrechtliche Verhältnis zwischen König und Kronvasallen betrafen, wobei die mißbräuchliche Erhebung des Schildgeldes, die maßlose Ausweitung der Lehnspflichten und der lehnsherrlichen Vormundschaftsrechte im Mittelpunkt standen, lassen die restlichen Bestimmungen oft nur ein mittelbares Interesse der baronialen Kerngruppe erkennen und deuten so auf die breitere Basis der

Widerstandsbewegung hin. In diesem Sinne sind z. B. die Artikel zugunsten der Kaufleute und der Londoner Bürgerschaft oder die berühmte Rechtsschutzgarantie zugunsten aller Freien sowie Bestimmungen gegen die Überfremdung des königlichen Beamtenapparates durch auswärtige Soldritter oder die Garantien gegen Willkürakte königlicher Amtsträger zu sehen.

Versucht man die berühmte Urkunde in ihrer historischen Bedeutung zu würdigen, muß man zwischen der ursprünglichen Motivation der Urheber und ihrer späteren Wirkungsgeschichte unterscheiden.

So ist wohl davon auszugehen, daß die Kontrahenten in der Magna Carta überhaupt keine grundsätzliche Verfassungserklärung abgeben, sondern mit Hilfe dieses Vertrages lediglich ganz konkrete Mißbräuche abstellen wollten. Gerade diese Beschränkung auf konkrete Beschwerden – ohne jeden grundsätzlichen Charakter – dürfte jedoch wesentlich zum Erfolg der Bewegung beigetragen haben, die in nichts vom üblichen feudalen Herkommen abwich und die sich der Sache nach kaum von anderen lehnrechtlichen Auseinandersetzungen unterschied. Zum fundamentalen Verfassungsgrundgesetz des englischen Volkes wurde die Magna Carta erst durch die extensive Interpretation ihrer Apologeten in der Folgezeit aufgewertet.

Dennoch würde man der verfassungsrechtlichen Bedeutung der Urkunde kaum gerecht werden, wenn man sie nur an der Motivation ihrer Urheber messen wollte; als ein Vertrag zur Beschränkung königlicher Willkür und zur Wiederherstellung der Rechtsordnung gedacht, erscheint sie im nachhinein von ihrer Wirkungsgeschichte her als ein wichtiger Grundstein auf dem Wege Englands zu einer rechtsstaatlich-verfassungsmäßigen Ordnung.

Sechstes Kapitel
Königsherrschaft, Verfassungskämpfe und das Aufkommen neuer Kräfte. England unter den Königen Heinrich III. und Eduard I. (1216–1307)

I. Wandel des politischen Kräfteverhältnisses und Verfassungskämpfe unter König Heinrich III.

1. Der Tod König Johanns und der Regentschaftsrat während der Minderjährigkeit des neuen Königs

Mit der Besiegelung der Magna Carta durch König Johann am 19. Juni 1215 waren die Auseinandersetzungen zwischen König und Baronen jedoch noch nicht beendet, da Johann nach einer kurzen Atempause den Papst als Lehensherrn dazu bewog, die Urkunde – als durch Nötigung und Gewalt erpreßt – für nichtig zu erklären. In dem nun wiederaufflammenden Krieg wandten sich die rebellischen Barone darauf an den Sohn des französischen Königs, Ludwig, um Hilfe und boten ihm die Krone Englands an.

Alles deutete nun darauf hin, daß sich die politische Zukunft des Landes auf die Alternative despotische Königsherrschaft einerseits oder französische Fremdherrschaft andererseits reduziert hatte.

Daß keine der beiden angedeuteten Möglichkeiten Wirklichkeit wurde, lag einmal daran, daß König Johann bald darauf, am 18. Oktober 1216, an den Folgen einer Darmerkrankung starb, die er sich in King's Lynn, geschwächt von den Strapazen des Feldzuges gegen die Rebellen, durch übermäßiges Essen und Trinken zugezogen hatte. Zum anderen hatte der dynastische Erbgedanke, gestützt von der Kontinuität des unter Heinrich II. ausgebauten Herrschaftsapparates, bereits so tief Wurzeln geschlagen, daß das Land selbst in dieser kritischen Phase auch einen minderjährigen König in Gestalt des erst neunjährigen Königssohnes Heinrich III. ertragen konnte. Mit Umsicht und Tatkraft nahm ein Regentschaftsrat, bestehend aus dem zur Zeit in England weilenden Kardinallegaten Guala, dem Bischof Peter des Roches von Winchester und dem greisen William Marshall, Earl von Pembroke, die Belange der Krone wahr. Der Gefahr eines künftigen königlichen Despotismus wurde dadurch vorgebeugt, daß die Magna Carta in einer modifizierten Form mit ausdrücklicher Zustimmung des päpstlichen Legaten als Krönungserklärung des jungen Königs bestätigt und neu verkündet wurde. Durch diese neue Entwicklung wurde dem Widerstand der rebellischen Barone weitgehend die Grundlage entzogen, wodurch auch die inzwischen unter dem Königssohn Ludwig in England gelandeten Franzosen immer mehr isoliert wurden und schließlich nach zwei empfindlichen militärischen Niederlagen im Vertrag von Lambeth (20. 9. 1217)[65] zum Abzug genötigt werden konnten.

Nach der Abreise des Kardinallegaten aus England (1218) und dem Tode William Marshalls (1219) waren es vor allem zwei Persönlichkeiten, auf denen die Last der Verantwortung für die Führung der Staatsgeschäfte während der Minderjährigkeit des Königs ruhte: der Justitiar des Reiches, Hubert de Burgh, und der Erzbischof von Canterbury, Stephan Langton, der, einst der erbittertste Gegner König Johanns, nun in strikter Loyalität die Interessen des jungen Königs wahrte. Ein Problem für die innere Stabilität des Landes bildeten die zahlreichen, meist aus Frankreich stammenden Soldritter, auf die sich König Johann zum Ärgernis der einheimischen Barone vor allem gestützt hatte und denen er wichtige Herrschaftspositionen, wie Sheriffs- und Richterämter, übertragen hatte. Dieser Personenkreis, dem ein Großteil der königlichen Schlösser und Burgen anvertraut worden war, hatte im erfolgreichen Abwehrkampf gegen die Franzosen die Belange der Krone gewahrt und sich damit aber auch schon langsam an eine Rolle gewöhnt, die weit über die des loyalen, jederzeit absetzbaren Amtsträgers hinausging. Dynastische Verwurzelung, Erblichkeit der Sheriffswürde und adlige Hausmachtbildung auf Kosten der Krone standen bereits drohend vor der Tür. Daß diese Gefahr für das Königtum nicht Wirklichkeit wurde, war dem entschlossenen Durchgreifen des Regentschaftsrates zu verdanken, der die betroffenen Inhaber königlicher Schlösser ultimativ zur Herausgabe aufforderte. Die eiserne Konsequenz, mit der man gewillt war, dieser Aufforderung Nachdruck zu verleihen, zeigte sich nicht zuletzt darin, daß man sich nicht scheute, wenn nötig auch mit Waffengewalt und der ganzen Strenge des Gesetzes gegen Ungehorsame vorzugehen. Dies mußte z. B. Fawkes de Breauté, ein aus Frankreich stammender Ritter, der unter König Johann Karriere gemacht hatte und zum Herrn mehrerer königlicher Schlösser und bedeutsamer Liegenschaften aufgestiegen war, schmerzlich am eigenen Leibe erfahren.

Nachdem er mehrere Aufforderungen und Mahnungen des Regentschaftsrates mißachtet hatte, wurde er förmlich wegen Felonie, das heißt Verletzung der lehnrechtlichen Treuepflicht, vor Gericht geladen. Als gegen den Beschuldigten, der es auch hier vorgezogen hatte, auf die Ladungen nicht zu reagieren, die Ächtung ausgesprochen werden sollte, provozierte William de Breauté, ein Bruder des Angeklagten, König und Regentschaftsrat noch zusätzlich durch einen aufsehenerregenden Gewaltstreich, indem er das Gericht überfiel, sich der Person des Richters bemächtigte und diesen als Geisel mit auf das befestigte Schloß Bedford schleppte.

Der Übeltäter hatte jedoch die Rechnung ohne den Wirt gemacht; denn Justitiar und Erzbischof als Vertreter des Regentschaftsrates handelten schnell, sammelten eine kleine Streitmacht und nahmen die Belagerung der Rebellen auf, die nun auch förmlich geächtet und exkommuniziert wurden. Nach acht Wochen war der Widerstand gebrochen, die Belagerten unterwarfen sich, wurden als offenkundige Verräter verurteilt und bereits am nächsten Tag an Ort und Stelle gehängt, wobei drei Ritter der Besatzung im letzten Augenblick noch vom Galgen abgeschnitten und so mit dem Leben davongekommen sein sollen. Der eigentliche Rädelsführer, Fawkes de Breauté, dem es gelungen war, sich nach Wales durchzuschlagen, konnte zwar ebenfalls sein Leben retten; seine Besitzungen sah er aber nie wieder. Zwei Jahre später starb er mittellos im Exil.

2. Persönlichkeit, Politik und Regierungsstil Heinrichs III. (1227–1258)

Die Regentschaftszeit endete im Jahre 1227, als sich der inzwischen neunzehnjährige König, der bereits seit 1223 in beschränkter Form an der Führung der Regierungsgeschäfte teilgenommen hatte, selbst für volljährig erklärte.

König Heinrich III. (1216–1272) hatte mit seinem Vater Johann Ohneland nur wenige Charaktereigenschaften gemeinsam. Galt jener als verschlagen, heimtückisch, grausam und skrupellos, so erscheint der junge König nach den Berichten der Zeitgenossen von einer geradezu an Naivität grenzenden Offenheit, die nur noch von seiner tiefen, fast mystischen Frömmigkeit übertroffen wurde. Mit Eduard dem Bekenner, seinem großen Vorbild, teilte er Neigung und Sinn für großartige Sakralbauten. Ihm zu Ehren ließ er die ehrwürdige Westminsterabteikirche als gotische Kathedrale umgestalten. Nicht dagegen teilte er mit seinem Vorbild dessen eigenbrötlerische Weltfremdheit, im Gegenteil, sein Sinn für die Realität sollte ihn mehr als einmal vor größeren Katastrophen bewahren. Daß die Zeit unter König Heinrich III. als eine Epoche der Wirren und der Schwäche königlicher Macht in die Geschichte eingegangen ist, erklärt sich nur zum Teil aus dem Charakter des Königs, der durchaus auch über staatsmännische Anlagen verfügte. Dennoch bildet nicht zuletzt ein Charakterzug, die Frömmigkeit Heinrichs, den Schlüssel zum Verständnis für eine weder dem Interesse der Krone noch dem des Landes entsprechende und damit im Grunde verfehlte Kirchenpolitik, die den König zu einem Werkzeug ehrgeiziger päpstlicher Machtpolitik werden ließ und die ihn mehr und mehr seinen Untertanen entfremdete.

So wurden auf Geheiß der römischen Kurie unzählige Pfründen in England mit Billigung des Königs an Ausländer, vor allem Italiener, vergeben.

Verhängnisvoll wirkte sich zudem die zunehmende Verstrickung Englands in die päpstliche Machtpolitik gegen die Staufer aus, die sich in einer rücksichtslosen Besteuerung des einheimischen Klerus niederschlug, um dann später auch die englische Außenpolitik in ihren Bann zu ziehen.

Mißfallen erregte außerdem vor allem das „persönliche Regiment“ des Königs, das man, allerdings wohl kaum zu Recht, auch als „absolutistisch“ bezeichnet hat.

Gekennzeichnet wurde dieser Regierungsstil durch das Bestreben Heinrichs, in den königlichen Haushalt, den Rat und die Spitzenämter in Justiz und Verwaltung bevorzugt „Ausländer“ aus Süd- und Südwestfrankreich zu berufen und mit deren Hilfe an den einheimischen Magnaten vorbeizuregieren.

Anlaß hierzu gaben zum einen die verwandtschaftlichen Bindungen zum Hause Lusignan, die durch die Heirat der Mutter König Heinrichs, Isabella von Angoulême, mit Hugo (dem Jüngeren) von Lusignan begründet worden waren und die dazu führten, daß die Halbbrüder des Königs aus dieser Ehe 1247 an den englischen Königshof drängten und hier von Heinrich mit Schlüsselpositionen bedacht wurden.

Außerdem hatte König Heinrich selbst bereits im Jahre 1236 die Prinzessin Eleonore von der Provence geheiratet und dazu seine Schwester mit Simon von Montfort, dem Abkömmling eines angesehenen französischen Rittergeschlechtes, vermählt. Als Folge dieser neu geknüpften Familienbeziehungen war eine weitere Gruppe von Franzosen – bestehend vor allem aus den savoyischen Verwandten der Königin – an den Hof Heinrichs gekommen.

Beide Gruppen erfreuten sich der besonderen Gunst des Königs, die so weit ging, daß ein einheimischer Ritter im Jahre 1254 klagte, es gäbe gewisse Leute im Lande, die sich wie die Könige aufführten und gegen die es kaum oder überhaupt nicht möglich sei, Recht zu erhalten.[66]

Als besonders folgenschwer für die künftige Entwicklung ist dabei festzuhalten, daß auch der König nicht in der Lage war, die tiefe Feindschaft und Rivalität, die zwischen diesen beiden Hofparteien, den „Lusignans“ auf der einen und den „Savoyarden“ auf der anderen Seite herrschte, zu unterbinden und die feindlichen Gruppen auf eine auch für die einheimischen Barone akzeptable Weise in die neue Umgebung zu integrieren.

Vor allem auf den Einfluß seiner französischen Berater ist es wohl zurückzuführen, daß König Heinrich, obwohl bereits 1230 ein entsprechendes Unternehmen gescheitert war, im Jahre 1242 erneut versuchte, im Rahmen einer kontinentalen militärischen Expedition die 1224/25 von den Franzosen eroberte Grafschaft Poitou zurückzugewinnen. Zwar schien der Zeitpunkt gut gewählt, als Heinrich im Mai 1242 mit einer stolzen Flotte an der Küste Poitous landete; die Magnaten Poitous waren unzufrieden mit der französischen Herrschaft, und im Süden bot sich der mächtige Graf Raymund von Toulouse als natürlicher Bundesgenösse Englands an. Doch die Hoffnungen erfüllten sich nicht. Als es ernst wurde und König Ludwig IX. von Frankreich mit Heeresmacht heranrückte, sah sich Heinrich plötzlich von seinen Verbündeten im Stich gelassen und zog es vor, mit Ludwig einen Waffenstillstand zu schließen, der die französische Herrschaft nördlich der Gironde – mit Ausnahme der Inseln Ré und Oléron – bestätigte (1243).

Zu den Kosten dieses mißglückten militärischen Abenteuers kam die – ebenfalls große Summen verschlingende – Bautätigkeit des Königs, verbunden mit einer verschwenderischen Hofhaltung. Zur Deckung dieser Ausgaben strapazierte Heinrich die von seinen Vorgängern hergebrachten Finanzierungsquellen auf das Äußerste. Neben der rigorosen Besteuerung des Klerus wurde mit rücksichtsloser Härte das Schildgeld erhoben, und enorme Summen wurden von den Juden erpreßt. Daneben nahm der König bevorzugt bei den fremden Kaufleuten Kredite auf, die dafür mit großzügigen Handelsprivilegien belohnt wurden.

3. Das „sizilische Abenteuer" und der Verfassungskonflikt mit den Baronen

Die glücklosen Aktivitäten und unpopulären Maßnahmen Heinrichs ließen die Mißstimmung im Lande immer mehr ansteigen, bis sie sich in einem dramatischen Verfassungskonflikt entlud.

Den unmittelbaren Anlaß zum Ausbruch dieses Konfliktes bildete ein schwerer außenpolitischer Mißerfolg der königlichen Politik, das „sizilische Abenteuer".

Auf päpstlichen Wunsch gestattete Heinrich III. – ohne die Zustimmung der Barone einzuholen – seinem Sohn Edmund im Jahre 1254 die Annahme der sizilischen Krone, die allerdings erst noch gegen den Stauferkönig Manfred erkämpft werden mußte. Hierzu hatte sich König Heinrich dem Papst gegenüber zur Stellung beträchtlicher Truppenkontingente und zur Leistung enormer Geldzahlungen verpflichtet, die die Kräfte des Landes bei weitem überstiegen, zumal der militärische Erfolg gegen die Stauferpartei ausblieb.

Auch die Bewerbung Richards von Cornwall, des Bruders Heinrichs III., um die deutsche Königskrone brachte die englische Politik nicht aus der Sackgasse, da die Kandidatur Richards lediglich zur Doppelwahl von 1257 und damit allenfalls zu einem Schattenkönigtum ohne realen Machtzuwachs führte. Beide Unternehmen verschlangen Unsummen und endeten doch jeweils mit einem Fehlschlag.

Als Papst Alexander IV. im Jahre 1257 die Vertragsverpflichtungen Heinrichs anmahnte und drohte, bei Nichterfüllung den König zu exkommunizieren und über das Land das Interdikt zu verhängen, berief Heinrich eine Versammlung des Großen Rates, für die in dieser Zeit die Bezeichnung „Parlament“ *(parliamentum)* aufkam, ein, um Hilfe von seinen Untertanen zu fordern.

Hier traf der König jedoch auf die heftige Opposition der einheimischen Barone, die sich mit der Partei der „Savoyarden“ am Hofe einig waren im Haß gegen die engsten Ratgeber des Königs, die Halbbrüder Heinrichs aus dem Hause Lusignan, die in ihren Augen die Hauptverantwortung für die katastrophale Entwicklung trugen.

Zum geistigen Kopf und militärischen Führer der sich nun formierenden Widerstandsbewegung sollte ein Mann werden, von dem man eine solche Rolle allein schon wegen seiner engen familiären Bindungen an das Königshaus eigentlich am wenigsten erwartet hätte: der Schwager des Königs und Earl von Leicester, Simon von Montfort.

Simon von Montfort, von Geburt und Erziehung her Franzose, war im Jahre 1248 von König Heinrich mit der Verwaltung der unruhigen Gascogne beauftragt worden. Vom Typus her eine ehrgeizige und kompromißlose Herrschernatur, hatte er sich beim selbstbewußten Adel und den Städten des Herzogtums in zunehmendem Maße unbeliebt gemacht.

Der König, der 1250 sich zum Kreuzzug entschlossen hatte und deshalb an einer befriedeten Gascogne interessiert war, schenkte den sich häufenden Klagen gegen Simons Amtsführung Gehör und rief im Jahre 1252 seinen Schwager nach London zurück, wo er sich unter demütigenden Umständen vor Gericht zu verantworten hatte. Wenn das eingeleitete Gerichtsverfahren am Ende auch nicht zur Verurteilung Simons, sondern wieder zur Versöhnung mit dem König führte, so dürfte doch die kränkende Form, in der die Amtsenthebung erfolgt war, entscheidend mit dazu beigetragen haben, daß sich Simon von Montfort in der Folgezeit den unzufriedenen Magnaten anschloß, die mit wachsendem Mißmut die glücklose Regierungstätigkeit des Königs beobachteten.

Der Konflikt, der nun zwischen Königtum und Hochadel ausbrach, entzündete sich vor allem an der Frage, ob der König allein nach seinem freien Ermessen seine Ratgeber und Amtsträger in den staatlichen Schlüsselpositionen bestimmen konnte oder ob er bei allen bedeutsamen Entscheidungen an den Rat und die Zustimmung der Barone, die als Körperschaft *(communitas regni)* beanspruchten, das Gesamtreich zu repräsentieren, gebunden sei.

Als die Barone im Frühjahr 1258 drohten, zu den Waffen zu greifen, gab der König nach. Mit Zustimmung des Königs wurde ein Ausschuß von 24

Magnaten, dessen Mitglieder jeweils zur Hälfte vom König und der *communitas*, der Gemeinschaft der Barone, ausgewählt wurden, bestellt, mit der Aufgabe, entsprechende Vorschläge, die den Forderungen der Barone Rechnung trugen, auszuarbeiten. Diese Vorschläge des Ausschusses, die über die unmittelbaren baronialen Forderungen hinaus auf eine grundlegende Reform der königlichen Regierungstätigkeit abzielten, wurden auf dem Oxforder Parlament im Sommer 1258 als Provisionen von Oxford[67] urkundlich verbrieft, und ihre Einhaltung wurde vom König und vom Thronfolger Eduard beschworen. Der Ausschuß der 24 Barone sollte weiterarbeiten und weitere Reformvorschläge erstellen. Der König mußte der Bestellung eines ständigen Magnatenrates, bestehend aus 15 Lords, zustimmen, der künftig zu allen bedeutsamen Regierungshandlungen hinzuzuziehen war. Dazu sollten dreimal im Jahr Parlamente einberufen werden, die sich aus zwölf gewählten Vertretern der Magnaten und den königlichen Ratsmitgliedern zusammensetzten und wichtige Kontroll- und Gerichtsfunktionen – vor allem bei Klagen gegen königliche Amtsträger – ausüben sollten.

Andere Bestimmungen der Oxforder Provisionen richteten sich gegen weitere aus der Sicht der Magnaten eingerissene Mißstände in der Zentralverwaltung, vor allem bei der Besetzung der Sheriffsämter, zu denen in Zukunft nur eingesessene Landeigentümer der Grafschaft zugelassen werden sollten. Dabei sollten die Sheriffs jährlich wechseln, wobei die Möglichkeit eröffnet wurde, Klagen gegen ihre Amtsführung in einem vereinfachten Verfahren vor das königliche Gericht zu bringen.

Die in den Provisionen von Oxford verbrieften Forderungen trugen vor allem den Interessen der Magnaten Rechnung. Einige Anzeichen deuten jedoch darauf hin, daß der selbstbewußter gewordene Niederadel sich nicht mehr so einfach vor den Karren der Großen spannen ließ und nun auch – zumindest auf lokaler Ebene – Mitteilhabe an der dem König entwundenen öffentlichen Gewalt verlangte. Wohl unter dem Druck dieser sich formierenden neuen politischen Kraft wurden im folgenden Jahre die Provisionen von Oxford in der Form der Provisionen von Westminster (1259)[68] entscheidend modifiziert und ergänzt. So räumte man auch den niederadligen Grundbesitzern und Amtsträgern Mitsprache- und Kontrollmöglichkeiten ein, vor allem bei der Besetzung des Sheriffsamtes.

Damit wurden aber auch die exklusiven Vorrechte des Hochadels in ihrer Substanz berührt, wodurch wiederum der Keim zur Aufspaltung in die bisher weitgehend geschlossen operierende Adelsopposition getragen wurde, was dem Bestreben des Königs, die eingetretene Entwicklung wieder rückgängig zu machen, zugute kommen konnte.

Doch zunächst funktionierte das neue System, der König beugte sich den Realitäten. Die verhaßten Lusignan-Brüder wurden mit ihrem Anhang aus dem Lande vertrieben. Mit Frankreich wurde im Frieden von Paris (1259) ein Ausgleich gefunden, der den endgültigen Verzicht Englands auf die Normandie, die Grafschaft Anjou mit Maine und der Touraine sowie die Grafschaft Poitou gegen die Anerkennung der englischen Herrschaft in der Gascogne als Lehen der französischen Krone brachte.

Auch Papst Alexander IV. konnte sich den neuen Realitäten nicht verschließen und entließ König Heinrich aus seinen Verpflichtungen, die das „sizilische Abenteuer" ihm aufgebürdet hatte.

In der Folgezeit gelang es König Heinrich jedoch, die Gegensätze im Lager der Reformpartei in seinem Sinne zu nutzen und sich schrittweise von den übernommenen Verpflichtungen zu lösen, bis er sich im Jahre 1262 sogar von Papst Urban IV. von dem geleisteten Eid entbinden ließ und das gesamte Vertragswerk widerrief.

Nach wechselvollen Auseinandersetzungen schien eine friedliche Lösung in Sicht zu sein, als sich die Parteien auf den Schiedsspruch des französischen Königs Ludwig IX. einigten.

Im Spruch von Amiens sprach sich König Ludwig zwar im Januar 1264 für die Bewahrung der alten Freiheiten im Sinne der Magna Carta, aber gegen die Einschränkungen, die das Ernennungsrecht des Königs betrafen, und damit gegen den Kerngedanken der Oxforder Provisionen aus.

Als Simon von Montfort, der wieder an die Spitze der Reformpartei getreten war, den Schiedsspruch des französischen Königs verwarf und auf der Einhaltung der Oxforder Provisionen in der Fassung von 1259 bestand, mußten doch die Waffen entscheiden. Diese Entscheidung schien zunächst zugunsten der rebellischen Barone zu fallen; denn im Mai 1264 gelang es Simon von Montfort, in der Schlacht von Lewes/Sussex das königliche Aufgebot vernichtend zu schlagen und sich noch auf dem Schlachtfeld der Person des Königs sowie des Thronfolgers und Richards von Cornwall zu bemächtigen.

Unter diesen Umständen blieb König Heinrich nichts anderes übrig, als die Realitäten anzuerkennen und Simon von Montfort in einem bereits einen Tag nach der Schlacht vereinbarten Abkommen *(Mise of Lewes)*[69] weitgehend die Regierungsgewalt zu übertragen, die dieser an der Spitze eines Dreierausschusses – unterstützt von einem neunköpfigen Ratskollegium – auch übernahm. Als Gegengewicht gegen den wachsenden Widerstand der Magnaten berief Simon von Montfort im Juni 1264 und Januar 1265 Parlamente ein, in denen nicht nur Lords und Kleriker, sondern auch Angehörige der niederadligen Ritterschaft und seit 1265 auch Abgeordnete der Städte vertreten waren.

Die Konzeption Simons, mit Hilfe der aufstrebenden Mittelschichten das Kräfte- und Machtverhältnis zu Lasten des Königtums und Hochadels zu ändern, schien zunächst auch aufzugehen; denn, unterstützt von einer breiten öffentlichen Meinung, die vor allem von den einflußreichen Orden der Bettelmönche getragen wurde, bestätigten die beiden Parlamente feierlich das von Simon eingerichtete Regierungssystem. Dennoch traten schon bald die Schwächen dieser Politik offen zutage, da zahlreiche Magnaten aus Furcht, wesentliche Vorrechte einzubüßen, ihre weitere Unterstützung versagten und mit zunehmendem Mißmut auf die Aktivitäten Simons und seiner Anhänger reagierten.

In dieser Situation hatte der tatkräftige Prinz Eduard, dem es bald gelang, aus dem Gewahrsam der Reformer zu entfliehen, keine große Mühe, aus dem Kreise der Unzufriedenen eine kleine Streitmacht zu sammeln und mit dieser im August 1265 das Aufgebot Simons bei Evesham am Avon zu überraschen und vernichtend zu schlagen. Simon von Montfort fiel auf dem Schlachtfeld, und die Position der Reformpartei – ihres politischen und militärischen Kopfes beraubt – brach bald zusammen. Simons Parteigänger verloren ihren Besitz, und auch das selbstbewußte London, das den Kampf Simons aktiv unterstützt hatte, mußte ein hohes Bußgeld zahlen und büßte das Recht der Bürgermeisterwahl ein.

War somit auch Simon von Montfort am Ende gescheitert, so wies doch seine Konzeption einer verfassungsmäßigen Beschränkung der königlichen Gewalt und der Machtposition des Hochadels zugunsten der Heranziehung breiterer Schichten in die Zukunft und schuf die Grundlage für den Aufstieg der Commons und deren Teilhabe an politischer Verantwortung. Der eigentliche Sieger in dieser Auseinandersetzung war nicht der alternde König, der sich mehr und mehr von den Regierungsgeschäften zurückzog, sondern der junge Prinz Eduard, der zu den wenigen gehörte, die imstande waren, Rebellionen nicht nur niederzuschlagen, sondern auch aus ihnen zu lernen.

Im Interesse der Wiederherstellung königlicher Autorität bestand er zwar auf der Kriminalisierung von Tätern und Tat, die auch vor dem toten Gegner nicht haltmachte und Simon posthum zum Hochverräter stempelte, dessen lebloser Körper noch auf dem Schlachtfeld verstümmelt wurde. Andererseits machte sich Eduard aber das geistige Erbe seines Gegners zu eigen und führte weitgehend im Wege der Reform zu Ende, was Simon vergeblich mit dem Mittel der Gewalt angestrebt hatte.

Im *Dictum von Kenilworth* (1266)[70] wurde – unter dem maßgeblichen Einfluß des päpstlichen Legaten Ottobuono Fieschi – ein bemerkenswertes Zeichen zur nationalen Versöhnung gesetzt. Zwar sollte der König „seine Herrschaft, Autorität und königliche Gewalt ohne Hinderung und Widerspruch ausüben", aber hierzu sollte er auch nur solche Männer heranziehen, die die Rechte und Gewohnheiten des Reiches achteten, wie auch der König selbst verpflichtet wurde, alle Freiheiten seiner Untertanen und der Kirche zu respektieren. Unter bestimmten, im einzelnen näher aufgeführten Voraussetzungen sollten die Rebellen, bzw. deren Anhänger oder Erben, die Möglichkeit erhalten, ihre eingezogenen Güter und die Gnade des Königs zurückzugewinnen. Ein Jahr später (1267) wurden im Statut von Marlborough die Magna Carta und die Kernsätze der Provisionen von Westminster (1259) ausdrücklich bestätigt, so daß Eduard nach dem Tode seines Vaters im Jahre 1272 die Herrschaft über ein befriedetes, auch mit dem Königtum vollkommen ausgesöhntes Land antreten konnte.

II. Stärkung der königlichen Autorität und Expansion auf Kosten der keltischen Nachbarreiche. England unter König Eduard I. (1272–1307)

Eduard I. zählt zu den großen Königen, die England hervorgebracht hat, die – wie vorher etwa Alfred der Große, Wilhelm der Eroberer oder Heinrich II. – Tatkraft und militärischen Erfolg mit nüchternem Augenmaß und politischem Weitblick zu verbinden wußten.

Bereits als Thronfolger hatte der Sieger von Evesham in der Bewältigung des Konflikts mit den rebellischen Baronen nicht nur seine militärische, sondern auch seine staatsmännische Begabung unter Beweis gestellt.

Die Nachricht vom Tode seines Vaters traf ihn in Sizilien, als er im Begriff war, von einem – im übrigen erfolglosen – Kreuzzug im Heiligen Land, den er 1270 angetreten hatte, wieder zurückzukehren. Der Thronwechsel war für ihn allerdings kein Grund zur überstürzten Heimreise. Die Kontinuität königlicher Herrschaft war durch das fest etablierte Prinzip des Erbkönigtums und den Herrschaftsapparat, der längst daran gewöhnt war, auch in Abwesenheit des Königs zu funktionieren, verbürgt, so daß Eduard es sich leisten konnte, ohne Krönung noch zwei Jahre lang das Land von Frankreich aus allein mit schriftlichen Botschaften und Anweisungen zu regieren, bis er im Jahre 1274 wieder englischen Boden betrat.

1. Expansion im Westen. Die Eroberung von Wales

Das erste außenpolitische Problem, das sich für den jungen König nach seinem persönlichen Herrschaftsantritt in England und seiner feierlichen Krönung in Westminster (August 1274) stellte, war die walisische Frage.

Wales, die unruhige keltische Nachbarherrschaft im Westen, hatte bisher unter dem natürlichen Schutz der Highlandzone, wenigstens in seinem nördlichen und westlichen Kernbereich, allen Eroberungs- und Unterwerfungsversuchen getrotzt. Die Unzugänglichkeit der walisischen Bergwelt hatte jedoch zwei Seiten. Sie gewährte nicht nur Schutz vor Eroberung, sondern sie verhinderte auch eine nationale Einigung auf der gemeinsamen keltischen Stammesgrundlage. Gegen Ende des 12. Jahrhunderts erscheint Wales zersplittert in zahlreiche Kleinfürstentümer und Feudalherrschaften, wobei es den anglonormannischen Grenzgrafschaften gelungen war, vor allem in den Tälern des Südens und Südostens Fuß zu fassen, während dagegen der Norden, geschützt durch das mächtige Snowdon-Massiv, allen Durchdringungsversuchen erfolgreichen Widerstand entgegensetzte. Für das englische Königtum war mit dem Vordringen der Grenzgrafschaften allerdings nicht viel gewonnen, da diese im dauernden Grenzkrieg lebenden Herrschaften – im Gegensatz zum übrigen Adel – eine weitgehend unabhängige Stellung bewahren konnten.

Zu Beginn des 13. Jahrhunderts hatte das nördliche Fürstentum Gwynned unter der Führung des tatkräftigen Fürsten Llewelyn d. Großen (1194–1240) eine gewisse Vormachtstellung innerhalb der einzelnen Herrschaften erreicht. Mit dem großen Nachbarn im Osten hatte man sich auf der Grundlage einer englischen Lehenshoheit verständigt, wobei der Kronvasallenstatus dem walisischen Fürsten auch mannigfache Gelegenheit bot, in die innerenglischen Parteienkämpfe zwischen Königtum und Magnaten einzugreifen. Dies schlug sich nicht nur in der Magna Carta nieder, die in einigen Artikeln auch die Belange der Waliser berücksichtigte, sondern zeigte sich dann vor allem unter der Regierung des Fürsten Llewelyn II. (1246–1282), der im Montfortkonflikt aktiv die Partei der rebellischen Barone unterstützte und der nach der Schlacht von Evesham nur mit Mühe im Vertrag von Montgomery (1267) in seine Schranken verwiesen werden konnte.

Es war fast vorauszusehen, daß der ehrgeizige Fürst, der von der völligen Unabhängigkeit seines Landes träumte, nicht bereit war, sich auf Dauer mit dem Status quo abzufinden. So verweigerte er nach dem Tode König Heinrichs III., als die königliche Regierung in Abwesenheit des jungen Königs die Leistung der üblichen Lehnshuldigung und Tributzahlung anmahnte, beides.

Die Lage spitzte sich nach der Rückkehr Eduards vom Kreuzzug noch insofern zu, als Llewelyn sich 1275 mit seinem Bruder David überwarf, der daraufhin nach England floh. Als König Eduard nun auch persönlich die Lehenshuldigung verlangte, bestand Llewelyn auf der vorherigen Auslieferung seines Bruders, die wiederum vom König verweigert wurde. Nachdem Llewelyn trotz mehrmaliger Vorladungen auch nicht vor Gericht erschienen war, um sich wegen Verweigerung der Lehnshuldigung vor seinen Mitbaronen zu verantworten, entschloß sich Eduard zum Krieg. Im Sommer 1277 drang er mit einem starken Heer in das Zentrum der walisischen Macht, das nordwalisische Bergland, ein. Da an eine Einnahme des Snowdon-Massivs im Sturme, wo sich Llewelyn mit seinem Anhang in befestigten Stellungen verschanzt hatte, nicht zu denken war, griff Eduard zu anderen Mitteln. Mit Hilfe einer Flotte, die auch die Insel

Anglesey eroberte, wurden die Waliser systematisch von allen Lebensmittelzufuhren von der Küste wie auch vom übrigen Umland her abgeschnitten, so daß Llewelyn sich gezwungen sah, Friedensverhandlungen aufzunehmen, die dann auch im Vertrag von Conway (November 1277) zum Abschluß gelangten. Llewelyn wurde auf einen Restbestand seiner Besitzungen im Snowdon-Massiv zurückgedrängt und mußte feierlich die englische Lehnsherrschaft anerkennen.

Eduard ging nun sofort daran, die gewonnenen Gebiete an strategisch günstigen Plätzen zu befestigen und mit starken Besatzungen zu sichern. Auf diese Weise entstanden die gewaltigen Burganlagen von Caernarvon, Conway, Harlech u. a., deren Überreste noch heute dem Besucher allen Respekt abnötigen. Im Schutz dieser Burgen blühten bald auch englische Siedlungen auf, wo englische Amtsträger die Belange der Krone vertraten und englische Richter nach englischem Recht richteten.

Die Härte und die Rücksichtslosigkeit dieser Anglisierungspolitik erzeugten jedoch bei der einheimischen walisischen Bevölkerung in zunehmendem Maße Haß und Verbitterung, die sich im Jahre 1282 in einem großen Aufstand unter der Führung Davids, des Bruders Fürst Llewelyns, entluden. Nach hartem Kampf gelang es Eduard jedoch, die Rebellion, die ganz Wales erfaßt hatte, niederzuschlagen. Nachdem Fürst Llewelyn, der sich zunächst nur zögernd der Bewegung angeschlossen hatte, bei einem Treffen mit englischen Truppen den Tod gefunden hatte (Dezember 1282), waren das Selbstvertrauen und der Siegeswille der stolzen Waliser gebrochen.

Nach dem Verlust seines letzten Stützpunktes, der Burg Bere, geriet der unglückliche David, der eigentliche Kopf des Aufstandes, in englische Gefangenschaft, wo man ihm sofort den Prozeß machte. Auf dem Parlament von Shrewsbury (1283) wurde er von den Magnaten des Reiches – dem grausamen Gesetz der Zeit entsprechend – dazu verurteilt, als Hochverräter von mehreren Pferden zur Richtstätte geschleift, dort gehängt und anschließend gevierteilt zu werden, wobei Kopf und übrige Körperteile des Hingerichteten in London und in verschiedenen Teilen des Landes als bleibende Abschreckung zur Schau gestellt wurden.

Eduard war nun entschlossen, die walisische Frage endgültig im englischen Sinne zu lösen. Das gesamte Land wurde unmittelbar der englischen Krone unterstellt, in Grafschaften eingeteilt und von königlichen Amtsträgern nach englischem Recht regiert. Nachdem auch zwei weitere Aufstände in den Jahren 1287/88 und 1294/95 gescheitert waren, war das Schicksal des Landes, das über Jahrhunderte hinweg gegenüber Angelsachsen und Anglonormannen seine Unabhängigkeit behauptet hatte, endgültig besiegelt. Wenn die einheimischen Adelsfamilien auch, sofern sie loyal die englische Herrschaft anerkannten, im Besitz ihrer Güter blieben, so wurde das Land doch praktisch der königlichen Krondomäne zugeschlagen.

Im 16. Jahrhundert wurde erzählt, König Eduard habe den Walisern nach seinem Sieg über Llewelyn und David versprochen, ihnen als Prinzen von Wales nur einen Mann zu geben, der in Wales geboren sei und kein Wort Englisch spreche. Eduard habe dann das Versprechen auf seine Weise erfüllt, indem er seinen Sohn und Thronfolger Eduard (II.), der auf der Burg Caernarvon geboren war und damals als Kleinkind überhaupt noch nicht sprechen konnte, zum Prinzen von Wales bestellt habe.

Wenn die Glaubwürdigkeit dieser Geschichte auch bezweifelt werden muß, so ist hieran doch so viel wahr, daß König Eduard auf dem Parlament in Lincoln (1301) dem jungen Thronfolger Eduard als einem Prinzen von Wales die Herrschaft Wales zusammen mit der Grafschaft Chester übertragen hat, wodurch nicht nur eine auch heute noch geübte Tradition begründet, sondern zugleich auch ein Zeichen für die Integration des Landes in das englische Königreich gesetzt wurde.

2. Der „Legalismus" Eduards I. als Mittel königlicher Verfassungs- und Machtpolitik

Man hat König Eduard I. den Justinian Englands genannt – in Erinnerung an jenen oströmischen Kaiser, dem die Nachwelt die berühmte Sammlung und Kodifikation des römischen Rechts, das Corpus Iuris Civilis, verdankt.

Eduard hat zwar kein entsprechendes Gesetzeswerk hinterlassen, dennoch hat er die Rechts- und Verfassungsordnung des Landes entscheidend geprägt; denn er war es, der als erster englischer Monarch systematisch die Technik der Rechtsetzung in der Form des *Statute Law* einführte, um das bestehende Recht im Sinne königlicher Herrschaftspolitik weiterzuentwickeln, wobei dieses Bestreben sich durchaus auch weitgehend mit dem Interesse seiner Untertanen an einer Effektivierung und Rationalisierung der Rechtsordnung deckte.

Um das Ausmaß und die Brisanz dieser Neuerung zu ermessen, muß man sich klarmachen, daß es nach den überkommenen germanischrechtlich geprägten Vorstellungen eigentlich nicht Aufgabe des Königs war, im Wege der Gesetzgebung neues Recht zu schaffen, sondern das altüberlieferte Herkommen, die gute Gewohnheit *(bona consuetudo)*, durch seine Rechtsprechung zu erkennen und vor Mißbrauch zu schützen. Zwar hatte bereits König Heinrich II. in der Form seiner „Assisengesetzgebung" neue Wege beschritten, dennoch handelte es sich bei den Assisen – zumindest von der rechtlichen Fiktion her – in der Regel noch um Vereinbarungen mit den Betroffenen, den Magnaten des Landes, um bestimmte „Mißbräuche" abzustellen. Demgegenüber läßt König Eduards Statutengesetzgebung den Anspruch erkennen, kraft königlicher Gewalt, wenn auch mit Zustimmung der betroffenen *communitas regni* im Parlament, das überkommene Gewohnheitsrecht des Common Law durch schriftliche, in einer förmlichen Rechtssammlung beurkundete Rechtssätze *(statutes)* einzuschränken und in bestimmte Bahnen zu lenken, wobei sich diese Statutengesetzgebung auf weiteste Bereiche der Rechtsordnung, angefangen vom Bodenrecht über das Erbrecht, Schuldrecht bis zum Kaufmannsrecht, erstreckte.

Der „Legalismus" Eduards I. äußerte sich jedoch nicht nur in der Inanspruchnahme gesetzgeberischer Kompetenz; darüber hinaus erscheint vielmehr die gesamte Politik des Königs von dem Bestreben geprägt, das Recht systematisch als Mittel zur Stärkung der königlichen Herrschaftsgewalt einzusetzen und politische Forderungen in die Form von Rechtsansprüchen zu kleiden und im Wege förmlicher Rechtsverfahren zu verfolgen.

Als eine erste Probe dieser „Verrechtlichung" königlicher Herrschaftspolitik ordnete König Eduard gleich zu Beginn seiner Regierung – in Anlehnung an ältere Vorbilder – eine allgemeine, landesweite Untersuchung *(inquest)* an, mit dem Ziel, verläßliche Informationen über den adligen Besitzstand an verbrieften Vorrechten zu erhalten, Usurpationen von Königsgut und Rechten sowie Pflichtverletzungen königlicher Amtsträger auf lokaler Ebene aufzudecken.

Die großangelegte Untersuchung, deren Ergebnisse in den Hundred Rolls[71] festgehalten wurden, lieferte wertvolles Informationsmaterial und brachte zahlreiche, zum Teil kuriose Mißbräuche an den Tag, wie etwa den Fall eines königlichen Amtsträgers in Shrewsbury, der, um die Einwohner eines Ortes zu ärgern, einen Jungen damit beauftragt hatte, durch den Ort zu laufen und immer wieder laut ein Schimpfwort zu rufen. Die Einwohner, die dies auf sich bezogen, wurden hierdurch so in Wut versetzt, daß sie den Jungen durch einen Pfeilschuß töteten, was der Sheriff wiederum zum Anlaß nahm, dem gesamten Ort eine schwere Geldbuße zugunsten der königlichen Kammer aufzuerlegen.[72]

Die durch die Untersuchung gewonnenen Erkenntnisse gaben dann in der Folgezeit den Anlaß zu den berühmten *Quo warranto*-Verfahren.

Von der Feststellung ausgehend, daß alle Gerichtsbarkeit vom König abgeleitet sei, wurden im Statut *Quo warranto* von Gloucester (1278) die Reiserichter beauftragt, von allen Gerichtsinhabern eine Erklärung einzufordern, auf Grund welchen Rechtstitels *(quo warranto)* sie derartige Rechte ausübten, wobei grundsätzlich nur königliche Privilegien oder ein nachweisbar bis in die Zeit vor 1189 zurückreichendes Gewohnheitsrecht anerkannt wurden. Konnte der Gerichtsinhaber keine entsprechenden Rechtstitel nachweisen, sollten die betroffenen Rechte für die Krone eingezogen werden.

Die Untersuchung stieß naturgemäß bei den Baronen auf wenig Gegenliebe. So soll der Earl von Warenne auf die Frage der königlichen Kommission nach entsprechenden Urkunden ein altes, rostiges Schwert hervorgezogen und geantwortet haben: „Seht, meine Herren, hier ist meine Urkunde. Meine Vorfahren kamen mit König Wilhelm und eroberten ihre Länder mit dem Schwert, und ich werde diese mit dem Schwert gegen jeden verteidigen, der sie mir nehmen will.“[73]

Wenn sich König Eduard auch darüber im klaren gewesen sein dürfte, daß die Quo warranto-Verfahren in aller Konsequenz kaum durchsetzbar waren, so führte allein schon die Diskussion über den adligen Besitzstand, die den Baronen die Beweislast über die Rechtmäßigkeit zuschob, zu einer eindrucksvollen Bestätigung der königlichen Gerichtshoheit und damit zu einer Stärkung der königlichen Herrschaftsgewalt schlechthin.

Die große Untersuchung gab König Eduard außerdem Anlaß, zahlreiche Rechtsmaterien im Wege der bereits angesprochenen Statutengesetzgebung neu zu ordnen. Von besonderer Bedeutung für die Königsherrschaft war dabei zunächst eine Bestimmung des Statuts von Gloucester (1278), die von den königlichen Reiserichtern dahingehend ausgelegt wurde, daß in Zukunft die königliche Gerichtsbarkeit ab einem Streitwert von 40 sh nicht mehr nur subsidiär, sondern allein zuständig sein solle, wodurch „das bisher außerordentliche Common-Law-Verfahren zum ordentlichen und einzigen Verfahren“[74] wurde. Bedeutsam war auch das Statut von Mortmain (1279), das Landschenkungen an die Kirche ohne Zustimmung des Lehnsherrn untersagte, da die Kirche „nie sterbe“ und deshalb auch das Heimfallrecht des Lehnsherrn beeinträchtigt werde. Ebenso setzte das berühmte Statut *Quia emptores* von 1290 ein absolutes Verbot lehnrechtlicher Unterleihe fest, was in der Praxis dazu führte, daß, wenn ein Vasall oder Freier Land veräußerte, der Erwerber mit dem Grundbesitz auch die Leistungspflichten dem bisherigen Herrn gegenüber übernehmen mußte. So wurde gewährleistet, daß aus der Sicht des Herrn Nutzungsberechtigter und Leistungsverpflichteter stets identisch waren. Für den König bedeutete dies außerdem, daß mit jeder Veräußerung im Bereiche der Kronvasallenschaft die Zahl der Kronvasallen anwuchs, was durchaus im Sinne der Krone lag, was aber andererseits auch zu einer gewissen Abwertung des bisher exklusiven Status als Kronvasall führte.

Der „Legalismus“ Eduards I. schlug sich endlich auch in der Einrichtung einer eigenen königlichen Juristenausbildung in den *Inns of Court* und *Inns of Chancery* nieder, aus der allmählich ein weltlicher Juristenstand hervorging, dessen Mitglieder als Richter, Advokaten und Amtsträger in der königlichen Verwaltung steigendes Selbstbewußtsein entwickelten und ein neues ständisches Element in die mittelalterliche Gesellschaft einbrachten.

Durch die einheitliche Juristenausbildung wurde die Fortentwicklung des auf strengen Rechtsprinzipien beruhenden Common Law weiter gefördert. Für eine Milderung dieses strengen Rechts im Einzelfall im Rahmen der Billigkeit *(equity)* war ursprünglich allein der König als Quelle allen Rechts zuständig, der allerdings seit dem 14. Jahrhundert seinen Lordkanzler dazu ermächtigte, diese Funktion wahrzunehmen. Auf diese Weise entwickelte sich das Kanzleigericht *(Court of Chancery)* dann gegen Ende des Mittelalters zu einem Gerichtshof, der im Wege der *equity* über Fälle entschied, bei denen die Anwendung des strengen Rechts zu unbilligen Ergebnissen geführt hätte.

3. Zugriff auf Schottland, Krieg mit Frankreich und Opposition im Innern. Die späten Jahre Eduards I. (1290–1307)

Nach der Eroberung und Befriedung von Wales wandte König Eduard sein Augenmerk dem letzten unabhängig gebliebenen Teil der Highlandzone, dem Königreich Schottland, zu.

Ähnlich wie das walisische diente auch das schottische Bergland über Jahrhunderte hinweg als Schutzwall gegen die Eroberungsversuche vom Süden; anders als in Wales war das keltische Element in Schottland allerdings längst nicht mehr so ausgeprägt, da das Land in der Wikingerzeit in wesentlich stärkerem Maße dem Zugriff abenteuernder Skandinavier ausgesetzt war, die in den Tälern und an den Flußmündungen Fuß faßten und die sich – wie später auch einzelne anglonormannische Familien – mit der einheimischen Bevölkerung vermischten und in ihr aufgingen. Obwohl kaum 400000 Einwohner zählend, bildete das kleine Königreich für England einen dauernden Unruheherd, der mit zahllosen Kleinkriegen vor allem die nördlichen Grenzgrafschaften in Atem hielt.

Die schottischen Könige waren zwar bereit, die englische Lehnshoheit für einige Grenzgebiete, nicht aber für das Königreich an sich anzuerkennen, dessen Unabhängigkeit vom südlichen Nachbarn von schottischer Seite immer wieder betont wurde.

Für die in der Praxis mehr oder weniger problematischen Beziehungen schien sich im Jahre 1290 eine Lösung anzubahnen, die ganz im Sinne der englischen Interessen lag. In einem Vertrag mit dem schottischen Regentschaftsrat gelang es König Eduard, ein Heiratsprojekt zwischen dem Thronfolger Eduard (II.) und der schottischen Prinzessin Margarethe, der Enkelin und Thronerbin des 1286 überraschend verstorbenen Königs Alexander III., zu vereinbaren, das dem englischen Königtum die Aussicht eröffnete, künftig auch das nördliche Nachbarreich mitzuregieren, wobei allerdings Schottland im Rahmen dieser Personalunion eine weitgehende Eigenständigkeit behalten sollte.

Wenn auch die englischen Hoffnungen noch im gleichen Jahre durch den plötzlichen Tod der Prinzessin Margarethe hinfällig wurden, so bot sich für König Eduard dennoch eine Möglichkeit, in die schottischen Verhältnisse einzugreifen; denn nach dem Tode Margarethes meldeten mehrere Bewerber Ansprüche auf die Nachfolge in der Königsherrschaft an, so daß sich König Eduard dazu entschloß, als Lehnsherr und Overlord Schottlands den Thronstreit zu entscheiden, wobei er sich auch die Möglichkeit vorbehielt, das Königreich als an die englische Krone heimgefallenes Lehen zu betrachten.

Der schottische Adel scheint die in dieser Form problematischen lehnsherrlichen Ansprüche Eduards, wenn auch widerstrebend, anerkannt zu haben, so daß König Eduard 1291 die Parteien in Berwick vor sich laden konnte, um in einem förmlichen Rechtsverfahren über ihre Ansprüche zu entscheiden.

Unter den Thronanwärtern kamen vor allem zwei, Robert Bruce und Johann Balliol, in Frage, die wegen ihrer Verwandtschaft zum Königshaus jeweils über einen gewissen Anhang im Lande verfügten. Nach langen Beratungen und der Einholung juristischer Gutachten entschied sich der Gerichtshof unter dem Vorsitz Eduards für Johann Balliol als König, eine Entscheidung, die im Lande durchaus respektiert wurde. Auf Widerspruch stieß König Eduard erst, als er versuchte, über die Person des neuen Königs den englischen Einfluß in Schottland auszubauen. Auch hier ging Eduard ganz den Weg „legalistischer Machtpolitik“. Gestützt auf die englische Lehensherrschaft, die wiederum für das gesamte Land in Anspruch genommen wurde, forderte er die Anerkennung seiner Gerichte in London als Appellationsinstanzen auch für Schottland und ging dabei sogar so weit, auch den schottischen König als Beklagten im Appellationsverfahren persönlich vor sein Gericht zu laden. Die Beziehungen zwischen Eduard und seinem königlichen Vasallen verschlechterten sich weiter, als Eduard Johann Balliol und achtzehn schottische Magnaten aufforderte, ihm im Krieg mit Frankreich die üblichen lehnrechtlichen Ritterdienste zu leisten. Als König Johann sich bei einem Streit mit einem seiner Untertanen weigerte, persönlich vor dem Gericht seines Oberherrn zu erscheinen und zudem ein Bündnis mit dem Landesfeind, dem französischen König, abschloß, fiel Eduard im Frühsommer 1296 mit Heeresmacht in Schottland ein, brach in einem schnellen Feldzug jeden Widerstand und nahm bereits Anfang Juli die Kapitulation König Johanns entgegen, der in einer demütigenden Zeremonie seinen Treubruch öffentlich bekannte und zugunsten Eduards auf seine Königswürde verzichtete.

Der Triumph König Eduards, der Ende August 1296 auf dem Parlament von Berwick offiziell die Königsherrschaft in Schottland antrat, schien vollkommen zu sein. Als äußeres Zeichen der Unterwerfung des Landes unter die englische Herrschaft wurde der erbeutete heilige Königsstein von Stone, auf dem nach einem alten Herkommen die schottischen Könige gekrönt wurden, in die Westminsterabtei gebracht, und alles schien darauf hinzudeuten, daß Schottland das gleiche Schicksal beschieden sein sollte wie der Nachbarherrschaft Wales.

Daß es nicht dazu kam, lag vor allem wohl daran, daß Eduard noch in andere Konflikte verstrickt wurde, die ihm wenigstens zeitweise die Hände banden.

So hatte sich das Verhältnis zu Frankreich, das mit dem Vertrag von Paris (1259) auf lange Sicht geordnet zu sein schien, gegen Ende des 13. Jahrhunderts rapide verschlechtert.

Die schon fast üblichen gegenseitigen Piraterie- und Kaperaktionen hatten zu regelrechten Seeschlachten zwischen Engländern und Franzosen und damit auch zu scharfen Auseinandersetzungen über die Ersatzpflicht geführt.

Nachdem der französische König Philipp der Schöne nach bewährter Manier Eduard in einem Lehensprozeß die Gascogne abgesprochen und ihren Heimfall an die französische Krone festgestellt hatte, antwortete König Eduard mit der Aufsage seiner Lehenspflichten, erklärte die Gascogne zum unabhängigen Allodgut und entschloß sich zum Krieg (1294).

Während der Krieg mit Frankreich zunächst in der Gascogne mit wechselndem Erfolg geführt wurde, sah sich König Eduard noch mit einem weiteren Problem konfrontiert: der wachsenden Opposition im eigenen Land, die im Jahre 1297 zu einer ernsten Vertrauenskrise zwischen dem König und seinen Untertanen führen sollte.

Die ehrgeizige Außenpolitik forderte insofern ihren Tribut, als sich der König seit einiger Zeit gezwungen sah, über die hergebrachten Finanzierungsmöglichkeiten hinaus nach neuen Geldquellen Ausschau zu halten. Bereits 1275 hatte das Parlament beschlossen, ihm die Erhebung eines Dauerzolls auf die Wollausfuhr *(Great Custom)* zu gestatten. Es stellte sich jedoch bald heraus, daß diese zusätzliche Einnahmequelle nicht im entferntesten in der Lage war, die chronische Geldnot des Königs zu lindern. Immer öfter sah sich Eduard genötigt, an seine Untertanen mit neuen Steuer- und Abgabeforderungen heranzutreten, wobei sich die Situation mit dem Beginn des Frankreichkrieges noch zusätzlich verschärfte, da Eduard sich in einem Netz von Bündnisverträgen, unter anderem mit den Grafen von Flandern, dem deutschen König Adolf von Nassau, dem Herzog von Brabant und zahlreichen anderen niederrheinischen und burgundischen Magnaten, verpflichtet hatte, seinen Partnern als Gegenleistung für die versprochene militärische Hilfe gegen den französischen König erhebliche Geldsummen zu zahlen, die aber erst noch aufgebracht werden mußten. Dazu hatte König Eduard mit seinen Verbündeten abgesprochen, selbst an der Spitze eines Invasionsheeres in Flandern zu landen, um von hier aus mit vereinten Kräften in Nordfrankreich einzufallen und dort die militärische Entscheidung zu suchen.

Da auch dieses Unternehmen finanziert werden mußte, nahm die

Steuer- und Fiskalpolitik des Königs immer rüdere Formen an, die 1296 zu einer ersten Krise führten, als der Erzbischof Robert Winchelsey von Canterbury und mit ihm zahlreiche Bischöfe die Zahlung einer von Eduard ausgeschriebenen Steuer verweigerten, indem sie sich auf die Bulle Papst Bonifaz VIII. *Clericis laicos* beriefen, wonach die Besteuerung der Kirche ohne ausdrückliche Zustimmung des Papstes untersagt wurde. König Eduard reagierte mit dem Entzug des königlichen Schutzes und der Beschlagnahme der weltlichen Kirchengüter, sofern die einzelnen Prälaten es nicht vorzogen, durch die Zahlung einer Buße, die in etwa der Höhe der Steuerforderung entsprach, diese Folgen abzuwenden.

Die Forderung des Königs, im Rahmen der lehnrechtlichen Dienstpflichten an dem geplanten Flandernunternehmen teilzunehmen, löste bei den Laienbaronen heftige Proteste aus, die trotz der Drohung des Königs, ihre Länder einzuziehen, ihre Mitwirkung an dem Invasionsunternehmen verweigerten, wobei sie in ihrer ablehnenden Haltung durch die gerade eintreffenden Nachrichten aus Schottland noch zusätzlich bestärkt wurden, wonach ein niederadliger Grundbesitzer, William Wallace, einen Aufstand gegen die englische Herrschaft entfesselt hatte.

Als Eduard dennoch im Sommer 1297 mit einem viel zu kleinen Heer nach Flandern aufbrach, trieb in England die Krise einem Höhepunkt zu.[75]

Gegenüber dem in zunehmendem Maße als autokratisch empfundenen Regierungsstil des Königs verlangte die sich nun formierende Opposition die Bestätigung und Respektierung der alten Freiheiten, die Abstellung von Mißbräuchen sowie die Zusicherung, Steuern und besondere Abgaben in Zukunft nur mit Zustimmung aller Betroffenen erheben zu wollen. In der *Confirmatio cartarum* (Oktober 1297),[76] die später noch durch die *Articuli super cartas* (1300)[77] ergänzt werden sollte, trug die königliche Regierung diesen Forderungen weitgehend Rechnung, wobei auch der abwesende König die getroffene Vereinbarung wenig später in Gent ausdrücklich bestätigte.

Mit diesem Erfolg der Oppositionspartei hatte sich gezeigt, daß selbst eine so starke Persönlichkeit wie Eduard nicht in der Lage war, sich über das Erbe Simons von Montfort hinwegzusetzen und in eine autokratische Alleinherrschaft zurückzufallen. Die „legalistische" Komponente der königlichen Politik schlug nun voll auf Eduard selbst zurück, der in der Folgezeit erfahren mußte, daß förmliche Untersuchungen *(inquests)* nicht nur gegen die Untertanen, sondern auch gegen den König geführt werden konnten, wobei man unter anderem zu dem Ergebnis kam, daß die Krone über die Hälfte des Dean-Waldes die Forsthoheit zu Unrecht ausübte.

Wenn Eduard auch – nach bewährtem Vorbild – im Jahre 1305 vom Papst die erteilten Zugeständnisse für nichtig erklären ließ, so konnte dieser Schritt doch nichts daran ändern, daß sich der Grundgedanke, den König an

Recht und Herkommen sowie bei allen Steuerforderungen an die Zustimmung der Betroffenen zu binden, durchgesetzt hatte.

Im übrigen änderte sich die außenpolitische Großwetterlage bald wieder zugunsten König Eduards. Nachdem König Philipp der Schöne im Kampf gegen die Flamen in der sogenannten „Sporenschlacht" von Kortrijk/Courtrai eine vernichtende Niederlage hatte einstecken müssen, zeigte er sich friedensbereit, so daß im Jahre 1303 im Vertrag von Paris ein Ausgleich erreicht wurde, der den Status quo vor Kriegsbeginn wiederherstellte. Die Gascogne sollte englisch bleiben, dafür wurde die französische Lehnshoheit ausdrücklich bestätigt.

Als 1305 der aus der Gascogne stammende Bertrand Got, der als Kleriker im Dienste König Eduards gestanden hatte, als Clemens V. zum Papst gewählt wurde, konnte auch der Streit mit der Kirche beigelegt werden. Robert Winchelsey, der aufsässige Erzbischof von Canterbury, wurde auf Drängen Eduards vom Papst suspendiert und ging ins Exil (1306).

In Schottland hatten die Aufständischen unter William Wallace zwar im September 1297 in der Schlacht bei Stirling Bridge das englische Aufgebot vernichtend geschlagen; in mehreren Feldzügen gelang es jedoch König Eduard in den folgenden Jahren, den schottischen Widerstand zu brechen und schließlich auch den Kopf der Aufstandsbewegung, William Wallace, in seine Hand zu bekommen, der nach einem politischen Schauprozeß in London zum grausamen Tod als Hochverräter verurteilt wurde (1305).

Als König Eduard im September 1305 im Rahmen eines auch von schottischen Magnaten besuchten Parlaments daran ging, die Regierung in Schottland neu zu ordnen, schien wieder einmal das Schicksal des Landes besiegelt zu sein. Doch bereits ein halbes Jahr später fand der Unabhängigkeitskampf der Schotten einen neuen politischen Führer in Gestalt des jungen Robert Bruce, eines Enkels des Thronanwärters von 1291, der im Februar 1306 einen englischen Lord in einem privaten Streit erschlug und nun die Flucht nach vorne antrat, indem er seine Landsleute zum Kampf gegen die Engländer aufrief und sich vom Bischof von Glasgow zum König von Schottland krönen ließ.

König Eduard reagierte mit grausamen Vergeltungsmaßnahmen gegenüber den Verwandten und Anhängern Roberts und schickte sich an, wieder mit Heeresmacht in Schottland einzufallen. Hierzu kam es aber nicht mehr, da Eduard am 7. Juli 1307 starb, ohne sein großes Ziel, die Unterwerfung Schottlands, erreicht zu haben. Dies sollte auch seinem Nachfolger, Eduard II., nicht gelingen. In der Entscheidungsschlacht von Bannockburn (1314) wurde das englische Invasionsheer vernichtend geschlagen, und einige Jahre später, in der berühmten Erklärung von Arbroath (1320), kleideten acht Earls und fast alle führenden Magnaten Schottlands den Anspruch auf Unabhängigkeit in die denkwürdigen

Worte: „So lange noch hundert von uns am Leben sein werden, sind wir gewillt, uns niemals unter die Herrschaft Englands zu beugen. Es ist nicht für Ruhm, Reichtümer oder Ehre, daß wir kämpfen; es ist allein für die Freiheit, die kein ehrenhafter Mann aufgibt, so lange er noch am Leben ist ..."[78]

Auch in der Folgezeit konnte das Land die hier proklamierte Unabhängigkeit behaupten, bis es im Jahre 1603 in Personalunion mit der englischen Krone vereinigt wurde.

III. Ursprünge und frühe Entwicklung des Parlaments

Schon mehrfach wurde eine Institution angesprochen, die nicht nur die englische Geschichte entscheidend geprägt hat, sondern die auch anderen Ländern als großes Vorbild auf dem Wege zu modernen Regierungsformen gedient hat: das englische Parlament.

Die Wurzeln dieser Einrichtung lassen sich auf die allgemeine lehnrechtliche Verpflichtung der Kronvasallen zurückführen, dem König nicht nur Waffendienst *(auxilium)*, sondern auch Rat *(consilium)* zu erweisen.

Diese feudale Pflicht konkretisierte sich schon in der Zeit der normannischen Könige in der Ratsversammlung, der *curia regis*, zu der der König Bischöfe, Äbte und Laienbarone seines Vertrauens hinzuzog.

Mit dem Ausbau der königlichen Zentralverwaltung und der damit einhergehenden Spezialisierung und Differenzierung der Aufgabenbereiche sonderten sich von der *curia regis* nicht nur die großen zentralen Gerichtshöfe *(Court of the King's Bench, Court of common Pleas)* ab, auch innerhalb der *curia regis* wurde nun zwischen der ständigen Ratsversammlung *(consilium regis)* und dem Großen Rat *(magnum consilium)*, einer nur von Fall zu Fall tagenden und durch die Hinzuziehung zusätzlicher Kronvasallen erweiterten Ratsversammlung, unterschieden. Im Laufe des 13. Jahrhunderts setzte sich für diese erweiterte Ratsversammlung die Bezeichnung „Parlament" *(parliamentum)* durch, wobei die „Beratung" des Königs der Tradition der *curia regis* gemäß oft in der Form erfolgte, daß im Sinne eines Gerichtshofes über politisch bedeutsame Streitfragen entschieden wurde.

Kann man also davon ausgehen, daß das Parlament zunächst mit dem Großen Rat identisch war, so entwickelte es sich doch im Laufe des 13. und 14. Jahrhunderts zu einer eigenständigen Institution mit zusätzlichen Aufgabenbereichen und einem neuen Selbstverständnis.

Dies äußerte sich bereits in der sich wandelnden personellen Zusammensetzung. Wurden die Mitglieder zunächst vom König allein nach seinem freien Ermessen berufen, so stieß vor allem die Praxis Heinrichs III., den ständigen (kleinen) Rat vornehmlich mit Franzosen aus dem Verwandtenkreis der königlichen Familie zu besetzen und den Großen Rat, zu dem normalerweise ein Großteil der Kronvasallen hinzugezogen wurde, kaum einzuberufen, auf den Widerstand der Magnaten, die in den Provisionen von Oxford und Westminster (1258/59) dafür sorgten, daß regelmäßig tagende „Parlamente" – zusammengesetzt aus den Räten des Königs und gewählten Vertretern der baronialen Opposition – die königliche Regierung überwachten. In den Parlamenten von 1264 und 1265 ging Simon von Montfort noch einen Schritt weiter, indem er, um die Reformbewegung auf eine breitere Grundlage zu stellen, nicht nur Magnaten und Barone, sondern auch Vertreter der Grafschaftsritter und der Städte zur Teilnahme einlud.

Diese Praxis wurde von König Eduard I. – wenn auch noch keineswegs kontinuierlich – fortgesetzt, wobei im sogenannten „Model Parliament" (1295) neben den Prälaten, Magnaten und Baronen auch Vertreter der Grafschaftsritter, der Städte und des Diözesanklerus berufen wurden, die – mit entsprechenden Vollmachten ausgestattet – nicht nur für sich selbst, sondern für ihre Gemeinschaften *(communitates)*, das heißt Grafschaften, Städte und Diözesen, sprachen und diese dann auch durch ihre Beschlüsse entsprechend verpflichteten.

Mit der gewandelten personellen Zusammensetzung wandelte sich auch das Selbstverständnis der neuen Institution, deren Mitglieder sich nicht mehr nur als Räte und Richter des Königs verstanden, die nur über vom König vorgelegte Fragen zu beraten und zu entscheiden hatten; mit dem Anspruch, dem König gegenüber die Gesamtheit des Reiches *(universitas regni)* zu vertreten, machten Magnaten, Ritter und Bürger im Laufe des 14. Jahrhunderts das Parlament zum entscheidenden Forum, wo nicht nur Gericht gehalten wurde, sondern auch über bedeutsame politische Fragen beraten sowie über die Erhebung von Steuern und Abgaben, gesetzliche Maßnahmen *(Statute Law)*, aber auch über Beschwerden gegen den Regierungsstil des Königs oder die Amtsführung seines Herrschaftsapparates entschieden wurde.

Das sogenannte „Model Parliament" von 1295 hatte dabei allerdings für die Zukunft insofern keinen Modellcharakter, als sich die hier praktizierte Repräsentationsform des Landes in der Folgezeit nicht durchgesetzt hat.

Im Gegensatz zum Kontinent, wo Adel, Klerus und Bürgertum jeweils einen eigenen Stand im Rechtssinne bildeten, wurde die Entwicklung in England bekanntlich durch die Ausbildung zweier Repräsentationskörperschaften, der Lords und der Commons, geprägt. Während sich die Lords aus den vom König persönlich geladenen Prälaten, Earls und Baronen zusammensetzten und bald eine erbliche, an den adligen Grundbesitz gebundene „Peerage" bildeten, wuchsen seit 1340 niederadlige Grafschaftsritter, Freibauern und Bürger in der Körperschaft der Commons zu einer – auf dem Kontinent kaum vorstellbaren – politischen Interessengemeinschaft zusammen, die in der Folgezeit geradezu einen neuen Stand im Rechtssinne bildete. Die schon früh getrennt erfolgenden Beratungen der beiden Gremien führten in den letzten Jahrzehnten des 14. Jahrhunderts auf seiten der Commons zur Wahl eines ständigen Sprechers *(speaker)* sowie später dann auch zur Ausbildung der beiden Kammern des Parlaments, des Ober- und Unterhauses (House of Lords, House of Commons).

Dritter Teil

Krisen und neue Antriebskräfte

Siebentes Kapitel
Krise der Königsherrschaft und Krieg mit Frankreich

I. Krise der Königsherrschaft. König Eduard II.

König Eduard II., der nach dem Tode seines Vaters den englischen Thron bestieg, verfügte weder über die Willensstärke und Tatkraft noch über die staatsmännische Begabung seines Vorgängers. Von Natur aus gutmütig und labil, stand er noch zu Lebzeiten des Vaters bereits ganz unter dem Einfluß von Piers Gaveston, dem Sohn eines aus der Gascogne eingewanderten französischen Ritters. Der alte König hatte, um das allem Anschein nach homosexuell motivierte Verhältnis zu beenden, Piers Gaveston 1307 aus dem Lande verbannt. Nach seiner Thronbesteigung rief Eduard II. jedoch bald den Freund zurück, überhäufte ihn mit Gunstbeweisen und machte ihn zum Earl von Cornwall. Vor allem gegen diesen Mann, den man als Emporkömmling betrachtete, der aber im königlichen Rat eine Monopolstellung einnahm, richtete sich der Haß einer wachsenden Magnatenopposition unter der Führung des Vetters des Königs, des Earls Thomas von Lancaster. Dazu kam, daß der junge König angesichts der gewaltigen Schuldenlast von 200000 Pfund, die er von seinem Vater übernommen hatte, keinerlei Anstalten machte, die zerrütteten Finanzen der Krone wieder zu konsolidieren, sondern im Gegenteil durch eine verschwenderische Hofhaltung noch dazu beitrug, daß der Schuldenberg weiter anstieg.

Im Jahre 1310 mußte Eduard der Einsetzung einer Kommission von 21 *Ordainers* – bestehend aus Bischöfen und weltlichen Lords – zustimmen, die Vorschläge zur Abstellung der Mißstände auszuarbeiten hatte. Die Ergebnisse der Kommission wurden im folgenden Jahr (1311) im Parlament gebilligt und dem König in der Form eines Forderungskataloges von 40 Artikeln, den *Ordinances*,[79] präsentiert.

Diese *Ordinances* zielten in ihrem Kern zunächst darauf ab, das alte feudale Beratungsmonopol der Magnaten sowie deren Einfluß bei der Besetzung hoher Staatsämter wiederherzustellen und die bisherigen „schlechten“ Ratgeber des Königs, vor allem Piers Gaveston, aus ihren Ämtern zu entfernen und aus dem Reich zu verbannen. Außerdem richteten sich die Forderungen der Magnatenopposition gegen die bereits schon von König Eduard I. praktizierte Tendenz, den königlichen Haushalt mit seinem Kernstück, der Garderobe *(wardrobe)*, zu einer leistungsfähigen Finanz- und Regierungsbehörde des Königs mit eigener Siegelführung *(privy seal)* auszubauen, mit deren Hilfe es dem König möglich war, an den von den Magnaten kontrollierten „offiziellen" Staatsämtern, der Kanzlei *(chancery)* und dem Schatzamt *(exchequer)* vorbei Regierungshandlungen und finanzielle Transaktionen vorzunehmen.

Unter dem Druck der geschlossen auftretenden Opposition sah sich der König gezwungen, nachzugeben und die *Ordinances* zu bestätigen, was in der Praxis vor allem bedeutete, daß von nun an nach bewährtem Vorbild die 21 *Ordainers* als ständiger Magnatenrat die Regierungshandlungen des Königs zu überwachen hatten und daß Gaveston unter Androhung der Acht aufgefordert wurde, das Land zu verlassen.

Eduard dachte jedoch nicht daran, die zugesagten Versprechungen auch loyal zu erfüllen. Bald traf er sich mit seinem alten Freund Gaveston wieder, um mit ihm Pläne zur Wiederherstellung der königlichen Alleinherrschaft zu schmieden. Während der König in den Norden des Landes auswich und hier Anhänger gegen die Magnatenopposition um sich sammelte, fiel Piers Gaveston jedoch in die Hände seiner Todfeinde, die unter Führung des Earls Thomas von Lancaster sofort kurzen Prozeß mit dem Gefangenen machten und ihn – ohne förmliches Verfahren – hinrichten ließen. Obwohl Gaveston offiziell als geächtet galt, wurde die Tat nicht nur vom König, der dem Untergang seines Freundes in ohnmächtiger Verbitterung zusehen mußte, sondern auch von einem Teil der Magnaten als recht- und gesetzlos empfunden, wodurch die bisher geschlossen operierende Partei der *Ordainers* aufgespalten wurde.

Während Thomas von Lancaster sich voller Groll abseits hielt, versöhnte sich eine gemäßigte Gruppe von Magnaten unter der Führung des Earls von Pembroke mit Eduard, der sich nun daran machte, das Lebensziel seines Vaters, die Eroberung Schottlands, zu Ende zu führen. Das Unternehmen endete jedoch mit der militärischen Katastrophe von Bannockburn (1314). Als Geschlagener – nur mit Mühe der Gefangenschaft entronnen – kehrte Eduard nach England zurück, wo die Magnatenopposition unter Thomas Lancaster wieder Auftrieb erhielt und erneut die *Ordinances* durchsetzen konnte.

Der König stützte sich als Gegengewicht auf einen neuen Kreis von Günstlingen, in dem bald zwei Männer, Hugh Despenser und dessen gleichnamiger Sohn, eine Schlüsselposition einnahmen. Getragen von der Gunst des Königs und mit Hilfe einer rücksichtslosen Erwerbspolitik gelang es Vater und Sohn in der Folgezeit, eine beachtliche Hausmacht im Grenzgebiet von Wales aufzubauen und immer mehr Einfluß auf den Herrschaftsapparat zu erlangen. Die wachsende Polarisierung zwischen dem König und seinen Günstlingen auf der einen und der Magnatenpartei unter Thomas von Lancaster auf der anderen Seite entlud sich 1321/22 in einem bewaffneten Konflikt, den König Eduard in der Schlacht von Boroughbridge/Yorkshire (1322) für sich entscheiden konnte. Thomas von Lancaster fiel dabei in die Hand Eduards, der ihn ohne förmliches Verfahren mit einigen Vertrauten zum Tode verurteilen und hinrichten ließ (März 1322).

Noch war der König mit seinen Günstlingen Sieger geblieben. Das Verhängnis, das nicht nur über die Despensers hereinbrechen, sondern auch zur persönlichen Tragödie Eduards führen sollte, wurde weder von den Magnaten noch vom Parlament, sondern von der eigenen Familie des Königs ausgelöst.

Eduard war seit 1308 mit Isabella, der Tochter des französischen Königs Philipp des Schönen verheiratet, einer ehrgeizigen Frau, die sich in zunehmendem Maße durch das Günstlingsregiment des Königs um ihren politischen Einfluß gebracht sah. Im Jahre 1325 nutzte sie eine Mission nach Frankreich, in der sie, begleitet vom Thronfolger Eduard, im Dauerkonflikt zwischen König Eduard und ihrem Bruder, dem französischen König Karl IV., vermittelte, dazu, eine Verschwörung gegen das Günstlingsregiment ihres Ehemannes in die Wege zu leiten. Dabei nahm sie vor allem Kontakte zu Roger Mortimer auf, einem walisischen Grundherrn, dem es kürzlich gelungen war, aus englischer Haft an den französischen Königshof zu fliehen.

Als die Königin zusammen mit dem Thronfolger und Roger Mortimer, der inzwischen als ihr Liebhaber galt, im nächsten Jahr (1326) mit einer kleinen, in Flandern angeworbenen Streitmacht in Suffolk landete und dort zum Sturz der Despensers aufrief, schlossen sich ihr zahlreiche Magnaten des Landes an. Auch in London kam es zu schweren Ausschreitungen gegen vermeintliche Parteigänger der Despensers. Ohne auf nennenswerten Widerstand zu stoßen, gelang es der Königin und ihrem Anhang bald, den König und die beiden Despensers zu ergreifen. Während Vater und Sohn Despenser sofort als notorische Hochverräter hingerichtet wurden, wurde der König auf der Burg Kenilworth gefangengesetzt und dann auf einem im Januar 1327 nach London einberufenen Parlament für abgesetzt erklärt. Eine Parlamentsdeputation teilte ihm den Beschluß mit und nötigte ihn unter Drohungen, förmlich zugunsten seines Sohnes (Eduard III.) abzudanken. Der abgesetzte König wurde dann in sicheren Gewahrsam nach Berkeley gebracht. Nach zwei mißglückten Befreiungsversuchen verbreitete sich im September 1327 die Kunde, daß der gefangene König verstorben sei, wobei alles dafür spricht, daß Eduard, der, solange er lebte, noch eine Gefahr für die Königin und ihren Liebhaber bildete, auf Geheiß Roger Mortimers umgebracht wurde.

II. Die Anfänge Eduards III. und der Krieg mit Schottland und Frankreich bis zum Frieden von Brétigny (1360)

1. Die Anfänge König Eduards III.

Nach der Krönung des vierzehnjährigen Eduard III. zum König (1. Februar 1327) benutzte Roger Mortimer seinen Einfluß auf die Königin, die eigene Machtposition in seiner walisischen Heimat und am königlichen Hof auszubauen. Ohne außenpolitischen Ehrgeiz, erkannte er im Vertrag von Northampton (1328) Robert Bruce als König eines von England unabhängigen Schottland an, wobei gleichzeitig ein Heiratsabkommen geschlossen wurde, das die Vermählung des fünfjährigen schottischen Thronfolgers David mit Johanna, der Schwester König Eduards III., vorsah.

Der Vertrag wurde in England als wenig ehrenvoll empfunden, und auch sonst machte sich Roger Mortimer durch sein selbstherrliches Regiment wenig Freunde. So bedurfte es nur noch eines entschlossenen Führers, der sich an die Spitze der Oppositionsbewegung setzte, um Mortimer zu Fall zu bringen. Eine solche Führergestalt erwuchs den Unzufriedenen in der Person des jungen Königs, der im Gegensatz zu seinem Vater über typische Herrschereigenschaften wie Entschlossenheit und Durchsetzungsvermögen verfügte und mit wachsendem Mißmut das Günstlingsregiment seiner Mutter und ihres Liebhabers beobachtete, das über kurz oder lang auch zu einer Bedrohung der königlichen Autorität an sich führen mußte. Im Oktober 1330 drang der junge König an der Spitze einer Handvoll Verschworener durch einen Geheimgang in das befestigte Schloß Nottingham ein, wohin sich Mortimer mit der Königin zurückgezogen hatte. Ungeachtet der flehenden Bitten der Königin wurde Mortimer ergriffen, nach London geschafft und dort als Hochverräter und Königsmörder abgeurteilt und hingerichtet; seine Güter wurden für die Krone eingezogen. Der Mutter gegenüber erwies sich der König gnädiger. Sie wurde zwar vom Hofe entfernt und mußte die Güter, die sie sich während der Liaison mit Mortimer angeeignet hatte, herausgeben, konnte sich aber bis zu ihrem Tode (1358) frei im Lande bewegen.

Mit Energie und Tatkraft nahm der inzwischen neunzehnjährige König Eduard nun die Zügel der Regierung selbst in die Hand. Der Tod König Roberts von Schottland (1329) stürzte das Land in Wirren, die Eduard die Möglichkeit eröffneten, den Vertrag von Northampton aufzukündigen und die Schotten wieder zur Anerkennung der englischen Lehnshoheit zu zwingen (1333). Doch zur endgültigen Unterwerfung des Landes kam es wieder nicht, da die Kräfte Englands von nun an durch die große militärische Auseinandersetzung mit Frankreich, den Hundertjährigen Krieg, gebunden wurden.

2. Der Ausbruch des Hundertjährigen Krieges und der Kriegsverlauf bis zum Frieden von Brétigny (1360)

Die Ursachen, die zum Ausbruch dieses Konfliktes führten, sind vielfältig. Wie auch früher in den Beziehungen zwischen den beiden Ländern spielte das Bestreben des französischen Königtums, die Lehnshoheit über die Gascogne dazu zu nutzen, in den betroffenen Gebieten politischen Einfluß und unmittelbare Herrschaftsgewalt zu erlangen, eine entscheidende Rolle, wobei man durchaus auch auf das Vorbild König Eduards I. verweisen konnte, der in analoger Weise versucht hatte, seine für Schottland behauptete Lehnshoheit in unmittelbare Herrschaft umzusetzen.

Neben der Gascogne trugen auch die englisch-schottischen Beziehungen in den dreißiger Jahren des 14. Jahrhunderts zur Verschärfung des politischen Gegensatzes zwischen England und Frankreich bei, da der schottische König David II., der vor den englischen Truppen aus seinem Lande geflohen war, Aufnahme und offizielle Unterstützung am französischen Königshof gefunden hatte.

Daneben wurden elementare englische Wirtschaftsinteressen durch die Versuche Frankreichs, in Flandern Fuß zu fassen, berührt, da die flämische Tuchindustrie als Hauptabnehmerin der englischen Wolle eine wichtige Stütze der englischen Wirtschaft bildete.

Endlich beanspruchte die englische Krone seit dem Ende des 13. Jahrhunderts eine rechtliche und faktische „Souveränität" über das Meer, das beide Länder trennte, was bedeutsame Auswirkungen auf die Beherrschung der wichtigen Handelsverbindungen im Nordsee- und Atlantikraum haben mußte und was daher entschieden von der französischen Monarchie bestritten wurde, so daß auch hier letzten Endes die Waffen entscheiden mußten.

Den unmittelbaren Anlaß zur Eröffnung der militärischen Auseinandersetzungen bot der französische König, indem er im Mai 1337 die Gascogne für die französische Krone konfiszierte und teilweise militärisch besetzen ließ, mit der Begründung, König Eduard habe seine Vasallenpflichten verletzt, da er Robert von Artois, einem politischen Gegner des französischen Königs, Zuflucht an seinem Hofe geboten habe.

In dieser Situation setzte Eduard eine juristische Waffe ein, die dem Konflikt eine völlig neue Dimension verlieh. Obwohl er 1329 dem französischen König Philipp VI. Valois noch die Lehnshuldigung geleistet hatte, stritt er diesem nun die Berechtigung zum Besitz der Krone ab und erhob selbst Ansprüche auf den französischen Königsthron.

Im Jahre 1328 war mit dem Tode König Karls IV., eines Sohnes Philipps des Schönen, der kinderlos starb, das kapetingische Königshaus in direkter Linie erloschen.

Eduard III. konnte als Enkel Philipps des Schönen im Vergleich zu

Philipp Valois, einem Neffen dieses Königs, in der Tat auf ein näheres Verwandtschaftsverhältnis zur französischen Königsfamilie verweisen. Sein Erbanspruch hatte jedoch einen entscheidenden Schönheitsfehler: Er wurde über seine Mutter Isabella als Tochter Philipps des Schönen, und damit über eine Frau, vermittelt, während die französischen Rechtsgelehrten für Frankreich am sogenannten „salischen Thronfolgerecht" festhielten, das ganz auf der agnatischen Erbfolgeordnung beruhte, wonach nur über Männer verwandte Männer und deren Linien Erbansprüche erheben konnten. Dennoch nahm Eduard jetzt, da Philipp sich nicht verständigungsbereit zeigte, diesen Anspruch zunächst inoffiziell, später auch in der offiziellen Titelführung auf, was für ihn den Vorteil hatte, daß der Konflikt nun nicht mehr als Rebellion eines ungehorsamen Vasallen gegenüber seinem Lehnsherrn, sondern als Krieg zweier gleichberechtigter Monarchen um die französische Königskrone erschien. Bundesgenossen für die bevorstehenden militärischen Auseinandersetzungen fand König Eduard zunächst in einigen niederrheinischen Fürsten, die durch umfangreiche Pensionszahlungen in der Form von Rentenlehen angeworben wurden, sowie in der Person des römisch-deutschen Kaisers Ludwig des Bayern, der Eduard sogar zum Reichsvikar ernannte und damit dessen niederrheinische Bündnispolitik auch vom Reich her legitimierte. Wichtiger waren jedoch die reichen flämischen Städte, die unter dem Eindruck der Allianz zwischen ihrem Landesherrn, dem Grafen Ludwig von Nevers, und dem französischen König um ihre Selbständigkeit fürchteten. Nachdem König Eduards Versuch, den Grafen durch ein Wollembargo (1336) auf seine Seite zu zwingen, fehlgeschlagen war, rebellierten die Städte, die bei der Tuchproduktion auf die englische Wolle angewiesen waren, gegen ihren Landesherrn und schlossen sich Eduard an.

Der erste große militärische Schlagabtausch zwischen den verfeindeten Lagern erfolgte im Jahre 1340 in der Form einer Seeschlacht vor dem flämischen Hafen Sluys, die mit einem vollständigen Sieg der englischen Flotte endete. Aber erst 1345 entschloß sich Eduard nach einem kurzen Waffenstillstand, die militärische Entscheidung auf dem Kontinent zu suchen. Während sich der König selbst nach Flandern wandte, wurde ein weiteres Kontingent in Richtung Gascogne in Marsch gesetzt, mit dem Ziel, die eingedrungenen Franzosen zu vertreiben. Ein drittes Expeditionsheer landete schließlich in der Bretagne, wo Streitigkeiten um die Nachfolge im Herzogtum König Eduard bereits 1342 Gelegenheit zum militärischen Eingreifen gegeben hatten, wobei es den Engländern, unterstützt von einem Teil des einheimischen Adels, immerhin gelungen war, an der Küste Fuß zu fassen.

Wenn auch König Eduard selbst in Flandern nicht viel ausrichten konnte, so waren seine Heerführer in der Gascogne und der Bretagne umso erfolgreicher.

Während es Heinrich von Grosmont, dem Earl von Lancaster, nicht nur gelang, König Philipps Besatzungstruppen aus der Gascogne zu vertreiben, sondern darüber hinaus weit nach Norden bis Poitiers vorzustoßen, schlugen die in die Bretagne eingedrungenen Engländer unter der Führung von Sir Thomas Dagworth und dem Earl von Northampton ihre Gegner entscheidend bei St. Pol de Léon (1346) und brachten schließlich durch die Schlacht bei La Roche-Derrien (1347) bis zum Sommer 1347 die gesamte Bretagne unter englische Kontrolle.

Zur Unterstützung dieser militärischen Operationen fiel im Juli 1346 außerdem König Eduard selbst mit einem Invasionsheer von ca. 12000 Mann in die Normandie ein. Es gelang, Caen zu nehmen und in das Landesinnere vorzustoßen, wobei die Engländer allerdings Gefahr liefen, von der See und ihrer Flotte als Versorgungsbasis abgeschnitten und von überlegenen Feindkräften vernichtet zu werden. Diese Gefahr drohte auch Wirklichkeit zu werden, als Eduard feststellen mußte, daß der französische König ein wahrscheinlich doppelt so starkes Ritterheer zusammengezogen hatte, das sich bald an seine Fersen heftete und schließlich in der Nähe von Crécy-en-Ponthieu das englische Aufgebot zur Schlacht stellte (26. 8. 1346).

Hier zeigte sich jedoch, daß die Engländer aus den Kriegen in Wales und Schottland gelernt und die neuen Zeichen der Zeit im militärischen Bereich besser erkannt hatten als ihre französischen Gegner. Während die Franzosen, vertrauend auf ihre zahlenmäßige Überlegenheit, glaubten, die Schlacht offensiv durch den traditionellen Ritterangriff auf die englischen Stellungen entscheiden zu können, hatte König Eduards Heer eine streng defensive Position bezogen: abgesessene Ritter, Fußsoldaten und Bogenschützen erwarteten gemeinsam den Gegner. Als besonders wirksame Waffe erwiesen sich dabei die englischen Langbogenschützen, deren militärischen Wert bereits König Eduard I. in den Kriegen mit den Walisern schätzen gelernt hatte. Die in mehreren Wellen angreifenden französischen Ritter wurden mit einem Geschoßhagel von Pfeilen eingedeckt, die auch die schweren Rüstungen durchschlugen und in wenigen Stunden zu einer katastrophalen Niederlage des französischen Heeres führten. Über 1500 französische Ritter blieben als Tote auf dem Schlachtfeld, unter anderem der Bruder des Königs, der Herzog von Lothringen, der Graf von Flandern und auch der mit den Franzosen verbündete blinde König Johann von Böhmen, der Vater des römisch-deutschen Königs Karl IV., der es sich groteskerweise nicht hatte nehmen lassen, sein Aufgebot persönlich in die Schlacht zu führen. Nach diesem Sieg hatte König Eduard seine Handlungsfreiheit wieder zurückgewonnen. Sein nächstes Ziel war die für den Nachschub und die englische Wollausfuhr wichtige Stadt Calais, die nach tapferer Gegenwehr im August 1347 die Waffen strecken mußte und die von nun an als ein englischer Vorposten auf dem

Festland über zwei Jahrhunderte im Besitze Englands bleiben sollte. Noch während der Belagerung von Calais traf auch vom schottischen Kriegsschauplatz eine Siegesnachricht ein. Bei Neville's Cross in der Nähe von Durham war es einem englischen Aufgebot unter Führung des Erzbischofs von York und der Barone der nördlichen Grenzgebiete gelungen, die in Nordengland eingedrungenen Schotten vernichtend zu schlagen und ihren König David II. gefangenzunehmen.

Als die Franzosen im Herbst 1347 einem siebenjährigen Waffenstillstand zustimmten, konnte König Eduard als Sieger und Triumphator in die Heimat zurückkehren. Das Parlament, das sich noch zu Beginn des Krieges wenig zugänglich gezeigt hatte, bewilligte in der Folgezeit anstandslos die geforderten Gelder. Der Krieg, der ganz im Sinne einer Fehde zwischen den Häusern Valois und Plantagenet um feudale Rechtsansprüche begonnen hatte, war zum nationalen Anliegen geworden. Selbst über die Grenzen der betroffenen Länder hinaus drang Eduards militärischer Ruhm, so daß nach dem Tode Kaiser Ludwigs des Bayern (1348) ein Teil der deutschen Kurfürsten ihm sogar die römisch-deutsche Kaiserkrone anbot, wobei Eduard allerdings klug genug war, dieses Angebot abzulehnen.

Nach ergebnislosen Vermittlungsbemühungen des avignonensischen Papsttums flammte im Jahre 1355 der Krieg wieder auf. In Frankreich war inzwischen Johann der Gute (1350–1364) seinem Vater Philipp als König nachgefolgt, während König Eduard die Gascogne und die Kriegführung in Südwestfrankreich seinem tatkräftigen ältesten Sohn Eduard, nach seiner schwarzen Rüstung der Schwarze Prinz genannt, anvertraut hatte. Die zweite große militärische Entscheidung im Hundertjährigen Krieg fiel, als König Johann am 19. September 1356 mit einem weit überlegenen Heer den Schwarzen Prinzen, der vergeblich gehofft hatte, mit seiner eher bescheidenen Streitmacht nach Süden ausweichen zu können, bei Maupertuis in der Nähe von Poitiers zur Schlacht stellte. Doch wieder begingen die Franzosen den Fehler, das englische Aufgebot von Rittern, Fußkämpfern und Bogenschützen, das in dem unübersichtlichen, von Hecken durchzogenen Gelände eine gute Verteidigungsposition bezogen hatte, anzugreifen. Wieder wurden die Wellen der angreifenden Ritter vom Geschoßhagel der Bogenschützen empfangen, und wieder war nach wenigen Stunden die Katastrophe vollkommen, wobei es den Franzosen auch nichts nützte, daß sie abgesessen kämpften.

Als man auf der Seite der Sieger die lange Reihe der Gefangenen durchmusterte, entdeckte man, daß man einen besonders guten Fang gemacht hatte; denn unter ihnen befand sich auch der französische König Johann selbst, dem es nicht mehr gelungen war, vom Schlachtfeld zu entkommen.

Der kostbare Gefangene mußte zunächst einem Waffenstillstandsabkommen zustimmen und wurde dann bis zum Eintreffen des für seine Freilassung ausgehandelten Lösegeldes in sicheren Gewahrsam nach England gebracht.

Die Schlacht von Maupertuis stürzte Frankreich in eine schwere Krise. Während sich der Thronfolger mit Karl dem Bösen von Navarra und einer starken Oppositionsgruppe in Paris herumschlug, löste der Versuch der adligen Grundbesitzer, die von den Engländern geforderten Lösegelder von der Landbevölkerung zu erpressen, einen gefährlichen Bauernaufstand, die *Jacquerie,* aus, der nur mit Mühe niedergeschlagen werden konnte.

Nach jahrelangen Verhandlungen, immer wieder unterbrochen durch militärische Auseinandersetzungen, einigten sich die Gesandten der beiden kriegführenden Länder im Mai 1360 endlich in Brétigny bei Chartres über einen gegenseitigen Friedensvertrag.

König Eduard versprach, offiziell auf seinen französischen Thronanspruch zu verzichten, und sollte dafür ein um die Gebiete Poitou, Quercy, Limousin und Agenais vergrößertes Herzogtum Aquitanien erhalten, das den englischen Königen nicht mehr als französisches Kronlehen, sondern als freies Allodgut mit voller Souveränität zustehen sollte. Dazu wurde außerdem die englische Herrschaft in Calais und den benachbarten Gebieten Ponthieu und Montreuil bestätigt. Endlich verpflichteten sich die Franzosen, für ihren immer noch gefangenen König ein Lösegeld in Höhe von 3 Millionen Goldkronen aufzubringen.

Dieser Vertrag wurde im Oktober 1360 in Calais von den beiden Königen Eduard und Johann feierlich ratifiziert, wobei jetzt allerdings Eduards Thronverzicht und das französische Zugeständnis voller Souveränität über Aquitanien in einem gesonderten Dokument verbrieft wurden, das aber den Vollzug dieser Vereinbarungen erst in einigen Wochen vorsah. Da dieser am Ende ganz unterblieben ist, konnte sich der französische König Karl V. später darauf berufen, daß der französische Verzicht auf die Lehensherrschaft über Aquitanien nie wirksam geworden sei.

Zunächst aber schien es so, als sei der Krieg nun auf Dauer beendet. Eduard III. hatte zwar nicht alles erreicht, was er angestrebt hatte, dennoch konnte er zufrieden sein. Er hatte sich gegenüber seinen Gegnern politisch und militärisch weitgehend durchgesetzt, und die englische Herrschaft auf dem Kontinent schien auf Dauer und in einem beachtlichen territorialen Umfange gesichert zu sein.

Achtes Kapitel
Pest, Krieg und innere Konflikte. England von der zweiten Hälfte des 14. Jahrhunderts bis zum Tode König Heinrichs IV. (1413)

I. Hungersnot, Pestepidemien und Kriegsfolgen. Die englische Wirtschafts- und Sozialordnung im Wandel

1. Hungersnot, Pestepidemien und ihre Folgen

Während die beiden vorangegangenen Jahrhunderte noch ganz im Zeichen von wirtschaftlichem Aufschwung und Prosperität standen, mehrten sich seit dem Beginn des 14. Jahrhunderts die Anzeichen dafür, daß die Grenzen des Wachstums erreicht waren. So lösten katastrophale Mißernten in den Jahren 1315 und 1317 eine europaweite Hungersnot und Agrarkrise aus, die in England durch Viehseuchen noch zusätzlich verschärft wurde. Die hierdurch verursachte erhöhte Sterblichkeit, vor allem bei den Kleinbauern, konnte jedoch den immer noch ungebrochenen Aufwärtstrend in der Bevölkerungsentwicklung nicht hemmen oder gar umkehren. Dies bewirkte erst eine zweite Katastrophe, die in ihrem Ausmaß und in ihren Folgen alles bisher Dagewesene in den Schatten stellte. Die Beulen- und Lungenpest, von den späteren Zeitgenossen „Schwarzer Tod" genannt, erreichte auf ihrem verheerenden Zug durch ganz Europa im Juni 1348 auch England.

Medizinisch gesehen handelt es sich dabei eigentlich um eine Krankheit bei Nagetieren, vor allem Ratten, die über Flöhe auch auf den Menschen übertragen werden kann. Da das die Krankheit auslösende Pestbakterium *(pasteurella pestis)* erst gegen Ende des letzten Jahrhunderts entdeckt wurde, stand die mittelalterliche Medizin dieser Herausforderung noch praktisch hilflos gegenüber.

Von den Küstenstädten Dorsets aus verbreitete sich die Seuche 1348/49 schlagartig über das ganze Land. Bereits 1361/62 wurde England von einem zweiten Ausbruch heimgesucht, dem in unregelmäßigen Abständen bis zum Ende des 15. Jahrhunderts noch zahlreiche kleinere Epidemien folgten.

Die Folgen waren katastrophal. Die Bevölkerung des Landes, die trotz der zu Beginn des 14. Jahrhunderts erlittenen Verluste dennoch einen Stand von fünf bis sechs Millionen erreicht haben dürfte, wurde in der relativ kurzen Zeitspanne von 1348 bis 1377 um mindestens 40 Prozent, vielleicht sogar um die Hälfte, reduziert, wobei dieser demographische Abwärtstrend bis weit in die zweite Hälfte des 15. Jahrhunderts anhielt.

Es liegt auf der Hand, daß der sich hier abzeichnende dramatische Bevölkerungsrückgang tiefgreifende Auswirkungen auf das gesamte Wirtschafts- und Sozialgefüge des Landes haben mußte. Die Folgen dieser Entwicklung äußerten sich auf dem Lande in einer deutlichen Verknappung der menschlichen Arbeitskraft, die von den Lohnarbeitern und Kleinbauern gestellt wurde und die nun grundsätzlich teurer bezahlt werden mußte. Außerdem bestand die Gefahr, daß für agrarische Produkte, gemessen an den bisherigen Kapazitäten, die Nachfrage zurückging, so daß ein anhaltender Preisverfall vorauszusehen war. Endlich führte die Entvölkerung ganzer Landstriche nicht nur zur Ausbildung der auch auf dem Kontinent bekannten „Wüstungen", sondern auch dazu, daß der bisher teure Grund und Boden drastisch an Wert verlor.

Dies alles ging natürlich zu Lasten der großen Grundbesitzer, der Lords, die bisher mit ansehnlichem Profit ihre Domänen bewirtschaften konnten und denen es nicht selten gelungen war, den „Landhunger" als Folge des Bevölkerungsdrucks als wirksamen Hebel zur Verschärfung der Arbeits- und Abgabebedingungen ihrer Bauern einzusetzen.

Der jetzt gestiegene Wert der Arbeitskraft ließ ein völlig neues Selbstbewußtsein innerhalb der überlebenden Dorfbevölkerung entstehen. Man versuchte, die „Marktgesetze" zu nutzen und sich dem zu verdingen, der am meisten bot. Eine bis dahin nie gekannte Mobilität in den Dienstverhältnissen war die Folge, die alte, oft über Jahrhunderte konstante Bindungen aufhob und die alte *Manor*-Verfassung in ihrem Kernbereich zu treffen drohte.

Im Gegenzug waren die Lords bestrebt, ihre elitäre Rechts- und Herrschaftsposition in ihrem Sinne zu nutzen, indem man im Zweifel vom unfreien Status der Bauern ausging und versuchte, diese „unfreie", nicht unter dem Schutz des Common Law und der Königsgerichte stehende Bevölkerung höher als bisher zu belasten oder bisherige Geldabgaben wieder in Dienstverpflichtungen umzuwandeln. Während man selbst den eigenen Hörigen jegliches Recht auf Freizügigkeit bestritt, scheint man andererseits wenig Skrupel besessen zu haben, von anderen Grundherrschaften weggezogene oder geflohene Arbeitskräfte anzuwerben, ohne lange nach ihrem Rechtsstatus zu fragen.

Die betroffene Dorfbevölkerung wehrte sich begreiflicherweise gegen diese Praktiken, indem man die persönliche Unfreiheit bestritt und versuchte, unter Berufung auf das *Domesday Book*, das in der Tat nur relativ wenige persönliche Unfreie kannte, die im Laufe des 13. Jahrhunderts eingetretene Statusverschlechterung wieder rückgängig zu machen.

Königtum und Parlament reagierten im wesentlichen im Interesse der

Lords, was vor allem in einer dirigistischen Preis-, Lohn- und Arbeitsgesetzgebung zum Ausdruck kam.[80] So bestimmte das *Statute of Labourers* vom Jahre 1351, dem bereits 1349 eine entsprechende königliche Verordnung vorausgegangen war, daß Löhne und Preise auf dem Stande von 1346 eingefroren werden sollten. Scharfe Bestimmungen richteten sich gegen die Mobilität der Lohnarbeiter, wobei den Lords der Anspruch auf die Dienste der bei ihnen angesessenen Hörigen feierlich bestätigt und die Aufnahme fremder Höriger in die eigenen Dienste untersagt wurde.

Obwohl das Statut, dessen Einhaltung von einer besonderen Kommission überwacht wurde, allem Anschein nach zunächst auch in einem gewissen Ausmaß respektiert wurde, hatte diese Art von Interessenwahrung in der Form dirigistischer Zwangsmaßnahmen jedoch auf die Dauer keine Chance. Gegen Ende des 14. Jahrhunderts waren die Landarbeiterlöhne im Vergleich zum Jahre 1346 fast auf das Doppelte angestiegen, und es deutet nichts darauf hin, daß es gelungen war, die wachsende Mobilität bei der Auflösung und Begründung von Dienstverhältnissen einzudämmen.

Die Grundherren scheinen zunächst noch in der Lage gewesen zu sein, ihre Einkommensverluste in Grenzen zu halten, da sie durch die vermehrten Erbfälle auf eine entsprechend höhere Summe an Erbgebühren zurückgreifen konnten und da, wahrscheinlich durch schlechte Ernten bedingt, die Agrarpreise zunächst noch relativ stabil blieben.

Die Situation verschärfte sich erst seit dem letzten Viertel des 14. Jahrhunderts, als bessere Ernten, verbunden mit einer zunehmenden Geldverknappung, dazu führten, daß bei weiter steigenden Löhnen die Agrarpreise deutlich fielen. Der Versuch der Grundherren, die negativen Folgen dieser „Lohn-Preisschere" durch verschärfte rechtliche Pressionen gegenüber ihren Bauern und Landarbeitern aufzufangen, führte im Verein mit anderen Mißständen zu einer allgemeinen Verbitterung der Landbevölkerung, die sich dann in dem großen Bauernaufstand von 1381 entlud.[81]

Wenn diese Erhebung auch niedergeschlagen wurde, so konnten sich die großen Grundbesitzer am Ende doch der Einsicht nicht verschließen, daß die eingetretene Entwicklung weder durch eine dirigistische Gesetzgebung noch durch Gewalt rückgängig gemacht werden konnte. Viele Grundherren zogen daher seit dem Ende des 14. Jahrhunderts aus dieser Situation die Konsequenzen, indem sie die nicht mehr rentable Eigenbewirtschaftung *(demesne farming)* ihrer Güter aufgaben und wieder zu der vor 1200 bereits geübten Praxis der Verpachtung gegen feste Geldrenten zurückkehrten. Dabei führten allerdings die geänderten ökonomischen Verhältnisse dazu, daß auch den bisher unfreien Pächtern, den *villani*, wesentlich bessere Bedingungen als früher zugestanden wurden, wobei diese Zugeständnisse in einer Abschrift *(copy of the court-roll)* förmlich festgehalten wurden, deren Einhaltung im grundherrlichen Gericht *(ma-*

norial court), ab 1481 sogar vor den Königsgerichten, eingeklagt werden konnte. Die Unterstellung dieser *copy-holders* unter den Schutz der königlichen Gerichtsbarkeit führte seit dem Ende des 15. Jahrhunderts allmählich zu einer rechtlichen Angleichung der ehemals unfreien an die freie Dorfbevölkerung, so daß im Gegensatz zur kontinentalen Entwicklung Leibeigenschaft und persönliche Unfreiheit in England bereits zu Beginn des 16. Jahrhunderts weitgehend hinfällig wurden.

Wirtschaftliche Hauptnutznießer dieser Entwicklung waren die wohlhabenden Freibauern, die diese Gelegenheit nutzten und zu günstigen Bedingungen Landbesitz erwarben und die nun als *yeomen* in zunehmendem Maße auch öffentliche Funktionen in der Regionalverwaltung übernahmen und damit statusmäßig sehr eng an den Niederadel, die Gentry, heranrückten.

Ein Teil der Großgrundbesitzer beschritt endlich an Stelle des Pachtsystems oder daneben noch einen weiteren Weg, um die wirtschaftlichen Folgen der Pestwellen aufzufangen. Man verzichtete überhaupt auf den Anbau brachliegender Felder und wandelte sie in Weideland für die Schafzucht um, in der richtigen Erkenntnis, daß die lange nicht so lohnintensive Wollproduktion mehr Profit abwerfen werde, wobei durch die hierbei entstehenden Einfriedungen *(enclosures)* eine Entwicklung eingeleitet wurde, die folgenschwere Auswirkungen für die Zukunft haben sollte.

Ähnlich wie auf dem Lande führte der durch die Pestwellen verursachte Bevölkerungsschwund auch in den Städten zur Verknappung der menschlichen Arbeitskraft und damit ebenfalls zum drastischen Anstieg der Arbeitslöhne, wovon vor allem Handwerker und Lohnarbeiter profitierten. Andererseits hatte der Bevölkerungsverlust für die Stadtgemeinde insgesamt insofern fatale Folgen, als die finanziellen Abgaben an den Stadtherrn nun von weniger Menschen aufgebracht werden mußten. Hierdurch wurde die Belastung des einzelnen Bürgerhaushalts mitunter so erhöht, daß sich so mancher Stadtbürger genötigt sah, die Stadt zu verlassen und damit den negativen Allgemeintrend noch zu verstärken, wobei die sich auf dem Lande kräftig entwickelnde heimische Tuchindustrie ebenfalls zu dieser Abwanderungsbewegung beigetragen haben dürfte.

2. Begleiterscheinungen und Auswirkungen des Krieges mit Frankreich

Die militärischen Erfolge der englischen Waffen hatten den Krieg mit Frankreich geradezu populär gemacht. Man merkte bald, daß das reiche Land überaus günstige Möglichkeiten für hohe Kriegsgewinne bot, die zwischen allen Angehörigen des Heeres, vom König bis hinab zum einfachen Bogenschützen, nach einem festgelegten Schlüssel aufgeteilt wurden. Besonders die Lösegeldzahlungen zur Auslösung der gefangenen französischen Adligen brachten mancher englischen Familie über Nacht Wohlstand, so daß man wohl davon ausgehen kann, daß mögliche Einbußen, die der Hochadel als Folge der Pestwellen hinnehmen mußte, im ersten Jahrzehnt nach 1348 durch entsprechende Kriegsgewinne weitgehend ausgeglichen werden konnten.

Der Krieg erwies sich jedoch zugleich als ein äußerst kostspieliges Unternehmen, das den König und seine Berater nach neuen Geldquellen Ausschau halten ließ. Eine solche Quelle glaubte man im lukrativen Wollexport gefunden zu haben, indem man an entsprechende Maßnahmen König Eduards I. anknüpfte, die Wollausfuhr monopolisierte und hierzu zunächst in einigen flämischen Städten, später dann in Calais einen Wollstapel errichtete, über den alle Geschäfte abzuwickeln waren. Die hohen Erwartungen erfüllten sich jedoch nicht, da der Wollexport in der Folgezeit – nicht zuletzt auch wegen seiner Verquickung mit der königlichen Kriegsfinanzierung – stark rückläufig war. Der erste Eindruck einer krisenhaften Entwicklung täuscht jedoch; denn während die Ausfuhr von Rohwolle zurückging, stieg der Export von englischem Tuch von 1347 bis zum Ende des 14. Jahrhunderts von ca. 12000 auf ca. 40000 Ballen Tuch an, um sich dann auf diesem hohen Niveau bis ca. 1450 zu behaupten. Erst der Verlust der Gascogne und die Rosenkriege brachten einen Einbruch, der ab 1470 von einem erneuten Anstieg abgelöst wurde.

Der hier sichtbar werdende Aufschwung des Tuchgewerbes machte den Rückgang im Wollexport mehr als wett. Diese Entwicklung hatte nicht nur zur Folge, daß höhere Gewinne im Lande anfielen, sondern daß von diesen Gewinnen auch ein weit größerer Bevölkerungsanteil profitierte als bei der reinen Wollproduktion, so daß der durch die Kriegsfinanzierung geförderte Wandel Englands vom Rohstoff- zum Fertigwarenproduzenten durchaus günstige Voraussetzungen für die weitere wirtschaftliche Entwicklung des Landes geschaffen hat.

Der Krieg in Frankreich hatte endlich auch Auswirkungen auf das feudale Beziehungsgeflecht innerhalb des englischen Adels, indem eine bereits seit König Eduard I. in Ansätzen erkennbare Tendenz nun vollends zum Durchbruch kam: die Auflösung der alten vasallitischen, von der lehnrechtlichen Normenordnung getragenen Bindungen zugunsten eines neuen Beziehungssystems, das man in der Forschung als „Bastardfeudalismus" bezeichnet hat.

Schon seit dem Ende des 13. Jahrhunderts waren der König und einzelne Magnaten dazu übergegangen, Ritter in ihren Dienst zu nehmen und sie gegen Geldzahlungen und Unterhaltsleistungen zu militärischen Diensten zu verpflichten, ohne dabei ein Lehensverhältnis zu begründen. Als Rechtsgrundlage dienten vielmehr schriftliche Verträge *(indentures of retainer),* in denen sich meist Mitglieder des Niederadels gegen lebenslängliche Rentenzahlungen und Unterhaltsleistungen verpflichteten, in die Gefolgschaft *(familia, affinity)* des Herrn einzutreten und diesem militärische und andere Dienste zu leisten.

Während des Hundertjährigen Krieges griff dieses Klientelsystem, das dem König als Basis für die Rekrutierung eines Großteils seiner Armee diente, das aber auch den Magnaten die Möglichkeit eröffnete, kleine Privatarmeen zu halten, in starkem Maße um sich. Das Anwachsen militärischer Macht auf seiten der Aristokratie drohte über kurz oder lang nicht nur zu einem Problem für die königliche Autorität zu werden; politische Instabilität und militärische Konflikte auf regionaler Ebene waren durch diese gegenseitige „Aufrüstung“ des Hochadels geradezu vorbestimmt.

Wenn auch die großen militärischen Siege der Engländer bei Crécy und Maupertuis zu einem ganz wesentlichen Teil den meist aus dem bäuerlichen Milieu stammenden Langbogenschützen zu verdanken waren, waren König Eduard und die adlige Führungsschicht noch tief eingebunden in die Vorstellungswelt des internationalen Rittertums, des *ordo militaris*, die den Krieg mit Frankreich eher als eine Fehde zwischen den Häusern Plantagenet und Valois denn als einen nationalen Vernichtungskampf zwischen zwei sich als wesensverschieden empfindenden Völkern erscheinen ließ.

Symptomatisch für diese Vorstellungen erscheint z. B. der Vorschlag König Eduards III. – selbst ein gefürchteter Turnierkämpfer und von der Natur mit außergewöhnlicher physischer Kraft ausgestattet – die Auseinandersetzungen um die französische Königskrone in der Form des ritterlichen Zweikampfes zwischen den beiden Königen auszutragen.

Vor dem gleichen geistigen Hintergrund ist auch die Gründung des berühmten Hosenbandordens im Jahre 1348, in Anlehnung an die ritterliche Tafelrunde des sagenumwobenen König Artus, zu sehen. Nach der Überlieferung soll der Anstoß hierzu auf ein Tanzfest in Calais zurückgehen, in dessen Verlauf die schöne Gräfin von Salisbury ihr Strumpfband verloren habe. Der König – in Liebe zu dieser Dame entbrannt – habe es aufgehoben und um sein Knie gebunden – *honni soit qui mal y pense*, „ein Hundsfott, wer schlecht darüber denkt…“

Auch der französische Hochadel als Kriegsgegner teilte diese ritterlichen Wertvorstellungen, so daß z. B. König Johann II. freiwillig in englische Kriegsgefangenschaft zurückkehrte, als er hörte, daß einer seiner Söhne sich der englischen Haft durch den Bruch seines ritterlichen Ehrenwortes entzogen und damit die Ehre des Hauses Valois schwer kompromittiert hatte.

Unterschied sich der Hundertjährige Krieg somit in den Augen der adligen Oberschichten auf beiden Seiten zunächst kaum von früheren Auseinandersetzungen, so erlangte er im Bereiche des niederen Kriegsvolkes doch bald den Charakter eines haßerfüllten, von nationalen Emotionen getragenen Vernichtungskampfes.

Dazu trug zunächst einmal die englische Rekrutierungspraxis bei, da man bei der Anwerbung der Truppen auch auf verurteilte Kriminelle zurückgriff, denen man als Gegenleistung für die Teilnahme am Krieg bei entsprechender Bewährung eine Amnestie in Aussicht stellte. Auch sonst sorgte in England eine großangelegte Propagandaoffensive, die die militärischen Ruhmestaten bis in die entlegensten Dörfer des Landes verbreitete, dafür, daß zahlreiche Abenteurer und sozial Deklassierte im Kriegshandwerk die Zukunftschance sahen und sich in großen Scharen in den sogenannten „freien Kompanien", das heißt im wesentlichen auf freies Gewinn- und Verlustrisiko, anwerben ließen. Dazu kam endlich, daß die englische Propaganda unter Hinweis auf angebliche französische Invasionspläne bewußt darauf abzielte, den Gegner zum gefährlichen Landesfeind, der die Freiheit aller bedrohte, aufzuwerten und den Kampf gegen ihn daher zum nationalen Anliegen zu erklären.

Daß auch die ritterliche Oberschicht langsam begann, sich diese Sichtweise zu eigen zu machen und eine eigene nationale Identität – zu Lasten der bisher gepflegten engen Beziehungen zum Kontinent – zu entwickeln, wird vor allem am Vordringen der englischen Sprache deutlich, die bisher als Dialekt der Unterschichten verachtet, seit der zweiten Hälfte des 14. Jahrhunderts immer hoffähiger wurde und in der Dichtung William Langlands († 1400) oder Geoffrey Chaucers (ca. 1340–1400) einen ersten großen Höhepunkt erreichte.

König Eduard III. selbst sprach zwar mit seinen Baronen noch vorwiegend französisch oder genauer gesagt, anglonormannisch; das Parlament wurde jedoch vom König bereits in der englischen Gemeinsprache angesprochen, und im *Statute of Pleading* (1362) wurde angeordnet, daß vor Gericht ebenfalls Englisch gesprochen werden sollte. Dennoch hielt sich das Anglonormannische gerade als Juristensprache *(Lawyers' French)* noch über Jahrhunderte, während die königliche Kanzlei seit dem Ende des 14. Jahrhunderts immer mehr dazu überging, auch offizielle Schriftstücke in Englisch abzufassen.

Bei allem Leid, das der Krieg über die betroffenen Länder brachte, erwies er sich im nachhinein gesehen auch als ein entscheidender Katalysator, in dessen Wirkungskreis sich die Geburt der englischen Nation, der Übergang vom feudalen zum nationalen Staat, vollzogen hat.

II. Die Krise der Kirche und John Wyclif

Die Entwicklung Englands in der zweiten Hälfte des 14. Jahrhunderts wurde nicht nur durch Pest und Krieg, sondern auch durch die immer offener zutage tretende Krise der spätmittelalterlichen Kirche geprägt. Diese Krise äußerte sich zunächst im fortschreitenden Verfall der moralischen und politischen Autorität des Papsttums. Hatte der streitbare Papst Bonifaz VIII. noch in seiner berühmten Bulle *Unam sanctam* (1302) den absoluten Herrschaftsanspruch der Kirche über alle Völker betont, so mußte er am Ende selbst erleben, was es bedeutete, den französischen König als Herrscher eines werdenden Nationalstaates herauszufordern. Die demütigende Gefangennahme im Gewaltstreich von Anagni (1303) war mehr als die persönliche Tragödie Papst Bonifaz' VIII. Sie bildete den Auftakt für die spätere Übersiedlung der Päpste nach Avignon in den Einflußbereich der französischen Krone, wodurch in den Augen der nichtfranzösischen Christenheit die „Babylonische Gefangenschaft" der Kirche (1307–1377) ausgelöst wurde, die sich dann ab 1378 im Großen Abendländischen Schisma zur schwersten Krise der höchsten geistlichen Gewalt im Mittelalter steigern sollte. Dieser allgemeine päpstliche Autoritätsverlust wurde in England durch die zunehmende politische Bindung des avignonensischen Papsttums an den französischen Landesfeind noch verstärkt. Dazu kam, daß auch die päpstliche Besetzungspraxis kirchlicher Pfründen in England immer rüdere Formen annahm. Immer öfter ging das Papsttum dazu über, Bistümer, Abteien und sonstige Kirchenpfründen ohne Rücksicht auf das Wahlrecht der zuständigen kanonischen Wahlgremien einfach im Wege der „Provision", der päpstlichen Ernennung, zu besetzen. Dieses Verfahren hatte zwar für die Kurie den Vorteil, daß höhere Gebühren anfielen; dafür mußte man sich aber den Vorwurf gefallen lassen, bei der Auswahl der einzelnen Kandidaten weniger auf persönliche Eignung als auf die finanzielle Leistungsbereitschaft und -fähigkeit zu achten.

Vor diesem Hintergrund verwundert es daher kaum, daß sich die Krise des Papsttums auch in England zu einer Krise der gesamten Kirche ausweitete. Während im Bereich der Pfründeninhaber Ämterhäufung, Verweltlichung und zunehmende Disziplinlosigkeit um sich griffen, ließ der allgemeine Überfluß an Klerikern geradezu ein „Klerikerproletariat" von unterbezahlten Vikaren entstehen, die allzuoft für einen Hungerlohn Pfarreien seelsorgerisch betreuten, während der eigentliche Pfründeninhaber sich anderen Aufgaben widmete. Königtum und Parlament hatten daher wohl auch eine breite öffentliche Meinung hinter sich, als sie sich in den Statuten *De provisoribus* (1351, 1365 und 1390) gegen die päpstliche Pfründenverleihungspraxis wandten und die Wahl- und Ernennungsrechte der einheimischen Wahlgremien und Patrone betonten. Gegen die päpstliche Einflußnahme im Wege der Rechtsprechung richteten sich auch die Statuten *De praemunire* von 1353, 1365 und 1393, die Appellationen an die römische Kurie untersagten und unter Strafe stellten. In diesem Zusammenhang erscheint es auch kaum verwunderlich, daß König und

Parlament im Jahre 1365 die Forderung Papst Urbans V. auf Wiederaufnahme der Lehnszinszahlungen zum Anlaß nahmen, die päpstliche Lehnsherrschaft über England feierlich zurückzuweisen, da weder König Johann noch ein anderer das Recht gehabt habe, das Land ohne Zustimmung der Magnaten fremder Herrschaft zu unterstellen.

Kritik gegen die Kirche kam jedoch vorwiegend auch aus den eigenen Reihen. Hier waren es vor allem die Bettelorden, die, ausgehend von ihrer Armutslehre, die Amtskirche hart angriffen. Das Papsttum begegnete dieser Kritik, indem man die vor allem vom Franziskanerorden vertretene Lehre von der Armut Christi für ketzerisch erklären ließ und die Ordensmitglieder, die sich diesem Spruch nicht fügen wollten, in Ketzerprozesse verstrickte, was wiederum dazu führte, daß bedeutende Gelehrte ihrer Zeit, wie etwa Wilhelm von Ockham, an den Hof Kaiser Ludwigs des Bayern flohen, um diesen in seinem publizistischen Kampf gegen die Kurie in Avignon zu unterstützen.

Vor diesem Hintergrund allgemeiner religiöser Unruhe und Erregung über die Mißstände fiel das Wirken des Oxforder Theologen John Wyclif (ca. 1330–1384) auf fruchtbaren Boden. Geboren in Yorkshire, wurde er 1372 promoviert und zum Professor an die Oxforder Universität berufen. Unter dem Schutz einflußreicher Gönner, wie dem vierten Sohne König Eduards III., Johann von Gent, griff er in Schriften und Predigten scharf die Mißstände in der Amtskirche an. Anfangs noch unterstützt von der breiten Öffentlichkeit der Bettelmönche, nahmen seine Angriffe seit dem Ende der siebziger Jahre – nicht zuletzt unter dem Eindruck des Schismas – immer radikalere Formen an, die ihn in zunehmendem Maße von seinen Anhängern und adligen Gönnern isolierten.

Die Kirche wurde nach ihm nicht durch Papsttum und Klerus, sondern durch die unsichtbare Gemeinschaft der von Gott Erwählten repräsentiert, während die bestehende Amtskirche der Herrschaft des Antichrist ausgeliefert und damit zur ewigen Verdammnis bestimmt sei. In unversöhnlichen Gegensatz zur kirchlichen Lehrmeinung geriet Wyclif vor allem durch zwei Aussagen. Indem er zum einen die materielle Gegenwart Christi bei der Eucharistiefeier leugnete, stellte er eine Lehre in Frage, die seit dem Vierten Laterankonzil (1215) als Dogma galt. Zum anderen lehnte er die Schlüsselgewalt nicht nur des Papstes, sondern eines jeden Priesters ab, indem er für das Verhältnis zu Gott nicht Sündenbekenntnis und Sündennachlaß, sondern allein den inneren Gnadenstand des Gläubigen für bedeutsam hielt. Nicht über Priester und Mönche, sondern allein aus der Heiligen Schrift erwachse die unmittelbare Begegnung mit Gott, was Wyclif in seinen letzten Lebensjahren dazu bewog, zusammen mit seinen Schülern den lateinischen Text der Bibel (Vulgata) in die englische Gemeinsprache zu übersetzen.

Obwohl ein großer Teil seiner Thesen 1377 von Papst Gregor XI.

förmlich verworfen wurde, bewahrten ihn das ausbrechende Schisma sowie sein starker Rückhalt beim Adel und im Parlament vor Verfolgung. Unter dem Druck seiner Gegner mußte er sich zwar 1383 auf seine Pfarre nach Lutterworth/Leicestershire zurückziehen, konnte von dort aus aber bis zu seinem Tode (1384) ungestört seine Thesen weiter verbreiten. Die systematische Verfolgung seiner Anhänger, der Lollarden, setzte erst unter den ersten Lancasterkönigen Heinrich IV. und Heinrich V. zu Beginn des 15. Jahrhunderts ein. Seine Lehre, die dann später von Johann Hus in Böhmen aufgegriffen wurde, wurde vom Konstanzer Konzil nochmals ausdrücklich als ketzerisch verdammt. In einem besonderen Dekret ordnete das Konzil auch die Exhumierung und nachträgliche Verbrennung der Gebeine Wyclifs an, was nach anfänglichem Zögern des zuständigen Bischofs auf Drängen des Papstes im Jahre 1428 auch ausgeführt wurde.

III. Militärische Mißerfolge, Aufstieg des Parlaments und innere Konflikte. Von den Plantagenets zu den Lancasterkönigen

1. Der Krieg mit Frankreich und die letzten Regierungsjahre König Eduards III.

Der Vertrag von Brétigny hatte zwar den Kriegszustand offiziell beendet, ein echter Ausgleich zwischen den verfeindeten Ländern wurde damit aber nicht erreicht, da im Grunde keine Seite mit dem Verhandlungsergebnis zufrieden war und da vor allem der französische König Karl V., der Weise (1364–1380), der seinem in der englischen Gefangenschaft verstorbenen Vater Johann nachfolgte, die Revision des Vertrages zu einem Hauptanliegen seiner Politik machte.

König Eduard III. hatte 1362 die Gascogne als erbliches Lehen seinem ältesten Sohn, dem Schwarzen Prinzen, verliehen, der von hier aus militärisch in die Thronwirren Kastiliens eingriff, ohne am Ende – trotz glänzender militärischer Erfolge (Schlacht von Nájera 1367) – verhindern zu können, daß sich der von den Franzosen unterstützte Thronbewerber Heinrich Trastamara durchsetzte und damit das Königreich Kastilien mit seiner starken Flotte auf die Seite Frankreichs führte (1368/69).

Das Engagement auf dem spanischen Kriegsschauplatz hatte für den Schwarzen Prinzen auch persönlich schwerwiegende Folgen, da er sich dort eine tückische Krankheit zugezogen hatte, die sich in den folgenden Jahren stetig verschlimmerte und ihn nötigte, 1371 nach England zurückzukehren, wo er nach langem Siechtum im Jahre 1376 starb.

In der Zwischenzeit (1369) war der Krieg auch wieder in Frankreich aufgeflammt, nachdem König Karl V. die Gascogne erneut zum französischen Kronlehen erklärt und dem Schwarzen Prinzen abgesprochen hatte. Diese neue Phase des Krieges stand für die Engländer von Anfang an unter keinem guten Stern, da der französische König in der Person des Bertrand du Guesclin über einen tüchtigen Feldherrn verfügte und zudem in der kastilischen Flotte eine Waffe besaß, die es ihm erlaubte, den Krieg in Form von Plünderungszügen an die englische Südküste zu tragen, während auf der anderen Seite die Engländer durch das Siechtum des Schwarzen Prinzen ihres führenden militärischen Kopfes beraubt waren. So blieb es nicht aus, daß nach und nach alle Gewinne Eduards III. wieder verlorengingen. Als im Jahre 1375 ein Waffenstillstand vereinbart wurde, waren die englischen Positionen auf Calais und Cherbourg, einige Häfen an der bretonischen Küste sowie im Südwesten auf ein kleines Territorium um Bordeaux zusammengeschrumpft.

Auch in England selbst bewies Eduard während der letzten beiden Jahrzehnte seiner Regierungszeit keine allzu glückliche Hand.

Unter dem Eindruck des Wiederausbruchs der Pest, des Siechtums des Schwarzen Prinzen und der Mißerfolge in Frankreich schwanden die physischen Kräfte des Königs dahin, der schon deutliche Anzeichen von Senilität erkennen ließ und immer mehr unter den Einfluß seiner Mätresse Alice Perrers, einer ehrgeizigen Frau mit dubiosem Ruf, geriet. Während sich der alternde König weitgehend von den Staatsgeschäften zurückzog, hielt eine kleine Gruppe von Klerikern um William von Wykeham, Bischof von Winchester, die eigentliche Herrschaftsgewalt in Händen, wobei sich dieser Klüngel in den Augen einer breiten Öffentlichkeit weniger am Gemeinwohl als an der eigenen Bereicherung interessiert zeigte.

Vor diesem Hintergrund kam dem Parlament als Hüter des nationalen Interesses und Garant für die Balance zwischen Königs- und Adelsherrschaft wachsende Bedeutung zu.

Eduard III. hatte bereits zu Beginn der großen Auseinandersetzung mit Frankreich (1339–1341) erfahren müssen, daß das Parlament nicht bereit war, sich einfach vor den Karren der königlichen Kriegspolitik spannen zu lassen. Die Kriegsgelder wurden erst bewilligt, als der König sich bereit erklärte, die alten Freiheiten zu bestätigen und zu versprechen, keine neuen Steuern ohne ausdrückliche Zustimmung des Parlaments erheben zu wollen, wobei das gestiegene Selbstbewußtsein der Commons sich in der – allerdings noch nicht durchsetzbaren – Forderung artikulierte, daß die höchsten Amtsträger und Richter des Königs gehalten sein sollten, sich gegebenenfalls vor dem Parlament wegen Mißbrauches der ihnen anvertrauten Amtsgewalt zu verantworten.

Der zunehmende Einfluß der Commons schlug sich auch in einer weitgehenden Neuordnung der regionalen Gerichtsbarkeit auf Grafschaftsebene im Wege der Statutengesetzgebung nieder. Als Kontrollinstrument gegenüber der lokalen Gerichtsbarkeit und Verwaltung dienten der Krone bisher die Reiserichter *(justices in eyre)*, die vom Schatzamt regelmäßig instruiert wurden, vor allem die Belange der Krone zu wahren, was diese Institution auf dem Lande nicht gerade populär machte. Regelmäßige Beschwerden der Commons im Parlament führten dazu, daß die Bestellung von Reiserichtern bis zum Ende der Regierungszeit König Eduards III. praktisch außer Übung kam. Ihre Aufgaben gingen zum Teil auf die Assisenrichter *(justices in assize)* mit ihren entsprechenden Kommissionen für Landstreicherei *(trailbaston)* oder zur Aburteilung offenkundiger Vergehen im Schnellverfahren *(oyer et terminer*, „Hören und Entscheiden") über. Vor allem aber profitierte hiervon die bereits unter König Eduard I. geschaffene Institution der Friedensrichter *(justices of the peace, custodes pacis)*. Beschränkte sich deren Kompetenz zunächst noch auf reine Exekutivmaßnahmen zur Unterstützung des Sheriffs, so wurde sie unter König Eduard III. systematisch zu einer neuen Rechtsprechungs- und Exekutivinstanz auf Grafschaftsebene aufgewertet. In der Praxis bestand sie aus einer Kommission, der ein Magnat, mindestens ein Berufsrichter und mehrere Vertreter der angesessenen Grafschaftsritter (Gentry) angehörten. Ihre Mitglieder waren ehrenamtlich tätig und wurden auf Vorschlag der Grafschaften vom Kanzler und vom königlichen Rat ernannt; sie konnten vom König jederzeit entlassen werden. Im Statut von 1368 wurde ihr Aufgabenbereich gesetzlich definiert. Er umfaßte neben der Bekämpfung und Aburteilung von Friedensbrechern auch zahlreiche polizeiliche Funktionen, wie die Durchsetzung der Arbeitsgesetzgebung (*Statute of Labourers* 1351) sowie die Aufsicht über Preise, Maße und Gewichte. Diese Befugnisse wurden 1380, 1381 und 1392 noch wesentlich erweitert, so daß die Friedensrichter gegen Ende des 14. Jahrhunderts zu Lasten der Sheriffs, die praktisch zu Hilfsbeamten degradiert wurden, nahezu ein Rechtsprechungs- und Exekutionsmonopol in den einzelnen Grafschaften ausübten.

Im Jahre 1371 erzwang das Parlament den Sturz des klerikalen Regiments um Bischof Wykeham; Forderungen wurden laut, die Kirche mehr an den Kriegskosten zu beteiligen und gegebenenfalls auch Kirchengut zugunsten der Krone einzuziehen.

Einen Markstein in der historischen Entwicklung setzte dann das sogenannte „Gute Parlament" von 1376. Die tiefe Unzufriedenheit mit der Kriegführung und der königlichen Fiskalpolitik kam in einer langen Liste von Beschwerden zum Ausdruck, die die Commons durch einen Ritter als ihren *speaker* vortragen ließen. Diese Beschwerden waren gekoppelt mit einer förmlichen Anklage gegen bestimmte Personen in der Umgebung des Königs, die man für die Mißbräuche verantwortlich machte. Die Anklage richtete sich gegen den Kämmerer, Lord Latimer, und Alice Perrers, die

Geliebte des Königs, sowie gegen andere Personen, meist Kaufleute, die beschuldigt wurden, sich auf Kosten der Krone und des Landes ungerechtfertigt bereichert zu haben, und führte dazu, daß die Betroffenen aus ihren Ämtern entfernt und eingekerkert wurden.

Wenn die Schuldsprüche auch auf Betreiben Johanns von Gent bereits ein halbes Jahr später vom nächsten Parlament wieder aufgehoben wurden, so kommt dem gesamten Vorgang dennoch hohe Bedeutung zu, da nun die Commons erstmalig als Körperschaft und Institution, vertreten durch ihren *speaker*, auftraten und den Anspruch erhoben, hohe Amtsträger oder sonstige Personen aus der königlichen Umgebung, die das besondere Vertrauen des Königs genossen, im Namen des Landes zur Verantwortung zu ziehen. Das hier eingeschlagene Verfahren, Einbringung der Klage durch die Commons, Entscheidung durch die Lords, schuf die Grundlage für die Ausbildung eines neuen Rechtsverfahrens, das als *Impeachment* in die englische Rechts- und Verfassungsgeschichte eingegangen ist.

Sowohl das Parlament im ganzen als auch die Commons im besonderen waren jedoch noch weit davon entfernt, eine konsequente, eigenständige Politik zu betreiben. Das Parlament des 14. und 15. Jahrhunderts erscheint vielmehr als die Plattform, auf der die Interessengegensätze zwischen den einzelnen Adelsparteien, zwischen Laien und Klerikern, ausgetragen wurden.

2. Die Anfänge König Richards II. und der englische Bauernaufstand

Als König Eduard III. im Jahre 1377 starb, war nicht mehr viel vom Glanz und Ruhm vergangener Jahre übriggeblieben.

Zum neuen König war noch zu Lebzeiten Eduards Richard, der Sohn des Schwarzen Prinzen, proklamiert worden. Für den erst zehnjährigen Thronfolger führte der königliche Rat die Regierungsgeschäfte, wobei hinter den Kulissen der vierte Sohn Eduards, Johann von Gent, der mit der Erbin des Herzogtums Lancaster verheiratet war, eine beherrschende Stellung einnahm. Kaum war der junge König auf Betreiben der Commons im Parlament für volljährig erklärt worden (1380), wurde er mit einer der schwersten sozialpolitischen Krisen, von denen das Land im Laufe des Mittelalters geschüttelt wurde, konfrontiert, dem englischen Bauernaufstand vom Jahre 1381.

Die Ursachen, die zu dieser Erhebung geführt haben, sind vor allem in den bereits angesprochenen[82] tiefgreifenden wirtschaftlichen und sozialen Wandlungen zu suchen, die als Folge des dramatischen Bevölkerungsrückganges seit den siebziger Jahren des 14. Jahrhunderts die wirtschaftliche Position der Grundherren empfindlich zu treffen drohten und diese deshalb zu verschärften Pressionen gegenüber den Lohnarbeitern auf dem Lande veranlaßten. Zu der hierdurch ausgelösten Mißstimmung kam noch eine tiefe Unzufriedenheit mit der Obrigkeit und der in ihrem Auftrag erfolgenden Rechtsprechung auf dem Lande, die den unteren Bevölkerungsschichten wenig Chancen ließ, sich gegenüber den Ansprüchen mächtiger Lords durchzusetzen. Die allgemeine Erbitterung wurde durch die anhaltenden Mißerfolge in der Kriegführung gegen Frankreich und die steigenden finanziellen Belastungen, die der Krieg mit sich brachte und die rücksichtslos in der Form von Kopfsteuern auch auf die untersten Bevölkerungsschichten umgewälzt wurden, noch zusätzlich gesteigert. Der Haß richtete sich dabei vor allem gegen das Regiment von Hochadel, Klerus und Juristen um Johann von Gent und den Kanzler und Erzbischof von Canterbury, Simon Sudbury, das den jungen König umgab und das für alle Mißstände verantwortlich gemacht wurde.

Der Funke, der die schwelende Erbitterung in offene Empörung umschlagen ließ, entzündete sich am Beschluß des Parlaments, für das Jahr 1381 eine erneute Kopfsteuer zur Deckung der Kriegskosten auszuschreiben, die von den königlichen Amtsträgern auch bei den Unterschichten rücksichtslos eingetrieben werden sollte.

Der Aufstand, der in Essex und Kent ausgebrochen war, verbreitete sich in kurzer Zeit über weite Teile des Landes, wobei sich keineswegs nur die dörflichen Unterschichten, sondern auch die besser situierten Bauern, die zum Teil öffentliche Funktionen in der Dorfverwaltung ausübten, der Bewegung anschlossen. Wenn auch hie und da einzelne königliche Richter oder grundherrliche Amtsträger ermordet oder mißhandelt, Herrenhöfe niedergebrannt und die grundherrlichen Urkunden und Abgabenlisten vernichtet wurden, so hielten sich die Exzesse dennoch – etwa im Vergleich zu den blutigen Ausschreitungen der *Jacquerie* in Frankreich – in Grenzen. Zum geistigen Kopf der Bewegung wurde ein von den Aufständischen aus dem Gefängnis befreiter Kleriker mit Namen John Ball, der die Forderungen der Massen in einer bisher nie dagewesenen Radikalität formulierte, indem er in seiner berühmt gewordenen Predigt in Blackheath die provozierende Frage stellte: „Als Adam grub und Eva spann, wo war denn da der Edelmann?“[83]

Die militärische Führung der aus Kent stammenden Rebellen übernahm ein gewisser Wat Tyler, ein entlassener Soldat, der mit seinen Scharen in Canterbury eindrang, den erzbischöflichen Palast plünderte und sich dann gegen London wandte, während die Aufständischen aus Essex über Colchester und Waltham, wo sie die Abtei vom Hl. Kreuz niederbrannten, ebenfalls auf London vorrückten. Dem König wurde eine Botschaft übersandt, daß man gekommen sei, die „Verräter“ in seiner Umgebung zu strafen, und daß man wünsche, mit ihm zu sprechen.

Während sich der König mit seinen Beratern in den festen Tower zurückzog, wurden die Aufständischen unter dem Druck der mit der Bewegung sympathisierenden Handwerker und Lohnarbeiter in die Stadt eingelassen, wo man sogleich Jagd auf die verhaßten Ratgeber und angeblichen „Verräter" in der Umgebung des Königs machte und dabei die Häuser der Betroffenen, wie etwa den Savoy Palast Johanns von Gent sowie die Behausungen des Juristenkollegs, zerstörte und niederbrannte. Außerdem öffnete man die Gefängnisse, ermordete einige Juristen und Bedienstete, die man antraf, und ließ die Gefangenen frei.

In dieser kritischen Situation bewies der erst vierzehnjährige König Richard persönlichen Mut und eine erstaunliche Umsicht. Um Zeit zu gewinnen und um den gefährdeten Beratern die Flucht zu ermöglichen, entschloß sich der junge König, persönlich mit den Aufständischen zu verhandeln. Das Konzept schien aufzugehen. Als König Richard mit wenigen Begleitern zu dem angesagten Treffen in dem außerhalb der Stadt gelegenen Mile End erschien, forderten die meist aus Essex stammenden Bauern lautstark die Köpfe der „Verräter", die Abschaffung der persönlichen Unfreiheit, die freie Vereinbarung von Arbeitslöhnen und eine Beschränkung der für die Überlassung von Grundbesitz zu zahlenden Abgaben auf vier Pence pro acre.

Der König erklärte sich bereit, die vorgetragenen Forderungen zu erfüllen, mit Ausnahme der ersten; hier gestand er den Bauern lediglich zu, jeden als Verräter zu behandeln, der als solcher nach Recht und Gesetz überführt sei.

Während sich in Mile End die Menge allmählich beruhigte und dreißig Kleriker darangingen, die Zugeständnisse des Königs in Urkundenform abzufassen, drang in der Zwischenzeit jedoch eine militante Gruppe der Kenter Rebellen unter der Führung Wat Tylers in den Tower ein, wo man zwei der am meisten verhaßten Ratgeber des Königs, den Kanzler Simon Sudbury und den Schatzmeister Sir Robert Hales, aufspürte und diese zusammen mit einigen Bediensteten auf dem Tower Hill enthauptete.

Diese Gewalttat gab das Signal für den Zusammenbruch jeglicher Disziplin und Ordnung. Der Haß des Pöbels, der nun die Straßen der Stadt beherrschte, entlud sich in Plünderungen und grausamen Massakern, denen jetzt auch die fremden Kaufleute, vor allem die Flamen, zum Opfer fielen.[84]

Trotz der Ausschreitungen entschloß sich der junge König, auch mit dem militanten Teil der kentischen, unter der Führung Wat Tylers stehenden Rebellen zu verhandeln, wohl in der Hoffnung, auch hier beschwichtigend auf die Menge einwirken zu können. Als der König am nächsten Morgen mit wenigen Begleitern am vereinbarten Ort, in Smithfield, eintraf, hatten die Rebellen bereits gefechtsmäßige Aufstellung bezogen. Die gespannte Situation spitzte sich in der nun folgenden denkwürdigen Szene dramatisch zu. Auf die Aufforderung, ihre Beschwerden vorzutragen, ritt der Anführer der Rebellen, Wat Tyler, vor den König und brachte neben den bereits bekannten neue Forderungen vor – wie z. B. Einziehung des Kirchengutes und Abschaffung aller adligen Vorrechte –, die in ihrer Radikalität die bisher geäußerten Beschwerden bei weitem übertrafen. Es entspann sich ein heftiger Wortwechsel, in dessen Verlauf Wat Tyler sowohl den König als auch dessen Gefolgsleute schwer provozierte. Als der Rebellenführer in einer wahrscheinlich mißverstandenen Geste zu seiner Waffe griff, verlor aus der Begleitung des Königs der Bürgermeister von London, William Walworth, die Nerven, zog sein Schwert und schlug Wat Tyler nieder. Die Situation war äußerst kritisch; denn als die Menge ihren Führer fallen sah, war die Erregung groß, und man machte Anstalten, über den König und sein kleines Gefolge herzufallen.

Doch auch jetzt behielt der junge Richard einen bemerkenswert kühlen Kopf, indem er vor die Menge ritt, diese mit beherzten Worten an ihre Gehorsamspflicht gegenüber der Person des Königs erinnerte und selbst die Führung des führerlos gewordenen Bauernaufgebotes übernahm. Während der König so an der Spitze der Aufständischen abzog, raffte der Bürgermeister von London in aller Eile eine Truppe von Bewaffneten zusammen, die der Krone loyal ergeben war. Zur militärischen Konfrontation kam es jedoch nicht mehr, da die Aufständischen sich zerstreuten und nach Hause abzogen.

Damit war die unmittelbare Gefahr gebannt. Im Laufe der nächsten Wochen wurden auch die restlichen Trupps der Rebellen vernichtet, so daß bis Anfang Juli 1381 der Aufstand völlig niedergeschlagen war. Jetzt, da nichts mehr zu befürchten war, dachte man gar nicht daran, sich auch an die abgegebenen Versprechungen zu halten. Das Strafgericht, das nun über die Rebellen hereinbrach, blieb zwar, wenn man es etwa mit dem nach dem deutschen Bauernkrieg von 1525 vergleicht, relativ maßvoll und betraf im wesentlichen nur die Hauptverantwortlichen. Der König ließ sich jedoch vom Parlament auch förmlich von den erteilten, urkundlich verbrieften Zusagen entbinden. Als ihn einige Bauern an sein Versprechen, die Leibeigenschaft abzuschaffen, erinnerten, soll er ihnen geantwortet haben: „Knechte seid ihr, und Knechte werdet ihr auch bleiben.“[85]

Allerdings sollte König Richard mit dieser Zukunftsprognose – langfristig gesehen – nicht recht behalten. Der Wortbruch des Königs führte zwar dazu, daß der Aufstand am Ende nichts am Status und der wirtschaftlichen Situation der hörigen Dorfbevölkerung geändert hat, wenn man einmal davon absieht, daß auf die Erhebung der verhaßten Kopfsteuer verzichtet wurde. Es wurde jedoch bereits darauf hingewiesen,[86] daß in der Praxis die Grundherren allmählich dazu übergingen, den gewandelten sozio-ökonomischen Verhältnissen Rechnung zu tragen und den „Marktgesetzen“ freien Lauf zu lassen, so daß gegen Ende des Mittelalters in England doch einige wichtige Forderungen des Bauernaufstandes, wie die

Abschaffung der Leibeigenschaft und das Recht, freie Vereinbarungen über Lohnarbeit zu treffen, verwirklicht wurden.

3. König Richard II. zwischen Parteigängern, Magnatenopposition und Parlament

Versucht man, sich ein Urteil über die Persönlichkeit König Richards zu bilden, der beim Bauernaufstand ein bemerkenswertes Maß an persönlichem Mut und Kaltblütigkeit bewiesen hatte, so bleibt der Eindruck zwiespältig. Von den einen als kunstsinniger, toleranter und politisch begabter Monarch gelobt, wurde er von anderen als schwerer Neurotiker und größenwahnsinniger Tyrann verdammt. Von seinen Vorgängern aus dem Hause Plantagenet scheint der junge König den Hang zu cholerischen Wutausbrüchen geerbt zu haben, die mitunter völlig unkontrollierte Formen annahmen. So geriet er z. B. 1384 über kritische Äußerungen des Erzbischofs von Canterbury so außer sich, daß er sein Schwert zog und nur unter Anwendung physischer Kraft von seiner Umgebung davon abgehalten werden konnte, den Erzbischof eigenhändig zu erschlagen und damit das Sakrileg, das einst Heinrich II. auf sich geladen hatte, noch um einiges zu übertreffen.[87] Wenn man einmal von den extremen Wertungen, die entsprechend extreme Positionen der zeitgenössischen Autoren widerspiegeln, absieht, so war es vor allem wohl eine Charaktereigenschaft, die ihn von seinen Vorgängern unterschied und die wesentlich zu seinem Scheitern beitragen sollte: der weitgehende Mangel an Realitätsbewußtsein, der zu schweren Fehleinschätzungen der jeweils bestehenden Machtverhältnisse führte.

Als ein wichtiges außenpolitisches Problem stellte sich auch für den jungen König der in der Vergangenheit mehr oder weniger glücklos geführte Krieg in Frankreich. Nach dem Ausbruch des Großen Abendländischen Schismas im Jahre 1378 hatte man sich in England Hoffnungen gemacht, mit Hilfe des römischen Papstes und der Länder, die ihm anhingen, das weitgehend isolierte Frankreich gemeinsam bekämpfen zu können. Dieser Zielvorstellung sollte wohl auch die Verheiratung des jungen Königs Richard mit Anna von Böhmen, der Schwester des römisch-deutschen Königs Wenzel, dienen, wobei sich allerdings die an dieses Projekt geknüpften Erwartungen nicht erfüllten.

In Flandern schien sich 1383 eine Gelegenheit zu bieten, die militärische Initiative wieder zurückzugewinnen. Herzog Philipp von Burgund war es im Bündnis mit dem französischen König Karl VI. gelungen, das Aufgebot der rebellischen Stadt Gent in der Schlacht von Roosebeke (November 1382) vernichtend zu schlagen, wodurch die englischen Wollhandelsexporte bedroht und damit elementare Wirtschaftsinteressen des Landes berührt wurden. Unter der Führung des Bischofs Henry Despenser von Norwich wurde ein kleines Expeditionsheer aufgestellt und nach Flandern in Marsch gesetzt. Das Unternehmen, dem der römische Papst bereitwillig den Status eines „Kreuzzuges" verliehen hatte, endete jedoch nach einigen Anfangserfolgen mit einem völligen Fehlschlag.

Als 1385 ein französisches Truppenkontingent in Schottland landete, entschloß sich König Richard, an der Spitze eines starken Heeres in das Land des unruhigen Nachbarn und französischen Verbündeten einzumarschieren. Wenn es auch gelang, bis nach Edinburgh vorzurücken, blieb es bei der Demonstration militärischer Stärke, da die Schotten und Franzosen jede offene Feldschlacht vermieden, so daß man nach einiger Zeit ohne greifbaren Erfolg wieder abzog.

Die innenpolitische Situation während des ersten Jahrzehnts der Regierung Richards II. wurde von wachsenden Spannungen zwischen dem jungen König und einem einflußreichen Teil des Hochadels geprägt. Wieder ging es um die Personalpolitik des Königs, der zu seinen engsten Ratgebern und in die traditionellen Staatsämter nicht Angehörige des alten Hochadels, sondern persönliche Günstlinge berief und mit Ehren und Würden überhäufte. Die Ressentiments der Magnaten richteten sich dabei vor allem gegen den aus einer Kaufmannsfamilie stammenden, von Richard zum Kanzler und Earl von Suffolk erhobenen Michael de la Pole, der in den Augen der Magnatengruppe das gesamte Regiment der „Höflinge" repräsentierte, das den König umgab.

Die Position des Königs wurde im Jahre 1386 entscheidend geschwächt, als Richards Onkel, der mächtige Johann von Gent, mit einem Expeditionsheer England verließ, um im Kampf gegen Heinrich Trastamara eigene Ansprüche auf den kastilischen Königsthron durchzusetzen. Obwohl der junge König und seine Berater diesem Manne tiefes Mißtrauen entgegenbrachten und Richard sogar bereits die Hinrichtung seines Onkels wegen Hochverrats erwogen haben soll, steht außer Frage, daß Johann von Gent die Interessen seines Neffen und der Krone loyal vertreten hat. Erst seine Abwesenheit und das hierdurch im Bereich des Hochadels entstandene Machtvakuum eröffneten den Opponenten der königlichen Politik die Möglichkeit zum Handeln. Der Zeitpunkt für das militärische Abenteuer auf dem spanischen Nebenkriegsschauplatz schien auch sonst schlecht gewählt zu sein, da zur gleichen Zeit eine große, in der Kanalzone operierende kastilisch-französische Flotte in England den Eindruck erweckte, als stünde eine Invasion der Insel unmittelbar bevor. Angesichts dieser Situation beschloß das sogenannte „Wundervolle Parlament", das im Herbst 1386 eröffnet wurde, vom König die Abberufung des Kanzlers Michael de la Pole sowie des Schatzmeisters John Fordham, Bischof von Durham, zu verlangen, die man für die kritische Gesamtsituation verantwortlich machte. Eine Abordnung des Parlaments, angeführt von Thomas Woodstock, einem Onkel des Königs und Earl von Gloucester, sowie Thomas Arundel, Bischof von Ely, begab sich zum König, um ihm die Forderungen des Parlaments vorzutragen. Richard brauste auf und verstieg sich sogar dazu, den Abgesandten damit zu drohen, die Hilfe des französischen Königs in Anspruch zu nehmen. Man erinnerte ihn jedoch kühl daran, daß es schon einmal einen König gegeben habe, der sich nicht an Recht und Gesetz gehalten und dabei die Krone verloren habe. Dieser Hinweis auf das Schicksal Eduards II. verfehlte seine Wirkung nicht, so daß Richard es vorzog, einzulenken und die beiden Vertrauten von ihren Ämtern zu entbinden. Gegen Michael de la Pole wurde nun im Parlament ein Impeachmentverfahren durchgeführt, das für den Beschuldigten mit einer hohen Geldbuße und Gefängnisstrafe, deren Länge in das Ermessen des Königs gestellt wurde, endete.

Dem König wurde ein Kontrollgremium zur Seite gestellt, das seine Regierungsmaßnahmen zu überwachen hatte. König Richard, der für den Augenblick nachgegeben hatte, dachte jedoch nicht daran, diese Niederlage auf Dauer hinzunehmen. Mit dem bald aus der Haft entlassenen de la Pole und einigen anderen Vertrauten verließ der König im Februar 1387 Westminster, um in den Midlands und im Westen des Landes Truppen gegen seine Widersacher zu sammeln. Vor einem Richterkollegium, das sich aus Mitgliedern der königlichen Zentralgerichte zusammensetzte, ließ er in feierlicher Form alle Versuche, ihn in seinen königlichen Prärogativen einzuschränken, als hochverräterische Unternehmungen verdammen.

In der Zwischenzeit war aber auch die Gegenseite nicht untätig geblieben, und schon bald erschien vor den Toren Londons ein starkes Magnatenheer, das von der verschreckten Bürgerschaft auch ohne weiteres in die Stadt gelassen wurde. Nachdem ein königstreues Aufgebot unter Führung des Kämmerers Robert de Vere von den Magnaten bei Radcot Bridge in Oxfordshire geschlagen worden war, wurden fünf der engsten Berater des Königs vor dem Parlament von 1388, das als das „Gnadenlose Parlament" in die Geschichte eingegangen ist, in einem neuartigen Verfahren *(appealing)* von fünf Magnaten wegen Hochverrats förmlich angeklagt und schuldig gesprochen. Den Weg zum Galgen mußten jedoch nur zwei von ihnen antreten, die anderen – unter ihnen de la Pole und de Vere – hatten sich zuvor durch die Flucht außer Landes in Sicherheit bringen können.

Sowohl die Strafandrohungen des im Auftrag des Königs verfaßten Richtergutachtens als auch das vor dem Parlament angestrengte Rechtsverfahren des *appealing*, das die Mitwirkung der Commons umging, waren von höchst zweifelhafter Legalität, da eigentlich im berühmten, seinerzeit unter König Eduard III. erlassenen *Statute of Treason* (1352)[88] der Tatbestand des Hochverrats abschließend definiert worden war und hiernach im wesentlichen nur Angriffe gegen Leib, Leben und Freiheit des Königs und seiner Familie umfaßte. Dennoch setzte sich das Parlament unter dem Druck der als Ankläger (Appellanten) auftretenden Magnatengruppe über die von Besonnenen geäußerten rechtlichen Bedenken hinweg, indem es für sich selbst einen absoluten Vorrang in der Rechtsfeststellung und -auslegung vor allen anderen Gerichtshöfen des Landes in Anspruch nahm.

Die Mitglieder der verantwortlichen Magnatengruppe, die sich von nun an die „Appellanten" nannten, empfanden wohl auch selbst die rechtliche Fragwürdigkeit des gesamten Verfahrens. Um sich selbst für die Zukunft abzusichern, wurde festgestellt, daß das Vorgehen des „Gnadenlosen Parlaments" von 1388 kein Präjudiz für künftige Verfahren bilden sollte.

Auf Betreiben der Appellanten wurden außerdem gegen andere Vertraute des Königs von den Commons Impeachmentverfahren eingeleitet, die ebenfalls mit Schuldsprüchen und – in den meisten Fällen – mit Todesurteilen endeten.

Wer den jungen König kannte, mußte wohl davon ausgehen, daß er den Hauptbeteiligten dieses Vorgehen nie verzeihen und alles daransetzen würde, diese Demütigung zu rächen und die ihm entglittene Herrschaftsgewalt wieder an sich zu reißen. Bereits ein Jahr später, 1389, konnte Richard einen ersten Erfolg auf diesem Wege verbuchen, als es ihm gelang, den ihm vom Parlament aufgezwungenen Regentschaftsrat aufzulösen und neue Männer seines Vertrauens in die höchsten Staatsämter zu berufen. Als im gleichen Jahre (Dezember 1389) dann auch Johann von Gent nach England zurückkehrte, bedeutete dies zunächst für die innenpolitische Entwicklung des Landes eine Konsolidierungsphase, ohne daß hierdurch allerdings eine wirkliche Versöhnung zwischen dem König und seinen Gegnern erreicht wurde.

Inzwischen war der Krieg mit Frankreich, nachdem sich die Befürchtungen einer französischen Invasion als grundlos erwiesen hatten, immer mehr eingeschlafen. 1389 wurde ein Waffenstillstand vereinbart, der dann immer wieder erneuert und im Jahre 1396 – nach dem Tode der Königin Anna von Böhmen (1394) – durch eine zweite Heirat Richards mit der Tochter des französischen Königs Karl VI. noch bekräftigt wurde. Der faktisch eingetretene Friedenszustand mit Frankreich, der bis zum Jahre 1415 währen sollte, begünstigte Richards Pläne, nun den Kampf mit seinen Gegnern im Innern aufzunehmen.

1394 hatte König Richard bereits die sich abzeichnende Verständigung mit Frankreich dazu genutzt, militärisch in Irland zu intervenieren, wo die durch Heinrich II. begründete englische Herrschaft in der Zwischenzeit immer mehr zurückgedrängt worden war. Allein die Ankunft Richards an der Spitze eines starken Heeres genügte schon, die rebellischen Kleinfürsten auf der Insel zur Räson zu bringen und den englischen Einfluß zu stabilisieren.

Der Erfolg des Feldzuges trug nicht wenig zur Stärkung der persönlichen Machtposition des Königs bei, der nun daran denken konnte, die alte Rechnung mit seinen Gegnern zu begleichen, wobei sich der Haß Richards vor allem gegen die Wortführer der Appellanten, seinen Onkel, Thomas Woodstock, Earl von Gloucester, Richard von Arundel und Thomas Beauchamp, Earl von Warwick, richtete.

Bereits im Sommer 1394 war es zu einer häßlichen Szene gekommen, als der König beim Leichenbegängnis seiner verstorbenen Frau Richard von Arundel vor versammeltem Publikum mit der Faust ins Gesicht schlug, da dieser in Richards Augen der Verstorbenen nicht die nötige Ehrerbietung erwiesen hatte.

Arundel, das Schlimmste ahnend, hatte sich schon vorher so weit demütigen lassen, daß er vom König einen förmlichen Generalpardon für möglicherweise in der Vergangenheit begangene Missetaten erbat, der ihm in der Form eines offiziellen königlichen Privilegs auch gewährt wurde.

Auf dem Parlament von Shrewsbury (1398) hielt König Richard, der sich seit dem Irlandfeldzug mit einer starken Leibwache von Bogenschützen aus Cheshire umgab, den Zeitpunkt für gekommen, die Appellanten endgültig zu vernichten. Die ganz unter dem Einfluß des Königs stehende Versammlung erklärte die Beschlüsse des „Gnadenlosen Parlaments" von 1388 für nichtig. In Zukunft sollte jeder Versuch, auf derartige Weise die Prärogativen der Krone zu beschränken, als Hochverrat betrachtet werden. Gloucester, Arundel und Warwick wurden in Haft genommen und wegen Hochverrats, begangen vor zehn Jahren, angeklagt, wobei man sich nun auf das *Statute of Treason* Eduards III. vom Jahre 1352 stützte. Nachdem Gloucester noch vor Abschluß des Verfahrens im Gefängnis in Calais auf obskure Weise – wahrscheinlich auf Anordnung des Königs – ums Leben gekommen war, berief sich Arundel vor den Lords des Parlaments vergeblich auf den ihm erteilten Generalpardon. Die hierüber ausgestellte Urkunde wurde feierlich widerrufen, da sie dem König „abgepreßt" worden sei; der Angeklagte wurde des Hochverrats für schuldig befunden und endete auf dem Schafott.

Wieder, wie einst nach dem Bauernaufstand, hatte Richard sein Wort gebrochen. Deutlich traten jetzt Anzeichen von beginnendem Größenwahn auf, die schwere Schatten auf die letzten beiden Regierungsjahre des Königs warfen.

So wurde zwar eine allgemeine Amnestie für die Beteiligung am „Gnadenlosen Parlament" erlassen, von der jedoch alle ausgenommen sein sollten, die seinerzeit mit Waffengewalt königlichen Befehlen getrotzt hatten. Die großzügige Auslegung dieser Ausnahmebestimmung durch den König und seine beflissenen Helfer führte dann auch dazu, daß siebzehn Grafschaften die „Verzeihung" des Königs durch gesonderte Geldbußen, Blankovollmachten für Güterabtretungen und neue Eidesleistungen erkaufen mußten.

4. Der Sturz König Richards II. und die Begründung des Lancasterkönigtums

Das Klima von Furcht und gegenseitigem Mißtrauen, das der König um sich herum verbreitete, sollte am Ende jedoch auf ihn selbst zurückschlagen.

Einer der ehemaligen Appellanten, Heinrich Bolingbroke, Earl von Derby, der Sohn und Erbe Johanns von Gent, hatte sich rechtzeitig wieder auf die Seite des Königs geschlagen und diesem als willfähriger Helfer gegen die verurteilten Wortführer der Appellanten gedient und wurde dafür von König Richard zum Herzog von Hereford ernannt. Bereits zu Beginn des Jahres 1398 hatte Bolingbroke dem König ein angebliches Gespräch zwischen ihm und Mowbray, Earl von Nottingham, mitgeteilt, in dem Mowbray die Befürchtung ausgesprochen habe, der König könnte mit ihnen beiden verfahren wie mit den verurteilten Appellanten, man müsse sich daher gegen ihn in geeigneter Weise vorsehen.

Mowbray hatte sich – wie Bolingbroke – auf dem „Gnadenlosen Parlament" den Appellanten angeschlossen, war dann aber ebenfalls rechtzeitig auf die Seite des Königs getreten, was dieser mit der Ernennung zum Herzog von Norfolk belohnt hatte. Vielleicht hatte er sich wirklich in der geschilderten Weise gegenüber Bolingbroke geäußert; jedenfalls scheint Bolingbroke hierin – sicher zu Unrecht – eine Falle gewittert zu haben und beschloß dann wohl, die Flucht nach vorne anzutreten und dem König den geplanten „Verrat" zu entdecken. Mowbray, wegen des Verdachts auf Hochverrat zur Rede gestellt, leugnete jedoch entschieden. Beide Widersacher beschuldigten sich gegenseitig der Lüge. Eine Kommission wurde mit der Untersuchung des Falles beauftragt und beschloß, da es sich hierbei um einen schweren Ehrenhandel zwischen Edelleuten handelte, die Sache durch einen gerichtlichen Zweikampf auf Leben und Tod entscheiden zu lassen.

Als sich die Gegner im September 1398 in Coventry zur Austragung des Duells einfanden, griff jedoch plötzlich der König ein, verbot den Waffengang und verbannte beide außer Landes, Mowbray auf Lebenszeit und Bolingbroke auf zehn Jahre.

Schon vier Monate später, im Februar 1399, starb Johann von Gent. Obwohl der Verstorbene ihm zeitlebens in voller Loyalität gedient hatte, glaubte der König nun, sich einen zynischen Rechtsbruch leisten zu können. Unter einem nichtigen Vorwand wurde das zeitlich befristete Verbannungsurteil Bolingbrokes aufgehoben und durch die Verbannung auf Lebenszeit, verbunden mit der Aberkennung aller Güter, ersetzt; das Herzogtum Lancaster wurde für die Krone eingezogen.

Heinrich Bolingbroke dachte jedoch nicht daran, sich mit dem Spruch des Königs abzufinden, und nutzte die Gunst der Stunde, als Richard zu einem zweiten Feldzug nach Irland aufbrach, um zusammen mit dem vom König 1397 ins Exil getriebenen Erzbischof von Canterbury, Thomas von Arundel, und einer kleinen Truppe von Vertrauten an der Küste von Yorkshire zu landen. Innerhalb kurzer Zeit erhielt er vor allem von den mächtigen Adelsfamilien des Nordens großen Zulauf, während sich für den abwesenden König kaum eine Hand rührte.

Als König Richard daraufhin seinen Irlandfeldzug abbrach und zur walisischen Küste übersetzte, mußte er erleben, daß der größte Teil seines Heeres ihm praktisch davonlief. Mit wenigen Getreuen suchte er in der stark befestigten Burg Conway an der walisischen Küste Zuflucht, wo ihn bald eine Botschaft seines Widersachers mit der Aufforderung zu persönlichen Verhandlungen erreichte.

Wenn Heinrich Bolingbroke zunächst auch öffentlich beschworen hatte, daß er lediglich sein Erbe verlange, so kamen er und seine Parteigänger doch bald zu der Einsicht, daß nur die Absetzung des Königs eine gewisse Sicherheit vor dessen Rache gewährleistete. Man kannte Richard zu gut, um nicht zu wissen, daß er trotz aller in der Bedrängnis erteilten Versprechen und Zusagen bei nächster Gelegenheit wieder sein Wort brechen und alles daransetzen werde, seine Gegner zu vernichten. Daß diese Beurteilung durchaus zutreffend war und Richard auch jetzt, in militärisch aussichtsloser Situation, wieder hoffte, seine Gegner zu täuschen, um an ihnen später Rache nehmen zu können, wird durch eine Äußerung des Königs im privaten Kreise bestätigt: daß er nämlich einigen seiner Gegner bei lebendigem Leibe die Haut abziehen werde und daß er sich hiervon auch nicht abbringen lasse, selbst wenn ihm alles Gold des Landes geboten würde.[89]

Aber dieses Mal sollte Richard am Ende selbst der Getäuschte sein; denn auf die Versicherung Bolingbrokes, daß er nicht nach der Krone strebe, sondern lediglich sein ihm zustehendes Erbe verlange, ließ er sich aus dem relativ sicheren Conway in einen Hinterhalt seines Gegners locken, der ihn als Gefangenen nach London bringen ließ.

Das Verfahren, das Bolingbroke und seine Anhänger beim Sturz König Richards betrieben, erinnert stark an das historische Vorbild der Absetzung König Eduards II. Der im Tower eingekerkerte König wurde genötigt, auf den Thron zu verzichten und seinen Gegner zum Nachfolger zu designieren.

Vor dem eiligst einberufenen Parlament wurde am 30. September 1399 der Thronverzicht Richards und die Designation Bolingbrokes verkündet. Das Parlament begnügte sich jedoch nicht damit, die Abdankung Richards zur Kenntnis zu nehmen, sondern stellte förmlich fest, daß Richard, da er seinen Krönungseid gebrochen und die fundamentalen Gesetze des Landes verletzt habe, der Krone unwürdig sei und daher als abgesetzt zu gelten habe.

Mit der Absetzung des Königs war jedoch noch keineswegs die Nachfolge Bolingbrokes gesichert, da in der Person des allerdings erst achtjährigen Earls von March, Edmund Mortimer, der vom zweiten Sohn Eduards III. abstammte, eigentlich ein näherer Erbe vorhanden war. Die Aussicht, daß bei einer längeren Regentschaftszeit die Anhänger Richards wieder Oberwasser gewinnen könnten, bewog wohl die Masse der Magnaten, die Thronansprüche Bolingbrokes zu unterstützen.

Als dieser sich daher in der gleichen Parlamentssitzung erhob und die Krone nach Erbrecht und kraft des ihm durch Gottes Hilfe zugefallenen Sieges forderte, fand er im Parlament volle Zustimmung. Es sprach ihm und seinen Erben förmlich die Königsherrschaft zu.

5. Legitimitätsprobleme, Rebellionen und Lollardenverfolgung. England unter König Heinrich IV.

Die Regierungszeit des neuen Königs Heinrich IV. (1399–1413) litt ständig an zwei negativen Faktoren, nämlich einerseits am Makel der Usurpation, der seiner Thronbesteigung anhaftete, sowie andererseits an einer schweren Krankheit, die seit 1405 die Kräfte des Königs verzehrte und zu seinem frühen Tode im Jahre 1413 führte.

Die Zweifel an der Legitimität seiner Herrschaft nötigten Heinrich, sich vor allem auf zwei Bundesgenossen, das Parlament und den hohen Klerus, repräsentiert vor allem durch den mit ihm aus dem Exil zurückgekehrten Erzbischof von Canterbury, Thomas von Arundel, zu stützen.

Nach der despotischen Willkürherrschaft der letzten Regierungsjahre Richards II. brachen nun für das Parlament unter König Heinrich bessere Zeiten an, wobei vor allem die Commons zunehmende politische Bedeutung erlangten. Wenn der König dem Parlament auch zeitweise Einfluß auf den königlichen Rat sowie eine gewisse Kontrolle über die königliche Garderobe, jene Haushaltsbehörde, die bisher immer als ureigenste Domäne des Monarchen gegolten hatte, einräumte, so dürfte es doch zu weit gehen, hier von einem „Lancaster-Konstitutionalismus“ zu sprechen, zumal der König auch dem Parlament gegenüber immer wieder auf der Wahrung seiner königlichen Prärogativen bestand.

Die Zugeständnisse an den Klerus äußerten sich vor allem in einem verschärften Vorgehen gegen die Lollarden. In dem berüchtigten Statut *„De comburendo haeretico“* (1401)[90] wurde die weltliche Gewalt verpflichtet, jedes durch ein geistliches Gericht gefällte Ketzerurteil mit dem Feuertode zu ahnden. Die zur Bigotterie neigende Mentalität des Königs, verbunden mit zweckpolitischen Überlegungen, führte also dazu, daß von nun an auch in England die Scheiterhaufen rauchten – ein beklagenswerter Rückfall gegenüber dem freisinnigen, weitgehend von toleranter Großzügigkeit geprägten religiösen Klima unter Eduard III. und Richard II.

Der Makel der Usurpation und die Unzufriedenheit weiter Adelskreise, die im Regierungssystem des neuen Königs keinen Platz fanden, führte zu mehreren Adelsrevolten, die einen Großteil der Regierungszeit Heinrichs prägen sollten. Bereits wenige Monate nach seiner Krönung mußte er eine Erhebung ehemaliger Parteigänger Richards niederschlagen; die Anführer wurden teils von der empörten Menge gelyncht, teils endeten sie auf dem Schafott. Die fehlgeschlagene Verschwörung bedeutete zugleich das Todesurteil für den eingekerkerten König Richard, der bald darauf – wahrscheinlich auf Befehl König Heinrichs – umgebracht und, um jeden Zweifel an seinem Tode auszuräumen, in London öffentlich aufgebahrt wurde. Dennoch wollten die Gerüchte nicht verstummen, daß es Richard gelungen sei, aus der Haft zu entfliehen und daß er an verborgenem Orte auf eine Möglichkeit zur Rückkehr warte.

Weitere Adelserhebungen, getragen vor allem von der mächtigen Percy-Familie im Norden, die Heinrich maßgeblich im Kampf gegen Richard unterstützt hatte, folgten und nahmen zum Teil, da sie mit der gefährlichen national-walisischen Revolte des Owain Glyn Dŵr in Wales zusammenfielen, gefährliche Ausmaße an. Doch stets behielt Heinrich dank seiner Wachsamkeit, Umsicht und militärischen Fähigkeiten die Oberhand. Auch der Versuch des ehrgeizigen Thronfolgers, des späteren Königs Heinrich V., mit Hilfe einer Hofpartei den kranken Vater politisch auszumanövrieren, scheiterte. Dennoch sollte es Heinrich bis zu seinem Tode nicht gelingen, die Zweifel an der Legitimität seines Königtums restlos auszuräumen und die volle Anerkennung und Loyalität seiner Untertanen zu gewinnen.

Neuntes Kapitel
Triumph und Niederlage. Die Wiederaufnahme des Krieges mit Frankreich und ihre Folgen (1413–1485)

I. England und die letzte Phase des Hundertjährigen Krieges

1. König Heinrich V. und der Krieg mit Frankreich (1413–1422)

Als Heinrich IV. im Jahre 1413 starb, folgte ihm sein Sohn als Heinrich V. (1413–1422) in der Königswürde nach. Was dem Vater zeitlebens nicht geglückt war, nämlich ein entkrampftes, von Mißtrauen freies Verhältnis zu seinen Untertanen herzustellen, sollte dem Sohn in wenigen Jahren gelingen. Dazu trug zunächst einmal die Persönlichkeit des neuen Königs bei.

Nach einer späteren Überlieferung soll Heinrich V. in seiner Jugend ein ausschweifendes Leben in schlechter Gesellschaft, ohne Sinn für die Würde seiner Stellung als Thronfolger geführt haben; erst der Tod des Vaters habe aus dem haltlosen Lebemann einen verantwortungsbewußten Monarchen gemacht. Dies wird jedoch durch die zeitgenössischen Quellen nicht gestützt. Im Gegenteil, bereits als Prince of Wales hatte Heinrich bei der Niederschlagung der walisischen Rebellion des Owain Glyn Dŵr eine beeindruckende erste Probe seiner militärischen Fähigkeiten geliefert; auch seine ehrgeizigen Aktivitäten am Königshof und die hierdurch ausgelösten Spannungen mit dem kranken Vater deuten eher auf eine energische, politisch ambitionierte Persönlichkeit hin. Vom Vater hatte Heinrich zwar die bigotte Frömmigkeit und eine tiefe Abneigung gegen das Lollardentum, nicht dagegen dessen von Unsicherheit, Selbstzweifeln und Mißtrauen geprägte Einstellung gegenüber seiner Umgebung geerbt. Unbeeindruckt von möglichen Risiken für seine Herrschaft, stellte der junge König sogleich nach seinem Regierungsantritt die Weichen für eine allgemeine Versöhnung, indem er den vom Vater entthronten König Richard mit königlichen Ehren in Westminster beisetzen ließ und einige politische Gegner, bzw. deren Erben, wieder in ihre Rechte und Güter einsetzte.

Dennoch sah auch Heinrich V. sich bald mit Revolten konfrontiert. So versuchte ein ehemaliger Vertrauter des Königs, Sir John Oldcastle, der wegen Unterstützung der Lollardenbewegung von einem geistlichen Gericht bereits als Ketzer verurteilt worden war, aber aus der Haft hatte entkommen können, einen allgemeinen Lollardenaufstand gegen den König zu entfesseln. Das Unternehmen scheiterte jedoch und endete mit der Hinrichtung Oldcastles als Ketzer und Hochverräter.

Gefährlicher für Heinrich war eine Verschwörung einer Gruppe von Magnaten unter der Führung des von Heinrich zum Earl von Cambridge erhobenen Richard von Conisborough, die sich zum Ziel setzte, den König zu ermorden und an seine Stelle den jungen Edmund Mortimer, Earl von March, auf den Thron zu bringen. Da der vorgesehene Thronprätendent jedoch das Spiel nicht mitmachte und dem König die Pläne der Verschworenen entdeckte, konnte die Revolte im Keim erstickt werden. In weiser Zurückhaltung beschränkte sich Heinrich darauf, die Untersuchung auf wenige Hauptverantwortliche zu begrenzen, die verurteilt und hingerichtet wurden (1415).

Zur inneren Befriedung des Landes sollte jedoch auch entscheidend die Wiederaufnahme des Krieges mit dem alten Landesfeind Frankreich beitragen. Unter Heinrich IV. hatten sich die Beziehungen zwischen den beiden Ländern, die sich unter König Richard II. recht günstig entwickelt hatten, wieder verschlechtert. War die englische Politik in früherer Zeit mehr oder weniger bestrebt gewesen, den im Frieden von Brétigny anvisierten Besitzstand wiederherzustellen, so forderte König Heinrich V. nun von den Franzosen nicht nur die Souveränität über die Gascogne, sondern die Restauration des gesamten Angevinischen Reiches mit der Normandie, Anjou, Maine und Poitou. Die Gründe, die Heinrich zu dieser Politik der Maximalforderungen bewogen, die, wie man in England nur zu gut wußte, nur mit Krieg durchzusetzen war, sind vor allem in der innenpolitischen Situation Frankreichs zu suchen.

Nach dem Tode Karls V. (1380) war dessen knapp zwölfjähriger Sohn Karl VI. (1380–1422) als König von Frankreich nachgefolgt. Für den minderjährigen König führten die drei Brüder sowie der Schwager des verstorbenen Königs die Vormundschaft, die ihre Machtstellung vor allem zum eigenen Vorteil und auf Kosten der königlichen Gewalt zu nutzen wußten.

Als der König 1388 die Herrschaft in die eigenen Hände nahm und die alten Berater seines Vaters zurückberief, änderten sich die Verhältnisse nur vorübergehend zum Besseren; denn seit 1392 deuteten Tobsuchtsanfälle, abgelöst von Zeiten langen, stumpfen Dahinbrütens auf eine beginnende Geisteskrankheit des Königs hin, die von nun an schubweise auftrat und sich ab 1393 so weit verschlimmerte, daß wieder ein Regentschaftsrat bestimmt werden mußte.

Um die Regentschaft über den erkrankten König und damit um die Macht im Lande rivalisierten in der Folgezeit zwei Adelsgeschlechter miteinander, die Herzöge von Orléans und von Burgund.

Während sich das Haus Orléans auf eine starke Hausmacht in Mittelfrankreich stützen konnte, war es den Herzögen von Burgund seit der zweiten Hälfte des 14. Jahrhunderts gelungen, ihr Land durch glückliche Erbfälle und eine erfolgreiche Herrschaftspolitik zu einer neuen politischen Macht zwischen Frankreich und dem römisch-deutschen Reich auszubauen, wobei sich der Herrschaftsmittelpunkt dieses neuen Reiches seit dem Erwerb Flanderns (1384) immer mehr nach Norden verlagert hatte.

Die Auseinandersetzungen zwischen den beiden mächtigen Adelshäusern wurden noch zusätzlich verschärft, als im Jahre 1407 Herzog Ludwig von Orléans auf Betreiben seines burgundischen Gegenspielers, des Herzogs Johann Ohnefurcht, in Paris auf offener Straße ermordet wurde.

Der Sohn des Ermordeten, Herzog Karl von Orléans, verbündete sich nun mit anderen Magnaten des Landes gegen Burgund und wurde vor allem von seinem Schwiegervater, dem Grafen Bernhard von Armagnac, unterstützt, der dieser antiburgundischen Partei ein wildes, kriegstüchtiges Söldnerheer, die sogenannten *Armagnacs,* zuführte, nach denen fortan die gesamte Koalition benannt wurde. 1410 brach der offene Bürgerkrieg zwischen den verfeindeten Lagern aus, wobei beide Parteien keine Skrupel hatten, zur Stärkung ihrer Position auch Verhandlungen mit dem Landesfeind, König Heinrich IV. von England, aufzunehmen. Während Heinrich IV. die Partei der *Armagnacs,* die für England die Restauration des alten Herzogtums Aquitanien in Aussicht gestellt hatte, unterstützte, war Heinrich V., der noch als Thronfolger Burgund favorisiert hatte, nun als König dazu entschlossen, die trostlose innenpolitische Situation Frankreichs zu einer militärischen Intervention zu nutzen, mit dem Ziel, auf diese Weise das Angevinische Reich in seinem alten Bestand wiederherzustellen oder sogar die französische Königskrone zu erringen.

Der Zeitpunkt für ein militärisches Vorgehen gegen Frankreich schien zudem günstig zu sein; denn auch von Schottland, dem traditionellen Bundesgenossen Frankreichs, war zur Zeit nichts zu befürchten, da sich der schottische König Jakob I. bereits seit 1406 in englischer Gefangenschaft befand.

In der Wiederaufnahme des Krieges gegen den äußeren Feind dürfte König Heinrich endlich auch eine Möglichkeit gesehen haben, die seit der Usurpation des Vaters auseinanderstrebenden Adelsinteressen wieder auf ein gemeinsames Ziel zu lenken und damit auch die innere Stabilität und Befriedung des Landes zu fördern.

Um Zeit für die erforderlichen militärischen Vorbereitungen zu gewinnen, wurden zunächst mit beiden französischen Parteien Verhandlungen geführt. Als diese, wie vorauszusehen war, an den Maximalforderungen der Engländer scheiterten, nahm König Heinrich wieder offiziell den Anspruch auf die französische Krone auf und landete im August 1415 an der Spitze eines Invasionsheeres von ca. 10000 Mann an der normannischen Küste.

Der Feldzug schien jedoch zunächst nicht unter einem guten Stern zu stehen. Die erste militärische Operation, die Belagerung der Stadt Harfleur, gestaltete sich wider Erwarten schwierig und konnte erst nach mehreren Wochen erfolgreich abgeschlossen werden, wobei Seuchen und die mangelhafte Versorgungslage einen hohen Tribut forderten, so daß König Heinrich wohl nur noch ca. 6000 Mann zur Verfügung hatte, als er im Oktober 1415 den Marsch nach Norden antrat, um in Calais den Winter zu verbringen.

Inzwischen war auch der Gegner nicht müßig geblieben. Angesichts des gemeinsamen Feindes traten die Auseinandersetzungen, die vorher das gesamte politische Leben in Frankreich weitgehend gelähmt hatten, etwas in den Hintergrund. Der Herzog von Burgund als der Hauptwidersacher der *Armagnacs* hielt sich zurück, so daß der Hof in der Lage war, ein starkes Heer aufzustellen und gegen die englischen Invasoren in Marsch zu setzen.

Als König Heinrich mit seinen Truppen bei den Dörfern Béthancourt und Voyennes die Somme überschritt, mußte er erkennen, daß die Straße nach Calais von einem mindestens dreimal so starken französischen Heer blockiert war, das ungeduldig darauf wartete, den zahlenmäßig offensichtlich unterlegenen Gegner anzugreifen.

In der Erkenntnis, daß die Schlacht nicht mehr zu vermeiden war, bezog Heinrich mit seinen erschöpften Truppen in einem von Buschwerk und Wald durchsetzten Gelände in der Nähe des Dorfes Azincourt, etwa 50 km südlich von Calais, Stellung. Gegenüber der feindlichen Übermacht setzte Heinrich – wie einst Eduard III. bei Crécy – auf die Wirkung seiner Bogenschützen und den Defensivvorteil in einem unübersichtlichen, engen Gelände.

Wieder – wie in der Vergangenheit bei Crécy und Maupertuis – ging auch dieses Mal die Rechnung der Engländer auf, als am Morgen des 25. Oktober 1415 die Schlacht begann. Wieder brach der Ansturm der Franzosen im Geschoßhagel der englischen Bogenschützen, die zum Schutz vor den angreifenden Rittern angespitzte Holzpfähle vor sich in den vom Dauerregen aufgeweichten Boden gerammt hatten, zusammen. Das schwierige, sich vor allem im Mittelfeld verengende Terrain bot der französischen Übermacht keine Möglichkeit zur Entfaltung. Von den Nachdrängenden nach vorn geschoben, blieb für die durch ihre schweren Rüstungen weitgehend immobilen Ritter und Fußkämpfer kaum Platz, um die Waffe zu führen; ein schreckliches Blutbad war die Folge. Auch das vom Herzog von Brabant ausgestreute Gerücht, wonach neue französische Verstärkungen eingetroffen seien, die die Flanke der Engländer durchbrochen und den Kronschatz erbeutet hätten, konnte das Schlachtenglück nicht mehr zugunsten der Franzosen wenden, sondern hatte nur insofern fatale Folgen, als König Heinrich jetzt den Befehl gab, alle Gefangenen – mit Ausnahme der höchsten Ränge – zu töten. Diese verhängnisvolle Maßnahme, die auch Proteste im englischen Heer auslöste, da sich zahlreiche Ritter um ihr Lösegeld geprellt sahen, ist wohl nur vor dem Hintergrund der panikartigen Stimmung, die durch die Gerüchte ausgelöst worden war, zu begreifen. Wahrscheinlich fürchtete Heinrich in den zahlreichen Gefangenen, deren vollständige Entwaffnung im Kampfgetümmel nicht garantiert werden konnte, ein zusätzliches Sicherheitsrisiko, das den englischen Sieg gefährden konnte. Am Abend der Schlacht war die Katastrophe für die französische Armee vollkommen. Bei relativ bescheidenen Verlusten der Engländer bedeckten auf französischer Seite Tausende von Toten, unter ihnen zahlreiche Angehörige des Hochadels, das Schlachtfeld. Unter den Gefangenen, die das Massaker überlebt hatten, befand sich auch Herzog Karl von Orléans, eines der führenden Häupter der *Armagnacs,* die zur Zeit den Königshof in Paris beherrschten.

Über Nacht war König Heinrich mit diesem Sieg zum Helden der Nation geworden, und als er wenig später wieder nach England zurückkehrte, wurde ihm in London ein triumphaler Empfang bereitet. Das Parlament zeigte sich von seiner besten Seite, bewilligte neue Steuern für die Fortführung des Krieges und gewährte dem siegreichen König sogar das Recht, auf Lebenszeit einen Zoll auf die Wollausfuhr erheben zu können, ein Zugeständnis, das in früheren Zeiten lediglich Richard II. im Jahre 1398 dem gefügigen Parlament von Shrewsbury hatte abpressen können.

Der neu ausgebrochene Konflikt zwischen den beiden Ländern und der englische Sieg bei Azincourt fanden über die betroffenen Parteien hinaus im gesamten Abendland Beachtung, das zu dieser Zeit gespannt nach Konstanz blickte, wo das große Konzil tagte und versuchte, die Hauptgebrechen der spätmittelalterlichen Kirche, vor allem das Schisma, abzustellen. Dem römisch-deutschen König Sigmund als dem Schutzherrn des Konzils war es bereits Ende 1415 gelungen, die iberischen Königreiche dazu zu bringen, den bisher unter ihrem Schutz stehenden Papst Benedikt XIII. fallen zu lassen und sich in der Frage der Papstwahl der Entscheidung des Konzils zu unterwerfen. Im Interesse der Einheit des Konzils unternahm König Sigmund im Frühjahr 1416 einen Vermittlungsversuch zwischen den verfeindeten Ländern England und Frankreich, indem er von Narbonne aus nach Paris und von dort zu Heinrich V. nach England reiste. König Heinrich, der eigentlich zum jetzigen Zeitpunkt an einem Verständigungsfrieden mit Frankreich auf der Grundlage des Status quo kaum interessiert war, andererseits aber vor der europäischen Öffentlichkeit nicht als Friedensstörer dastehen wollte, operierte mit viel Geschick, so daß die Mission Sigmunds am Ende zu einem vollen diplomatischen

Erfolg für die Engländer wurde; denn die französische Hofpartei unter dem Grafen von Armagnac lehnte törichterweise Sigmunds Vermittlungsvorschlag ab, so daß der deutsche König mit England im Vertrag von Canterbury (August 1416)[91] sogar ein Waffenbündnis gegen Frankreich schloß, das nun völlig isoliert war.

Nach dem Scheitern der Friedensbemühungen konnte Heinrich nun ungehindert die Kampfhandlungen wiederaufnehmen, nachdem außerdem der Herzog von Burgund ihm in einem persönlichen Zusammentreffen zu verstehen gegeben hatte, daß er ihm als König von Frankreich huldigen werde, sobald Heinrich wenigstens einen Teil Frankreichs erobert habe.

Im Sommer 1417 landete Heinrich wieder an der Spitze eines Heeres unweit von Harfleur und stieß nun in die Normandie vor. Da eine französische Entsatzarmee nicht in Sicht war, fielen bis zum Ende des nächsten Jahres nacheinander die normannischen Städte in englische Hand, und nach der Einnahme Rouens im Januar 1419 konnte die Eroberung der Normandie im Frühjahr 1419 abgeschlossen werden.

In der Zwischenzeit hatte sich auch die innenpolitische Situation in Frankreich weiter zugunsten der Engländer gewandelt. Im September 1417 verließ die aus dem Hause Bayern-Ingolstadt stammende Königin Isabeau (Elisabeth) voller Haß auf ihren Sohn, den Dauphin (Thronfolger) Karl, und den Grafen von Armagnac Paris und begab sich mit dem kranken König unter burgundischen Schutz, wo sie zusammen mit Herzog Johann zunächst in Chartres, dann in Troyes eine Gegenregierung gegen das Regiment der *Armagnacs* in Paris errichtete. Dazu kam, daß es den Burgundern im Frühjahr 1418 gelang, auch die Hauptstadt Paris in ihre Hand zu bekommen. Während Graf Bernhard von Armagnac mit seinen Vertrauten in Haft genommen und später von der aufgebrachten Menge gelyncht wurde, gelang es jedoch dem fünfzehnjährigen Dauphin Karl, aus der Stadt zu fliehen und bei den Anhängern der *Armagnacs* im Süden des Landes Zuflucht zu finden.

Der Dauphin, der nun die Führung der *Armagnacs* übernahm, brachte sich jedoch durch eine ebenso verwerfliche wie törichte Tat selbst um alle Chancen einer Verständigung mit Burgund. Im Rahmen eines persönlichen Treffens mit Herzog Johann Ohnefurcht, das am 10.11.1419 auf einer Brücke über die Yonne bei Montereau stattfand, fielen er und seine Begleitung mit Äxten über den Herzog her und töteten ihn.

Während der Dauphin sich später auf Notwehr berief, spricht mehr für die burgundische Version, wonach es sich um ein von der Umgebung des Thronfolgers lange geplantes und sorgfältig vorbereitetes Komplott gehandelt habe, das allerdings fatale politische Folgen haben sollte.

Hatte Herzog Johann selbst noch Skrupel gehabt, als französischer Kronvasall offen für den Landesfeind Partei zu ergreifen, so richtete sich nun das gesamte Trachten des Nachfolgers, Philipps des Guten von Burgund, darauf, den Mord an seinem Vater zu rächen, so daß jetzt der Weg für eine englisch-burgundische Verständigung frei war.

Im Vertrag von Troyes (1420)[92] erkannte Heinrich V. Karl VI. auf dessen Lebenszeit als König von Frankreich an. Dafür sollte Heinrich die Tochter des Königs, Katharina, heiraten und nach dessen Tod die Nachfolge im Königtum antreten, wobei die beiden Königreiche England und Frankreich jedoch ihre Eigenständigkeit behalten sollten. Der Dauphin Karl wurde wegen des verübten Verbrechens für immer von der Thronfolge ausgeschlossen.

Der Krieg zwischen England und Frankreich wurde zwar formal für beendet erklärt; in Wirklichkeit hing die Umsetzung des Vertrages aber entscheidend davon ab, ob es den Engländern im Bunde mit der Königin und den Burgundern gelingen werde, den Dauphin, der in Bourges eine Gegenregierung errichtet hatte und dessen Einfluß sich auf weite Gebiete Mittelfrankreichs sowie die Provinzen südlich der Loire, mit Ausnahme der englischen Gascogne, erstreckte, militärisch niederzuwerfen.

König Heinrich machte sich hierüber auch keine Illusionen, sondern kehrte nach erfolgter Heirat und Krönung seiner Gemahlin bereits Anfang Juni 1421 mit Heeresmacht wieder nach Frankreich zurück, um den Krieg gegen den Dauphin und seine Anhänger wieder aufzunehmen. Bei der Belagerung der Stadt Meaux an der Marne (1421/22) wurde er jedoch von der Ruhr erfaßt, und bereits drei Monate nach dem Fall der Stadt trug man den Todkranken zurück nach Bois-de-Vincennes, wo Heinrich im Alter von 35 Jahren am 31. August 1422 verstarb.

Da zwei Monate später, im Oktober 1422, auch der französische König Karl VI. starb, wurde der gerade einjährige Sohn Heinrichs aus der Ehe mit Katharina nicht nur als Heinrich VI. König von England, sondern nach dem Vertrag von Troyes auch König von Frankreich.

2. Weiterer Verlauf und Ende des Krieges

Gemäß den Anweisungen, die Heinrich V. noch auf dem Totenbett erteilt hatte,[93] übernahm der nächstjüngere Bruder Johann, Herzog von Bedford, die Regentschaft in Frankreich, während in England der jüngste Bruder, Herzog Humphrey von Gloucester, als Protektor und Vorsitzender eines Regentschaftsrates die Regierungsgeschäfte für den unmündigen König führte, wobei allerdings das Parlament für den Fall der Anwesenheit Bedfords diesem die Rechte des Protektors zubilligte und somit die Regentschaft Gloucesters auf die Abwesenheit seines Bruders beschränkte.

Durch den frühen Tod Heinrichs V. und die Einrichtung der Doppelregentschaft wurde die Position der Engländer in Frankreich erheblich geschwächt. Daß die englischen Waffen zunächst dennoch siegreich blieben, lag einerseits an der Tüchtigkeit und Umsicht des Herzogs von Bedford, andererseits aber auch an der Unfähigkeit des Dauphin.

Aufgewachsen im trostlosen Intrigenmilieu des Pariser Hofes, von schwächlicher Gesundheit und ohne Willenskraft, schien der Dauphin, der nun als Karl VII. die französische Krone beanspruchte, der schwierigen Aufgabe, dies auch militärisch durchzusetzen, kaum gewachsen zu sein. Verfolgt vom pathologischen Haß seiner Mutter Isabeau, die nicht davor zurückschreckte, die Legitimität seiner Geburt öffentlich in Abrede zu stellen, umgeben von selbstsüchtigen Beratern, war er nicht in der Lage, politisch oder militärisch die Initiative zu ergreifen, sondern sank immer mehr in eine resignierende Lethargie zurück, während sein Gegenspieler Bedford planmäßig seine militärische Position verbesserte.

So gelang es den Engländern, im August 1424 bei Verneuil-sur-Arve das von einem schottischen Kontingent unterstützte Heer des Dauphin vernichtend zu schlagen und bis zum Ende des Jahres 1425 ganz Maine unter ihre Kontrolle zu bekommen.

Nachdem im Sommer 1428 der englische Kriegsrat beschlossen hatte, den Krieg nun auch in die Gebiete des Dauphin südlich der Loire zu tragen, begann im Oktober 1428 eine englische Armee unter dem Kommando des Earls von Salisbury mit der Belagerung der strategisch wichtigen Stadt Orléans, die den Übergang über die Loire sicherte. Es gelang den Engländern, die Stadt einzuschließen und einen Brückenkopf auf dem südlichen Loireufer zu errichten, so daß der Fall der Stadt nur noch eine Frage der Zeit zu sein schien.

Auch am Hofe des Dauphin, in Chinon, dachte man bereits daran aufzugeben und ins Exil zu gehen. In dieser Situation traf um den 23. Februar 1429 in Chinon ein lothringisches Bauernmädchen, Jeanne d'Arc, mit einigen Begleitern ein und verlangte, zum Dauphin vorgelassen zu werden, um ihm persönlich eine Botschaft vortragen zu können.

Als der mißtrauische Dauphin sich nach einigenTagen dazu entschloß, diese Botschaft anzuhören, konnte noch niemand ahnen, daß hiermit zugleich die entscheidende Wende im Krieg eingeleitet wurde.

Jeanne d'Arc, die als ‚Johanna von Orléans' in die Geschichte eingegangen ist, wurde um 1410 im Dorfe Domrémy, im Grenzgebiet zwischen den Herzogtümern Bar und Lothringen, als Tochter eines begüterten Bauern geboren. Wie sie später angab, hatte sie schon als Zwölfjährige Visionen, in denen sie die Stimmen des Erzengels Michael, der heiligen Katharina und der heiligen Margaretha hörte. Vielleicht unter dem Eindruck eines burgundischen Raubzuges, von dem auch ihr Dorf betroffen wurde, überraschte sie im Jahre 1428 ihre Umgebung mit der Erklärung, daß die Stimmen ihr befohlen hätten, die Engländer aus dem Lande zu vertreiben und den Dauphin als rechtmäßigen König Frankreichs zur Krönung nach Reims zu führen. Wenn auch die Region, in der Johanna heranwuchs, dem Dauphin treu ergeben war, so steht diese Vision und ihre konsequente Umsetzung in die Tat doch in einem bemerkenswerten Gegensatz zur stumpfen Gleichgültigkeit, mit der die bäuerliche Bevölkerung diesen Krieg bisher im allgemeinen hingenommen hatte.

Nachdem Johanna zunächst nur auf ungläubige Ablehnung gestoßen war, gelang es ihr endlich zu Beginn des Jahres 1429, den Stadtkommandanten von Vaucouleurs, Henri de Baudricourt, von ihrer Mission zu überzeugen, der ihr die nötige Ausrüstung beschaffen ließ, während einige Ritter aus seinem Gefolge sich bereit erklärten, sie auf ihre Reise nach Chinon zu begleiten.

In Chinon angekommen, beeindruckte sie die ganze Hofgesellschaft, als sie den Dauphin, der, äußerlich wohl eher eine kümmerliche Erscheinung, sich unauffällig unter sein Gefolge gemischt hatte, zielsicher erkannte und mit großer Überzeugungskraft ansprach. Nachdem eine mit ihrer Überprüfung beauftragte Theologenkommission der Universität Poitiers ebenfalls zu einem positiven Resultat gekommen war, konnte Johanna daran gehen, das im Rahmen ihrer Vision vorrangigste Ziel, die Vertreibung der Engländer vor Orléans, in Angriff zu nehmen. Während eine Entsatzarmee des Dauphin die Belagerer von Norden her unter Druck setzte, gelang es Johanna, an der Spitze eines kleinen Aufgebotes, in weißer Rüstung und ausgestattet mit einem Lilienbanner, durch eine Lücke im Belagerungsring in die Stadt einzudringen und dort den Widerstandswillen der Belagerten zu stärken. Schnell sprach sich die an ein Wunder grenzende Nachricht bei Freund und Feind herum; während die Verteidiger neuen Mut faßten, machten sich in den Reihen der sieggewohnten Engländer Unsicherheit und Bestürzung breit. Beherzte Ausfälle der Verteidiger, angeführt von Johanna, führten zur Rückeroberung der vom Feinde besetzten Forts vor der Stadt, so daß die demoralisierten Engländer nach wenigen Tagen die Belagerung abbrachen und sich nach Norden zurückzogen.

Von nun an war – langfristig gesehen – das Kriegsglück auf der Seite der Franzosen. Auf Drängen Johannas erkämpfte sich das Heer des Dauphin den Weg in die alte Krönungsstadt Reims, wo am 18. Juli 1429 Karl VII. in Anwesenheit Johannas gekrönt und mit dem heiligen Öl gesalbt wurde.

Die feierliche Krönung stärkte ganz erheblich die Position Karls im Lande, dem nun zahlreiche Städte ihre Tore öffneten. Allerdings setzte man von jetzt an am französischen Königshof mehr auf die Diplomatie als auf weitere militärische Erfolge, so daß der Einfluß Johannas in der Folgezeit spürbar zurückging. Auch ihr militärisches Charisma verblaßte, als ein von ihr und dem Herzog von Alençon geführter Sturmangriff auf Paris, bei dem sie in vorderster Front mitkämpfte, unter schweren Verlusten für die Angreifer abgeschlagen wurde. Eine weitere Niederlage des französischen Heeres beim Versuch, einem Angriff der Engländer über die Loire zuvorzukommen, wurde ebenfalls Johanna angelastet, die erst im Frühjahr 1430 wieder Gelegenheit erhielt, militärisch aktiv zu werden.

Mit dem Auftrag, die von den Burgundern belagerte Stadt Compiègne zu entsetzen, gelangte sie im Mai 1430 in die Stadt und befahl sogleich einen Ausfall, der jedoch damit endete, daß sie in burgundische Gefangenschaft geriet.

Die persönliche Tragödie Johannas war bereits vorprogrammiert, als es den Engländern gelang, gegen die Zahlung einer beträchtlichen Geldsumme die Auslieferung der wertvollen Gefangenen zu erreichen. Denn nun bot sich die Gelegenheit, im Rahmen eines Hexen- und Ketzerprozesses nicht nur die verhaßte Gegnerin zu vernichten, sondern, was viel wichtiger war, die bisherigen Waffenerfolge der Franzosen und die Krönung Karls VII. in Reims als das Teufelswerk einer notorischen Hexe zu diskreditieren. Das nun unter englischer Regie in Rouen gegen Johanna eingeleitete Verfahren trägt daher alle Merkmale eines „politischen" Prozesses, der zwar äußerlich in den Formen des kirchlichen Inquisitionsverfahrens ablief, der Sache nach aber in den Augen seiner Betreiber nur mit einem Ergebnis, der Verurteilung Johannas als Hexe und Ketzerin, enden konnte. Wie die überlieferten Prozeßakten belegen,[94] drohte Johanna, die sich mit erstaunlichem Geschick und einer beeindruckenden Geradlinigkeit verteidigte, ihren Anklägern einen kräftigen Strich durch die Rechnung zu machen, so daß man sich sogar genötigt sah, zu plumpen Protokollfälschungen zu greifen.

Als das – auch gemessen an zeitgenössischen Vorstellungen – rechtlich problematische Verfahren am 30. Mai 1431 mit der Verbrennung Johannas als Hexe und Ketzerin auf dem Marktplatz von Rouen endete, glaubte man vielleicht auf englischer Seite, damit die militärische und politische Lage wieder in den Griff zu bekommen.

Diese Hoffnung sollte sich jedoch am Ende nicht erfüllen. Dem zunehmenden militärischen Verfall der englischen Machtposition folgte auch eine schwere politische Niederlage, als im Vertrag von Arras (21. 9. 1435)[95] Herzog Philipp von Burgund aus dem bisherigen Bündnis ausscherte und Frieden mit Karl VII. schloß, nachdem dieser öffentlich Abbitte für das Verbrechen von Montereau geleistet und zudem die Grafschaften Mâcon und Auxerre sowie andere Gebiete an Burgund abgetreten hatte.

Von nun an entglitt den Engländern immer mehr die militärische Initiative, wenn sich der Krieg auch noch über zwei Jahrzehnte hinziehen sollte. 1436 gelang es den Franzosen, Paris zu nehmen, und 1442 eroberte ein französisches Heer einen Teil der Gascogne und bedrohte sogar Bordeaux, das nur durch den hereinbrechenden Winter gerettet wurde.

1444 wurde der Krieg durch einen Waffenstillstand unterbrochen, mit dem Ziel, einen endgültigen Frieden zwischen den beiden Ländern auszuhandeln. Im Laufe dieser Verhandlungen heiratete König Heinrich VI. Margarete, die Tochter des Herzogs René von Anjou und Nichte Karls VII., und erklärte sich sogar bereit, auf Maine zu verzichten, ohne hierdurch allerdings den Frieden retten zu können.

Im Jahre 1448 flammte der Krieg vielmehr wieder auf, der nun von den Franzosen in die Normandie getragen wurde und bis zum Sommer 1450 zur Eroberung des gesamten Landes führte. Im nächsten Jahr (1451) war dann die Gascogne an der Reihe. Die Entsatzarmee befand sich noch in England, als Bordeaux fiel. Zwar gelang es dem tüchtigen englischen Feldherrn Talbot noch einmal, Bordeaux zurückzuerobern; doch bei Castillon (1453) wurde er von einem überlegenen französischen Heer vernichtend geschlagen und fiel auf dem Schlachtfeld.

Wenn auch kein offizieller Friedensschluß erfolgte, so wurde der Hundertjährige Krieg mit der Wiedereinnahme Bordeaux' (Oktober 1453) praktisch beendet. Mit Ausnahme von Calais, das als englischer kontinentaler Vorposten noch bis 1558 erhalten bleiben sollte, hatten die Engländer ihren gesamten Festlandsbesitz verloren und sollten ihn auch nie mehr zurückgewinnen. Damit waren nicht nur die ehrgeizigen Ambitionen Heinrichs V. auf ein englisch-französisches Doppelkönigtum gescheitert; endgültig gescheitert war auch der Versuch, auf der Grundlage des einst von Heinrich II. begründeten Angevinischen Reiches sich auf Dauer machtpolitisch auf dem Festland zu etablieren.

II. Parteienkämpfe und Stabilisierungsversuche. England unter König Heinrich VI. und im Zeichen der Rosenkriege

1. Die innere Entwicklung Englands in der letzten Phase des Krieges

Mit dem Anspruch auf die französische Königskrone und dem Krieg in Frankreich hatte König Heinrich V., als er 1422 starb, seinem erst einjährigen Sohn und Nachfolger ein schweres Erbe hinterlassen.

Die auf Heinrichs Vorschlag hin eingesetzte Doppelregentschaft seiner beiden Brüder, der Herzöge Johann von Bedford für Frankreich und Humphrey von Gloucester für England, verhinderte eine einheitliche, im Interesse des Landes liegende Regierungsführung und führte dazu, daß Konflikte über die einzuschlagende Politik bereits vorbestimmt waren. Dies wurde z. B. offenkundig, als Humphrey von Gloucester 1424 ein in England angeworbenes Söldnerheer gegen den Herzog Johann von Brabant führte, um Erbansprüche seiner Gemahlin Jakobäa von Hennegau durchzusetzen. Das Unternehmen war politisch besonders delikat, weil Herzog Johann von Brabant von Englands Hauptalliiertem im Krieg gegen Frankreich, Herzog Philipp von Burgund, unterstützt wurde. Zum Glück für die englisch-burgundischen Beziehungen scheiterte Gloucesters Feldzug schon, bevor es zu einer militärischen Konfrontation mit den Burgundern kam.

Dazu kam, daß Gloucester als Protektor beanspruchte, über dem von den großen Lords beherrschten Regentschaftsrat zu stehen, was ihm den erbitterten Widerstand der betroffenen Magnaten, repräsentiert vor allem durch den finanzstarken Bischof von Winchester und späteren Kardinal Heinrich Beaufort, einbrachte. Während Beaufort, als legitimierter Sohn Johanns von Gent mit dem Königshaus verwandt, seinen politischen Einfluß durch private Geldanleihen an den König zu sichern wußte, versuchte Gloucester in seinem Kampf gegen die Magnatengruppe, die „öffentliche Meinung“ im Lande (repräsentiert durch die Commons im Parlament) zu mobilisieren, was ihn wiederum in Gegensatz zu seinem älteren Bruder Bedford zu bringen drohte, da dieser im Interesse der Kriegführung in Frankreich auf die Unterstützung der Magnaten setzte.

Die offenen und versteckten Machtkämpfe zwischen Gloucester und der Magnatengruppe verschärften sich nach dem Tode Bedfords (1435) noch weiter, da dieser bisher immerhin noch in der Lage gewesen war, zwischen den verfeindeten Parteien zu vermitteln.

Auch als Heinrich VI. im Jahre 1437 für volljährig und regierungsfähig erklärt wurde, änderte sich an dieser Situation nichts. Dies lag vor allem an der Persönlichkeit des jungen Königs, der von seinem Vater allenfalls die bigotte Frömmigkeit geerbt hatte. Im übrigen von einem fast kindlich-einfältigen Gemüt, willensschwach und ohne jeden Sinn für die von den Zeitgenossen von einem König erwarteten „Herrschertugenden“, hinterließ Heinrich ein Machtvakuum, das zu erbitterten Parteikämpfen geradezu einlud.

So gewann wieder eine kleine Gruppe von Magnaten, angeführt von Heinrich Beaufort und später von Wilhelm de la Pole, Herzog von Suffolk, entscheidenden Einfluß auf den jungen Monarchen und damit auf die Regierungspolitik. Mit der drastischen Verschlechterung der militärischen und politischen Lage in Frankreich geriet diese ‚Hofpartei‘ allerdings immer mehr in die Schußlinie der öffentlichen Kritik, die vor allem von Gloucester in vehementer Form vorgetragen wurde und die 1440 fast zur Einleitung eines Impeachmentverfahrens gegen Beaufort führte.

Die Hofpartei wußte jedoch ihre Stellung zu behaupten, wobei man in der Wahl der Mittel nicht gerade zimperlich war. So wurden Ende Juni 1441 einige Kleriker aus Gloucesters Haushalt unter der Beschuldigung des Hochverrats und der Hexerei mit dem Ziel, den König umzubringen, in Haft genommen. Die Beschuldigten nannten bei der Untersuchung Eleanor Cobham, die zweite Gemahlin Gloucesters, als Mitwisserin, die daraufhin ebenfalls wegen Verrats und Hexerei angeklagt wurde. Um nicht auf dem Scheiterhaufen zu enden, leugnete die Beschuldigte zwar den Hochverrat gegen den König, bekannte aber die Hexerei und unterwarf sich dem Urteil der Bischöfe. Gegen die Auflage, im Rahmen einer öffentlichen Bußprozession durch London ihre „Verbrechen" zu bekennen, wurde sie dann zu lebenslänglicher Haft verurteilt.

Daß mit der persönlichen Tragödie dieser Frau vor allem die Stellung Gloucesters, der zu dieser Zeit noch offizieller Thronerbe war, diskreditiert werden sollte, liegt auf der Hand. Von den Friedensverhandlungen mit Frankreich, die zur Entlassung des bei Azincourt in englische Gefangenschaft geratenen Herzogs Karl von Orléans und zur Verheiratung des Königs mit Margarethe von Anjou führten (1444/45), wurde Gloucester ausgeschlossen. Als die Nachricht von der Abtretung Maines als Preis für einen künftigen Frieden mit Frankreich durchsickerte, war die Erregung im Lande groß. Doch Gloucester sollte keine Gelegenheit mehr erhalten, die verbreitete Erbitterung zu nutzen und die Regierung auf dem nächsten Parlament öffentlich zu attackieren. Auf Betreiben Suffolks wurde er im Februar 1447 in Bury St. Edmunds ohne Rechtsverfahren in Haft genommen, wo er bereits wenige Tage später verstarb. Die obskuren Umstände seines Todes ließen nicht nur bei den Zeitgenossen, sondern auch in der modernen Forschung den Verdacht aufkommen, daß Humphrey von Gloucester auf Betreiben seiner politischen Gegner umgebracht wurde.

Die sich abzeichnende militärische Niederlage im Krieg mit Frankreich ließ jedoch auch nach dem Tode des Herzogs die Kritik an der Hofpartei um Suffolk nicht mehr verstummen. Als der Verlust der Normandie bekannt wurde, stieg die Erbitterung so weit an, daß ein enger Vertrauter Suffolks, der Bischof von Chichester, im Januar 1450 von der Menge gelyncht wurde. Gegen Suffolk selbst wurde im Februar 1450 von den Commons ein Impeachmentverfahren eingeleitet, das der König jedoch unterlief, indem er, ohne das Urteil abzuwarten und ohne sich mit den Lords abzusprechen, Suffolk für fünf Jahre außer Landes verbannte. Nachdem es diesem mit großer Mühe gelungen war, den wütenden Londonern zu entkommen und in Ipswich ein Schiff für die Überfahrt nach Frankreich zu finden, wurde er auf hoher See unter mysteriösen Umständen umgebracht.

Der Tod dieses weithin verhaßten Mannes reichte jedoch nicht aus, um die empörten Gemüter zu beruhigen. Im Frühjahr 1450 brach in Kent unter der Führung eines gewissen Jack Cade eine Revolte von Bauern und Handwerkern aus, die lautstark den Sturz und die Bestrafung der den König umgebenden Beraterclique forderten. Ähnlich wie einst beim Bauernaufstand von 1381 gelang es den Aufständischen, die auch aus anderen Grafschaften sowie sogar aus Kreisen des Landadels Zulauf erhielten, mit

Hilfe sympathisierender Handwerker in die Stadt London einzudringen. Während der König mit seinem Hof und seinen Beratern nach Kenilworth floh, gelang es den Aufständischen, zwei ehemalige Vertraute Suffolks aufzuspüren, die sofort hingerichtet wurden. Wenige Tage zuvor war ein weiteres Mitglied der Hofpartei, Bischof Wilhelm Ayscough von Salisbury, in Salisbury ermordet worden.

Nach einem unentschiedenen Gefecht auf der London Bridge gelang es dem Befehlshaber der königstreuen Truppen, Lord Scales, die Aufständischen dazu zu überreden, gegen das Versprechen eines Generalpardons nach Hause abzuziehen. Lediglich Jack Cade führte mit wenigen Getreuen den Kampf weiter. Bei einem Angriff auf die Burg Queenborough wurde er jedoch am 12. Juli 1450 tödlich verwundet.

2. *Die Häuser Lancaster und York im Kampf um die Krone*

Jack Cade, der Anführer der kentischen Rebellen, über dessen wirkliche Herkunft wir nichts wissen, hatte sich Mortimer genannt und behauptet, mit Herzog Richard von York verwandt zu sein. Wenn auch sonst keine Zeugnisse auf eine Verbindung zwischen dem Herzog und den Rebellen hinweisen, so macht doch diese Behauptung Cades deutlich, von welcher Seite man sich in breiten Kreisen nach dem Tode des „guten Herzogs Humphrey" (von Gloucester) Rettung aus der verfahrenen Situation erhoffte.

In der Tat sollte nun Richard von York das Erbe Gloucesters als Opponent der Hofpartei und Sprachrohr einer breiten „öffentlichen Meinung" antreten, wobei allerdings ein wesentlicher Unterschied festgehalten werden muß. Während Gloucester zeitlebens loyal die Interessen seines Königs gewahrt hat, strebte York bald nach Höherem, nämlich nach der Königskrone.

Bestärkt wurde er darin durch seinen Reichtum und seine Herkunft. Nach dem König der größte Landeigentümer im gesamten Reich, stammte er über seinen Vater vom fünften Sohne Eduards III., Edmund Langley, ab. Von seiner Mutter, Anna Mortimer, hatte er den Thronanspruch der Earls von March geerbt, deren Linie sogar auf den dritten Sohn König Eduards III., Lionel, Herzog von Clarence, zurückging und damit näher an der Primogeniturlinie der Plantagenets war als die der Familie Lancaster, die ihren Thronanspruch auf den vierten Sohn Eduards III., Johann von Gent, zurückführte.

Nach dem Tode Bedfords und Gloucesters fühlte sich York nun als der nächste Thronerbe des immer noch kinderlosen Königs, wobei er allerdings zunächst noch darauf verzichtete, diesen Anspruch öffentlich zu artikulieren.

In der Öffentlichkeit schien er vielmehr ganz das Erbe Gloucesters anzutreten, indem er – unter Berufung auf das Wohl des Landes – heftig die Hofpartei attackierte. Wie bei Gloucester war es innerhalb dieser Gruppe vor allem ein Mitglied der Beaufort-Familie, mit dem ihn geradezu eine Todfeindschaft verband: Edmund Beaufort, Herzog von Somerset. Die Gründe für die Rivalität zwischen diesen beiden Männern, die sich in der Folgezeit in einem erbitterten Dauerkonflikt niederschlagen sollte, sind sowohl im persönlichen Bereich als auch in der familienpolitischen Einbindung der Betroffenen zu suchen.

So war Richard von York bereits während seiner Statthalterschaft in der Normandie, die er nach dem Tode Bedfords angetreten hatte, zunächst auf Johann, dann auf dessen jüngeren Bruder Edmund Beaufort, Herzog von Somerset, als unliebsamen, vom Königshof gegen ihn protegierten Konkurrenten gestoßen. 1446 mußte er hinnehmen, daß er selbst abberufen und nach Irland abgeschoben wurde, während Edmund Beaufort ihm als Statthalter in der Normandie nachfolgte und in dieser Eigenschaft in den Augen Yorks dann auch die entscheidende Verantwortung für den militärischen Zusammenbruch der englischen Herrschaft in der Normandie trug. Trotz der militärischen und politischen Katastrophe stand Somerset, als er 1450 nach England zurückkehrte, nicht in der Schußlinie der Kritik. Es gelang ihm vielmehr, auch nach dem Tode Suffolks seinen politischen Einfluß am Hofe durch den Eintritt in den königlichen Rat eher noch zu stärken. Abgesehen von den persönlichen Aversionen, die York seinem Rivalen entgegenbrachte, war dieser für ihn als der letzte überlebende Enkel Johanns von Gent außerdem ein ernstzunehmender potentieller Konkurrent um die Krone. Glücklicherweise für York hatte der Thronanspruch Somersets jedoch einen entscheidenden Makel, da die Beauforts aus der illegitimen Verbindung Johanns von Gent mit seiner Mätresse, Katharina Swynford, abstammten. Obwohl König Richard II. die Familie nachträglich legitimiert hatte, war sie durch ein Statut Heinrichs IV. von der Thronfolge ausgeschlossen worden; dennoch mußte York befürchten, daß Somerset seinen Einfluß am Hofe nutzen könnte, das diskriminierende Statut aufzuheben und damit sich und seiner Familie den Weg zur Thronfolge zu öffnen.

Die Versuche Yorks, nach seiner Rückkehr aus Irland Somerset als „Verräter" zu diskriminieren und zu stürzen, hatten jedoch zunächst keinen Erfolg. Weder führte die von York geschürte Agitation im Novemberparlament von 1450 zum Ziel, noch gelang es ihm im Jahre 1452, die Hofpartei durch eine Demonstration militärischer Stärke zu beeindrucken. Statt Somerset wurde vielmehr York selbst in Haft genommen und entkam nur mit Mühe einem Hochverratsverfahren.

Erst im Sommer 1453 änderte sich die politische Situation wieder zugunsten Yorks. Somerset ließ sich in einen heftigen Streit mit Richard

Neville, Earl von Warwick, ein, der dazu führte, daß die mächtige Neville-Familie im Norden des Landes Partei für York ergriff. Dazu kam, daß der endgültige Verlust der Gascogne nach der Schlacht von Chatillon das Ansehen der Hofpartei weiter untergrub. Außerdem verfiel König Heinrich im August 1453 in eine von nun an schubweise auftretende Geisteskrankheit, wodurch York die Möglichkeit eröffnet wurde, als Protektor und Vorsitzender des königlichen Rates die erforderliche Regentschaft zu übernehmen und dabei die eigene Machtposition weiter auszubauen.

Doch bald erhielt die Hofpartei wieder Auftrieb, da sich der König bereits im Winter 1453/54 von seiner Krankheit erholte und damit die Regentschaft Yorks überflüssig machte. Die sich in der Folgezeit zwischen York und Somerset zuspitzenden Auseinandersetzungen gipfelten im Jahre 1455 in einer militärischen Konfrontation, der Schlacht von St. Albans, die die Yorkisten für sich entscheiden konnten. Unter den wenigen Toten, die auf dem Schlachtfeld geblieben waren, war auch Somerset. Außerdem war es den Yorkisten gelungen, sich der Person des Königs zu bemächtigen, der nicht als Kämpfer, sondern mehr als hilfloser Zuschauer am Kampfgeschehen teilgenommen hatte und dabei durch einen verirrten Pfeil am Halse verwundet worden war.

Dennoch sah sich York auch nach dem Tode seines Hauptwidersachers noch nicht am Ziel seiner Träume angelangt; denn bereits im Oktober 1453 hatte die Königin einen Sohn und Thronfolger, Eduard, zur Welt gebracht.

Mit der Königin Margarete, einer ehrgeizigen und willensstarken Frau, trat nun eine neue Persönlichkeit in die politische Arena, die entschlossen war, mit allen Mitteln für die Rechte ihres Sohnes zu kämpfen. Wenn sie auch wegen ihres herrischen Auftretens wenig Sympathien im Lande genoß, so verfügte sie doch über mächtige Bundesgenossen innerhalb und – in der Form Schottlands und Frankreichs – auch außerhalb des Landes.

Die mit der Schlacht von St. Albans (1455) einsetzende und mit dem Regierungsantritt Heinrich Tudors (1485) endende Phase blutiger Thronkämpfe zwischen den Häusern York und Lancaster wird üblicherweise nach den Feldzeichen der verfeindeten Parteien (York: weiße Rose, Lancaster: rote Rose) das Zeitalter der Rosenkriege genannt, wobei diese Bezeichnung allerdings in den zeitgenössischen Quellen nicht bezeugt ist, sondern auf eine spätere Überlieferung zurückgeht.

Während die ältere Forschung, beeinflußt von dem Bild, das die Tudorgeschichtsschreibung zu vermitteln suchte, von einer Zeit chaotischer Wirren mit katastrophalen Auswirkungen auf die gesamte Sozialstruktur des Landes ausging, ist man heute geneigt, die Dinge wesentlich differenzierter zu sehen. So spricht vieles dafür, daß es sich bei den Rosenkriegen weniger um eine Krise der Gesamtgesellschaft als eher um eine Krise der adligen Führungsschicht handelte, von der die Masse der übrigen Bevölkerung meist nur mittelbar oder nur am Rande betroffen war.

So unterschied sich die Kriegführung der Parteien im Rahmen der Rosenkriege bereits grundlegend von entsprechenden Adelsfehden auf dem Kontinent. Während dort die Kämpfe in erster Linie auf dem Rücken der ländlichen Unterschichten ausgetragen wurden, indem man offene Feldschlachten möglichst vermied und sich dafür regelmäßig damit begnügte, die zur gegnerischen Grundherrschaft gehörigen Ländereien und Bauernhöfe zu verheeren und niederzubrennen, lassen die militärischen Auseinandersetzungen der Rosenkriege ein völlig anderes Ablaufmuster erkennen. So suchte man mit schnell aufgebotenen Kräften die Entscheidung im offenen Kampfe, wobei die z. B. vor der Schlacht von Northampton (1460) von den Yorkisten ausgegebene Losung, den König und die Masse der einfachen Soldaten zu schonen, die Lords, Ritter und Squires aber zu töten, geradezu symptomatisch für die gesamte Kriegführung erscheint. Im Zuge dieser Einstellung bürgerte sich auch der brutale Brauch ein, die Angehörigen der gegnerischen Führungsschicht, die die Schlacht als Gefangene überlebt hatten, noch auf dem Schlachtfeld als ‚Hochverräter' enthaupten zu lassen, wobei die formalrechtliche Grundlage für ein solches Vorgehen seit 1450 meist durch ein summarisches parlamentarisches Ächtungsgesetz – ohne Anhörung und ohne Rechtsverfahren *(Act of Attainder)* – gelegt wurde.

Die Gründe, die zu dieser bisher beispiellosen Selbstzerfleischung des englischen Hochadels geführt haben, sind vielfältig. So trug das unrühmliche Ende des Krieges mit dem Verlust der Festlandsbesitzungen und den aus Frankreich zurückkehrenden, nun brotlos gewordenen Söldnerbanden zunächst dazu bei, daß sich im ganzen Lande eine Welle der Erbitterung und Opposition gegen die Regierenden breitmachte, die – wie die Morde an Suffolk und anderen Mitgliedern der Hofpartei sowie die Rebellion des Jack Cade erkennen lassen – ein Klima zunehmender Polarisierung und Gewalttätigkeit entstehen ließ. Dazu kam, daß der Hochadel, der sich nun der Möglichkeit beraubt sah, durch Kriegsgewinne und lukrative militärische Kommandos auf dem Kontinent die wirtschaftlichen Langzeitfolgen der Pestkatastrophen aufzufangen, wieder verstärkt seine Aufmerksamkeit dem Verteilungskampf im Innern des Landes zuwandte, der aber nur auf Kosten der adligen Standesgenossen geführt werden konnte.

Gefördert wurde die Bereitschaft zur Gewalt im Kreise des Hochadels außerdem durch die Schwäche des Königtums unter Heinrich VI., die an der Spitze ein gefährliches Machtvakuum entstehen ließ, das zu erbitterten Parteienkämpfen rivalisierender Adelsfraktionen geradezu einlud. Der zunehmende Autoritätsverlust des Königtums hatte endlich auch fatale Folgen für die lokale Verwaltungs- und Gerichtsorganisation, die sich immer weniger in der Lage zeigte, Friede und Rechtssicherheit zu gewährleisten.

Dazu kam endlich, daß das im Rahmen des „Bastardfeudalismus" ausgebaute System uniformierter Gefolgschaften *(livery and maintenance)* mittlerweile dazu geführt hatte, daß sich die Mitglieder des Hochadels regelmäßig mit eigenen „Privatarmeen" umgaben und dieses militärische Potential dazu nutzten, den schwächeren Gegner zu terrorisieren, der sich wiederum nicht mehr auf die Hilfe der königlichen Gerichtsbarkeit verließ, sondern sich als Gefolgsmann *(retainer)* unter den Schutz eines anderen Mächtigen stellte und diesen als Gegenleistung für die gewährte Förderung der eigenen Interessen wieder gegen andere unterstützte. Mit einer gewissen Berechtigung hat man daher in den Rosenkriegen „das Ergebnis einer Eskalation privater Fehden"[96] gesehen.

Auch nach der Schlacht von St. Albans hatte es York noch vermieden, offen den Anspruch auf die Königswürde zu artikulieren. Erst nachdem es seinem mächtigen Bundesgenossen, dem Earl Richard von Warwick aus der Neville-Familie, nach wechselvollen Kämpfen gelungen war, die königstreuen Truppen bei Northampton (1460) zu schlagen, sich der Person des Königs zu bemächtigen und in London einzumarschieren, legte er seine Karten auf den Tisch.

In pompösem Aufzug zog er in die Westminster Hall ein, wo sich das Parlament versammelt hatte. Doch als er auf den leeren Thronsessel zuschritt und in einer symbolträchtigen Geste seine Hand darauf legte, herrschte statt des erwarteten Applauses peinliche Stille. Das Schweigen wurde dann vom Erzbischof von Canterbury unterbrochen, der ihm empfahl, den König aufzusuchen, und darauf die stolze Antwort erhielt: „Ich kenne niemanden im Königreich, dem es nicht besser anstünde, daß er zu mir käme, als ich zu ihm."[97]

Die Szene macht deutlich, daß man sich im Lager der Lords wie auch der Commons gleichermaßen schwer tat, einfach den König zu wechseln, auch wenn York in den folgenden Tagen seinen Anspruch, gestützt auf das ältere Erbrecht der March Linie, mit großem juristischem Aufwand vortragen ließ. Man hätte sich sonst ja auch eingestehen müssen, daß man seit 1399 Usurpatoren als Königen gedient hatte, und man erinnerte York vor allem daran, daß auch er selbst König Heinrich persönlich Treue geschworen habe. Im Gegensatz zu früheren Präzedenzfällen schien es auch für eine Absetzung keinerlei Grund zu geben, da man allenfalls den königlichen Beratern, nicht aber dem harmlos-einfältigen König selbst vorwerfen konnte, elementare Rechte seiner Untertanen verletzt zu haben.

Nach schwierigen Verhandlungen entschied man sich endlich für einen Kompromiß, dem auch König Heinrich zustimmte. Heinrich sollte zeitlebens König bleiben; nach seinem Tode war dann allerdings die Nachfolge Yorks und seiner Erben in der Königsherrschaft vorgesehen, was praktisch eine Enterbung des Thronfolgers Eduard bedeutete.

Doch York sollte das von ihm so beharrlich angesteuerte Ziel, die

Königswürde, nicht mehr erleben. Im Dezember 1460 unternahm er mit relativ geringen Kräften einen Feldzug in den Norden des Landes, um dort die letzten Reste des Lancasterwiderstandes zu brechen. In völliger Fehleinschätzung der militärischen Stärke seiner Gegner stellte er sich bei Wakefield einer weit überlegenen Lancasterarmee zur Schlacht (30. 12. 1460), die mit einer völligen Niederlage der Yorkisten und dem Tode Richards von York auf dem Schlachtfeld endete. Nachdem es der Königin Margarete, unterstützt von schottischen und walisischen Truppen, im Februar des nächsten Jahres gelungen war, auch Warwick bei St. Albans zu schlagen und den König aus dessen Obhut zu befreien, schien es, als habe das Schicksal endgültig gegen York entschieden.

Doch wieder wendete sich das Blatt, da die Stadt London der ungeliebten Königin und ihrer wilden, plündernden Armee die Tore verschloß und statt dessen Eduard von York, dem ältesten Sohn Richards, der in der Zwischenzeit bei Mortimers' Cross (3. 2. 1461) ein starkes Lancasterheer vernichtet hatte, Einlaß gewährte.

Hier wurde Eduard von seinem Heer, unterstützt von der Londoner Bevölkerung, im März 1461 zum König ausgerufen. Die militärische Entscheidung fiel am Palmsonntag (29. 3.) 1461, als es Eduard mit der Unterstützung Warwicks gelang, in einer erbitterten, von einem Schneesturm begleiteten Schlacht in der Nähe von Towton/East Anglia das zahlenmäßig überlegene Heer der Königin vernichtend zu schlagen. Die Königin floh mit ihrem Sohn und dem König, der es vorgezogen hatte, den hohen Feiertag mit Beten und Kirchgang in York zu verbringen, nach Schottland, wo man der königlichen Familie gegen die Abtretung der Festung Berwick nicht nur Asyl gewährte, sondern auch ein Heiratsprojekt zwischen dem Thronfolger Eduard und einer Schwester des schottischen Königs Jakob III. ins Auge faßte.

Mit seiner Krönung am 28. Juni 1461 hatte Eduard von York sein Königtum gegen die Lancasteropposition jedoch noch keineswegs endgültig durchgesetzt. Es gelang seinen Parteigängern zwar, einen Lancasteraufstand in Wales und im Norden des Landes niederzuschlagen (1464), die Schotten zum Frieden zu zwingen und König Heinrich VI., der sich in der unwirtlichen Region des Lake Districts versteckt hielt, zu ergreifen (1465) und im Tower einzukerkern. Gefahr drohte nun aber aus den eigenen Reihen. So sah der bisherige Hauptverbündete Eduards, der mächtige und ehrgeizige Earl Richard von Warwick mit dem bezeichnenden Beinamen „der Königsmacher", seinen Einfluß am Hofe schwinden, vor allem als König Eduard heimlich die aus einem einheimischen Adelsgeschlecht stammende Elisabeth Woodville (Wydeville) heiratete, während Warwick zu gleicher Zeit im Namen Eduards mit dem französischen König Ludwig XI. wegen eines Eheprojekts mit einer französischen Prinzessin verhandelte.

Warwick fand einen Verbündeten in Georg, Herzog von Clarence, einem jüngeren Bruder Eduards, der, ehrgeizig und unzufrieden mit der ihm zugedachten Rolle, bereit war, gegen den eigenen Bruder zu rebellieren. Mit Hilfe der Garnisontruppen von Calais gelang es Warwick, London zu besetzen, während seine Parteigänger ein königstreues Aufgebot bei Edgecote (1469) schlugen und sich der Person Eduards bemächtigten.

In dieser kritischen Situation gelang es Eduard jedoch, die Uneinigkeit seiner Gegner über das weitere Vorgehen zu nutzen und allmählich den Spieß umzukehren. Nach einer oberflächlichen Versöhnung mit dem König wurden Warwick und Clarence politisch mehr und mehr isoliert. Nachdem der Versuch, in Lincolnshire eine bewaffnete Erhebung gegen Eduard anzuzetteln, mißglückt war, sahen sie im Mai 1470 keine andere Möglichkeit, als außer Landes nach Frankreich zu fliehen. Dort gelang es allerdings König Ludwig XI., zwischen Warwick, Clarence und Warwicks alter Widersacherin, der Königin Margarete, die seit 1463 ebenfalls am französischen Hofe Zuflucht gefunden hatte, eine Koalition zu vermitteln mit dem Ziel, Eduard zu stürzen und die Lancasterherrschaft in England wiederherzustellen. Als die ungleichen Verbündeten mit Heeresmacht in England landeten und London besetzten, zog es Eduard vor, am 1. Oktober 1470 per Schiff das Land zu verlassen und Hilfe bei seinem Schwager, Herzog Karl dem Kühnen von Burgund, der 1468 eine Schwester Eduards geheiratet hatte, zu suchen.

Wenn in der Zwischenzeit in London auch Heinrich VI. aus dem Tower befreit und wieder als König eingesetzt wurde, so sollte die erneute Lancasterherrschaft doch nur von kurzer Dauer sein. Denn bereits im März 1471 landete Eduard mit einer in Burgund angeworbenen Streitmacht an der Küste von Yorkshire, konnte ungehindert nach Süden vordringen und bei Barnet (14. 4. 1471) das Heer Warwicks schlagen, wobei Warwick selbst auf der Flucht getötet wurde. Wenig später erlitt auch die Armee der Königin das gleiche Schicksal. Bei Tewkesbury/Gloucestershire (4. 5. 1471) wurde sie von Eduards Truppen gestellt und vernichtend geschlagen. Die Katastrophe der Lancasterpartei war vollkommen. Zahlreiche Lords – unter ihnen auch Margaretes Sohn Eduard – fielen in der Schlacht; andere wurden auf Geheiß des Siegers unmittelbar danach wegen Hochverrats enthauptet. Auch die Königin, die sich in einem nahegelegenen Kloster versteckt hatte, wurde aufgegriffen, nach London gebracht und später nach Frankreich abgeschoben. Der Sieg von Tewkesbury bedeutete endlich zugleich auch das Todesurteil für den unglücklichen König Heinrich VI., der nun auf Befehl Eduards im Tower umgebracht wurde.

Unter den Anhängern der Lancasterpartei, die bei Tewkesbury in die Hand König Eduards gefallen waren, hatten manche jedoch auch Glück im Unglück und wurden vom Sieger begnadigt. Unter diesen befand sich der berühmte Jurist und Verfassungsrechtler Sir John Fortescue,[98] der als treuer Parteigänger des Hauses Lancaster mit der Königin Margarete das Exil in Frankreich geteilt und dort die meisten seiner Werke verfaßt hatte.

3. Stabilisierungsversuche und dynastische Instabilität (1471–1485)

Nach dem Zusammenbruch der Lancasteropposition im Jahre 1471 wurde die Königsherrschaft Eduards – wenn man von den Umtrieben seines unberechenbaren Bruders Georg von Clarence, der 1478 wegen Hochverrats im Parlament angeklagt und hingerichtet wurde, absieht – nicht mehr ernsthaft in Frage gestellt.

Dennoch stand der mittlerweile 29jährige König noch vor schweren Aufgaben, galt es doch, das von Parteienkämpfen zerrissene Land wirklich zu befrieden und die darniederliegende königliche Autorität und Herrschaftsgewalt wieder zur Geltung zu bringen, ohne dabei den Widerstand seiner Untertanen zu provozieren.

Von seiner Persönlichkeit her brachte Eduard hierzu gute Voraussetzungen mit. Eine äußerlich angenehme Erscheinung, von gewinnendem Wesen und verbindlichem Umgang, tat es seiner allgemeinen Popularität offensichtlich auch wenig Abbruch, daß kaum eine Frau im Lande, gleich welchen Standes oder Alters, vor seinen Nachstellungen sicher gewesen sein soll. Daneben erwies sich der König auch als eine tatkräftige, entschlossen zupackende Herrscherpersönlichkeit mit militärischen Fähigkeiten, diplomatischem Geschick und einer ausgesprochenen Begabung für Finanz- und Verwaltungsangelegenheiten.

Wie einst sein Vorgänger Heinrich V. scheint auch Eduard als eine Möglichkeit der nationalen Befriedung eine aggressive Kriegspolitik gegen den alten Landesfeind Frankreich ins Auge gefaßt zu haben, zu der er von den Feinden des französischen Königs Ludwig XI., den Herzögen der Bretagne und von Burgund, immer wieder ermuntert wurde.

Bereits 1472 wurde im Vertrag von Châteaugiron ein Allianzabkommen mit dem Herzog der Bretagne geschlossen, und im Juli 1474 folgte ein Waffenbündnis mit Herzog Karl dem Kühnen von Burgund, das die Eröffnung eines Zweifrontenkrieges gegen Ludwig XI. vorsah.

Um die potentiellen Bundesgenossen Frankreichs zu neutralisieren, wurde der 1471 mit den Hansestädten ausgebrochene Seekrieg im Frieden von Utrecht (Februar 1474)[99] beigelegt, der praktisch eine Kapitulation Englands vor den hansischen Forderungen bedeutete. Auch mit dem traditionellen Bundesgenossen Frankreichs, Schottland, wurden freundschaftliche Beziehungen durch den Abschluß eines Ehevertrages hergestellt, der die Verheiratung einer Tochter König Eduards, Cecily, mit dem schottischen Königssohn Jakob vorsah.

Nachdem die Franzosen auf eine harsche Aufforderung, die Normandie und die Gascogne abzutreten, nicht reagiert hatten, landete König Eduard im Juli 1475 mit einem stattlichen Heer, das weit stärker war als das Expeditionsheer Heinrichs V. vor der Schlacht von Azincourt, in Calais.

Doch schon bald mußte Eduard einsehen, daß mit seinem Hauptalliierten, Herzog Karl dem Kühnen, nicht zu rechnen war, da sich dieser mit seinem Eingreifen in die inneren Wirren des Kölner Erzstifts und die Belagerung der Stadt Neuss in einen Krieg mit dem römisch-deutschen Kaiser Friedrich III. hatte verwickeln lassen, der nun seine militärischen Kräfte weitgehend band.

Wohl vor allem mit Rücksicht auf die öffentliche Meinung in England brach Eduard das Unternehmen nicht gleich ab, sondern drang mit seinem Heer bei Péronne auf französischen Boden vor, wo er allerdings bald Friedensverhandlungen mit Ludwig XI. aufnahm. Die Demonstration militärischer Stärke hatte aber immerhin den französischen König doch so stark beeindruckt, daß er in dem bald darauf abgeschlossenen Friedensvertrag von Picquigny (29. 8. 1475) den Abzug der englischen Truppen mit einer beträchtlichen einmaligen Geldsumme und der Zahlung einer jährlichen Geldrente von 50000 Goldkronen erkaufte. Von den territorialen Forderungen der Engländer oder gar deren Anspruch auf die französische Königskrone war nicht mehr die Rede.

So enttäuschend das Ergebnis dieses Feldzuges auch in den Augen der Zeitgenossen sein mochte, so hatte der hier zum Ausdruck kommende stillschweigende Verzicht Eduards auf die bisherigen Festlandsambitionen auch sein Gutes. Denn nun konnte sich die königliche Herrschaftspolitik ganz auf die innere Entwicklung des Landes konzentrieren.

So ging Eduard zunächst daran, durch strenge Kontrollmaßnahmen die königliche Gerichtsbarkeit auch auf lokaler Ebene wieder zu stärken. Vor allem gelang es ihm jedoch, nach der katastrophalen Schuldenlast, die das Magnatenregiment um Heinrich VI. hinterlassen hatte, eine gesunde finanzielle Basis für die Krone aufzubauen. Die Haupteinnahmequelle bildete dabei der Grundbesitz der Krone, der durch zahlreiche Güterkonfiskationen sowie seine eigene Erbschaft als Herzog von York beträchtlich angewachsen war und dessen Verwaltung nun der Kontrolle des Schatzamtes entzogen und unmittelbar von der königlichen Haushaltsbehörde geleitet wurde, was sich in einer erheblichen Steigerung der Erträge niederschlug.

Dazu kamen die Einnahmen aus den Ein- und Ausfuhrzöllen sowie die mit den Franzosen vereinbarten jährlichen Pensionszahlungen und Gewinne aus Handelsgeschäften, die im Namen des Königs getätigt wurden, so daß Eduard bereits im Jahre 1467 den Commons erklären konnte, daß er beabsichtige, im Grundsatz von eigenen Einnahmen zu leben, und daß er nur noch in außergewöhnlichen Fällen Steuern von seinen Untertanen verlangen werde.

Diese weise Zurückhaltung erlaubte ihm einerseits, sich von der Kontrolle des Parlaments weitgehend unabhängig zu machen, und hinderte ihn andererseits keineswegs daran, von Zeit zu Zeit an reiche Untertanen mit der „Bitte" um „freiwillige" Abgaben *(benevolences)* heranzutreten. Da hiervon nur eine kleine Minderheit betroffen war, wurde der allgemeine Konsens mit der Masse der Bevölkerung durch diese Fiskalpolitik nicht in Frage gestellt.

Trotz dieser offensichtlichen Erfolge sollte es Eduard dennoch nicht gelingen, das Land wirklich zu befrieden und die Zukunft seiner Dynastie auf Dauer zu sichern. Dies wurde deutlich, als der König im Jahre 1483, erst vierzigjährig, starb. Denn jetzt brach der schon lang schwelende, zu Eduards Lebzeiten noch mühsam unterdrückte Konflikt zwischen der Königin und ihrer Familie, den Woodvilles, und auf der anderen Seite Magnaten wie dem mächtigen Lord Hastings und dem jüngeren Bruder des Königs, Richard von Gloucester, offen aus.

Nach dem Willen des verstorbenen Königs sollte Richard von Gloucester als Protektor die Regentschaft über den erst zwölfjährigen Thronfolger Eduard (V.) übernehmen. Seine Gegner, die Woodvilles, befanden sich jedoch zu diesem Zeitpunkt in einer starken Position. Einer der Brüder der Königin, Eduard Woodville, hatte das Kommando über die Flotte inne, und ihr Sohn aus erster Ehe, der Marquis von Dorset, kontrollierte den Tower und den Kronschatz, während der junge König Eduard sich in der Obhut eines weiteren Bruders der Königin, des Earls von Rivers, befand und sich zur Zeit mit seinem Onkel in Ludlow im Norden des Landes aufhielt.

So bestand unter dem Einfluß der Woodvilles die Mehrheit einer unmittelbar nach dem Tode des Königs in London zusammengetretenen Magnatenversammlung darauf, dem Protektor – in Anlehnung an das Vorbild von 1422 – einen Regentschaftsrat zur Seite zu stellen, ohne dessen Zustimmung keine Entscheidungen getroffen werden konnten. Die Woodville-Familie drängte außerdem auf eine schnelle Krönung des jungen Königs, in der Hoffnung, damit wie einst bei der Krönung Heinrichs VI. das Protektorat Richards beenden zu können.

Vor diesem Hintergrund ist die Persönlichkeit sowie das weitere Vorgehen Richards, das in der Usurpation des Königtums gipfelte, zu sehen, was in der Literatur schon immer Anlaß zu ganz unterschiedlichen Bewertungen gegeben hat. Wenn auch heute weitgehend Einigkeit darüber herrscht, daß das von der Tudor-Geschichtsschreibung vermittelte Bild eines infamen Schurken und Tyrannen, der nur auf Betrug und Mord als Mittel der

Politik gesetzt habe, eher ein Zerrbild als ein wirkliches Porträt Richards liefert, so dürfte andererseits aber auch die teilweise in der modernen Literatur vertretene Gegenposition, die in Richard lediglich das (unschuldige) Opfer einer infamen Lügenkampagne – verbreitet von der siegreichen Tudordynastie – sehen will, kaum die Realität treffen. Man wird Richard wohl eher gerecht werden, wenn man seine Usurpation vor dem drohenden Hintergrund einer Machtergreifung des Woodville-Clans sieht, bei der Richard angesichts der lange aufgestauten Feindschaft Schlimmes für seine politische Stellung wie auch für seine Person befürchten mußte. So kann man vielleicht mit einem britischen Historiker sagen, daß „seine Feinde ihm nicht den Luxus ließen, sich für Loyalität und Mäßigung zu entscheiden."[100]

Zu welchem Zeitpunkt sich Richard auch dazu entschloß, die Krone zu usurpieren, in seinen Mitteln, dieses Ziel zu erreichen, war er nicht gerade zimperlich.

So gelang es ihm, unterstützt von dem mächtigen Heinrich Stafford, Herzog von Buckingham, bei Northampton den ahnungslosen Onkel des jungen Königs, Anthony Woodville, Earl von Rivers, zu überrumpeln. Während sich Richard der Person des Königs bemächtigte, wurden Rivers und ein enger Vertrauter der Woodville-Familie, Sir Richard Grey, in Haft genommen und später unter der Beschuldigung, eine Verschwörung gegen das Leben des Protektors geplant zu haben, enthauptet.

Dieser Schlag gegen die Woodvilles hatte die Position Richards, als er mit Buckingham und in Begleitung des jungen Königs in London einzog, so weit gestärkt, daß die Königin sich mit ihrem zweiten Sohn und anderen Verwandten in den Schutz der Kirchenfreiung der Westminster Abbey flüchtete, während die königliche Ratsversammlung Richard als Protektor und Vormund des Königs die volle Regierungsgewalt im Lande übertrug.

Nachdem er wichtige Ämter in der königlichen Zentralverwaltung mit seinen Vertrauten besetzt hatte, wagte Richard den entscheidenden Schritt, der ihn noch von der Krone trennte. Auf einer Ratssitzung im Juni 1483 beschuldigte Richard plötzlich den mächtigen Lord Hastings, der König Eduard IV. und dessen Kindern in absoluter Loyalität ergeben war, sowie dessen mitanwesende Vertraute des Verrats. Eine stürmische Szene war die Folge, in deren Verlauf Bewaffnete, die Richard bereits vorher postiert hatte, in den Saal eindrangen, Hastings ergriffen und unmittelbar zu seiner Hinrichtung abführten.

Kurz darauf gelang es Richard unter Vermittlung des ahnungslosen Erzbischofs von Canterbury, die Königin dazu zu bringen, ihm auch den zweiten Sohn König Eduards, Richard, Herzog von York, anzuvertrauen. Außerdem ließ Richard nun in London verbreiten, daß die Ehe Eduards IV. mit Elisabeth Woodville nichtig und damit die aus ihr hervorgegangenen Kinder illegitim seien, da Eduard vor seiner (zunächst geheimgehaltenen) Heirat bereits mit einer gewissen Lady Eleanor Butler verlobt gewesen sei. Obwohl sich diese Behauptung auf keinerlei Beweise stützen konnte und die Gültigkeit der Ehe Eduards bisher nie in Frage gestellt worden war, bot daraufhin das Parlament, eingeschüchtert durch ein beträchtliches Truppenaufgebot, auf eine entsprechende Petition Buckinghams Richard die Krone an, die dieser am 26. Juni 1483 auch annahm und sich von nun an König Richard III. nannte.

Die beiden Söhne Eduards IV. verschwanden im Tower, um nie mehr aufzutauchen. Bald kursierten Gerüchte, daß sie umgebracht worden seien. Während die überlieferten Quellen, die allerdings so gut wie alle aus der Zeit nach dem Herrschaftsantritt Heinrich Tudors stammen, fast ausnahmslos Richard für den Tod der beiden Prinzen verantwortlich machen, findet sich in einer erst 1980 entdeckten chronikalischen Aufzeichnung eines unbekannten Londoner Bürgers der Hinweis, daß die Prinzen auf den „Rat“ Heinrich Staffords, Herzog von Buckingham, im Tower getötet worden seien.[101] Auch wenn man einmal nach dieser Quelle unterstellt, daß Buckingham, der als Constable des Towers auch die unmittelbare Befehlsgewalt über die Towerbesatzung ausübte, die Tötung der Prinzen angeordnet hat, so wird König Richard hierdurch noch keineswegs entlastet, da man sich kaum vorstellen kann, daß Buckingham ohne Einverständnis oder zumindest stillschweigende Duldung des Königs eine so folgenschwere Maßnahme angeordnet hätte. Hätte Buckingham wirklich, was höchst unwahrscheinlich ist, auf eigene Faust gehandelt, hätte Richard sicher nach dessen mißglückter Empörung im Oktober 1483 diese Tat seines ehemaligen Vertrauten aufgedeckt, schon um den gegen ihn kursierenden Gerüchten die Spitze zu nehmen.

Diese Passivität Richards spricht auch gegen die in der Literatur geäußerte These, die beiden Prinzen hätten Richards Regierungszeit überlebt und seien erst auf Befehl Heinrich Tudors als dessen Thronkonkurrenten umgebracht worden.

Es drängt sich daher der Schluß auf, daß die Täter- oder zumindest Mitwisserschaft Richards am Tod der beiden Prinzen – trotz aller Versuche seiner Apologeten, ihn hiervon freizusprechen – eigentlich kaum bezweifelt werden kann.

Wenn auch nicht zu übersehen ist, daß König Richard sich als ein befähigter Verwaltungsfachmann erwies, der die Konsolidierungspolitik seines Vorgängers konsequent fortsetzte und der im Norden des Landes auch eine gewisse Popularität genoß, so war dennoch seine Regierung zu offensichtlich mit Usurpation und Mord belastet, als daß ein echtes Vertrauensverhältnis mit der Masse seiner Untertanen hätte entstehen können. Dazu kam, daß es einen gefährlichen Thronkonkurrenten gab, der seinem Zugriff entzogen war und somit zum Sammelpunkt aller oppositionellen Kräfte werden konnte: Heinrich Tudor, Earl von Richmond.

Heinrich war der Enkel Owen Tudors, der nach dem Tode König Heinrichs V. dessen Witwe, die Königin Katharina, geheiratet hatte und der unmittelbar nach der Schlacht von Mortimer's Cross (1461) als Anhänger der Lancasterpartei von den Yorkisten hingerichtet worden war. Über seine Mutter Margarete stammte er über die Beaufortlinie von Johann von Gent ab und galt als der letzte Erbe des Hauses Lancaster. Nachdem der Versuch, gegen Eduard IV. die Lancasterherrschaft wiederherzustellen, fehlgeschlagen war (1471), wurde Heinrich von seinem Onkel Jasper Tudor in die Bretagne in Sicherheit gebracht. Bereits im Herbst 1483 hatten alte Parteigänger des Hauses Lancaster im Verein mit dem früheren engen Vertrauten Richards, dem Herzog von Buckingham, versucht, die verbreitete Erregung im Lande über das Verschwinden der Prinzen zu einer Revolte gegen Richards Herrschaft zu nutzen und dabei Heinrich Tudor ermuntert, seine Thronansprüche wahrzunehmen.

Doch bevor Heinrich in England landen konnte, hatte Richard den Aufstand bereits niedergeschlagen und Buckingham in Salisbury hinrichten lassen (2. 11. 1483).

Dennoch blieb Heinrich Tudor der Sammelpunkt für die gesamte Opposition, vor allem, als er Weihnachten 1483 versprach, die Tochter König Eduards IV., Elisabeth von York, zu heiraten, und damit auch die Gegner Richards in den Reihen der Yorkisten um sich scharte.

Als König Richard im nächsten Jahr versuchte, durch attraktive finanzielle Angebote an den Herzog der Bretagne die Auslieferung Heinrichs zu erreichen, floh dieser an den Hof König Karls VIII. von Frankreich, wo ihm Unterstützung im Kampf um die Krone zugesagt wurde.

Am 7. August 1485 landete Heinrich Tudor mit einem bescheidenen Truppenkontingent bei Milford Haven/Pembrokeshire an der walisischen Küste, erhielt jedoch bald Zulauf von walisischen Edelleuten, so daß er bereits nach kurzer Zeit über ein kampfstarkes Heer verfügte.

Ohne Widerstand zu finden, gelang es ihm, über Shrewsbury, das ihm die Tore öffnete, in die Midlands vorzudringen, wo er bei Bosworth/Leicestershire auf das zahlenmäßig weit überlegene Heer König Richards traf. Die Schlacht, die am Morgen des 22. August 1485 begann, war hart umkämpft. Sie wurde zugunsten Heinrich Tudors entschieden, als im entscheidenden Augenblick die Magnatenfamilie der Stanleys auf seiten Heinrichs in den Kampf eingriff, obwohl der Sohn von Lord Thomas Stanley sich als Geisel in der Hand Richards befand, während außerdem im königlichen Lager der Earl von Northumberland seine Unterstützung verweigerte. Auch der verzweifelte Versuch Richards, an der Spitze seiner Haushaltstruppen das Zentrum der gegnerischen Armee aufzubrechen und seinen Thronrivalen im Kampfe zu töten, konnte das Blatt nicht mehr wenden; tapfer kämpfend fiel er auf dem Schlachtfeld. Der Haß der Gegner war so groß, daß man den nackten, von unzähligen Wunden entstellten Leichnam noch tagelang öffentlich zur Schau stellte, bis er in der Franziskanerkirche von Leicester ohne königliche Ehren bestattet wurde.

Noch auf dem Schlachtfeld wurde Heinrich Tudor die Krone überbracht, die Richard im Kampfe verloren hatte. Er konnte sie mit der beruhigenden Gewißheit an sich nehmen, daß der Ausgang der Schlacht, in der erstmals seit 1066 wieder ein König im Kampf um die Krone gefallen war, seinem durchaus anfechtbaren Thronanspruch die Weihe eines Gottesurteils gegeben hatte.

Abkürzungen

AgrHistR	Agricultural History Review (1953ff.)
ASE	Anglo-Saxon England (1972ff.)
BIHR	Bulletin of the Institute of Historical Research (1923ff.)
EHD	English Historical Documents. Bde. 1–4 (1953ff.)
EHR	English Historical Review (1886ff.)
Einführung	H. Haan – K.-F. Krieger – G. Niedhart, Einführung in die englische Geschichte, hsg. v. G. Niedhart, München 1982
HGbll	Hansische Geschichtsblätter (1871ff.)
HJb	Historisches Jahrbuch (1880ff.)
Kellenbenz, Handbuch	Handbuch der europäischen Wirtschafts- und Sozialgeschichte, hsg. v. H. Kellenbenz. Bd. 2: Europäische Wirtschafts- und Sozialgeschichte im Mittelalter, hsg. v. J. A. van Houtte, Stuttgart 1980
Kluxen, Verfassungsgeschichte	K. Kluxen, Englische Verfassungsgeschichte. Mittelalter, Darmstadt 1987
Königtum	Das spätmittelalterliche Königtum im europäischen Vergleich, hsg. v. R. Schneider (Vorträge und Forschungen 32), Sigmaringen 1987
MGH SS rer. Mer.	Monumenta Germaniae Historica. Scriptores rerum Merovingicarum
Migne, PL	J.-P. Migne, Patrologiae cursus completus, series Latina
PP	Past and Present (1952ff.)
Rolls Series	Rerum Britannicarum medii aevi scriptores or Chronicles and Memorials of Great Britain and Ireland during the Middle Ages, London 1858ff.
Schieder, Handbuch	Handbuch der europäischen Geschichte, hsg. v. Th. Schieder. Bde. 1 u. 2, Stuttgart 1976/1987
TRHS	Transactions of the Royal Historical Society (1872ff.)

Anmerkungen

1. Vgl. hierzu J. Wymer – R. Singer, The First Season of Excavations at Clacton-on-Sea, Essex, England: A Brief Report, in: World Archaeology 2 (1970) S. 12–16.
2. Vgl. C.D. Ovey (Hsg.), The Swanscombe Skull. A Survey of Research on a Pleistocene Site, London 1964.
3. Vgl. J. G. D. Clark u. a., Excavations at Star Carr, an Early Mesolithic Site at Seamer Near Scarborough, Yorkshire, Cambridge 1954, Neudr. 1971; J. G. D. Clark, Star Carr. A Case Study in Bioarchaeology, Reading/Mass. 1972.
4. Vgl. J. F. Smith, Windmill Hill and Avebury. Excavations by Alexander Keiller, 1925–1939, Oxford 1965.
5. Vgl. D. L. Clarke, Beaker Pottery of Great Britain and Ireland. 2 Bde. Cambridge 1970.
6. Vgl. F. Hoyle, On Stonehenge, London 1977; Ch. Chippindale, Stonehenge Complete, London 1983 und außerdem H. A. W. Burl, The Stone Circles of the British Isles, New Haven 1976.
7. Vgl. hierzu C. F. C. Hawkes, The ABC of the British Iron Age, in: Antiquity 33 (1959) S. 170–182; D. W. Harding, The Iron Age in Lowland Britain, London 1974.
   Kritisch zu der von Hawkes vorgeschlagenen Einteilung äußerte sich F. R. Hodson, Reflections on the „ABC of the British Iron Age“, in: Antiquity 34 (1960) S. 318 f.
8. F. R. Hodson, Some Pottery from Eastbourne, the ‚Marnians‘ and the Pre-Roman Iron Age in Southern England, in: Proceedings of the Prehistoric Society, N. S. 28 (1962) S. 140–155; ders., Cultural Grouping within the British Pre-Roman Iron Age, in: ebd. 30 (1964) S. 99–110; Harding (wie Anm. 7); T. Champion, Britain in the European Iron Age, in: Archaeologia Atlantica 1 (1975) S. 127–145; D. u. R. Whitehouse, Archaeological Atlas of the World, London 1975, S. 178; B. W. Cunliffe, Iron Age Communities in Britain. An Account of England, Scotland and Wales from the Seventh Century BC until the Roman Conquest, London [2]1978.
9. Caesar, Bellum Gallicum V, 12, hsg. v. G. Dorminger, C. Julius Caesar, Der Gallische Krieg, München [8]1986, S. 198 f. [mit dt. Übersetzung].
10. Strabo IV, 5, 2, hsg. v. H. L. Jones, The Geography of Strabo with an English Translation, Bd. 2, London 1960, S. 255; Tacitus, Agricola 11, hsg. v. K. Büchner, Publius Cornelius Tacitus. Die historischen Versuche, Agricola, Germania, Dialogus, Stuttgart [2]1963, S. 91 f. [dt. Übersetzung].
11. Vgl. die wörtlichen Auszüge in deutscher Übersetzung bei J. Malitz, Die Historien des Poseidonios, München 1983, S. 190.
12. Strabo IV, 5, 3 (wie Anm. 10), S. 257 ff.

13. Cassius Dio 61, hsg. v. O. Veh, Cassius Dio, Römische Geschichte, Bd. 5, Zürich/München 1987, S. 17 f. [dt. Übersetzung].
14. Cassius Dio 62, 2, 1 (wie Anm. 13) S. 48 f.
15. Cassius Dio, 62, 2, 3–4 (wie Anm. 13) S. 49.
16. Ammianus Marcellinus XXVII, 8, hsg. v. W. Seyfarth, 4. Teil, Berlin [2]1978, S. 76 f.
17. Zosimus VI, 10, 2, hsg. v. L. Mendelssohn, Zosimi comitis et exadvocati fisci historia nova, Leipzig 1887, S. 291.
18. Vgl. hierzu die Zusammenstellung der Quellen (mit Literatur) in Einführung S. 224 ff. sowie P. Sims-Williams, The Settlement of England in Bede and the Chronicle, in: ASE 12 (1983) S. 1–41.
19. S. hierzu Einführung S. 35 ff.
20. Beda, Historia ecclesiastica I, 15 (Beda der Ehrwürdige, Kirchengeschichte des englischen Volkes, hsg. u. [ins Deutsche] übersetzt v. G. Spitzbart. Bd. 1, [Texte zur Forschung 34,1] Darmstadt 1982, S. 58 f.).
21. Vgl. Gildas. The Ruin of Britain and other Works, hsg. v. M. Winterbottom (Arthurian Period Sources 7), London-Chichester 1978, cap. 22, S. 25 ff., 96 ff.; Beda (wie Anm. 20) I, cap. 14, 15, S. 56 ff.; Nennius. British History and the Welsh Annals, hsg. v. John Morris [mit engl. Übersetzung] (Arthurian Period Sources 8), London-Chichester 1980, S. 12 ff.; Angelsächsische Chronik zu A. D. 449 ff. (The Anglo-Saxon Chronicle [in engl. Übersetzung] hsg. v. D. Whitelock, D. C. Douglas u. S. I. Tucker, London 1961, S. 10 f.).
22. Angelsächsische Chronik zu A. D. 477, 488, 491 (wie Anm. 21) S. 11.
23. Gildas (wie Anm. 21) cap. 25, 26, S. 27 ff., 98 ff.
24. Nennius (wie Anm. 21) S. 26 ff., 31 f., 35, 66 ff., 72 f., 76.
25. Beda (wie Anm. 20) II, 5, S. 48 f.
26. Gildas (wie Anm. 21) cap. 24, S. 27, 97 f.
27. Vgl. H. Vollrath-Reichelt, Königsgedanke und Königtum bei den Angelsachsen (Kölner Historische Abhandlungen 19), Köln-Wien 1971, S. 227.
28. Zum Schiffsgrab von Sutton Hoo vgl. Einführung S. 230 f. mit der angegebenen Literatur sowie R. Bruce-Mitford, The Sutton-Hoo Ship Burial. Bd. 3, Teile 1 u. 2, hsg. v. A. C. Evans, London 1983 und M. O. H. Carver, Anglo-Saxon Objectives at Sutton Hoo, 1985, in: ASE 15 (1986) S. 139–152. – Ders. (Hsg.), The Age of Sutton Hoo, Woodbridge 1992.
29. Die hier geschilderten Umstände, die zum Tode König Beorhtrics führten, werden zwar in der Hauptquelle, der Angelsächsischen Chronik, nicht erwähnt, sind dafür aber in einer anderen relativ verläßlichen Chronik, die Asser, dem Bischof von Sherborne († 910), zugeschrieben wird, überliefert; vgl. Asser's Life of King Alfred, Together with the Annals of Saint Neots, hsg. v. W. H. Stevenson, Oxford 1904, Neudr. 1959, S. 12 ff.
    Zur früher umstrittenen Autorschaft Assers vgl. heute D. Whitelock, The Genuine Asser, Reading 1967.
30. Constantius, Vita Germani episcopi Autissiodorensis, hsg. v. W. Levison, MGH SS rer. Mer. 7, Hannover 1920, S. 263 ff. Zur Historizität der hier beschriebenen ‚Halleluja'-Schlacht vgl. M. E. Jones, The Historicity of the Alleluja Victory, in: Albion 18 (1986) S. 363–73.

31. Zur quellenmäßigen Überlieferung, zum Verlauf und zur Bedeutung der Synode von Whitby vgl. jetzt H. Vollrath, Die Synoden Englands bis 1066 (Konziliengeschichte), Paderborn u.a. 1985, S. 48–57.
32. Angelsächsische Chronik zu A. D. 789 (wie oben Anm. 21) S. 35.
33. Dudo v. St. Quentin, De moribus et actis primorum Normanniae ducum libri tres, in: Migne, PL 141, Sp. 619 ff., 623, 626, 629.
34. Vgl. oben S. 42 ff.
35. Druck des überlieferten Vertragswerkes [mit deutscher Übersetzung] bei F. Liebermann (Hsg.), Die Gesetze der Angelsachsen. Bd. 1 , Halle a. d. Saale 1903, S. 126–129 mit Kommentar (ebenda Bd. 3, Halle a. d. Saale 1916, S. 83 f.). Zur Datierung vgl. F. M. Stenton, Anglo-Saxon England (The Oxford History of England 2) Oxford [3]1971, Neudr. 1975, S. 260, Anm. 3.
36. Angelsächsische Chronik zu A. D. 886 (wie Anm. 21) S. 52.
37. Vgl. hierzu die Ausgabe bei A. Campbell (Hsg.), The Battle of Brunanburh, London 1938.
38. Die Volksrechte sind zusammengestellt und übersetzt in der Sammlung F. Liebermann (Hsg.), Die Gesetze der Angelsachsen. 3 Bde., Halle/Saale 1898–1916. Vgl. hierzu auch H. Vollrath, Gesetzgebung und Schriftlichkeit. Das Beispiel der angelsächsischen Gesetze, in: HJb 99 (1979) S. 28–54.
39. Zum Teppich von Bayeux vgl. Einführung S. 229 f. mit der angegebenen Literatur sowie D. M. Wilson, The Bayeux Tapestry, London 1985; D. J. Bernstein, The Mystery of the Bayeux Tapestry, London 1986 – A. Kuhn, Der Teppich von Bayeux in seinen Gebärden: Versuch einer Deutung, in: Studi Medievali, 3. Ser. 33 (1992) S. 1 ff. – U. Koder, Der Teppich von Bayeux, Frankfurt a. M. 1994.
40. In deutscher Übersetzung zitiert nach K.-U. Jäschke, Die Anglonormannen, Stuttgart u.a. 1981, S. 85.
41. Vgl. unten Anm. 42.
42. Vgl. hierzu Einführung S. 254 sowie neuerdings R. Fuchs, Das Domesday Book und sein Umfeld, Stuttgart 1987; Ch. Holdsworth (Hsg.), Domesday Essays, Exeter 1986.
43. Angelsächsische Chronik zu A. D. 1085 (wie Anm. 21) S. 161; in deutscher Übersetzung zitiert nach Jäschke (wie Anm. 40) S. 108.
44. Angelsächsische Chronik zu A. D. 1087 (wie Anm. 21) S. 163 f.
45. Vgl. hierzu Jäschke (wie Anm. 40) S. 112.
46. Abgedruckt (in engl. Übersetzung) in: EHD 2, Nr. 19, S. 400–402; vgl. hierzu auch S. E. Thorne, Henry I's Coronation Charter, ch. 6, in: EHR 93 (1978) S. 794.
47. Zitiert nach W. L. Warren, Henry II, London 1973, S. 311 f. Es handelt sich um Richard von Ilchester, Archidiakon von Poitiers, der als Mitglied des königlichen Haushalts *(familiaris)* zu den engsten Vertrauten Heinrichs zählte und auf Heinrichs Intervention hin auch tatsächlich zum Bischof von Winchester gewählt wurde.
48. F. Trautz, Die Könige von England und das Reich 1272–1377, Heidelberg 1961, S. 46.
49. Vgl. hierzu Einführung S. 255.
50. Vgl. dazu Jäschke (wie Anm. 40) S. 179 f.

51. EHD 2, Nr. 21, S. 403 f. [in engl. Übersetzung].
52. Vgl. D. Oschinsky (Hsg.), Walter of Henley and other Treatises on Estate Management and Accounting, Oxford 1971.
53. Vgl. oben Anm. 52.
54. Vgl. E. Miller – J. Hatcher, Medieval England – Rural Society and Economic Change 1086–1348, London/New York 1978, S. 111 f.
55. Vgl. zu diesem Problemkreis R.B. Dobson – J. Taylor, Rymes of Robyn Hood. An Introduction to the English Outlaw, London 1976 sowie J.R. Maddicott, The Birth and Setting of the Ballads of Robin Hood, in: EHR 93 (1978) S. 276–299; J. C. Holt, Robin Hood, London 1982; D. Crook, Some Further Evidence Concerning the Dating of the Origins of the Legend of Robin Hood, in: EHR 99 (1984) S. 530–534 – C. Richmond, An Outlaw and Some Peasants. The Possible Significance of Robin Hood, in: Nottingham Medieval Studies 37 (1993) S. 90–101 – H. Philips, Robin Hood: medieval and post-medieval, Dublin 2005.
56. H. Vollrath, „Gewissensmoral" und Konfliktverständnis: Thomas Becket in der Darstellung seiner Biographen, in: HJb 109 (1989) S. 25.
57. Peter von Blois, Epistolae 14, in: Migne, PL 207, S. 48 f.; Walter Map, De Nugis Curialium, hsg. (mit engl. Übersetzung) v. M. R. James, neu bearb. v. C. N. L. Brooke u. R. A. B. Mynors, Oxford 1983, S. 8 f.
58. Curia Regis Rolls, Preserved in the Public Record Office, Bd. 4, London 1929, S. 270.
59. Recueil des actes de Henri II, hsg. v. L. Delisle u. E. Berger. Bd. 1, Paris 1916, Nr. 200, S. 334 ff.
60. Deutsche Übersetzung: Richard von Ely, Schatzmeister Heinrichs II., Dialog über das Schatzamt (Dialogus de Scaccario), eingel. u. übersetzt v. M. Siegrist, Zürich-Stuttgart 1963.
61. H. E. Mayer, Geschichte der Kreuzzüge, Stuttgart u. a. [6]1985, S. 132.
62. Annales Monastici, Bd. 1: Annales de Margan (A. D. 1066–1232) hsg. v. H. R. Luard (Rolls Series 36), London 1864, S. 27.
63. Magna vita S. Hugonis. The Life of St Hugh of Lincoln, hsg. v. D. L. Douie u. H. Farmer. Bd. 2 (Medieval Texts), London u. a. 1962, S. 143 [mit engl. Übersetzung].
64. Die Urkunde ist mit anderen zeitgenössischen Quellen abgedruckt in dem grundlegenden Werk von J. C. Holt, Magna Carta, Cambridge [2]1992; vgl. weitere Literatur in Einführung S. 252 sowie J. R. Maddicott, Magna Carta and the Local Community, in: PP 102 (1984) S. 25–65.
65. Zu dem Vertrag, der bisher nur aus älteren Drucken und der chronikalischen Überlieferung bekannt war, ist vor kurzem eine zeitgenössische Textredaktion aufgefunden worden. Vgl. J. B. Smith, The Treaty of Lambeth, 1217, in: EHR 94 (1979) S. 562–579 [mit Edition S. 575–579].
66. Chronica monasterii S. Albani [Bd. 4:] Thomas Walsingham, Gesta abbatum monasterii Sancti Albani, hsg. v. H. Th. Riley. Bd. 1 (Rolls Series 28), London 1867, Neudr. 1965, S. 340.
67. Abgedruckt (mit engl. Übersetzung) in: Documents of the Baronial Movement of Reform and Rebellion 1258–1267, hsg. v. R. F. Treharne u. I. J. Sanders, Oxford 1973, Nr. 5, S. 96–113.

68. Druck: ebenda, Nrn. 11, 12 u. 13, S. 136–165.
69. Vgl. hierzu D. A. Carpenter, Simon de Montfort and the Mise of Lewes, in: BIHR 58 (1985) S. 1–11; J. R. Maddicott, The Mise of Lewes, 1264, in: EHR 98 (1983) S. 588–603.
70. Druck: Documents (wie Anm. 67) Nr. 44, S. 316–337. Vgl. hierzu auch C. H. Knowles, The Resettlement of England after the Barons' War, 1264–67, in: TRHS, 5. Ser., 32 (1982) S. 25–41.
71. Vgl. hierzu Einführung S. 261.
72. Vgl. M. Prestwich, Edward I, London 1988, S. 96.
73. Vgl. The Chronicle of Walter of Guisborough, hsg. v. H. Rothwell (Camden Society, 3. Serie, 89), London 1957, S. 216, und zur Sache Prestwich (wie Anm. 72) S. 259.
74. Kluxen, Verfassungsgeschichte S. 77.
75. Vgl. hierzu neues Quellenmaterial bei J. H. Denton, The Crisis of 1297 from the Evesham Chronicle, in: EHR 93 (1978) S. 560–568, mit Textabdruck (S. 568–579).
76. EHD 3, Nrn. 74–77, S. 485–488 [in engl. Übersetzung].
77. EHD 3, Nr. 85, S. 496–501 [in engl. Übersetzung].
78. Druck (mit engl. Ubersetzung): J. Ferguson, The Declaration of Arbroath, Edinburgh [1970], S. 4 ff. (8 f.); 49 ff. (52); vgl. zur Sache auch G. G. Simpson, The Declaration of Arbroath Revitalised, in: SHR 56, (1977) S. 11–33.
79. EHD 3, Nr. 100, S. 527–539 [in engl. Übersetzung].
80. Vgl. hierzu The Statutes of the Realm (1101–1713), hsg. v. A. Luders, T. E. Tomlins u. a., Bd. 1, London 1810, Neudr. 1963, S. 311–316 = EHD 4, Nr. 562, S. 993 f. [Auszug in engl. Übersetzung] und The Statutes of the Realm 1, S. 307 ff. (Verordnung von 1349) sowie zur Sache die Literatur in Einführung S. 75, Anm. 245.
81. Vgl. hierzu im einzelnen unten S. 196 ff.
82. Vgl. oben S. 184 ff.
83. Vgl. das mit hoher Wahrscheinlichkeit von Thomas Walsingham († ca. 1422) verfaßte Chronicon Angliae, 1328–1388, hsg. v. E. M. Thompson (Rolls Series), London 1874, S. 321.
84. Vgl. zu diesen Vorgängen auch den interessanten Augenzeugenbericht eines hansischen Kaufmannes: F. Pedersen, The German Hanse and the Peasants' Revolt of 1381, in: BIHR 57 (1984) S. 92–98.
85. Vgl. B. Wilkinson, The Later Middle Ages in England, 1216–1485, London 1969, S. 164.
86. Vgl. oben S. 186 ff.
87. Zu dem Vorfall vgl. A. Goodman, A History of England from Edward II to James I, London-New York 1977, S. 191 f.
88. Vgl. The Statutes of the Realm 1 (wie Anm. 80) S. 319 f. = EHD 4, Nr. 214, S. 403 [Auszug in engl. Übersetzung] und zum englischen Hochverratsrecht J. G. Bellamy, The Law of Treason in England in the Later Middle Ages, Cambridge 1970.
89. Vgl. Goodman (wie Anm. 87) S. 200.
90. The Statutes of the Realm (wie Anm. 80), Bd. 2, London 1816, S. 125–128.
91. Druck: Foedera, conventiones, litterae et cujuscumque generis acta publica

inter reges Angliae et alios quovis imperatores, reges ... tractata (1101–1654), hsg. v. Th. Rymer u. G. Holmes, Bd. 4, Teil 2, Den Haag 1740, Neudr. 1967 S. 171 f.

92. Druck: Foedera (wie Anm. 91) Bd. 4, Teil 3, S. 179 f.
93. Vgl. hierzu P. u. F. Strong, The Last Will and Codicils of Henry V, in: EHR 96 (1981) S. 79–102 [mit Abdruck der letztwilligen Verfügungen König Heinrichs].
94. Druck: J. Quicherat, Procès de condamnation et de réhabilitation de Jeanne d'Arc dit la Pucelle. 5 Bde., Paris 1841–1849; G. u. A. Duby, Die Prozesse der Jeanne d'Arc, Berlin 1985.
95. Zum Vertrag von Arras vgl. J. G. Dickinson, The Congress of Arras, Oxford 1955.
96. R. L. Storey, The End of the House of Lancaster, London 1966, S. 27.
97. Zitiert nach E. F. Jacob, The Fifteenth Century 1399–1485 (The Oxford History of England 6), Oxford 1961, Neudr. 1976, S. 520.
98. Zum Leben und Werk Fortescues vgl. Einführung S. 246 und H. Sauer, Fortescue, in: Lexikon des Mittelalters. Bd. 4. (3. Lieferung), München-Zürich 1987, Sp. 663 f.
99. Vgl. hierzu Frühformen englisch-deutscher Handelspartnerschaft. Referate und Diskussionen des hansischen Symposions im Jahre der 500. Wiederkehr des Friedens von Utrecht in London vom 9. bis 11. September 1974, bearb. v. K. Friedland, Köln-Wien 1976 und neuerdings T. H. Lloyd, A Reconsideration of two Anglo-Hanseatic Treaties of the Fifteenth Century, in: EHR 102 (1987) S. 916–933.
100. Wilkinson (wie Anm. 85) S. 298.
101. Vgl. R. F. Green, Historical Notes of a London Citizen, 1483–1488, in: EHR 96 (1981) S. 585–590.

Literatur

Das folgende Verzeichnis bietet eine Auswahl der neueren Literatur, wobei die in den Anmerkungen aufgeführten Titel in der Regel nicht wiederholt werden. Die Quellen sowie Bibliographien, Hilfsmittel und Zeitschriften zur älteren und mittelalterlichen Geschichte Englands sind zusammengestellt in:

> H. Haan – K.-F. Krieger – G. Niedhart, Einführung in die englische Geschichte, hsg. v. G. Niedhart, München 1982 [zit. Einführung].

Hinweise auf Quellen beschränken sich daher grundsätzlich auf hier nicht berücksichtigte Publikationen.

A. Gesamtdarstellungen und kapitelübergreifende Darstellungen von Teilgebieten

Vgl. hierzu die Auflistung in Einführung S. 280ff sowie außerdem:

I. Gesamtdarstellungen

1. England

K. O. Morgan, The Oxford Illustrated History of Britain, Oxford 1984 – L. C. B. Seaman, A New History of England 410–1975, Brighton 1981 – P. Wende, Geschichte Englands, Stuttgart u. a. [2]1996.

Handbuch der europäischen Geschichte, hsg. v. Th. Schieder. Bd. 1: Europa im Wandel von der Antike zum Mittelalter, hsg. v. Th. Schieffer, Stuttgart 1976; Bd. 2: Europa im Hoch- und Spätmittelalter, hsg. v. F. Seibt, Stuttgart 1987 [zit. Schieder, Handbuch] – A. Goodman, A History of England from Edward II to James I, London 1977 – E. King, England 1175–1425, London 1978 – M. T. Clanchy, England and its Rulers 1066–1272, London/Oxford 1983 – M. H. Keen, England in the Later Middle Ages, London/New York 1973 – R. Frame, The Political Development of the British Isles 1100–1400, Oxford 1990 – J. A. F. Thomson, The Tranformation of Medieval England 1370–1529, London/New York 1983 – R. Frame, The Political Development of the British Isles 1100–1400, Oxford 1990 – England and Her Neighbours 1066–1453. Essays in Honour of Pierre Chaplais, hsg. v. M. Jones und M. Vale, London 1989 – B. Arnold, Germany and England 1066–1453, in: England in Europe, hsg. v. N. Saul, London 1994, S. 76–87 – T. Reuter, Nur im Westen was Neues?: Das Werden prämoderner Staatsformen im europäischen Hochmittelalter, in: Deutschland und der Westen Europas im Mittelalter, hg. von J. Ehlers, Stuttgart 2002, S. 327–351 – M. M. Chibnall, England and Normandy, 1042–1137, in: The new Cambridge medieval history. Bd. 4, 2: c. 1024–1198, hg. von D. E. Luscombe/

J. S. Chr. Riley-Smith, Cambridge 2004, S. 191–216 – L.S. Clark/Ch. Carpenter (Hsg.), Political culture in late medieval England, Woodbridge 2004 – H. Vollrath/N. Fryde (Hsg.), Die englischen Könige im Mittelalter. Von Wilhelm dem Eroberer bis Richard III., München 2004 – R.M. Huscroft, Ruling England, 1042–1217, Harlow 2006. – Ch. Carpenter, Resisting and Deposing Kings in England in the Thirteenth, Fourteenth and Fifteenth Certuries, in: Murder and monarchy. Regicide in European history, 1300–1800, hg. von Robert von Friedeburg, Basingstoke 2004, S. 99–121 – G.L. Harriss, Shaping the Nation. England 1360–1461, Oxford 2005 – R. Horrox, W.M. Ormrod (Hsg.), Cambridge Social History of England, 1200–1500, Cambridge 2006 – S.K. Walker/M.J. Braddick (Hsg.), Political culture in late medieval England: essays, Manchester 2006 – L. Ashe, Fiction and History in England, 1066–1200, Cambridge 2007 – C.S. Watkins, History and the supernatural in medieval England (Cambridge studies in medieval life and thought), Cambridge 2007.

2. Irland, Wales, Schottland

The Gill History of Ireland, hsg. v. J. Lydon u. M. McCurtain. 6 Bde., Dublin 1972–1973 – R.D. Edwards, A New History of Ireland, Dublin 1972 – A. J. Otway/Ruthven, A History of Medieval Ireland, London/New York ²1979 – M. Richter, Irland im Mittelalter. Kultur und Geschichte, Stuttgart u.a. 1983 – A New History of Ireland, hsg. v. T.W. Moody u.a., Bde. 1 u. 2, Oxford 1976–1987, The Oxford Illustrated History of Ireland, hsg. v. R.F. Foster, Oxford 1989 – The History of Wales. [Bisher erschienen:] Bd. 2: R.R. Davies, Conquest, Coexistence and Change. Wales 1063–1415, Oxford 1987. Bd. 3: G. Williams, Recovery, Reorientation and Reformation. Wales c. 1415–1642, Oxford 1987 – The New History of Scotland [bisher erschienen:] Bd. 2: G.W. S. Barrow, Kingship and Unity. Scotland 1000–1306, London 1981. Bd. 4: J. Wormald, Court, Kirk and Community. Scotland 1470–1625, London 1981 – W.C. Dickinson, Scotland from the Earliest Times to 1603, hsg. v. A.A.M. Duncan, Oxford ³1977 – A.A.M. Duncan, Scotland. The Making of the Kingdom, Edinburgh 1975 – R. Nicholson, Scotland. The Later Middle Ages, Edinburgh 1974. – P.H. Scott (Hsg.), Scotland. A Concise Cultural History, Edinburgh 1993 – G. H. Orpen, Ireland under the Normans, Dublin 2004 – H.B. Clarke/ J.R.S. Philips (Hsg.), Ireland, England and the continent in the Middle Ages and beyond, Dublin 2006 – L. Doran/J. Lyttleton (Hsg.), Lordship in medieval Ireland: image and reality, Dublin 2007.

3. Frankreich

J. Ehlers, Geschichte Frankreichs im Mittelalter, Stuttgart u.a. 1987 – La „France anglaise“ au moyen age. Colloque des historiens médiévistes français et britanniques (Actes du 111ᵉ Congrès National des Sociétés Savantes), Paris 1988. – J. Ehlers/H. Müller/B. Schneidmüller (Hsg.), Die französischen Könige des Mittelalters, München 1996 – D. Bates/A.E. Curry (Hsg.), England and Normandy in the Middle Ages/London 1994 – D. Berg, Die Anjou-Plantagenets. Die englischen Könige im Europa des Mittelalters, Stuttgart 2003 – J. Favier, Les Plantagenets. Origines et destin d'un empire XIe–XIVe siècles, Paris 2004.

II. Sozial- und Wirtschaftsgeschichte

C. Platt, Medieval England, A Social History and Archaeology from the Conquest to A. D. 1600, London 1978 – M. Ashley, The People of England. A Short Social and Economic History, London 1982 – A. Briggs, A Social History of England, Harmondsworth ²1987.

Handbuch der europäischen Wirtschafts- und Sozialgeschichte, hsg. v. H. Kellenbenz. Bd. 2: Europäische Wirtschafts- und Sozialgeschichte im Mittelalter, hsg. v. J. A. van Houtte, Stuttgart 1980 [zit. Kellenbenz, Handbuch] – Pelican Social History of Britain, hsg. v. J. H. Plumb, Harmondsworth 1982 ff. – Europäische Wirtschaftsgeschichte, hsg. v. C. M. Cipolla u. K. Borchardt, 5 Bde., Stuttgart 1976–1980.

M. M. Postan, Medieval Economy and Society, London 1972 – P. Nightingale, Trade, money, and power in Medieval England, Aldershot 2007 – E. Miller/J. Hatcher, Medieval England. Rural Society and Economic Change, 1086–1348, London/New York 1978 – Agrarian History of England and Wales. Bd. 1, Teil 1: Prehistory, hsg. v. S. Piggott, Cambridge 1981; Teil 2: A. D. 43–1042, hsg. v. H. P. R. Finberg, Cambridge 1972. Bd. 2: 1042–1348, hsg. v. H. E. Hallam, Cambridge 1988. Bd. 3: 1348–1500, hsg. v. E. Miller, Cambridge 1991 – H. E. Hallam, Rural England 1066–1348, London 1981 – J. L. Bolton, The Medieval English Economy 1150–1500, London/Totowa, N. J. 1980 – A. R. Bridbury, Medieval English Clothmaking. An Economic Survey, London 1982 – T. H. Lloyd, The English Wool Trade in the Middle Ages, Cambridge 1977 – P. D. A. Harvey (Hsg.), The Peasant Land Market in Medieval England, Oxford 1984.

III. Rechts-, Verfassungs- und Verwaltungsgeschichte

J. H. Baker, An Introduction to English Legal History, London ²1979 B. Lyon, A Constitutional and Legal History of Medieval England, New York/London ²1980 K. Kluxen, Englische Verfassungsgeschichte. Mittelalter, Darmstadt 1987 [zit. Kluxen, Verfassungsgeschichte] – On The Laws and Customs of England. Essays in Honour of Samuel E. Thorne, hsg. v. M. S. Arnold, Th. A. Green, S. A. Scully u. S. D. White, Chapel Hill 1981 – G. Garnett/J. Hudson (Hsg.), Law and Government in Medieval England and Normandy. Essays in Honour of Sir James Holt, Cambridge 1994.

H. M. Jewell, English Local Administration in the Middle Ages, Newton 1972. – S. Reynolds, Tiefs and Vasalls. The Medieval Evidence Reinterpreted, Oxford 1994 (mit umstrittenen Ergebnissen).

IV. Kirchengeschichte

J. C. Dickinson (Hsg.), An Ecclesiastical History of England, 5 Bde., London/New York 1961 ff. – Church and Government in the Middle Ages, hsg. v. C. L. N. Brooke u. a., Cambridge 1976.

V. Historische Geographie, Regional- und Lokalgeschichte

H. C. Darby (Hsg.), A New Historical Geography of England before 1600, Cambridge 1973 – H. C. Darby, The English Medieval Landscape, London 1982 – M. W. Beresford/J. K. S. Joseph, Medieval England. An Aerial Survey, London u. a. [2]1979.

Victoria History of the Counties of England (1901 ff.) [noch nicht abgeschlossen] – A. Rogers, Approaches to Local History [2]1977 S. Reynolds, An Introduction to the History of English Medieval Towns, Oxford 1977.

B. Literatur zu den einzelnen Kapiteln

Erstes Kapitel: Keltisches und römisches Erbe

Zu I.:

Allgemein: B. Cunliffe, The Oxford Illustrated Prehistory of Europe, Oxford 1994 – C. Renfrew (Hsg.), British Prehistory, London 1974 – J. V. S. Megaw/D. D. A. Simpson (Hsg.), Introduction to British Prehistory from the Arrival of Homo Sapiens to the Claudian Invasion, Leicester 1979, Neudr. 1988 – L. u. J. Laing, The Origins of Britain, London u. a. 1980 – R. Muir/H. Welfare, The National Trust Guide to Prehistoric and Roman Britain, London 1983 – I. Longworth/J. Cherry (Hsg.), Archaeology in Britain since 1945, London 1986.

1. C. Fox, The Personality of Britain. Its Influence on Inhabitant and Invader in Prehistoric and Early Historic Times, Cardiff [4]1943 – J. G. Evans, The Environment of Early Man in the British Isles, London 1975 – I. Simmons/M. Tooley (Hsg.), The Environment in British Prehistory, London 1981 – A. E Harding (Hsg.), Climatic Change in Later Prehistory, Edinburgh 1982 – W. Pennington, The History of British Vegetation, London [2]1974 R. G. West, Pleistocene Geology and Biology with Especial Reference to the British Isles, London 1968 – B. W. Sparks/R. G. West, The Ice Age in Britain, Norwich 1972 – R. G. West, Pleistocene Palaeoecology of Central Norfolk, Cambridge 1991.

2. Zur Altsteinzeit: A. Morrison, Early Man in Britain and Ireland. An Introduction to Palaeolithic and Mesolithic Cultures, London 1980 – J. B. Campbell, The Upper Palaeolithic of Britain. 2 Bde., Oxford 1977 – D. A. Roe, The Lower and Middle Palaeolithic Periods in Britain, London 1981 – J. Wymer, The Palaeolithic Age, London 1982 – D. A. Roe (Hsg.), Studies in the Upper Palaeolithics of Britain and Northwest Europe, Oxford 1986.

Zur Mittel- und Jungsteinzeit: S. Palmer, Mesolithic Cultures of Britain, Poole 1977 – J. Murray, The First European Agriculture, Edinburgh 1970 – Economy and Settlement in Neolithic and Early Bronze Age. Britain and Europe, hsg. v. D. D. A. Simpson, Leicester 1971 – R. Bradley, The Prehistoric Settlement of Britain, London 1978 – The Agrarian History of England and Wales. Bd. I, Teil 1: Prehistory, hrsg. v. S. Piggot, Cambridge 1981.

Zur Bronze- und Eisenzeit: D. W. Harding, The Iron Age in Lowland Britain, London 1974 – B.W. Cunliffe, Iron Age Communities in Britain, London [3]1991 – Ders., [The English Heritage Book of] Iron Age Britain, London 1995 – M. Jesson/D. Hill (Hsg.), The Iron Age and its Hillforts, Southampton 1971 – M. Dillon/N.K. Chadwick, Die Kelten von der Vorgeschichte bis zum Normanneneinfall, Zürich 1966 – B. Cunliffe, The Celtic World, London 1992 – L.R. Laing/J. Laing, Celtic Britain and Ireland, London 1995 – P.B. Ellis, Celtic Women. Women in Celtic Society and Literature, London 1995 – M. Green, Celtic Goddesses, London 1995.

Zu II.:

Zu den Quellen vgl. Einführung S.222ff. und K.A. Bowman/J.D. Thomas Vindolanda: The Vindolanda Writing-Tablets, London 1994 – S. Ireland, Roman Britain. A Source Book, London [2]1996.

Allgemein: J. Wacher, Roman Britain, London u.a. 1978 – M. Todd, Roman Britain, Brighton u.a. 1981 – P. Salway, Roman Britain (Oxford History of England 1a), Oxford 1991 – Ders., The Oxford Illustrated History of Roman Britain, Oxford 1993 – S. Frere, Britannia. A History of Roman Britain, London [3]1987, Neudr. 1994 – T.W. Potter/C. Johns, Roman Britain, London 1992 – M. M. Millet, [The English Heritage Book of] Roman Britain, London 1995 – B. Jones/D.J. Mattingly, an Atlas of Roman Britain, Oxford 1990 – K. Brodersen, Das römische Britannien. Spuren seiner Geschichte, Darmstadt 1998 – E. Jamais, Britain in the first millennium, London 2001 – M. Todd, A Campanion to Roman Britain, Malden 2004 – P.H. Sawyer, From Roman Britain to Norman England, London 2004.

1. P.B. Ellis, Caesar's Invasion of Britain, New York 1978 – J. Wacher, The Coming of Rome, London 1979 – C.F.C. Hawkes, Britain and Julius Caesar, in: Proceedings of the British Academy 63 (1977) S.125–192 – K. Branigan, The Catuvellauni, Gloucester 1985.

2. J. Peddie, Invasion. The Roman Invasion of Britain in the Year AD 43 and the Events Leading to their Occupation of the West Country, Gloucester 1987 – J. G. F. Hind, The Invasion of Britain in A. D. 43, in: Britannia 20 (1989) S.1–21 – J. Marley, AD 43: the Roman invasion of Britain, Stroud 2002 – M. J. Aldhouse-Green, Boudica Britannia: rebel, war-leader and queen, Harlow 2006 – G. Webster, Rome against Caratacus. The Roman Campains in Britain AD 48–58, New York 1985 – Ders., Boudica. The British Revolt against Rome AD 60, London [2]1993 – M. G. Jarrett, Early Roman Campaigns in Wales, Cardiff 1994 – W.S. Hanson, Agricola and the Conquest of the North, Totowa/New Jersey 1987 – D. J. Breeze, The Northern Frontiers of Roman Britain, London 1982 – D. J. Breeze/B. Dobson, Roman Officers and Frontiers, Stuttgart 1993 – M. G. Jarret, Non-Legionary Troops in Roman Britain, in: Britannia 25 (1994) S.35–77. Zum Hadrianswall vgl. vor allem S. Frere, Britannia (oben B, II, Allgemein) S. 105 ff. und A.R. Birley, The Building of Hadrian's Wall, Greenhead 1991 – D. J. Breeze/B. Dobson, Hadrian's Wall, Harmondsworth [2]1978.
Zum Antoniuswall: D. J. Breeze (oben B, II, 2) S.97 ff. – S. Frere (oben B, II,

Allgemein) S. 126ff. – L. Keppie, Scotland's Roman Remains. An Introduction and Handbook, Edinburgh 1986, S. 114ff. – A.S. Robertson, The Antonine Wall, Glasgow [4]1990 – D.J. Breeze, The Autonine Wall: the north-west frontier of the Roman empire, Edinburgh 2005.

3. Vgl. hierzu die entsprechenden Abschnitte in der oben genannten Literatur sowie A. Birley, Life in Roman Britain, London/New York [3]1968 – M. Millet, The Romanization of Britain, Cambridge 1990 – D.E. Johnston, an Illustrated History of Roman Roads in Britain, Bourne End 1979 – J. Wacher, The Towns of Roman Britain, London [2]1995 – B.C. Burnham/J.S. Wacher, The ‚Small Towns' of Roman Britain, London 1990 – P. Marsden, Roman London, London 1980 – R. Merrifield, London. City of Romans, Berkeley/Los Angeles 1983 – M. Todd (Hsg.), Studies in the Romano – British Villa, Leicester 1978 – D. E. Johnston, Roman Villas, Aylesbury [2]1983 – G. Bedoyère, Roman Villas and the Countryside, London 1993 – A.R. Birley, The Fasti of Roman Britain, Oxford 1981 [Prosopographie der röm. Amtsträger in Britannien] – G. Webster, The British Celts and their Gods under Rome, London 1986 – M. Henig, The Art of Roman Britain, London 1995 (mit umstrittenen Ergebnissen).

4. P. J. Casey (Hsg.) The End of Roman Britain (British Archaeological Reports 71), Oxford 1979 – A.S.E. Cleary, The Ending of Roman Britain, London 1989 – M. E. Jones, The End of Roman Britain, Ithaca 1996 – I. Wood, The Fall of the Western Empire and the End of Roman Britain, in: Britannia 18 (1987) S. 251–262 – S. Johnson, Later Roman Britain, London 1980 – N. Shiel, The Episode of Carausius and Allectus (British Archaeological Reports 40) Oxford 1977 – P.J. Casey, Carausius and Allectus, London 1994 – E. Chrysos, Die Römerherrschaft in Britannien und ihr Ende, in: Bonner Jahrbücher 191 (1991) S. 247–276 – J. Cotteril, Saxon Raiding and the Roll of the Late Roman Coastal Forts of Britain, in: Britannia 24 (1993) S. 227–239 – N. J. Higham, Rome, Britain and the Anglo-Saxons, London 1992 – Ch. Thomas, Christianity in Roman Britain to A. D. 500, Berkeley 1981 – G. R. Stephens, A Note on the Martyrdom of St. Alban, in: Hertfordshire Archaeology 9 (1987) S. 20f. – W.C.C. Trend, Ecclesia Britannica: Prelude or Dead End?, in: The Journal of Ecclesiastical History 30 (1979) S. 129–144.

Zweites Kapitel: Eroberung und Abwehr. Das Zeitalter der Angelsachsen (ca. 400–1042)

Zu den Quellen vgl. G. Spitzbart, England (900–1135), in: W. Wattenbach/R. Holtzmann, Deutschlands Geschichtsquellen im Mittelalter. Die Zeit der Sachsen und Salier. 3. Teil, hsg. v. F.-J. Schmale, Darmstadt 1971, S. 937–1010 und Einführung S. 224–232 sowie The Anglo-Saxon World. Writings Translated and Edited by K. Crossley-Holland, Woodbridge/Suffolk 1982 – J. Ingram (Hsg.), The Saxon Chronicle AD 1 to AD 1154, London 1993.

Allgemein: P. H. Blair, An Introduction to Anglo-Saxon England, Cambridge [2]1977 M. Stenton, Anglo-Saxon England (The Oxford History of England 2),

Oxford [3]2001 – H. P. R. Finberg, The Formation of England 550–1042 (The Paladin History of England), London 1974 – D. J. V. Fisher, The Anglo-Saxon Age, c. 400–1042, London 1973 – K. Harrisson, The Framework of Anglo-Saxon History to A. D. 900, Cambridge u. a. 1976 – D. M. Wilson (Hsg.), The Archaeology of Anglo-Saxon England, London/Harmondsworth 1976 – T. Capelle, Archäologie der Angelsachsen. Eigenständigkeit und kontinentale Bindung vom 5. bis zum 9. Jahrhundert, Darmstadt 1990 – P. H. Sawyer, From Roman Britain to Norman England, London 1978 – L. u. J. Laing, Anglo-Saxon England (Britain before the Conquest. A Paladin Archaeological History of the British Isles c. 1500 BC–AD 1066), London/Glasgow 1979 – England before the Conquest. Studies ... Presented to D. Whitelock, hsg. v. P. Clemoes u. K. Hughes, Cambridge 1971 – J. Campbell (Hsg.), The Anglo-Saxons, Oxford 1982 – Ders., Essays in Anglo-Saxon History, London 1986 – C.J. Arnold, Roman Britain to Saxon England, Bloomington/Indiana 1984 – R. I. Page, Anglo-Saxon England, New York 1970 – Ideal and Reality in Frankish and Anglo-Saxon Society. Studies Presented to J.M. Wallace-Hadrill, hsg. v. P. Wormald, D. Bullough u. R. Collins, Oxford 1983 – Proceedings of the Battle Conference on Anglo-Norman Studies, hsg. v. R.A. Brown. Bd. 1 ff., Woodbridge/Suffolk 1978 ff. [bisher 9 Bde. erschienen] – H.R. Lloyn, Die Britischen Inseln zur Zeit der Angelsachsen (von ca. 400 n. Chr. bis 1066), in: Kellenbenz, Handbuch 2, S. 206–226 – Ders., The Governance of Anglo-Saxon England 500–1087, London 1984 – M.G. Welch, Anglo-Saxon England, London 1992 – R. P. Abels, Lordship and Military Obligation in Anglo-Saxon England, Berkeley/Los Angeles/London 1988 – S. Ch. Hawkes, Weapons and Warfare in Anglo-Saxon England, Oxford 1989 – S.J. Ridyard, The Royal Saints of Anglo-Saxon England. A Study of West Saxon and East Anglian Cults, Cambridge 1988 – F.D. Logan, The Vikings in History, 3 Aufl. 2005 – S. Foot, Monastic Life in Anglo-Saxon England, c. 600–900, Cambridge 2008 – M.-J. Alamichel, Widows in Anglo-Saxon and Medieval Britain, Oxford 2008 – S. Crawfort, Daily life in Anglo-Saxon England, Oxford 2009.

D. Hill, An Atlas of Anglo-Saxon England, Oxford 1981 – K. Hughes, Celtic Britain in the Early Middle Ages (Studies in Celtic History), Woodbridge 1980 – P.B. Ellis, Celt and Saxon. The Struggle for the Supremacy of Britain 410–937 AD, London 1993.

Zu I.:

Vgl. oben B, 2. Kapitel, Allgemein sowie: Einführung S. 35–40, 64–69 – R. Wenskus, Sächsische Expansion und germanische Landnahme in Britannien, in: Schieder, Handbuch 1, S. 281–287 – J.N.L. Myres. The English Settlements (The Oxford History of England 1 b), Oxford 1986 – N.J. Higham, Gildas and „Agitius". A Comment on De excidio, XX, 1, in: Bulletin of the Board of Celtic Studies 40 (1993) S. 123–134 – Ders., The English Conquest. Gildas and Britain in the Fifth Century, Manchester 1994 – A. Bammesberger/A. Wollmann (Hsg.), Britain 400–600: Language and History, Heidelberg 1990 – P. Brandon, The South Saxons, London/Chichester 1978 – K.R. Davis, Britons and Saxons: The Chiltern Region 400–700, London 1982 – D.P. Kirby, The Earliest English Kings, London 1990 – B. Yorke, Kings and Kingdoms of Early Anglo-Saxon England,

London 1990 – L. Dutton, Anglo Saxon Kingdoms. Power Struggles from Hengist to Ecberht, Upton-on-Severn 1993 – K. P. Witney, The Kingdom of Kent, London 1982 – N. J. Higham, The Kingdom of Northumbria AD 350–1100, Stroud 1993 – P. Fairless, Northumbria's Golden Age. The Kingdom of Northumbria, AD 547–735, York 1994 – M. G. Welch, Early Anglo-Saxon Sussex, Oxford 1983 – R. Fuchs, Das Domesday Book und sein Umfeld, Stuttgart 1987, S. 45 ff. – H. Vollrath-Reichelt, Königsgedanke und Königtum bei den Angelsachsen (Kölner Historische Abhandlungen 19), Köln-Wien 1971 – R. Wenskus, Die angelsächsischen Kleinstaaten, in: Schieder, Handbuch 1, S. 493–503 – A. Scharer, Die angelsächsische Königsurkunde im 7. und 8. Jahrhundert, Wien u. a. 1982 – H. K. Schulze, Grundstrukturen der Verfassung im Mittelalter. Bde. 1 u. 2, Stuttgart u. a. 1985/86 – Ch. Thomas, Christianity in Roman Britain to AD 500, London 1981 – H. Mayr-Harting, The Coming of Christianity to England, New York 1972 – Th. Schieffer, Die keltisch-irische Kirche, in: Schieder, Handbuch 1, S. 516 f. – Ders., Die angelsächsische Kirche, in: Schieder, Handbuch 1, S. 523–526 – Ders., Alte und neue Landeskirchen, in: Schieder, Handbuch 1, S. 1049 – D. N. Dumville, Saint Patricle AD 493–1993, Woodbridge 1993 – H. Mytum, The Orgins of Early Christian Ireland, London 1991 – A. Warin, Wilfrid, AD 634 to 709, York 1992 – K. Schaferdiele, Fragen der frühen angelsächsischen Festlandmission, in: Frühmittelalt. Studien 28 (1994) S. 172–195 – P. H. Blair, Northumbria in the Days of Bede, London 1977 – P. Wormald, Bede, the Bretwaldas and the Origins of the Gens Anglorum, in: Ideal and Reality in Frankish and Anglo-Saxon Society, hsg. v. P. Wormald, D. Bullough u. R. Collins, Oxford 1983, S. 99–129 – Die Iren und Europa im früheren Mittelalter. 2 Teilbde., hsg. v. H. Löwe, Stuttgart u. a. 1982 – Irland und Europa/Ireland and Europe. Die Kirche im Frühmittelalter/The Early Church, hsg. v. M. Richter u. P. Ní Chatáin, Stuttgart 1984 – H. Vollrath, Die Synoden Englands bis 1066 (Konziliengeschichte), Paderborn u. a. 1986 – W. Hartmann, Die Synoden der Karolingerzeit im Frankenreich und in Italien (Konziliengeschichte), Paderborn u. a. 1989, S. 47–63 – Learning and Literature in Anglo-Saxon England, hsg. v. M. Lapidge u. H. Gneuss, Cambridge 1985 – M. Lapidge, The School of Theodore and Hadrian, in: ASE 15 (1986) S. 45–72 – P. Sims-Williams, Religion and Literature in Western England 600–800, Cambridge 1990.

Zu II.:

Vgl. oben B, 2. Kapitel, Allgemein sowie: D. M. Wilson, The Vikings and their Origins. Scandinavia in the First Millenium, New York 1970 – K. Wührer, Die Wikingerzüge, in: Schieder, Handbuch 1, S. 965–987 – E. Roesdahl, The Vikings, London 1992 – H. Zettel, Das Bild der Normanneneinfälle in westfränkischen, ostfränkischen und angelsächsischen Quellen des 8. bis 11. Jahrhunderts, München 1977 – Scandinavian England by F. T. Wainwright, hsg. v. H. P. R. Finberg, Chichester 1975 – H. R. Loyn, The Vikings in Britain, London 1977 – A. P. Smyth, Scandinavian Kings in the British Isles 850–880, Oxford 1977 – P. H. Sawyer, Kings and Vikings. Scandinavia and Europe AD 700–1100, London u. a. 1982.

R. M. Scott, Alfred the Great, Lewes 1993 – R. Abels, King Alfred's Peace-Making Strategies with the Vikings, in: Haskins Society Journal 3 (1993) S. 23–34 – R. H. C. Davis, Alfred and Guthrum's Frontier, in: EHR 97 (1982) S. 803–810 –

R. Fleming, Monastic Lands and England's Defence in the Viking Age, in: EHR 100 (1985) S. 247–265 – P. Wormald, The Making of English Laws: King Alfred to the Twelfth Century, Bd. 1, Oxford 1999 – J. Pollard, Alfred the Great: the man who made England, London 2006.

Zu III. – V.:

Vgl. oben B, 2. Kapitel, Allgemein sowie: K. Wührer, Das gesamtenglische Königtum im Kampf mit den Dänen, in: Schieder, Handbuch I, S. 940–947 – Tenth-Century Studies. Essays in Commemoration of the Millenium of the Council of Winchester and Regularis Concordia, hsg. v. D. Parsons, Chichester 1975 – J. Sarnowsky, England und der Kontinent im 10. Jahrhundert, in: Hist. Jahrbuch 114 (1994) S. 47–75.

H. Kleinschmidt, Untersuchungen über das englische Königtum im 10. Jahrhundert (Göttinger Bausteine zur Geschichtswissenschaft 49), Göttingen u. a. 1979 – V. Ortenberg, The English Church and the Continent in the Tenth and Eleventh Centuries, Oxford 1992 – E. John, The Age of Edgar, in: The Anglo-Saxons, hsg. v. J. Campbell, Oxford 1982, S. 160ff. – Ders., The Return of the Vikings, in: ebenda S. 192ff. – N. Ramsay/M. Sparks/T. Tatton-Brown (Hsg.), St. Dunstan, Woodbridge 1992 – C. R. Hart, The Danelaw, London 1992 – M. Wood, The Making of King Aethelstan's Empire: An English Charlemagne? In: Ideal and Reality in Frankish and Anglo-Saxon Society, hsg. v. P. Wormald, D. Bullough u. R. Collins, Oxford 1983, S. 250–272 – C. P. Wormald, Edgar, in: Lexikon des Mittelalters. Bd. 3 (8. Lieferung), München u. Zürich 1985, Sp. 157f. – Ethelred the Unready, hsg. v. D. Hill, Oxford 1978 – S. D. Keynes, The Diplomas of King Aethelred ‚the Unready', Oxford 1980 – C. P. Wormald, Ethelred II, in: Lexikon des Mittelalters. Bd. 4 (1. Lieferung), München u. Zürich 1987, Sp. 53f. – D. Scragg (Hsg.), The Battle of Maldon, Oxford 1991 – J. Cooper (Hsg.), The Battle of Maldon, London 1993 – M. K. Lawson, Cnut. The Danes in England in the Early Eleventh Century, London 1993 – A. R. Rumble (Hsg.), the Reign of Cnut, King of England, Denmark and Norway, London 1994 – N. A. M. Rodger, Cnut's Geld and the Size of Danish Ships, in: EHR 110 (1995) S. 392–403. K. Wührer, Die Rechts- und Staatsordnung, in: Schieder, Handbuch 1, S. 947–951 – H. R. Loyn, Governance (oben B, 2. Kapitel, Allgemein) S. 81ff. – Kluxen, Verfassungsgeschichte S. 5–14 – H. K. Schulze, Grundstrukturen (oben B, 2. Kapitel, 1) – J. A. Green, The Last Century of Danegeld, in: EHR 96 (1981) S. 241–258 – M. K. Lawson, The Collection of Danegeld and Heregeld in the Reigns of Aethelred II and Cnut, in: EHR 99 (1984) S. 721–738 – D. N. Dumville, Liturgy and the Ecclesiastical History of Late Anglo-Saxon England, Woodbridge 1992 – H. Kleinschmidt, Personennamen in Historiographie, Epistolographie und Urkundenüberlieferungen: Das vornormanische England, in: Zeitschr. für Geschichtswissenschaft 40 (1992) S. 951–978.

Drittes Kapitel: Kontinuität und Neubeginn. England unter den Anglonormannen (1042–1154)

Zu den Quellen vgl. Einführung S. 230, 232 ff.

Allgemein: E. J. Kealey, Recent Writing about Anglo-Norman England, in: British Studies Monitor 9 (1979) S. 3–22.
P. Stafford, Unification and Conquest. A Political and Social History of England in the Tenth and Eleventh Centuries, London 1989 – C. Hicks (Hsg.) England in the Eleventh Century. Proceedings of the 1990 Harlaxton Symposium, Stamford 1992 – H.R. Loyn, Anglo-Saxon England and the Norman Conquest, Harlow [2]1991 – K. Schnith, Die Salier und England, in: Auslandsbeziehungen unter den salischen Kaisern, hsg. v. F. Staab, Speyer 1994, S. 223–235, 236 f. – K. U. Jäschke, Die Anglonormannen, Stuttgart u. a. 1981 – M. Chibnall, Anglo-Norman England, New York 1986 – D. C. Douglas, The Norman Fate 1100–1154, London 1976 – R. H. C. Davis, The Normans and their Myth, London 1976 – T. Rowley, The Norman Heritage 1066–1200, London 1983 – Proceedings of the Battle Conference (s. oben B, 2. Kapitel, Allgemein) – R. Fleming, Kings and Lords in Conquest England, Cambridge 1991 – J. Hudson, Land, Law and Lordship in Anglo-Norman England, Oxford 1994 – D. Walker, the Normans in Britain, Oxford 1994 – D. Berg, England und der Kontinent. Studien zur auswärtigen Politik der anglonormannischen Könige im 11. und 12. Jahrhundert, Bochum 1987 – D. Berg, Das Bild der englischen Monarchen und ihres Königtums in der anglonormannischen Historiographie des 11. und 12. Jahrhunderts, in: Ecclesia et Regnum. Beiträge zur Geschichte von Kirche, Recht und Staat im Mittelalter. Festschrift für Franz-Josef Schmale, hsg. v. D. Berg u. H.-W. Goetz, Bochum 1989, S. 73–88 – C. W. Hollister, Monarchy, Magnates and Institutions in the Anglo-Norman World, London 1986 – W. L. Warren, The Governance of Norman and Angevin England 1086–1272, London 1987 – M. T. Clanchy, From Memory to Written Record, England 1066–1307, London 1979 – J. O. Prestwich, The Military Household of Norman Kings, in: EHR (1981) S. 1–35 – B. Little, Architecture in Norman Britain, London 1985 – F. Barlow, English Kings and the Church (1066–1154), in: Medieval History 3 (1993) S. 171–177 – G. Garnett, Conquered England: kingship, succession, and tenure, 1066-1166, Oxford 2007.

Zu I.:

Vgl. oben B, 2. Kapitel und außerdem: England Before the Conquest. Studies Presented to D. Whitelock, Cambridge 1971 – F. Barlow, Edward the Confessor, Berkeley/London, 1970 – E. Hoffmann, Die heiligen Könige bei den Angelsachsen und den skandinavischen Völkern, Neumünster 1975 – E. John, Edward the Confessor and the Norman Succession, in: EHR 94 (1979) S. 241–267 – P. A. Clarke, The English Nobility under Edward the Confessor, Oxford 1994 – N. Hooper, Edgar the Aetheling, Anglo-Saxon Prince, in: ASE 14 (1985) S. 197–214.

Zu II.:

Vgl. hierzu im einzelnen Einführung S. 15–35 mit der hier angegebenen Literatur (S. 55–64) sowie H.R. Loyn, The Norman Conquest, London/Melbourne

^{3}1982 – F. Barlow, The Norman Conquest and Beyond, London 1983 – G. Roellecke, Englands verfassungsgeschichtliches Layout: Die Eroberung, in: Der Staat 26 (1987) S. 321–350 – D. Bates, William the Conqueror, London 1989 – E. van Houts, The Norman Conquest through European Eyes, in: EHR 110 (1995) S. 832–853 – A. William, The English and the Norman Conquest, Woodbridge 1995 – D.C. Douglas, William the Conqueror, London 1999 – Huscroft, The Norman Conquest: a new introduction, New York 2009.

D. Bates, The Earliest Norman Writs, in: EHR 100 (1985) S. 266–284 – E.M.C. van Houts, The Origin of Herleva, Mother of William the Conqueror, in: EHR 101 (1986) S. 399–404 – Fuchs, Domesday Book (s. oben B, 2. Kapitel, I) – B.P. Wolffe, The Royal Demesne in English History, London 1971 – M. Richter, Sprache und Gesellschaft im Mittelalter. Untersuchungen zur mündlichen Kommunikation in England von der Mitte des elften bis zum Beginn des vierzehnten Jahrhunderts, Stuttgart 1979 – B. Golding, Conquest and Colonization. The Normans in Britain 1066–1100, London 1994 – S. Morillo, Warfare under the Anglo-Norman Kings 1066–1135, Woodbridge 1994.

Zu III. und IV.:

F. Barlow, William Rufus, London/Berkeley u. a. 2000 – E. Mason, William Rufus and the Historians, in: Medieval History 1 (1991) S. 6–22 – R. H. C. Davis, William of Jumièges, Robert Curthose and the Norman Succession, in: EHR 95 (1980) S. 597–606 – J. A. Green, The Government of England under Henry I, Cambridge 1986 – Ch. A. Newman, The Anglo-Norman Nobility in the Reign of Henry I, Philadelphia 1988 – W. Hollister, The Origins of the English Treasury, in: EHR 93 (1978) S. 262–275 – C. W. Hollister, Henry I, London 2001 – J.A. Green, Henry I: King of England and Duke of Normandy, Cambridge 2006 – H.M. Thomas, The Norman conquest: England after William the Conqueror, Lanham 2008.

K. Schnith, Zur Vorgeschichte der ‚Anarchie' in England, 1135–1154, in: HJb 95 (1975) S. 68 ff. – Ders., Domina Anglorum. Zur Bedeutungsbreite eines hochmittelalterlichen Herrscherinnentitels, in: Grundwissenschaften und Geschichte. Festschrift für Peter Acht, Kallmünz/Opf. 1976, S. 101–111 – Ders., Regni et pacis inquietatrix: Zur Rolle der Kaiserin Mathilda in der Anarchie, in: Journal of Mediaeval History 2 (1976) S. 135–157 – N. Pain, Empress Matilda, London 1978 – M. Chibnall, The Empress Matilda, Oxford 1991 – K. Leyser, The Anglo-Norman Succession 1120–1125, in: Anglo-Norman Studies 13 (1990) S. 233–239 – K. J. Stringer, Reign of Stephen, London 1993 – E. King (Hsg.), The Anarchy of King Stephen's Reign, Oxford 1994 – J.W. Leedom, The English Settlement of 1153, in: History 65 (1980) S. 347–364 – D. Crouch, The Reign of King Stephen, London 2000 – D. Matthew, King Stephen, London 2002.

Viertes Kapitel: Wachstum, Prosperität und Mobilität. Die englische Sozial- und Wirtschaftsstruktur im Wandel (ca. 1150–ca. 1300)

Zu den Quellen vgl. Einführung S. 244, 247 f., 253 ff., 266 ff.

Allgemein: Vgl. hierzu oben A, II. sowie H. Keller, Zwischen regionaler Begrenzung und universalem Horizont. Deutschland im Imperium der Salier und Staufer 1024 bis 1250 (Propyläengeschichte Deutschlands 2), Frankfurt a. M./Berlin 1986, S. 219 ff. – R. Mortimer, Angevin England 1154–1272, Oxford 1994 – J. Ahlers, Die Welfen und die englischen Könige 1165–1235, Hildesheim 1987 – R. R. Davies, Domination and Conquest. The Experience of Ireland, Scotland and Wales 1100–1300, Cambridge 1990. – W. Marshall, Court, Career and Chivalry in the Angevin Empire, 1147–1219, London 1990.

Zu I. – III.:

E. Miller/J. Hatcher, Medieval England (oben A, II.) – H. E. Hallam, Rural England (oben A, II.) – J. Bolton, Economy (oben A, II.) – Ch. Dyer, Standards of Living in the Later Middle Ages. Social Change in England c. 1200–1520, London 1989 – P. D. A. Harvey, Manorial Records, London 1984 – R. C. Palmer, The Country Courts of Medieval England 1150–1350, Princeton 1982 – S. L. Waugh, Tenure to Contract: Lordship and Clientage in Thirteenth Century England, in: EHR 101 (1986) S. 811–839 – D. Crouch, The Image of Aristocracy in Britain 1000–1300, London 1992 – P. R. Coss, The Knight in Medieval England 1000–1400, Stroud 1993 – Ch. Carpenter, Gentry and Community in Medieval England, in: Journal of British Studies 33 (1994) S. 340–380 – N. J. Mayhew, Money and Prices in England from Henry II to Edward III, in: AgrHistR 35 (1987) S. 121–132 – E. J. Kealey, Harvesting the Air. Windmill Pioneers in Twelfth-Century England, Woodbridge 1987 – N. Saul, Scenes from Provincial Life. Knightly Families in Sussex, 1280–1400, Oxford 1986.

E. Ennen, Frühgeschichte der europäischen Stadt, Göttingen [3]1981 – S. Reynolds, Introduction (oben A, V.) – C. Platt, The English Medieval Town, London 1976 – D. M. Palliser, Town and village formation in medieval England, in: Ders., Towns and local communities II, Aldershot 2006, S. 1–24 – Gilde und Korporation, hsg. v. K. Friedland, Köln-Wien 1984 – A. Black, Guilds and Civil Society in European Political Thought from the Twelfth Century to the Present, London 1984 – O. G. Oexle, ‚Gilde', in: Lexikon des Mittelalters. Bd. 4 (7. Lieferung), München-Zürich 1988, Sp. 1452 f. – R. H. Britnell, King John's Early Grants of Markets and Fairs, in: EHR 94 (1979) S. 90–96 – P. D. A. Harvey, Peasant Land Market (oben A, II.) – E. W. Moore, The Fairs of Medieval England. An Introductory Study, Toronto 1985 – J. Hatcher/T. C. Barker, A History of British Pewter, London 1974 – J. Hatcher, English Tin Production and Trade, Oxford 1973 – T. H. Lloyd, Wool Trade (oben A, II.) – A. R. Bridbury, Clothmaking (oben A, II.).

E. B. Fryde, Studies in Medieval Trade and Finance, London 1983 – N. Fryde, Deutsche Englandkaufleute in frühhansischer Zeit, in: HGbll. 97 (1979) S. 1–14 – T. H. Lloyd, Alien Merchants in England in the High Middle Ages, Brighton 1982 – K.-F. Krieger, Der Rechtsschutz der deutschen Hansekaufleute in England unter König Eduard I. (1272–1307), in: Stadt und Land in der Geschichte des Ostseeraums, hsg. v. K. Friedland, Lübeck 1973, S. 33–50 – T. H. Lloyd, England and the German Hanse 1157–1611, Cambridge 1991 – M. K. James, Studies in the Medieval Wine Trade, hsg. v. E. M. Veale, Oxford 1971 – W. Kaeuper, Bankers to the Crown. The Riccardi of Lucca and Edward I, Princeton 1973 – I.-M. Peters, Hansekaufleute als Gläubiger der englischen Krone (1294–1350), Köln-Wien 1978 – N. Fryde, Arnold Fitz Thedmar und die Entstehung der Großen Deutschen Hanse, in: HGbll. 107 (1989) S. 27–42 – D. Keene, New Discoveries at the Hanseatic Steelyard in London, in: ebenda S. 15–25. – M. Keen, The Outlaws of Medieval Legend, London u. a. [2]1977 – S. Menache, The King, the Church and the Jews. Some Considerations on the Expulsion from England and France, in: Journal of Medieval History 13 (1987) S. 223–236 – H. Philips, Robin Hood: medieval and post-medieval, Dublin 2005; vgl. zu Robin Hood außerdem die Literatur S. 255, Anmerkung 55.

Zu IV.:

P. Weimar (Hsg.), Die Renaissance der Wissenschaften im 12. Jahrhundert (Zürcher Hochschulforum 2), Zürich 1981 – Renaissance and Renewal in the Twelfth Century, hsg. v. R. L. Benson u. G. Constable mit C. D. Lanham, Cambridge, Mass./Oxford 1982 – R. M. Thomson, England and the Twelfth-Century Renaissance, in: PP 101 (1983) S. 3–21 – S. Ferruolo, The Twelfth-Century Renaissance, in: Renaissances before the Renaissance, hsg. v. W. Threadgold, Stanford 1984, S. 114–143, 218–220.

G. Stollberg, Die soziale Stellung der intellektuellen Oberschicht im England des 12. Jahrhunderts, Lübeck 1973 – The World of John of Salisbury, hsg. v. M. Wilks, Oxford 1984 – J. McEvoy, The Philosophy of Robert Grosseteste, Oxford 1982 – S. P. Marrone, William of Auvergne and Robert Grosseteste. New Ideas of Truth in the Early Thirteenth Century, Princeton N. J. 1983.

A. B. Cobban, The Medieval English Universities. Oxford and Cambridge to c. 1500, Berkeley 1988 – The History of the University of Oxford. Bd. 1: The Early Oxford Schools, hsg. v. J. I. Catto, Oxford 1984; Bd. 2: Late Medieval Oxford, hsg. v. J. I. Catto und R. Evans, Oxford 1992. J. E. Burton, Monastic and Religious Orders in Britain 1000–1300, Cambridge 1994.

Fünftes Kapitel: Im Bannkreis des Kontinents. Das Angevinische Reich (1154–1215)

Zu den Quellen vgl. Einführung S. 236 ff., 243, 245, 252 ff.

Allgemein: J. Gillingham, The Angevin Empire, London 1984 – T.H. Keefe, Feudal Assessments and the Political Community under Henry II and his Sons, Los Angeles 1983 – R. Bartlett, Gerald of Wales, Oxford 1982 – D. Williams (Hsg.), England in the Twelfth Century. Proceedings of the 1988 Harlaxton Symposium, Woodbridge 1990 – M. Aurell, Empire Plantagenet (1154–1224), Paris 2002 – M. G. A. Vale, The ancient enemy: England, France, and Europe from the Angevins to the Tudors, 1154–1558, London 2007.

Zu I.:

W. L. Warren, Henry II, London 1973, Neudr. 1977 – E. Amb, The Accersion of Henry II in England, Woodbridge 1993 – D.D.R. Owen, Eleanor of Aquitaine, Queen and Legend, Oxford 1993 – R. Walker, Leonor of England and Eleanor of Castile: Anglo-Iberian Marriage and Cultural Exchange in the Twelfth and Thirteenth Centuries, in: England and Iberia in the Middle Ages, 12th–15th century: cultural, literary, and political exchanges, hg. von María Bullón-Fernández, New York 2007, S. 67–88 – M. Dolley, Anglo-Norman Ireland c. 1100–1318, Dublin 1973 – M. Th. Flanagan, Irish Society, Anglo-Norman Settlers, Angevin Kingship. Interactions in Ireland in the Late Twelfth Century, Oxford 1989 – M. Cheney, A Decree of King Henry II on Defect of Justice, in: Tradition and Change. Essays in Honour of Marjorie Chibnall, hsg. v. D. Greenway u.a., Cambridge u.a. 1985, S. 183–193 – R. van Caenegem, The Birth of the English Common Law, Cambridge 1973 – D. W. Sutherland, The Assize of Novel Disseisin, Oxford 1973.

B. Smalley, The Becket Conflict and the Schools. Intellectuals in Politics, Oxford 1973 – F. Barlow, Thomas Becket, London 1986 – P. Aube, Thomas Becket, Paris 1988 – H. Vollrath, ‚Gewissensmoral‘ und Konfliktverständnis: Thomas Becket in der Darstellung seiner Biographen, in: HJb 109 (1989) S. 24–55 – A. Duggan, Thomas Becket (Reputations), London 2004 – H. Vollrath, Thomas Becket. Höflinge und Heiliger, Göttingen 2004 – H. Vollrath, Der Investiturstreit begann im Jahr 1100: England und die Päpste in der späten Salierzeit, in: Salisches Kaisertum und neues Europa. Die Zeit Heinrichs IV. und Heinrichs V., hg. von B. Schneidmüller/St. Weinfurter, Darmstadt 2007, S. 217–244.

Zu II.:

J. Gillingham, Richard the Lionheart, London 1978 [dt. Ausgabe: Richard Löwenherz. Eine Biographie, Düsseldorf 1981] – J. L. Nelson (Hsg.), Richard Cœur de Lion in History and Myth, London 1992 – J. Gillingham, The Unromantic Death of Richard I, in: Speculum 54 (1979) S. 18–41 – D. Berg, Richard Löwenherz, Darmstadt 2007 – D. Crouch, William Marshall. Court. Career and Chivalry in the Angevin Empire 1147–1219, London 1990 – W. L. Warren, King John, London ²1978 R.V. Turner, King John, London 1994 – S. Church (Hsg.), King Johann, New Interpretations, Woodbridge 1999 – C.R. Cheney, Pope Innocent III and England, Stuttgart 1976 – Th. Holzapfel, Papst Innocenz III., Philipp II. August, König von Frankreich und die englisch-welfische Verbindung 1198–1216, Frankfurt a.M. 1991 – C.R. Cheney, Levies on the English Clergy for the Poor and for the King, 1203, in: EHR 96 (1981) S. 577–584 – W. Ullmann, Arthur's Homage to King John, in: EHR 94 (1979) S. 356–364 – S.D. Church, The Rewards of Royal Service in the Household of King John, in: EHR 110 (1995) S. 277–302 – J. C. Holt, Magna Carta and Medieval Government, London ²1992.

Sechstes Kapitel: Königsherrschaft, Verfassungskämpfe und das Aufkommen neuer Kräfte. England unter den Königen Heinrich III. und Eduard I. (1216–1307)

Zu den Quellen vgl. Einführung S. 237f., 245ff., 250ff., 257ff. sowie zu den Verfassungskämpfen mit den Baronen die Sammlung: Documents of the Baronial Movement of Reform and Rebellion 1258–1267, hsg. v. R.F. Treharne u. I.J. Sanders, Oxford 1973 und zur Schottlandpolitik Eduards I. E. L. G. Stones/ G.G. Simpson, Edward I and the Throne of Scotland, 1290–1296. An Edition of the Record Sources for the Great Cause, Oxford 1979.

Allgemein: R.F. Treharne, Simon de Montfort and Baronial Reform. Thirteenth Century Essays, London 1985 – P. R. Coss/S. D. Lloyd (Hsg.), Thirteenth Century England, Bde. 1–4: Proceedings of the Newcastle Upon Tyne Conference, 1985–1991, Woodbridge 1986–1992 – W.M. Ormood (Hsg.), England in the Thirteenth Century. Proceedings of the 1989 Harlaxton Symposium, Stamford 1991 – M. Prestwich, English Politics in the Thirteenth Century, Basingstoke 1990 – A. Harding, England in the Thirteenth Century, Cambridge 1993 – M. C. Prestwich, Plantagenet England: 1225–1360 (The new Oxford history of England 8), 2004 – B. Weiler, Kingship, rebellion and political culture: England and Germany, c. 1215–c. 1250, Basingstoke 2007.

Zu I.:

J.E. Sayers, Papal Government and England during the Pontificate of Honorius III (1216–1227), Cambridge 1984 – D.A. Carpenter, The Fall of Hubert de Burgh, in: Journal of British Studies 19 (1980) S. 1–17 – Ders., Was there a Crisis of the Knightly Class in the Thirteenth Century? The Oxfordshire Evidence, in: EHR 95 (1980) S. 721–752 – Ders., The Minority of Henry III, London 1990 – R.C. Stacey, Politics, Policy and Finance under Henry III, 1216–1245, Oxford 1987 – D.A. Carpenter, What Happened in 1258?, in: War and Government in the Middle Ages, hsg. v. J. Gillingham u. J.C. Holt, Woodbridge 1984, S. 106–119 – Ders., King, Magnates, and Society: The Personal Rule of King Henry III (1234–1258), in: Speculum 60, 1985, S. 39–70 – R. M. Hogg, Henry III, the Justiciarship, and the Court Coram Rege in 1261, in: American Journal of Legal History 30 (1986) S. 59–78 – H.W. Ridgeway, Foreign Favourites and Henry III's Problems of Patronage, 1247–1258, in: EHR 104 (1989) S. 590–610 – D.A. Carpenter, Simon de Montfort, The First Leader of a Political Movement in English History, in: History 76 (1991) S. 3–23 – J. R. Maddicott, Simon de Montfort, Cambridge 1994 – C. H. Lawrence, The University of Oxford and the Chronicle of the Barons' War, in: EHR 95 (1980) S. 99–113 – D.A. Carpenter, The Battles of Lewes and Evesham 1264–65, Keele 1987 – D.C. Cox, The Battle of Evesham. A New Account, Evesham 1989 – D.A. Carpenter, King Henry's Statute against Alieus: July 1263, in: EHR 107 (1992) S. 925–944.

Zu II.:

M. C. Prestwich, War, Politics and Finance under Edward I, London 1972 – M. Prestwich, The Three Edwards. War and State in England, 1272–1377, London 1980 – Ders., Edward I, London 1988.

T.J. Pierce, Medieval Welsh Society, hsg. v. J.B. Smith, Cardiff 1973 – R.A. Griffiths/R.S. Thomas, The Principality of Wales in the Later Middle Ages. Bd. 1: South Wales 1277–1536, Cardiff 1972 – N. J. Mayhew (Hsg.), Edwardian Monetary Affairs 1279–1344, Oxford 1977 – M. Prestwich, Edward I and the Maid of Norway, in: Scottish Historical Review 69 (1990) S. 157–174 – P. Classen, Die königlichen Richter des Common Law: Rechtswissenschaft und Rechtsstudium ohne Universität, in: Ders., Studium und Gesellschaft im Mittelalter, hsg. v. J. Fried (Schriften der MGH 29), Stuttgart 1983, S. 197–235 – P. Brand, The Origins of English Legal Profession, Oxford 1992.
Zu den Beziehungen König Eduards I. zum Reich, vor allem zu König Adolf von Nassau, vgl. F. Trautz, Die Könige von England und das Reich 1272–1377, Heidelberg 1961.

Zu III.:

Zu den Quellen und den Anfängen des Parlaments vgl. Einführung S. 259 sowie S. 41–46 mit der angegebenen Literatur (S. 69–72).
Vgl. außerdem R.G. Davies/J.H. Denton (Hsg.), The English Parliament in the Middle Ages, Manchester 1981 – R. Butt, A. History of Parliament. The Middle Ages, London 1989 – G. L. Harriss, The Medieval Parliament, in: Parliamentary History 13 (1994) S. 206–226 – G. O. Sayles, The Functions of the Medieval Parliment of England, London 1988 – G. Edwards, The Second Century of the English Parliament, Oxford 1979 – J.W. McKenna, The Myth of Parliamentary Sovereignity in Late-Medieval England, in: EHR 94 (1979) S. 481–506 – G.L. Harriss, King, Parliament and Public Finance in Medieval England to 1369, Oxford 1975 – J. S. Roskell/L. Clark/C. Rawcliffe, The History of Parliament. The House of Commons 1386–1421. 4 Bde., Stroud 1992/93.

Siebentes Kapitel: Krise der Königsherrschaft und Krieg mit Frankreich

Zu den Quellen vgl. Einführung S. 238 ff., 250–262 sowie A. Gransden, Historical Writing in England. Bd. 2: c. 1307 to the Early Sixteenth Century, London 1982 – Wilhelm von Ockham, Dialogus. Auszüge zur politischen Theorie ausgew., übersetzt und mit einem Nachwort versehen von J. Miethke, Darmstadt 1992.

Allgemein: M. Prestwich, The Three Edwards (oben B, 6. Kapitel, II.) – N. J. Mayhew (Hsg.), Edwardian Monetary Affairs (oben B, 6. Kapitel, II) – W. Omrod (Hsg.), England in the Fourteenth Century. Proceedings of the 1985 Harlaxton Symposium, Woodbridge 1986 – N. Rogers (Hsg.), England in the Fourteenth Century. Proceedings of the 1991 Harlaxton Symposium, Stamford 1993 – A.L. Brown, The Governance of Late Medieval England 1272–1461, London 1989 – K. Mertes, The English Noble Household. Good Governance and Politic Rule, Oxford 1988.

Zu I.:

M. Buck, Politics, Finance and the Church in the Reign of Edward II. Walter Stapeldon, Treasurer of England, Cambridge 1983 – J.S. Hamilton, Piers Gaveston, Earl of Cornwall 1307–1312, Detroit 1988 – P. Chaplais, Piers Gaveston, Edward II's Adoptive Brother, Oxford 1994 – J.R. Maddicott, Thomas of Lancaster, 1307–22, London/New York 1970 – J.R.S. Phillips, Aymer de Valence: Earl of Pembroke, 1307–1324, Oxford 1972 – J.R. Wright, The Church and the English Crown 1305–1334, Toronto 1980 – R.M. Haines, The Church and Politics in Fourteenth-Century England. The Career of Adam Orleton, c. 1275–1345, Cambridge 1978 – N. Fryde, The Tyranny and Fall of Edward II 1321–1326, Cambridge 1979 – S. Menache, Isabelle of France, Queen of England – a Reconsideration, in: Journal of Medieval History 10 (1984) S.107–124 – N. Saul, The Despensers and the Downfall of Edward II, in: EHR 99 (1984) S.1–33 – M. Prestwich, The Charges Against the Despensers, 1321, in: BIHR 58 (1985) S.95–100 [mit Abdruck des Quellentextes].
Zu den letzten Tagen Eduards II. vgl. G.P. Cuttino/Th. W. Lyman, Where is Edward III in: Speculum 53 (1978) S.522–543.

Zu II.:

Das Quellenmaterial zu den Vorbereitungen und zur Anfangsphase des Krieges liegt in einer modernen Edition vor: Treaty Rolls Preserved in the Public Record Office. 2, hsg. v. J. Ferguson, London 1972.
M. Packe, Edward III, hsg. v. L.C.B. Seaman, London 1983 – J. Vale, Edward III and Chivalry. Chivalric Society and its Context, 1270–1350, Woodbridge 1982 – B. Bevan, Edward III. Monarch of Chivalry, London 1992 – E. Andre, Ein Königshof auf Reisen. Der Kontinentalaufenthalt Eduards III. von England 1338–1340, Köln/Wien 1996 – W. M. Omrod, Edward III and the Recovery of Royal Authority in England, 1340–60, in: History 72 (1987) S.4–19 – W. Ormood, The Reign of Edward III., New Haven/London 1990 – M. Vale, The Angevin Legacy and the Hundred Year's War 1250–1340, London 1990 – S.L. Waugh, England in the Reign of Edward III, Cambridge 1991 – A. Verduyn, The Politics of Law and Order during the Early Years of Edward III, in: EHR 108 (1993) S.842–867 – F. Trautz, Könige (oben B, 6. Kapitel, II) S.192–390 – K. Schnith, England, in: Kaiser Karl IV. Staatsmann und Mäzen, hsg. v. F. Seibt, München ^{2}1978, S.161–164, 449 – K. Fowler, The Hundred Years War, London 1971 – A. Leguai, La Guerre de Cent Ans, Paris 1974 – D. Seward, The Hundred Years War, Bury St.Edmunds 1978, Neudr. 1988 – R. Neillands, The Hundred Years War, 1337–1453, London 1990 – J. Sumption, The Hundred Years War. Bd. I: Trial by Battle, London 2001 – A.E. Curry/M. Hughes (Hsg.), Arms, Armies and Fortifications in the Hundred Years War, Woodbridge 1994 – A. Curry, The Hundred Years War, London 1993.

Achtes Kapitel: Pest, Krieg und innere Konflikte. England von der zweiten Hälfte des 14. Jahrhunderts bis zum Tode König Heinrichs IV. (1413)

Zu den Quellen vgl. oben B, 7. Kapitel sowie G.B. Stow (Hsg.), Historia vitae et regni Ricardi secundi, Philadelphia 1977 – The Westminster Chronicle, 1381 – 1394, hsg. [mit engl. Ubersetzung] v. L. C. Hector u. B.F. Harvey, Oxford 1982.

Allgemein: N. Fryde, Die Krisen des Spätmittelalters in England in der angelsächsischen wirtschaftshistorischen Forschung der letzten zwanzig Jahre, in: Europa 1400, hsg. v. F. Seibt und W. Eberhard, Stuttgart 1984, S. 172–181 – K. Schnith, Die Diskussion über den gesellschaftlichen Wandel im englischen Spätmittelalter, in: ebd. S. 182–190 – M. D. Lambert, England: die Krise im geistigen Leben, in: ebd. S. 191–199 – J.B. Gillingham, Crisis or Continuity? The Structure of Royal Authority in England 1369–1422, in: Königtum S. 59–80 – B.M.S. Campbell (Hsg.), Before the Black Death. Studies in the ‚Crisis' of the Early Fourteenth Century, Manchester 1991 – J. M. W. Bean, From Lord to Patron. Lordship in Late Medieval England, Manchester 1989. – M. Keen, English Society in the Later Middle Ages 1348–1500, London 1990 – R. C. Palmer, English Law in the Age of Black Death 1348–1381, London 1993 – J. Hatcher, England in the Aftermath of the Black Death, in: PP 144 (1994) S. 3–35.

Zu I.:

E. Miller, Großbritannien im Hoch- und Spätmittelalter, in: Kellenbenz, Handbuch 2, S. 227–258 – J. L. Bolton, Economy (oben A, II.) – F.R.H. Du Boulay, The Age of Ambition. English Society in the Late Middle Ages, London 1970.
Zu den Pestkatastrophen und ihren Auswirkungen vgl. J. Hatcher, Plague, Population, and the English Economy 1348–1530, London 1977 und im einzelnen auch Einführung S. 46–54 mit der angegebenen Literatur (S. 72–78) sowie auch L.R. Poos, Rural Society after the Black Death 1350–1525, Cambridge 1991 – J.R. Maddicott, The English Peasantry and the Demands of the Crown, 1294–1341 (PP Supplements 1), Oxford 1975 – E. Britton, The Community of the Vill. A Study in the History of the Family and Village Life in Fourteenth-Century England, Toronto 1977 – R. Hilton, Bond Men Made Free. Medieval Peasant Movements and the English Rising of 1381, London 1973 – Deserted Medieval Villages, hsg. v. M. Beresford u. J.G. Hurst, London 1971 – J. Wiegandt, Die Merchants Adventurers' Company auf dem Kontinent zur Zeit der Tudors und Stuarts, Kiel 1972 – R. H. Britnell, The Black Death in English Towns, in: Urban History 21 (1994) S. 195–210 – J. A. Yelling, Common Field and Enclosure in England, 1450–1850, London 1977. Zu den Begleiterscheinungen und Auswirkungen des Krieges vgl. Society at War. The Experience of England and France during the Hundred Years War, Edinburgh 1973 – J. Barnie, War in Medieval Society. Social Values and the Hundred Years War 1337–99, London 1974 – R. W. Kaeuper, War, Justice and Public Order. England and France in the Later Middle Ages, Oxford 1988 – Ph. Contamine/Ch. Giry-Deloison/M. Keen (Hsg.), Guerre et société en France, en Angleterre et en Bourgogne XIVe–XVe siècle, Lille 1991 – A.R. Bridbury, Clothmaking (oben A, II.) – T.H. Lloyd,

Wool Trade (oben A, II) – K.B. McFarlane, The Nobility of Later Medieval England, London/New York 1973 – J.T. Rosenthal, Nobles and Noble Life 1295–1500, London/New York 1976 – R.A. Griffiths/J. Sherborne (Hsg.), Kings and Nobles in the Later Middle Ages. A Tribute to Charles Ross, Gloucester 1986 – C. Carpenter, The Beauchamp Affinity. A Study of Bastard Feudalism at Work, in: EHR 95 (1980) S.514–532 – A. Goodman, The Military Subcontracts of Sir Hugh Hastings, 1380, in: EHR 95 (1980) S.114–120 – J. G. Bellamy, Bastard Feudalism and the Law, London 1989 – Chaucer's England. Literature in Historical Context, hsg. v. B.A. Hanawolt, Minneapolis 1992 – F.R.H. Du Boulay, The England of Piers Plowman. William Langland and His Vision of the Fourteenth Century, Cambridge 1991.

Zu II.:

R.N. Swanson, Church and Society in Late Medieval England, Oxford 1989 – R. M. Haines, Ecclesia Anglicana. Studies in the English Church of the Later Middle Ages, Toronto 1989 – Th. Eckert, Nichthäretische Papstkritik in England vom Beginn des 14. bis zur zweiten Hälfte des 15.Jahrhunderts, in: Annuarium Historiae Conciliorum 23 (1991) S.116–359 – A.S. McGrade, The Political Thought of William of Ockham, Personal and Institutional Principles, Cambridge 1974 – A. Hudson/M. Wilks (Hsg.), From Ockham to Wyclif, Oxford 1987 – A. Kenny, Wyclif, in: Proceedings of the British Academy 72 (1987 [für 1986]) S.91–113 – D. Baker (Hsg.), Schism, Heresy and Religious Protest, Cambridge 1972 – A. Kenny (Hsg.), Wyclif in his Times, Oxford 1986 – F. de Boor, Wyclifs Simoniebegriff, Halle 1970 – J. Catto, Dissidents in an Age of Faith. Wyclif and the Lollards, in: History Today 37/1 s (1987) S.46–52 – E.C. Tatnall, The Condemnation of John Wyclif at the Council of Constance, in: Councils and Assemblies. Papers Read at the Eigth Summer Meeting and the Ninth Winter Meeting of the Ecclesiastical History Society, hsg. v. C.J. Cuming u. D. Baker, Cambridge 1971, S.209–218 [dt. Übersetzung in: Das Konstanzer Konzil, hsg. v. R. Bäumer (Wege der Forschung 415), Darmstadt 1977, S.284–294].

Zu III.:

R. Barber, Edward, Prince of Wales and Aquitane. A Biography of the Black Prince, London 1978 – G. Holmes, The Good Parliament, Oxford 1975 – A. Tuck, Crown and Nobility, 1272–1461. Political Confiict in Late Medieval England, London 1985.

Zum englischen Bauernaufstand vgl. die Quellenzusammenstellungen bei R.B. Dobson, The Peasants' Revolt of 1381 in England, London [2]1983 und zur Sache die Literatur in Einführung S.75 f., Anm.246 sowie E. B. Fryde, The Great Revolt of 1381, London 1981 – Th. Stemmler, The Peasants' Revolt of 1381 in Contemporary Literature, in: Functions of Literature. Essays Presented to Erwin Wolff on his Sixtieth Birthday, hsg. v. U. Broich, Th. Stemmler u. G. Stratmann, Tübingen 1984, S.21–38 – R. H. Hilton/T H. Aston (Hsg.), The English Rising of 1381, Cambridge u.a. 1984, Neudr. 1987 – D. Crook, Derbyshire and the English Rising of 1381, in: Historical Research 60 (1987) S.9–23 – W.M. Ormrod, The Peasants' Revolt and the Government of England, in: Journal of British Studies 29 (1990) S.1–30 – M. Aston, Corpus Christi and Corpus Regni. Heresy and the Peasants' Revolt, in: PP 143 (1994) S. 3–47 – S. Justice, Writing and Rebellion. England in 1381, Berkeley 1994.

The Reign of Richard II. Essays in Honour of May McKisack, hsg. v. F.R.H. Du Boulay u. C. M. Barron, London 1971 – B. Bevan, King Richard II, London 1990 – A. McHardy, Richard II, in: Medieval History 2 (1992) S. 45–57 – C. J. Given-Wilson, Richard II and his Grandfather's Will in: EHR 93 (1978) S. 320–337 – G. O. Sayles, Richard II in 1381 and 1399, in: EHR 94 (1979) S. 820–829 – J. J. N. Palmer, England, France and Christendom, 1377–99, London 1972 – N. Saul, Richard II and Vocabulary of Kingship, in: EHR 110 (1995) S. 854–877 – N. Saul, Richard II, New Haven 1996 – A. Goodman/J. Gillespie (Hsg.), Richard II. The Art of Kingship, London 1999 – A. Tuck, Richard II and the English Nobility, London 1973 – A. Goodman, John of Gaunt. Paradigm of the Late Fourteenth Century Crisis, in: TRHS, 5. Serie 37 (1987) S. 133–148 – C. Given-Wilson, Wealth and Credit, Public and Private: The Earls of Arundel 1306–1397, in: EHR 106 (1991) S. 1–26 – S. Walker, The Lancastrian Affinity 1361–1399, Oxford 1990 – A. Vigier, This Most Highe Prince ... John of Gaunt 1340–1399, Edinburgh 1992 – A. E. Goodman, John of Gaunt, London 1992 – J. S. Roskell, The Impeachment of Michael de la Pole, Earl of Suffolk in 1386 in the Context of the Reign of Richard II, Manchester 1984 –D. Johnston, Richard II's Departure from Ireland, July 1399, in: EHR 98 (1978) S. 785–805 – Ch. Given-Wilson, Chronicles of the Revolution 1379–1400. The Reign of Richard II, Manchester 1993 – Ders., Richard II, Edward II, and the Lancastrian Inheritance, in: EHR 109 (1994) S. 553 – 571 – Ders., The Manner of King Richard's Renunciation: A'Lancastrian Narrative'?, in: EHR 108 (1993) S. 365–370 – P. McNiven, Rebellion, Sedition and the Legend of Richard II's Survival in the Reigns of Henry IV and Henry V, in: Bulletin of the John Rylands University Library of Manchester 76 (1994) S. 93–117. – P. Strohm, The Trouble with Richard: The Reburial of Richard II, in: Speculum 71 (1996) S. 87–111.

M. L. Bruce, The Usurper King. Henry of Bolingbroke 1366–99, London 1986 – J. L. Kirby, Henry IV of England, London 1970. – B. Bevan, Henry IV, London 1994 – G. Dodd/D. Biggs (Hsg.), The Reign of Henry IV. Rebellion and Survival, Woodbridge 2008 – B. Bevan, Henry IV, London 1994 – K.B. McFarlane, Lancastrian Kings and Lollard Knights, Oxford 1972 – P. McNiven, The Problem of Henry IV's Health, in: EHR 100 (1985) S. 747–772 – P. McNiven, Prince Henry and the English Political Crisis of 1412, in: History 65 (1980) S. 1–16 – Ders., Heresy and Politics in the Reign of Henry IV. The Burning of John Badby, Woodbridge 1987.

Neuntes Kapitel: Triumph und Niederlage. Die Wiederaufnahme des Krieges mit Frankreich und ihre Folgen (1413–1485)

Zu den Quellen vgl. oben B, 7. Kapitel sowie The Calendar of Signet Letters of Henry IV and Henry V (1399–1422), hsg. v. J. L. Kirby, London 1978.

Allgemein: D. J. Guth, Fifteenth-Century England. Recent Scholarship and Future Directions, in: British Studies Monitor 7 (1976/77) S. 3–50 – Fifteenth-Century England. Studies in Politics and Society, hsg. v. S. B. Chrimes u. a.,

Manchester 1972 – England in the Fifteenth Century. Proceedings of the 1986 Harlaxton Symposium, hsg. v. D. Williams. Woodbridge 1987 – N. Rogers (Hsg.), England in the Fifteenth Century, Stamford 1994 – R. Horrox (Hsg.), Fifteenth Century Attitudes. Perceptions of Society in Late Medieval England, Cambridge 1994 – J. Kermode (Hsg.), Enterprise and Individuals in Fifteenth Century England, Gloucester 1991 – A.R. Myers, Crown, Household and Parliament in Fifteenth Century England, London 1985.

Zu I.:

G. L. Harriss (Hsg.), Henry V., The Practice of Kingship, Oxford 1985 – Ch. Allmand, Henry V, London 1997 – T. B. Pugh, Henry V and the Southampton Plot, Southampton 1988 – C. A. M. Armstrong, England, France and Burgundy in the 15th Century, Romceverte, WV 1982 – C. T. Allmand, Lancastrian Normandy, 1415–1450. The History of a Medieval Occupation, Oxford 1983 – Ch. Phillpots, The French Plan of Battle during the Agincourt Campaign, in: EHR 99 (1984) S. 59–66 [mit Quellenabdruck] – M. Harvey, Martin V and Henry V, in: Archivium Historiae Pontificiae 24 (1986) S. 49–70 – A. Classen, Emperor Sigismond's Visit to England in 1416, in: Archiv für das Studium der neueren Sprachen und Literaturen 226 (1989) S. 276–290 – G. L. Thompson, Paris and Its People under English Rule. The Anglo-Burgundian Regime 1420–1436, Oxford 1991 – E. Powell, Kingship, Law and Society. Criminal Justice in the Reign of Henry V, Oxford 1989 – M. G. A. Vale, Charles VII, London 1974 – R. Vaughan, Valois Burgundy, London 1975 – A. Leguai, La guerre (oben B, 7. Kapitel, II.) – J. Ehlers, Geschichte Frankreichs (oben A, I, 3.) S. 296 ff.

Zu Jeanne d'Arc vgl. H. Steinbach, Jeanne d'Arc, Göttingen 1973 – A. Fischer-Wilbert, Die Universität von Paris im Prozeß gegen Johanna von Orleans, Diss. theol. Bonn 1974 – Actes du Colloque commémorant Jeanne d'Arc et le cinq cent cinquantième anniversaire du siège de Compiègne, Compiègne 1982 – Ch. T. Wood, Joan of Arc and Richard III. Sex, Samts and Government in the Middle Ages, Oxford 1989 und speziell zu ihrer Rezeption im zeitgenössischen Deutschland F. Fuchs, Bildung und Wissenschaft in Regensburg. Neuere Forschungen und Texte aus St. Mang in Stadtamhof, Sigmaringen 1989, S. 130 [mit Hinweis auf einen bisher unbekannten Bericht über die militärischen Erfolge Johannas und weiterer Literatur].

A. J. Pollard, John Talbot and the War in France, 1427–1453, London 1983.

Zu II.:

R. A. Griffiths, The Reign of King Henry VI. The Exercise of Royal Authority, 1422–1461, London 1981 – B. Wolffe, Henry Vl, London 1981 – J. Ferguson, English Diplomacy 1422–1461, Oxford 1972 – Patronage, Pedigree and Power in Later Medieval England, hsg. v. Ch. Ross, Gloucester/Totowa, N. J. 1979 – G. L. Harriss, Cardinal Beaufort. A Study of Lancastrian Ascendancy and Decline, Oxford 1988 – J. L. Watts, The Counsels of King Henry VI, c. 1435–1445, in: EHR 106 (1991) S. 279–298 – K.-F. Krieger, England aus der Sicht des Kriegsgegners. Das Englandbild im Traktat „Le Débat des Hérauts d'Armes de France et d'Angleterre" (1453/61), in: Das kontinentale Europa und die britischen Inseln, hsg. v. G. Niedhart, Mannheim 1993, S. 71–86.

J.R. Lander, Government and Community. England 1450–1509, London 1980 – P.A. Johnson, Duke Richard of York 1411–1460, Oxford 1988 – A. Goodman, The Wars of the Roses. Military Activity and English Society, 1452–1497, London 1981 – Ch. Ross, The Wars of the Roses, London 1976, Neudr. 1987 – J. Gillingham, The Wars of the Roses. Peace and Conflict in Fifteenth Century England, London 1981 – M. K. Jones, Somerset, York and the Wars of the Roses, in: EHR 104 (1989) S.285–307 – R. Neillands, The Wars of the Roses, London 1992 – C. Carpenter, The Wars of the Roses. Politics and Constitution in England, c. 1437–1509, Cambridge 1997 – J. Rogge, Abgesetzte Könige, abgeschlagene Köpfe. Gewalt in den Konflikten zwischen Königen und Hochadel im spätmittelalterlichen England, in: Das Mittelalter. Perspektiven mediävistischer Forschung 12 (2007) S.26–36 – A. J. Pollard, North-Eastern England during the Wars of the Roses, Oxford 1990 – R. Griffiths, The King's Court during the Wars of the Roses, In: Princes, Patronage and the Nobility. The Court at the Beginning of the Modern Age c. 1450–1650, hsg. v. R.G. Asch und A. M. Birke, Oxford 1991, S.41–67 – A. Pollard, Percies, Nevilles and the Wars of the Roses, in: History Today 43 (1993) S.42–48 – R. A. Griffiths, The King's Council and the First Protectorate of the Duke of York, 1453–1454, in: EHR 99 (1984) S.67–82 – M. Blatcher, The Court of the King's Bench, 1450–1550. A Study in Self-Help, London 1978 – J.M.W. Harvey, Jack Cade's Rebellion of 1450, Oxford 1991 – C. Richmond, The Paston Family in the Fifteenth Century. The First Phase, Cambridge 1990 – P. Holland, The Lincolnshire Rebellion of March 1470, in: EHR 103 (1988) S.849–869 – V. Litzen, A War of Roses and Lilies. The Theme of Succession in Sir John Fortescue's Works, Helsinki 1971 – K. U. Jäschke, Unfähig zur Reform? Englische Königsherrschaft um die Mitte des 15. Jahrhunderts, in: Königtum S.297–317.

Ch. Ross, Edward IV, London 1974 – W. Paravicini, Karl der Kühne. Das Ende des Hauses Burgund, Göttingen u.a. 1976 – B. P. Wolffe, The Crown Lands 1461–1536, London 1970 – R. Virgoe, The Benevolence of 1481, in: EHR 104 (1989) S.25–45 – S. Jenks, England, die Hanse und Preußen. Handel und Diplomatie 1377–1474. 3 Bde., Köln/Wien 1992.

P. Tudor-Craig, Richard III, Ipswich [2]1977 Ch. Ross, Richard III, London 1981 – A. Hanham, Richard III and his Early Historians 1483–1535, Oxford 1975 – J. Potter, Good King Richard? An Account of Richard III and his Reputation, London 1983 – P. W. Hammond/A. F. Sutton, Richard III. The Road to Bosworth Field, London 1985 – R. Herrox, Richard III, Cambridge 1989 – M.A. Hicks, Richard III, London 1991 – J. Gillingham (Hsg.), Richard III. A Medieval Kingship, London 1993 – Ders., Interpreting Richard III, London 1993 – A.J. Pollard, Richard III and the Princes in the Tower, Stroud 1991 – M. Hicks, Richard III and His Rivals. Magnates and their Motives in the Wars of the Roses, London 1991 – C. S. L. Davies, Richard III, Brittany and Henry Tudor, in: Nottingham Medieval Studies 37 (1993) S.110–126 – M. J. Bennett, The Battle of Bosworth, Gloucester 1985 – P. M. Kendall, Richard III., König von England: Mythos und Wirklichkeit, Kreuzlingen 2004 – E. Jenkins, The Princes in the Tower, London 2002 – K.-F. Krieger, Heinrich VII, (1485–1509), in: P. Wende (Hsg.), Englische Könige und Königinnen der Neuzeit. Von Heinrich VII. bis Elisabeth II., aktualisierte Aufl. 2008 – S. Cunningham, Henry VII, London 2006.

Zeittafel

Um 250000 v. Chr.	Erste Zeugnisse menschlichen Lebens in England
ca. 70000 bis ca. 8000 v. Chr.	Letzte Eiszeit
ca. 5000 v. Chr.	Unterbrechung der Landverbindung zwischen England und dem Kontinent
ca. 2000 v. Chr.	Erste Ackerbaukulturen *(Windmill-Hillform)*
ab ca. 1800 v. Chr.	Glockenbecherkultur
ab 6. Jahrhundert v. Chr.	Einwanderung keltischer Stämme
55/54 v. Chr.	Militärische Vorstöße Caesars nach England
43 n. Chr.	Römische Eroberung der Lowlandzone Englands unter Kaiser Claudius
60/61	Boudicca-Aufstand
74–84	Eroberung von Wales Unterwerfung der *Brigantes* in Nordengland und Vorstoß nach Schottland unter Cn. Julius Agricola
85	Abberufung Agricolas
121/22–135	Bau des Hadrianswalles
143	Errichtung des Antoninuswalles
208/9	Martyrium des hl. Albanus
286–296	Separatistisches Teilkaisertum des M. Aurelius Mausaeus Carausius und seines Nachfolgers Allectus in Britannien
367–69	Angriffe der Scoten, Picten und Sachsen gegen das römische Britannien Wiederherstellung der römischen Herrschaft durch Theodosius
401/402	Truppenabzug aus Britannien zum Schutz Italiens
430	Britischer Sieg über Picten und Scoten unter der Führung des hl. Germanus („Hallelujaschlacht")
um 450	Meuterei der im Kampf gegen die Picten zu Hilfe gerufenen germanischen Soldtruppen gegen die römisch-britische Obrigkeit Beginn der Eroberung Englands durch Angeln, Sachsen und Jüten
ca. 450–ca. 492	Missionierung Irlands durch den hl. Patrick
ca. 500–550	Erfolgreicher britischer Widerstand gegen die Eroberer Schlacht am *Mons Badonicus*
ab 550–600	Erneute angelsächsische Eroberungsphase, in der es den Angreifern gelingt, im Westen bis zum Severntal vorzudringen

565	Gründung des Inselklosters Iona durch den hl. Columba
597	Tod des hl. Columba
	Landung Augustins in Kent und Beginn der angelsächsischen Mission durch die römische Kirche
ca. 600–700	Letzte Eroberungsphase, in der die Angelsachsen ihre Herrschaft auf die gesamte Lowland- und einen Teil der Highlandzone ausdehnen
628	König Edwin von Nordhumbrien nimmt das Christentum an
632	König Edwin fällt in der Schlacht von Hatfield Chase
632–654	König Penda von Mercien
	Mercische Suprematie
635	König Oswald von Nordhumbrien beauftragt den Mönch Aidan (+ um 654) aus dem iro-schottischen Inselkloster Iona mit der Missionierung seines Landes
664	Die Synode von Whitby entscheidet sich unter Vorsitz des Königs Oswiu von Nordhumbrien für die römische Mission
669–690	Theodor von Tarsus, Erzbischof von Canterbury
673/74–735	Beda Venerabilis
716–757	König Offa von Mercien
	Mercien wird zur unbestrittenen Hegemonialmacht
	Bau des walisischen Grenzwalls (Offa's Dyke)
802–839	König Egbert von Wessex legt die Grundlage für den Aufstieg seines Teilreiches zur neuen Vormacht
um 789	Beginn der Wikingereinfälle in England
865–870	Ein dänisches Wikingerheer erobert Nord- und Mittelengland und versucht, nach Wessex vorzustoßen
871–899	König Alfred der Große
	Erfolgreicher Widerstand gegen die Wikinger
ca. 886	Festlegung der Grenze zum Danelag in einem Vertrag mit dem dänischen König Guthrum
899–924	König Eduard d. Ältere
910	Sieg Eduards über die Dänen Nordhumbriens bei Tettenhall
	In der Folgezeit Rückeroberung des Danelag
927	Unterwerfung des Wikingerreiches in York durch König Athelstan
959–975	König Edgar
	Blütezeit der angelsächsischen Herrschaft
	Förderung der cluniazensischen Klosterreform in England
978–1016	König Ethelred II., der ‚Unberatene'
1017–1035	König Knut der Große
	England wird Bestandteil eines skandinavischen Großreiches
1042–1066	König Eduard der Bekenner

1066	Im Kampf um die Krone schlägt Eduards Nachfolger, König Harold, ein norwegisches Invasionsheer bei Stamford Bridge (25. 9.), unterliegt aber selbst seinem Rivalen Herzog Wilhelm von der Normandie in der Schlacht bei Hastings und fällt (14.10.)
1066–1087	König Wilhelm I., der Eroberer
1072	Mit der Eroberung der Insel Ely wird der letzte angelsächsische Widerstand gebrochen
1086	Anlage des Domesday Book
1087–1100	König Wilhelm II., Rufus (der Rote)
1100–1135	König Heinrich I.
1106	Heinrich schlägt seinen Bruder, Herzog Robert von der Normandie, in der Schlacht von Tinchebray und hält ihn bis zu seinem Tod (1134) gefangen
1120	Tod des Thronfolgers Wilhelm durch den Untergang des ‚Weißen Schiffes'
1128	Heinrich vermählt seine zur Nachfolgerin designierte Tochter Mathilde mit dem Grafen von Anjou, Gottfried Plantagenet
1135–1154	König Stephan von Blois
ab 1139	Zeit der ‚Anarchie' Thronkämpfe zwischen König Stephan und Mathilde
1153	König Stefan erkennt den Sohn Mathildes, Heinrich II., der seit 1152 mit Eleonora, Herzogin von Aquitanien, verheiratet ist, als Nachfolger in England an
1154–1189	König Heinrich II. Begründung des Angevinischen Reiches
1164	Konstitutionen von Clarendon
1170	Ermordung des Erzbischofs von Canterbury, Thomas Becket
1171	Militärische Invasion gegen Irland Begründung der englischen Herrschaft auf der Insel
1172	Aussöhnung Heinrichs mit dem Papst im Abkommen von Avranches
1189–1199	König Richard I., Löwenherz
1193	Auf der Rückkehr vom 3. Kreuzzug wird Richard gefangengenommen und an Kaiser Heinrich VI. ausgeliefert
1199–1216	König Johann Ohneland
1203	Ermordung Arthurs von der Bretagne
1204	Verlust der Normandie an den französischen König Philipp II. Augustus
1209–1213	Konflikt mit dem Papsttum um die Besetzung des Erzbistums Canterbury, der mit der Unterwerfung Johanns unter die päpstlichen Forderungen und der Anerkennung der päpstlichen Lehenshoheit über England endet
1214	Niederlage Johanns in der Schlacht von Bouvines
1215	König Johann erteilt seine Zustimmung zur Magna Carta

1216–1272	König Heinrich III.
1225	Bestätigung der Magna Carta in einer überarbeiteten Fassung
1254	Thronkandidatur von Heinrichs jüngerem Sohn Edmund in Sizilien („sizilisches Abenteuer“)
1258/59	Provisionen von Oxford und Westminster
1259	Friede von Paris zwischen England und Frankreich
1264	Simon von Montfort schlägt das königliche Heer bei Lewes, bemächtigt sich der Person des Königs und übernimmt die Regierungsgewalt (Mise of Lewes)
1264/65	Einberufung von Parlamenten, in denen nicht nur Lords und Kleriker, sondern auch Angehörige der Ritterschaft und (1265) auch Abgeordnete der Städte vertreten waren
1265	Der aus dem Gewahrsam Simons entkommene Thronfolger Eduard schlägt das Aufgebot der Barone bei Evesham; Simon von Montfort fällt in der Schlacht
1266	Dictum von Kenilworth
1267	Statut von Marlborough
	Vertrag von Montgomery mit Wales
1272–1307	König Eduard I.
1277	Erster Feldzug König Eduards I. gegen Wales
	Vertrag von Conway (November)
1278	Statut *Quo warranto* von Gloucester
1279	Statut von Mortmain
1282–83	Nach einem Aufstand wird Wales besetzt und unter englische Verwaltung gestellt
1290	Vertreibung der Juden aus England
	Statut *Quia emptores*
	Der Thronfolger Eduard heiratet Margarethe, die Thronerbin von Schottland, die noch im gleichen Jahr stirbt
1294–97	Krieg mit Frankreich um die Gascogne
1295	Einberufung des sogenannten ›Model Parliament‹
1296	Feldzug König Eduards gegen Schottland
	Sturz des Königs Johann Balliol und Übernahme der Königsherrschaft durch Eduard
	Konflikt mit Robert Winchelsey, Erzbischof von Canterbury wegen der Besteuerung des Klerus
1297	Bestätigung der Magna Carta in der *Confirmatio cartarum* mit der Verpflichtung des Königs, Steuern und besondere Abgaben in Zukunft nur mit Zustimmung der Betroffenen zu erheben
	Aufstand des William Wallace in Schottland
	Schlacht bei Stirling Bridge
1300	Erlaß der *Articuli super cartas*, die die *Confirmatio cartarum* ergänzen
1301	König Eduard überträgt dem Thronfolger die Herrschaft über Wales

1303	Vertrag von Paris, der den Krieg mit Frankreich beendet und den Status Quo vor Kriegsbeginn wiederherstellt
1305	Ergreifung und Hinrichtung des William Wallace
1306	Erzbischof Robert Winchelsey wird vom Papst suspendiert und geht ins Exil
	Aufstand des Robert Bruce in Schottland
1307–27	König Eduard II.
1311	Eduard wird gezwungen, den *Ordinances*, einem Forderungskatalog der Barone von 40 Artikeln, zuzustimmen
1314	Niederlage des englischen Heeres gegen die Schotten in der Schlacht von Bannockburn
1320	Feierliche Erklärung der schottischen Unabhängigkeit (Declaration of Arbroath)
1322	Hinrichtung des Thomas von Lancaster
1322–26	Günstlingsregiment der Despensers, die von der Gemahlin König Eduards und ihrem Liebhaber Roger Mortimer gestürzt und auf deren Betreiben hingerichtet werden
1327	Absetzung und Ermordung König Eduards II.
1327–1377	König Eduard III.
1328	England erkennt im Vertrag von Northampton Robert Bruce als König von Schottland an
1330	Sturz und Hinrichtung Roger Mortimers
1337	Ausbruch des Hundertjährigen Krieges mit Frankreich
1340	Seeschlacht bei Sluys
1346	Sieg der Engländer bei Crécy
1347	Einnahme von Calais
	Sieg der Engländer bei Neville's Cross über die Schotten
1348/49	Verbreitung der Pest in England
1351	*Statute of Labourers*
	Statut *De provisoribus* (ergänzt 1365, 1390)
1352	*Statute of Treason*
1353	Statut *De praemunire* (ergänzt 1365, 1369)
1356	Sieg der Engländer in der Schlacht bei Maupertuis und Gefangennahme des französischen Königs
1360	Friede von Brétigny
1376	Das ‚Gute Parlament' klagt Günstlinge des Königs in einem neuartigen Verfahren *(Impeachment)* an
	Tod des Schwarzen Prinzen
1377	Papst Gregor XI. verwirft einen Großteil der Thesen des Oxforder Professors John Wyclif
1377–1399	König Richard II.
1381	Englischer Bauernaufstand
1386	Das ›Wundervolle Parlament‹ zwingt den König, einem Impeachmentverfahren gegen seine engsten Berater zuzustimmen
1388	Im ‚Gnadenlosen Parlament' werden fünf Vertraute des Königs in einem neuartigen Verfahren *(appealing)* von

	den Magnaten wegen Hochverrats angeklagt und verurteilt
1394	Feldzug König Richards in Irland
1396	Waffenstillstand mit Frankreich
1398	Das Parlament von Shrewsbury bestätigt dem König die volle Herrschaftsgewalt Willkürregiment des Königs
1399	Absetzung König Richards II. und Erhebùng des Heinrich Bolingbroke, Herzog von Lancaster, zum neuen König
1399–1413	König Heinrich IV.
1400	Ermordung König Richards im Tower
1401	Statut *De comburendo haeretico*
1406	Gefangennahme des schottischen Königs Jakob I.
1413–1422	König Heinrich V.
1415	Niederschlagung einer Adelsverschwörung unter der Führung Richards von Conisborough Wiederaufnahme des Krieges mit Frankreich Sieg der Engländer bei Azincourt
1416	Vertrag von Canterbury mit dem röm.-deutschen König Sigmund
1417–19	Eroberung der Normandie
1419	Ermordung des Herzogs von Burgund Johann Ohnefurcht bei Montereau durch Gefolgsleute des Dauphin Karl
1420	Vertrag von Troyes
1422–1461 (1470/71)	König Heinrich VI.
1429	Auftreten der Jeanne d'Arc Aufhebung der Belagerung Orléans' durch die Engländer Krönung Karls VII. in Reims
1431	Ketzerprozeß und Hinrichtung der Jeanne d'Arc in Rouen
1435	Vertrag von Arras
1450	Sturz und Ermordung des Wilhelm de la Pole, Herzog von Suffolk
1450	Aufstand des Jack Cade in Kent
1453	Herzog Richard von York übernimmt vorübergehend die Regentschaft für den geisteskranken König
1455	Schlacht von St. Albans und Beginn der Thronkämpfe zwischen den Häusern Lancaster und York (Rosenkriege)
1460	Nach dem Sieg der Yorkisten über die königstreuen Truppen bei Northampton fällt Richard von York in der Schlacht von Wakefield
1461	London öffnet Richards Sohn Eduard von York die Tore, der zum König proklamiert wird und die Lancasteranhänger bei Towton schlägt

1461–83	König Eduard IV.
1464	Sieg König Eduards über die Lancasteranhänger bei Hexham
1470/71	Flucht König Eduards nach Burgund und Wiederherstellung der Lancasterherrschaft durch ein Bündnis zwischen Königin Margarethe und Richard von Warwick
1471	Der nach England zurückgekehrte König Eduard schlägt seine Gegner bei Barnet und Tewkesbury und läßt König Heinrich VI. im Tower ermorden
1474	Beendigung des Seekrieges mit der Hanse im Frieden von Utrecht
	Krieg mit Frankreich
1475	Friedensvertrag von Picquigny
1483	Nach dem Tode Eduards reißt dessen Bruder Richard von Gloucester die Königsherrschaft an sich und läßt die beiden unmündigen Thronerben Eduards für illegitim erklären und im Tower ermorden
1483–1485	König Richard III.
1485	Heinrich Tudor landet an der walisischen Küste und schlägt das Aufgebot König Richards in der Schlacht von Bosworth; König Richard fällt und Heinrich wird noch auf dem Schlachtfeld zum neuen König Englands ausgerufen

Namen- und Sachregister

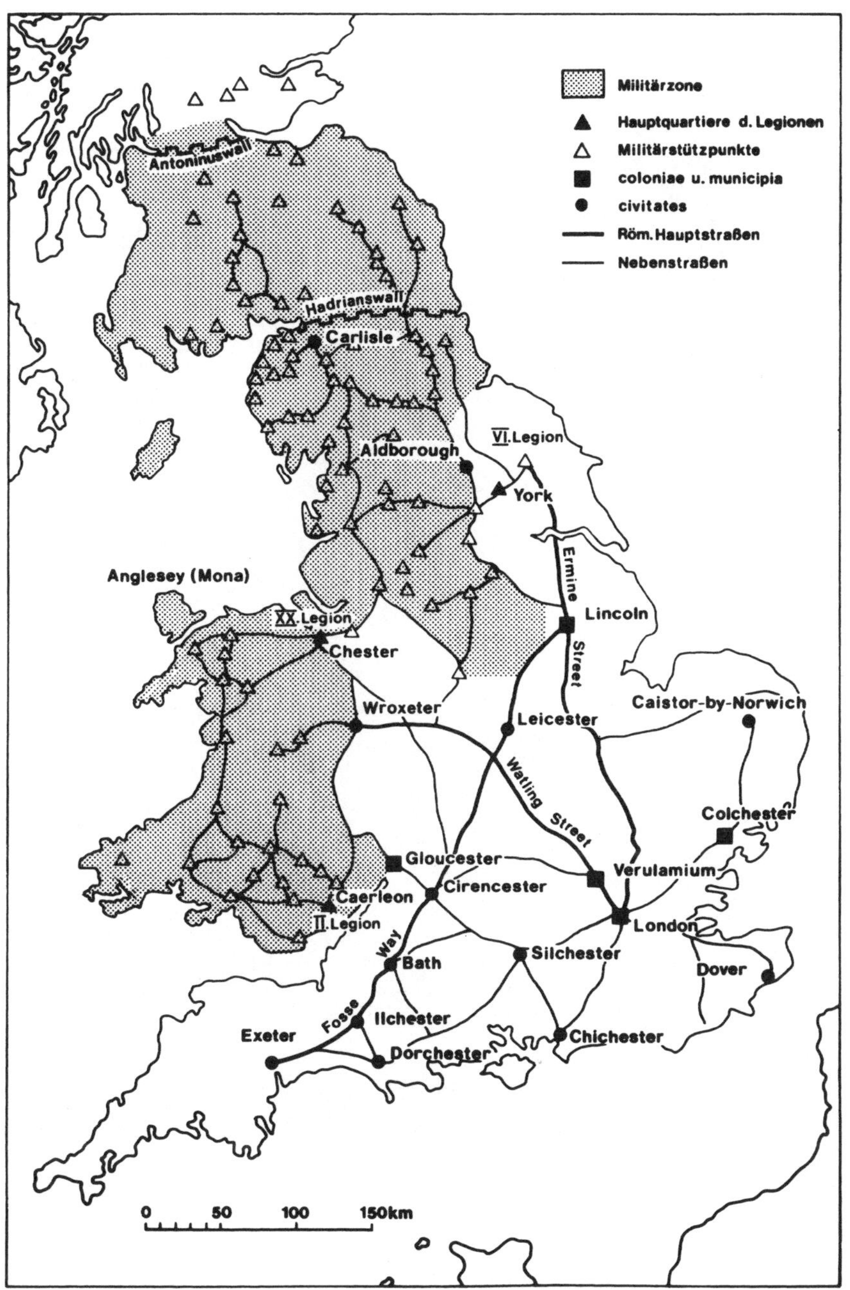

Karte 1 Das römische Britannien im 2. Jahrhundert

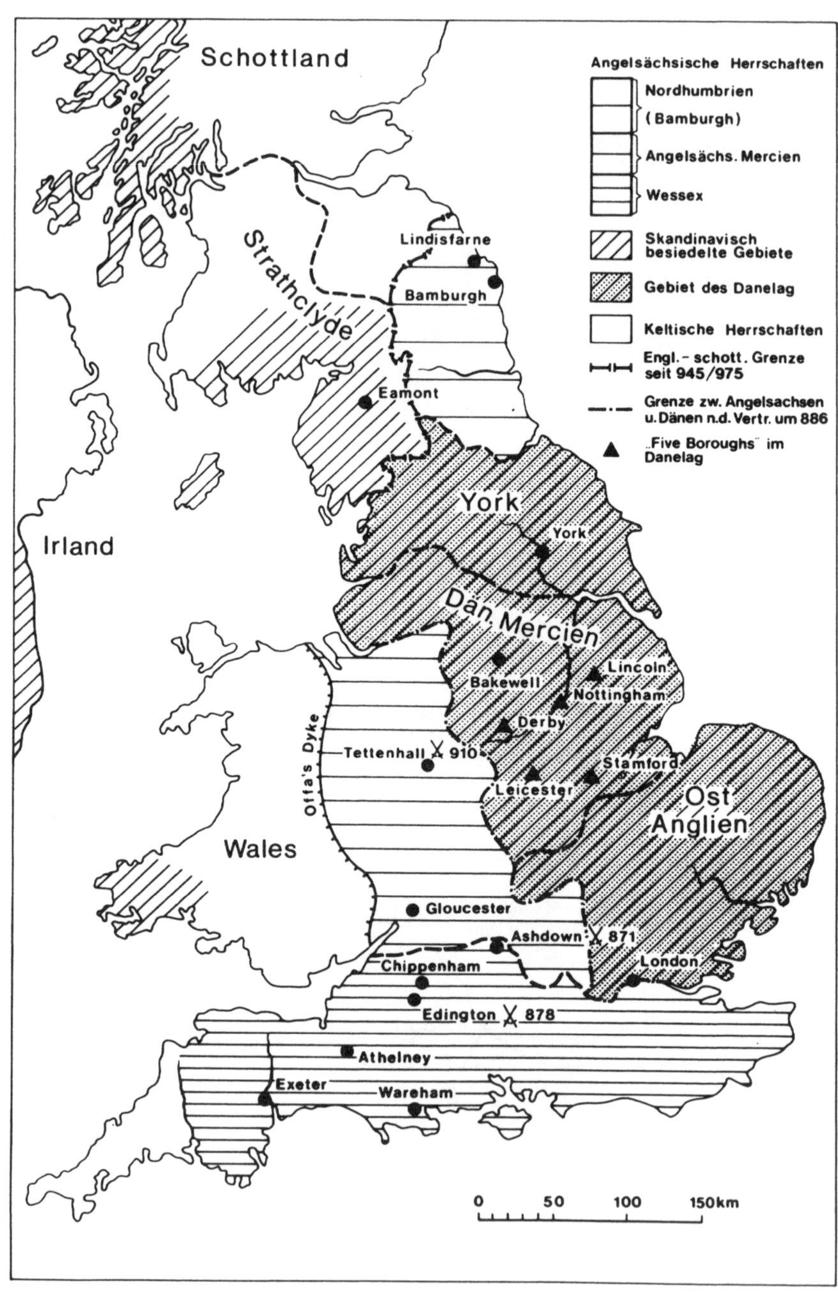

Karte 2 Das Danelag und die angelsächsische Rückeroberung 876–975

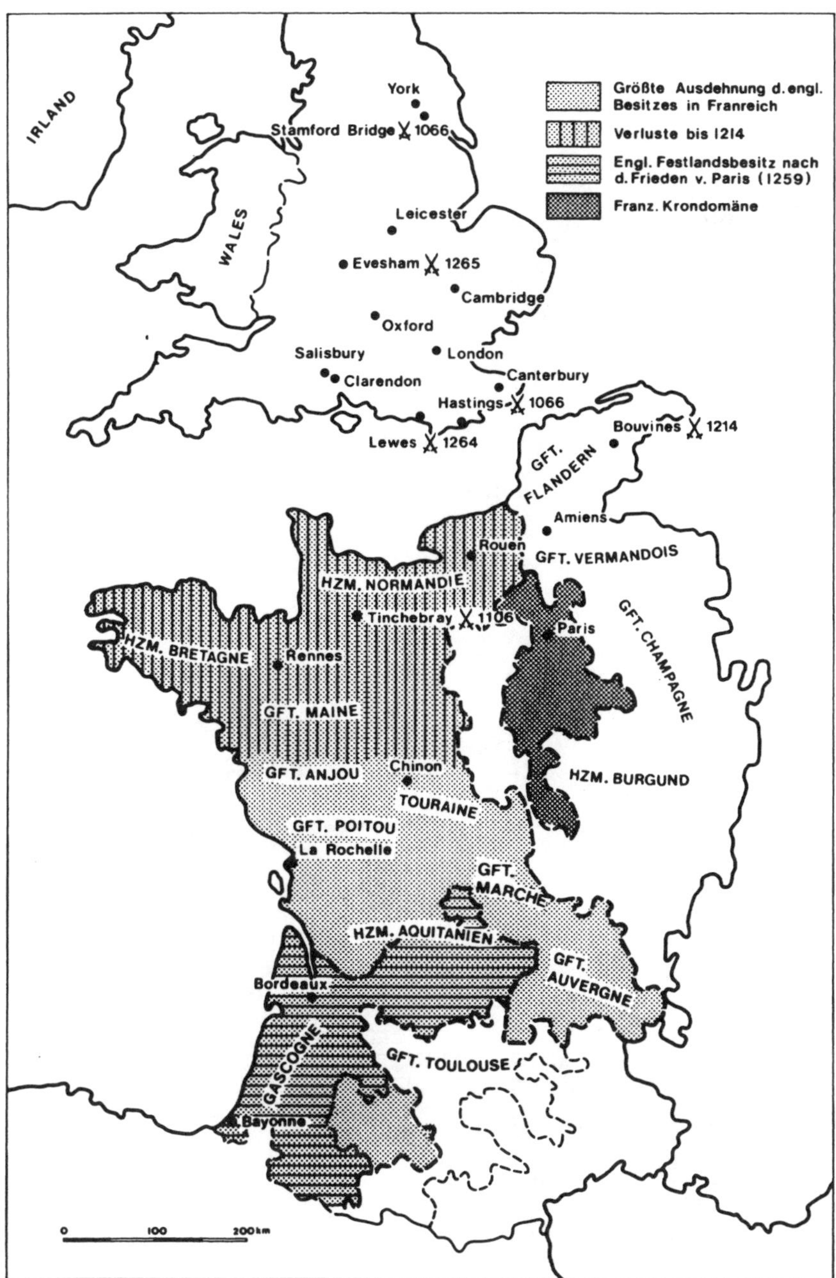

Karte 3 England und Frankreich im 12. und 13. Jahrhundert

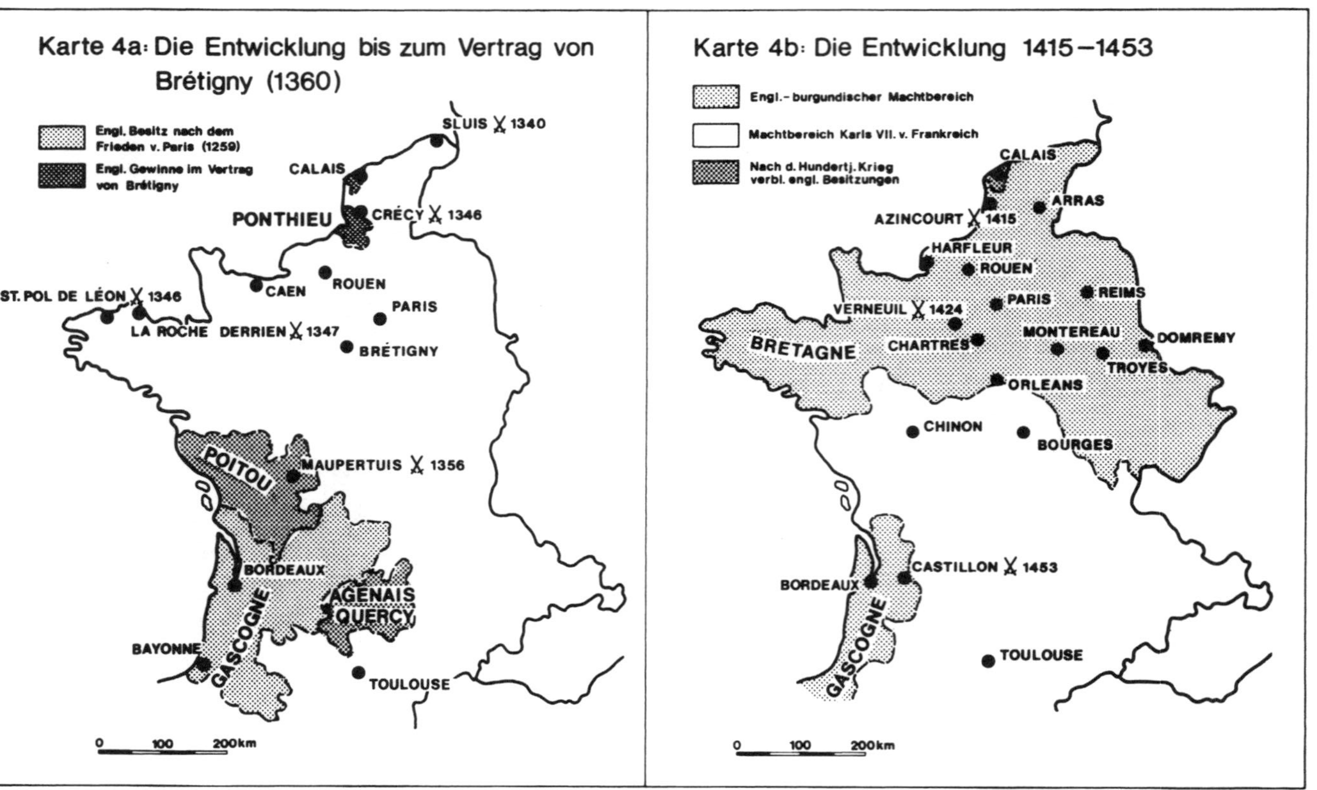

Karte 4 Frankreich im Hundertjährigen Krieg